全国教育科学规划国家一般项目
"中国建设性后现代教育原理与方法研究"
（BAA140013）阶段性研究成果

过程哲学与中国教育改革

——探索中国教育改革的另一种可能

温恒福　杨丽◎主编

教育科学出版社
·北京·

前言
探索中国教育改革的另一种可能

在中国特色社会主义理论的指导下，运用怀特海过程哲学（也称有机哲学或机体哲学）和建设性后现代主义哲学的原理与方法论，开展中国建设性后现代教育研究与探索是谋划和推进中国教育改革与发展的另一种思路与途径，是充满希望的观念冒险与对中国教育梦的积极建构。

一、后现代化是时代大趋势

教育是面向未来的事业，研究与推进教育改革需要学习孙中山先生那种"适乎世界之潮流，合乎人群之需要"的远见与气魄，要有放眼世界、关注未来的眼光与胸怀，要认清时代的特征与发展大趋势。要实现为中华民族的伟大复兴培养高素质的建设者与接班人的教育目标，就必须保持教育的时代性与先进性。当今时代的特征与趋势有多种研究与表述，其中科学化、智能化、信息化、知识化、生态化、多样化、互联网化、民主化、个性化、持续化、便利化、新工业化、后工业化、现代化、后现代化等大趋势表现得比较明显，并得到了比较普遍的认可，也产生了较大的影响。这些发展趋势主要可以分为四类：一是新技术带来的特征与趋势，如3D打印、新能源和新材料技术、现代信息技术等产生的智能制造、互联网、新型工业化等趋势；二是社会文化特征与趋势，如民主化、个性化、便利化、多样化等趋势；三是文明更替的趋势，即从工业文明进化为信息文明和生态文明；四是社会发展的整体特征与发展趋势，即后工业化和后现代化，因为经典现代化的核心要义就是工业化，所以后工业化与后现代化可以看作近义词。这四大方面的特征和发展趋势紧密联系，相互影响。其中，"文明更替"和"社会整体"两个方面的特征与趋势具有更大的概括性与代表性。按照大卫·格里芬将建设性后现代当作高级后现代、将解构性后现代当作初级后现代、将"建设性后现代主义"与"生态后现代主义"等同的思想，我们可以认为后现代化与生态化是殊途同归的合流趋势，这与工业文明之后是生态文明、现代之后是后现代的最普通理解是一致的。也就是说生态文明在本质上是后现代的，建设性后现代主义的实质是积极的生态文明。当今时代的后现代化是在全球化和信息化大背景下，以最新的科学技术为基础，以有机哲学和生态哲学等先进思想与文化观念为引领，立足于对现代性弊端的反思、批判与超越，积极推进生产方式、学习与工作方式和生活方式的后现代转型升级，努力建设友善包容、和谐共生、繁荣幸福、持续发展的新世界的过程。这是解决严重的现代化困境的必然选择，也是人类自救与持续生存在这个美丽星球上的唯一希望。

二、中国教育改革的新希望在于教育的后现代化

教育改革不仅要主动顺应这种信息化、生态化、后现代化的特征与趋势，更要引领和推进这种时代大趋势的发展。如果说在发源于英美等西方国家的现代化大趋势中，我们属于后发现代化国家，我们是被迫的落后者和追赶者，那么在这次更加复杂、更加深刻的后现代化大潮中，我们决不能再次麻木与失落，而应该积极主动地去抓住这千载难逢的大机遇，挺立潮头，乘风破浪，闯出新的天地。

中国教育现代化无论作为一种思想，还是作为一种教育发展战略，或是作为一个历史进程，其进步意义与实际成就都是巨大的，怎样歌颂都不过分。但是由于现代性固有的机械僵化、二元对立、强治管理、加工制造意识、规模与效率第一、理性至上、片面与绝对、个人主义、主体性膨胀、整齐划一、走极端的本性，使得教育现代化在理论与实践上都遇到了"教育现代性的死结"，因为人的灵魂不能加工制造，人的学习、成长与人格完善不能简单地给予、命令、切割与铸造，所以现代加工制造与知识传输等教育理念和方式方法在解决教育的深层次问题方面无能为力。这一现代教育的

"死结"只有在后现代教育中才能得到解决。

基于过程哲学和建设性后现代主义的建设性后现代教育主张教育是教师利用学校环境与条件有目的地帮助学生学习与成长的过程，在这一过程中，学生是自主生成的人，教师与学校的影响在多大程度上被学生摄入与吸收，取决于学生的态度、兴趣与影响的适切程度、强度和频率。教育不是对学生心灵与人格的加工改造，而是在接触与交往中通过一系列的教学事件促进学生学习、滋养学生成长的过程。学校不是加工生产"标准学生"的工厂，而是学生在教师指导下，在学习与生活活动中吸收知识，增长智慧与见识，陶冶情意、锻炼成长、完善人格、健康和谐发展的乐园。教育的质量与成就不仅在于教学计划的完成、教育过程的锻炼与成长价值及保证学生过正常的积极的生活，更在于学生一生的健康与持续发展以及学生健康、积极、和谐人格的生成。

完整的后现代教育不仅反思与批判现代工业化教育的弊病，更致力于建设一个更加美好的后现代教育世界，致力于培养更加富有人文精神、更加健康积极、更富有爱心与包容情怀、更有智慧与力量、更加善于合作与共同进步、更具有整体意识与生态意识、更富有创造性、人格更加和谐完善、终生持续发展能力更强的后现代人。为此，建设性后现代教育突破了现代教育哲学中实体思维、二元对立思维、机械思维、线性思维、即时功利思维、主体思维和加工制造思维的羁绊，努力运用过程思维、关系思维、整体有机思维、生态思维、事件思维、相互内在思维、整合与融合思维、共生共进思维、滋养与渗透思维、启发引导与帮助思维、先进价值导向思维、持续发展思维等研究和解决教育问题，推进教育文明的进步。从整体上讲，建设性后现代教育是优秀教育传统、现代教育之有益成分与后现代教育先进价值观和方法论的有机融合，是现代教育的转型升级，是与后工业社会、信息时代与生态文明相一致的教育形态。深化教育改革，提高教育质量，建设具有中国特色和世界先进水平教育的新希望在于增进我国教育的后现代品格，在于融合现代化与后现代化进程的中国式教育创新。

三、探索教育改革后现代取向的可能性

作为一名中国的教育研究者和教师，开展建设性后现代教育研究与改革，首先，要学习和掌握过程哲学和建设性后现代哲学的基本思想与方法论，最好能阅读怀特海、小约翰·柯布、大卫·格里芬等人的原著，有机会

听听麦克丹尼尔、梅思勒等人的讲课也很有益。如果做到这些有困难，也至少应该认真学习和阅读王治河、樊美筠、杨富斌等专家的相关著作与文章，因为只有确立了有机哲学的立场和建设性后现代哲学的基本观点，才能更好地反思与批判现代教育的弊端，才能找到解决现代教育问题的策略与方法。其次，要了解我国教育改革与发展的问题，并从现代性的角度加以剖析，努力找到其现代性根源。再次，要运用过程哲学与建设性后现代原理与方法论解决发现的教育问题，提出系统的建设性后现代的解决方案、策略与方法。我们从 2006 年开始学习与研究怀特海的过程哲学和建设性后现代哲学思想，就是这样一路走过来的。10 年来，经验告诉我们，掌握过程哲学与建设性后现代哲学的基本原理是基本功，有一定难度，不过，只要专心致志地阅读与思考，收获会很大。为了让有兴趣了解与学习过程哲学和建设性后现代教育的同人更方便地阅读，我们把这几年来有代表性的论文集成本书。这里有对怀特海过程哲学的解读与学习启示，有对建设性后现代的理解与运用，也有对建设性后现代教育的设计与构建，对学习和研究建设性后现代教育具有重要参考价值。

非常感谢尊敬的小约翰·柯布博士、大卫·格里芬博士、王治河博士、樊美筠博士、杨富斌教授、吴伟赋教授、曲跃厚教授、李长吉教授、于伟教授、李方教授等所有著者和译者的大力支持与帮助。这种支持一直是我们前进的重要力量。

温恒福
2015 年 8 月 17 日于哈师大

目　录

CONTENTS

1. 为什么需要学校?

Why School?

小约翰·柯布　樊美筠（译）

[John B. Cobb, Jr., Fan Meijun (Trans)]

【作者简介】小约翰·柯布（John B. Cobb, Jr.）1925年生，男，博士，美国著名后现代思想家、生态经济学家、过程哲学家、建设性后现代主义和有机马克思主义领军人物，美国中美后现代发展研究院院长和过程研究中心创会主任，现为美国国家人文科学院院士，发表著作40余部，是一位具有世界影响的后现代思想家。他既是世界第一部生态哲学专著（《是否太晚?》）的作者，也是西方世界最早提出"绿色GDP"的思想家之一。其主要代表作有《是否太晚?》（1971）、《超越对话》（1982）、《生命的解放》（1990）、《可持续性社会》（1992）、《可持续共同福祉》（1994）、《地球主义对经济主义的挑战》（1999）、《为了共同的福祉》，《后现代公共政策》（2003）。他与其学生格里芬等合著《建设性后现代哲学的奠基者》《后现代科学》《后现代精神》。他与世界著名生态经济学家、世界银行著名经济顾问赫尔曼·E.达利合写的《为了共同的福祉——面向共同体、环境和可持续未来的经济》一书曾获美国国家图书奖（该书中文版于2015年由中央编译出版社以《21世纪生态经济学》为书名出版）。

这里我要谈的是"为什么需要学校"，而不是"为什么需要教育"。如果我们对教育的理解更广一些的话，那么，教育就是人类生活中极为重要的部分。无论在哪里，行为举止都不是由基因决定的，上一代必须教育下一代，即为了下一代能够继续存在下去，教给他们技能或向他们提供必要的信息。这适合于所有人，因为人最显著的一个特征就是有一个较长的儿童阶段。

但是学校却不同。千百年来，人类没有类似的体系却也存活下来了。即使在几百年前，地球上的大多数人没有学校也行。今天有些人仍然如此。

在现代世界，许多人理所当然地认为就学是一件好事情，那些进学校的人常常做得更好。大多数政府要求家长必须将孩子们送到学校去。在美国，尽管允许但也并不鼓励在家学习，而且要求家长们用与学校教育差不多相同的方式教孩子们学校要教的知识。

而且，社会高度评价学校，大多数人认为待在学校的时间越长越好。基本上，现在所有人都必须完成高中教育。社会还鼓励高中生在毕业以后至少在学校再多待两年。四年制的大学教育被极力推荐给几乎所有人，只有研究生学习还保留了一点自由的选择。

在世界上的许多地方关于学校好处的假设都根深蒂固，在那里，对教育的讨论常常变成如何改善学校，更激进的探讨者们有时还向当代学校教育的一些目标提出挑战。然而大多数的讨论则是关于如何更好地实现改善学校的目标。

另一方面，后现代思想家们质疑现代的这些假设和体系。因此我们会追问，为什么需要公立学校？我们对它们的期待是什么？为什么它们如此重要？它们提供了我们期待的东西吗？它们是否就是实现这个目标的最佳方式？社会是否还有其他更重要的需求？学校是否是满足这些其他需求的最佳工具？

一、对学校历史的一些评价

获得一个对目前建立起来的东西进行严肃追问的视角的最佳方式是通过回顾历史来考察它。本文无意在短短的篇幅里尝试涵盖学校全部的历史，但我将对西方所发生的事情进行一些广泛的概括。对中国所发生的事情，你们中的许多人都比我知道得多，因此，我不会冒险对它做出任何的评判。然而，根据我的印象，中国目前的学校体系更多的是反映西方学校的历史，而不是中国自己教育的历史。

许多文化中的大多数人直到现在都并不需要学校教育。在他们的家庭中，他们通过参与社区的方式，也经常通过学徒制，学习如何在社会中发挥作用并成为其中有责任感的一员。大多数人并不需要知道如何书写与阅读。

然而，当城市出现时，文字记录与沟通就变得重要起来了。与此相应，社会就需要一些人成为有文化的人。虽然可以从导师或家庭教师那里习得读写能力，但是，随着对这种技能的人的需要不断增加，类似学校的机构就成为一个有效的教育手段。

对读写能力的需要常常与宗教有关。牧师神父们的威望与神秘一部分就源于他们掌握着信息，而这些信息是大多数人无法获得的。书写能够积累更多的信息，远超以前只是依靠记忆所获得的信息量。

政府需要法律系统和管理系统，而这些都需要书写记录。随着贸易的增长，商人也需要文字记录。因此，读写能力变得更为重要。随着对读写能力的需要，对教师的需要也相应增加了。集体的教学导致了学校的出现。

因为这些原因，学校的历史差不多与文明史相连。虽然只有少数人进了学校，但他们扮演着重要的角色。西方文明主要源于以色列和希腊，因此我这里尝试来对它们做一点概括。

在以色列，随着宗教的发展，出现了犹太教会堂。对宗教的虔诚，必然需要信徒知道上帝对他的要求。这个信息在耶路撒冷的寺庙里并没有被传送，它是在当地的集会上传播的。虽然一个人不需要阅读法律文件就可以获得法律上的指示，但人们还是高度评价一个人自学的能力。在学校学习法律，包括学习如何阅读法律，对于那些超越他们特定的社会角色的限制的人来说，就是有价值的。当地社区及犹太教堂的领袖们就被称为教师，即拉比。

通过宗教改革，也出现了类似的发展。在中世纪，传教士们在学校获得教育，但是大多数普通人却不是这样。罗马天主教认为，通过那些在学校获得《圣经》知识的人能够最好地维持它的统一与权威。在教会里，存在着一些希望人们能够直接接触《圣经》手稿的人，他们认为教会滥用了这种垄断而且欺骗了它的普通信众接受上帝的真实的信息。许多基督徒从天主教中分离出来以示抗议。这些新教徒将《圣经》翻译成普通民众可以理解的语言，并建立了学校教人阅读。

在雅典，是政治而不是宗教成为学校发展的动力。民主的发展要求所有的市民识字。当然，事实上，那些参与到政府中的市民们远不是人口中的大多数人，妇女与奴隶们是被排除在外的。然而，民主像宗教的一些形式一样，使扫盲的需要变得更广泛，远超于工作的需要。

由于决策是通过公众辩论和选举进行的，辩论的技巧和说服的能力就变得特别重要。权力有赖于在演讲中影响公众的能力，所以，被称为"智者"的教师阶层出现了，他们教授那些野心勃勃的年轻人修辞学，这因而造就了修辞批评家，他们寻求智慧而不是权力，因此产生了哲学。围绕着智者与哲学家，学校发展起来了。

希腊也发展了被称为博雅教育的广泛的课程。这表现了他们对其文化的骄傲，希望将它一代一代地传下去。与在以色列学习上帝的法律和在雅典学习修辞学不同，在博雅教育的学习中，对发展人类文化生活的能力来说，学校可能会很重要。

虽然中世纪教会并不青睐通识教育，然而它创建了许多伟大的大学。对于精英们来说，它是博雅教育的继承。此外，对于专业学习来说，它发展了超越于博雅教育之外的详尽的学习项目。这些专业人员是神职人员、律师、教师和医生。因为他们学有专精，这些专业中的每个人都受到尊重，在社会中享有自治权。例如，人们期待着医生建立医学实践的标准，并且强制执行这些标准。他们既不受政治的控制，也不受经济的控制，更不受系统的控制。高等教育的作用就在于产生和支持这些专业。

大学的中世纪版本一直持续到现代。事实上，在整个18世纪，建立于中世纪的大学特别地享有崇高的威望。大家可想到牛津大学、剑桥大学和巴黎大学。四年制的博雅学院在整个美国四处开花，它们常常是由教会建立的。其中一些发展成为大学主要是因为博雅教育受到研究生专业研究的大力支持。

在美国，职业教育受到公立学校运动的支持。这包含着希伯来新教徒对阅读《圣经》的考虑，也包含着希腊对民主的考虑。扫盲是需要的，但是在19世纪，却有着更为迫切的需要，即将来自许多国家的移民变成美国公民。这包括确保英语成为国家语言，但公民需要将自我荣耀的美国历史内化，他们也需要理解美国政治体系的本质，知道如何参与其中。判断公立学校成功与否的标准就是看它是否将不同民族背景的人变成爱国的且相信美国例外主义的美国人。

在19世纪和20世纪初，在美国，对于学校的理解是被公立学校、与教会有关的博雅学院以及其他大学专业毕业生所主导的。当然，这里还有其他的学校，如培养精英的私立学校和那些不能支付教会相关学院要求的学费的学生可上的公立大学。事实上，还有许多其他的大学，它们致力于培养人们从而能够胜任某种具体的工作，如教师学院、农学院和矿业学院。

同时，在欧洲，柏林大学强调对知识本身的追求，有时它被称为第一所现代大学，它离博雅教育以及其他类型的职业教育的形式越来越远。大学的任务就是支持对新知识的追求，它的目标是倡导研究。为了实现这个目标，它开始界定 Wissenschaften（学问）或者学术科目，根据这种界定，学者们同意其研究方法与对象，以使得集体将知识的疆域拓展得更广成为可能。

在美国，研究型大学获得巨大的威望，大学扩大其研究生项目。根据这种模式，它们与专业学校明显地区别开来。它们可以授予博士学位。学生在一个学科领域内做研究，就可获得这种学位。

二、学校在哪里出了错

迄今为止，我所描述的一切都不是无的放矢。学校有可理解的社会功能，或者至少是个体的功能。人们对于去学校或者在学校待更长时间并不会感到任何压力。然而，现在我要谈谈学校是如何被滥用的。

第一，博士学位只是表明有做研究的能力。这种研究能力有它的价值。如果博士学位是在相关的问题领域做研究的方式，这是可以理解的。有时候情况确实如此。显然，确实应该有什么机构或体系培养人的研究能力。

第二，博士学位成了在大学教书的执照。他们任教的大学并不是研究机构，而是博雅学院。这些学院的目的在于教授那些可以帮助人们在社会中生活得好并参与到其文化中的东西。理想地说，这些学院的毕业生应该是社区的领袖，即那些设立道德与趣味标准的人，他们中只有极少数能成为专业的研究人员。将一个为不同的意图设计的学位作为教授博雅知识的权威来运用，是学校自我解构的第一步。

一些通过展示他们的研究能力而获得其在大学教书权利的人现在成为博雅学院中的优秀教师。为了教授他们的学生需要的知识，他们自己做了一些准备与调整。而这种结果却与他们获得学位的方式无关，也不是在大学里培养出来的。绝大多数获得博士学位的人都认为高等教育的目的就是为人们开展研究做准备。博雅学院增加的课程使博雅教育中断，成为进行多种学科研究的敲门砖。

博雅学院陷入了一些并不是它们本身造就的一个体系。它们在选择其教师时需要优秀的标准，但博士学位则是唯一的一种可能的标准。它们不得不聘用那些并不是专为教授博雅知识而准备的人当教师，然而他们并不是无辜的被牵连者，他们参与了这种转换。在对名声的寻求中，他们奖励那些教师只是因为他们在其领域会做研究，他们并不是合格的教授博雅知识的教师。

长期这样做的后果就是博雅学院教的博雅知识越来越少，越来越多的优秀学生学习专业学科以准备以后进入研究生阶段。学校教育在生活准备与培养社会领袖方面做得越来越少，在培养学生的专业化和研究方面却做得越来越多。其他可以选择的项目也指向专业学校，这些学校也是根据对学科的熟悉程度而不是文化发展来建立其录取标准。

我强调了这个体系的循环特征。授予那些做过研究的人博士学位导致了这些教师认为研究是最高的目的，它要高于他们的学生。因为在学术领域显然不需要数量巨大的研究人员，大学同样也为专业学校准备人才。在后者，这种准备中断了人的发展的教化，并成为对专业学科的入门介绍，这些学科认为专业学校更重要。如果我们认为研究是职业的一种，我们可以说那些曾经的博雅学院现在大部分都成了专业学校预科。这些专业不再是那些能够引导社会和管理自己的教化人的自我指南，他们现在只是那些为能够支付他们薪金的人打工的专家的组合。

我认为，在这些变化中我们损失太多，虽然这种学校仍然还具备某种社会功能。问题在于，为人们做专业准备的学校教育成了每个人的标准和理想，尽管社会中的许多工作并不需要这种准备。在学科中的预先的专业化的学习就某些方面来说对研究是有用的。如果意识到这一点，向那些并不需要进入这些专业学习的人推荐其他种类的教育，那么我不会将它称为系统的滥用。这种类型的学校在一个经济社会中是有它所扮演的角色的。

让我们来回顾一下这种情形。大学教育被认为是一个合适的准备，以帮助人们在社会中有一个好的生活。人们告诉年轻人，这种教育可以改善他们在社会中的经济地位。大学教育的标准形式是为研究做准备，因此大家都在追求这种教育形式。事实上，社会只需要利用大学中所教技能的极少部分，因此，许多年轻人并不需要进大学就可以找到工作，在经济上支持自己。这意味着，预先的专业项目只应该推荐给那些愿意进入专业领域的人，另外的年轻人从高中出来后，就应该直接去劳动力市场，或者去不同类型的学校。

现在需要注意的是，如果大学仍然教授博雅知识，就不会出现这个问题。原则上，学习博雅知识是为了更完全的和更丰富的生活，是为了提高人的社会领袖才能，拥有这种经验的人越多越好。幸运的是，许多大学并没有完全放弃这些人文的功能。然而，大多数学生被鼓励去大学是为了提高他们的经济地位。这是从博雅教育向预先的专业培训的转变，它因此导致了鼓励每个人都进大学的这种谬论。

问题并不在于简单的浪费所涉及的资源。其系统本身是破坏性的，获得去最好的大学学习的机会充满着激烈的竞争。学校系统所教的就是追求对大多数人来说只有极少价值的目标的竞争，在这种竞争中，绝大多数人都不能梦想成真，不只是他们学习竞争，而且他们也意识到他们自己就是失败者。

目前这种学校系统的滥用就是资本主义社会所形成的意识形态占主导地

位的结果，我称它为经济主义。在一个经济至上的社会，每一个个体的目标就是尽可能地获取更多的财富。在这个系统中仍然存在张力，对财富的追求还没有将对知识的追求连根拔起。某些知识类型对财富贡献极大。因此，致力于研究的体系很适合资本主义体系。尽管研究型大学最初产生是为了在所有的领域产生知识，但资本主义却将兴趣局限到极小的领域。教师们普遍相信研究是为了研究本身，但资本主义价值中立的研究的背景事实上限制了研究的领域。

学校增多是因为州政府的资助，州政府对学校予以资助是因为政府假设学校可以对本州经济做出贡献，州政府通过在大学中分配资金来表达这个判断。如果一项研究可以为大学带来经费，那么这种研究就会得到极大的关注。大部分的研究是为了军事、工业和医疗。这种研究的成果正在成为富人获取军事力量和经济利益的知识。

一方面，我们有那些普遍认为研究是最高的人类活动的教师，他们衡量成功的标准主要是其领域里的学生最后有多少成为研究者；另一方面，他们的绝大多数学生来上课是为了经济上的成功。因此，对大学的资助变成了它对经济利益的追求。两者之间的断层是巨大的。

三、回归常识

针对这种情形，实际上资本主义的逻辑会恢复某种常识。我们对那些对经济没有贡献的学校教育的支持越来越少，这种趋势随着大学教育并不能确保更好的工薪越来越明显，愿意为此支付学费的年轻人会变得越来越少。而那些为工作机会直接准备人才的学校会变得更重要。当然，越来越多的学校教育将通过网络完成。

它甚至会变得比现在更清楚，在目前的资本主义社会中，学校只是为了服务于经济而存在。社会是否需要有其他目的的学校存在这一问题的产生将不可避免。后现代主义者希望现在来讨论这个问题。

第一个问题是社会除了经济外是否还需要其他的目的。第二个问题是学校是否帮助满足它的这些需要。

对于建设性后现代主义者来说，对第一个问题的回答是肯定的。经济的秩序应该是服务于社会而不是主宰社会。这个需要就是形成生态文明的需要。这个要求不同于那些有益于资本主义经济体系的技能与知识，如它要求我们学习如何与他人和自然界和谐相处，这与学习如何竞争更有限的资源与机会大相迥异。

学习在一个生态文明中如何创造和生活，这显然要求公立学校不能只是开展具体的工作培训。对于很小的儿童，学校常常是一个学习如何与大家相处的地方，学校能够成为学习集体合作解决真实问题的地方。小组参与，不是互相竞争而是对共同目标做出独特贡献，这种形式可以帮助儿童生活在一种生态文明之中。

显然，现在在公立学校中所学习的某些知识对于生活在生态文明中是需要的，已经有一些实验帮助儿童理解和欣赏他们生活中的自然背景，这一点对所有人都将变得日益重要。他们同时也需要学习根据评估对生态文明的贡献来选择技术。

如果从早期就对社会的复杂性有所感受，那么儿童今后将获益匪浅，因为许多工作需要与更大的范式相结合。人们鼓励他们通过表现其天赋与兴趣来思考自己会有机会对整体做出贡献。人们也帮助他们理解这些贡献都是重要的，虽然一些贡献与另外一些比较起来可能更可见或者有更高回报，但成功包含着实现一个人的合适的理想。这一点不是在互相竞争中而是在互相支持中实现的。

如果需要评估学生，那么这种评价应该根据合理的目标以及朝向这个目标的进步来进行。这些目标既包括对社会做出经济上的贡献的能力，也包括帮助作为一个整体的社会在可持续的与和谐的发展方式上发挥作用的能力。教师们也应该被评估，根据他们是否帮助学生创造性地一起工作以及学生对生态文明做出贡献的准备程度。教师们像一个团队那样一起工作，以改善作为整体的学校文化及学校与当地社区的关系，这种工作方式也应该受到鼓励。

如果我们转向高等教育，我们需要减少对"高等"一词的强调。在学校里继续长期待下去，本质上并不是一件好事。但是社会的一些需要也许要求更广泛的准备，因此这种在校时间的延长应该基于学生个体的兴趣和他们对具体学习的态度。如果一些学生想进入那些有益于生态文明的研究，他们应该受到鼓励。录取他们的标准不应该在于是否交得起学费，而在于是否与年轻人的兴趣以及更大共同体的需要相一致。

后现代学校体系需要教师，所以这里应该有培养教师的学校。他们中的少数将准备教那些想学习如何研究的学生，大多数将准备教那些希望以不同的方式对生态文明做出贡献的学生，其他的一些将学习如何更好地帮助人们做特殊类型的工作。和社会中的其他人一样，他们将学习思考他们自身在他人的支持下以及支持他人如何做出独特而重要的贡献。

　　显然，我是一个乌托邦主义者。我忽视了竞争的一些积极方面。如果一些学生团队被分配一些工作以完成整体目标，争取去完成团队的任务和做最好的自己也许就是健康的，那些在竞争中获胜的团队也许会受到集体的表彰。然而，在目前的背景下，重要的是强调现在被主要忽视的方面。

　　我的主要观点是：我们的社会正在误入迷途，而学校显然也参与其中，简单地帮助他们改善工作或者引入一些边缘或另类的方式以满足他们的需要也许是有意义的。但是，只有重新思考他们的合适的目标和将能量都集中到实现这些不同的目标上，学校才会对目前人类状况有建设性的贡献。

[本文最初发表于《深圳大学学报（人文社会科学版）》2014年第4期，此次有增减]

2. 生态文明大学的愿景

Toward an Ecological Civilization University

小约翰·柯布　胡秀威（译）

［John B. Cobb, Jr., Hu Xiuwei（Trans）］

几千年来，社会出于各种不同的目的建立了许多先进教育机构。在中世纪的西方，教育的目的具有人文性。人文课程被认为是教育机构用于培养成熟而富有智慧的社会领导者的课程。这在古希腊早有先例。我想，西方的这种（博雅）教育与中国的古典教育相类似。西方的人文课程是由西方传教士引入中国的。

然而，随着基督世界的瓦解和随后的民族国家走向主导地位，大学成了为国家培养服务人才的场所。这种服务不仅直接体现在政府机构，而且体现在学校、企业、农业、林业和矿业等领域。现在仍有一些大学在从事这方面的人才培养。我想，在中国，人文课程也被认为是培养为国家服务的人才最合适的课程。

在反思人文课程的基础上，人们对处于较低地位的实用课程开始进行研究，这样就出现了近代研究型大学。在此人们认为，大学的功能应当是促进学术和科学的进步。当然通过知识扩展，大学也获得了某些实际利益，但是，大学关注的焦点仅仅是在知识扩展上。为了促进知识扩展，大学同时设立学术课程与实用课程，目的是促进知识在不同领域的共同进步。各种课程的设立将学生引向不同学科的知识领域和研究领域。

这些大学在多种意义上是保持价值中立的。人们不会根据大学对学生、政府、经济部门和意识形态部门等的受益情况而评价大学的业绩。大学的一个目标就是提高信息传授和理解的精确性。研究成果保持价值中立的含义是，研究者应当把个人的信仰、喜好，甚至是把对研究结果的精确性的追求放在一边。

这些大学在向信息库储存人类社会和自然界的知识方面做得很成功。这一成就是通过运用科学与技术的手段来实现的，它改变了世界。当中国决心要在这些方面赶超西方的时候，他们明智地选择了这个模式。

然而中国和世界都为此付出了高昂的代价。因为教育和研究是昂贵的。有些教育和研究经费不得不从公共经费中支出，但是还不够，仍然需要其他的经费来源。由于先进的知识是大学追求的唯一目标，那些拥有经费的人可以自行决定进行何种领域的研究，并以此强化教学。在美国，军人和法人的利益是最重要的。

另外，由于不能把大学的人文性目的直白地告诉学生，所以学生进入大学的目的就转向了追求经济利益。因此，美国"价值中立"的大学就成了为帝国主义和资本主义制度服务的工具。虽然中国大学办学的目的不尽相同，但是我想，许多青年人上大学的主要原因就是想利用这个机会改变他们的经济状况。

建立价值中立大学的最高目标就是提升人文精神和民族精神，这种提升取决于经济的增长和技术的创新。现代研究型大学在 19 世纪初建立的时候就体现了这方面的意义。

我们深知，经济的增长正在将世界引向生态灾难。这种灾难不仅表现在环境的质量在下降，而且表现在适合人类居住的空间在减少。将高等教育所有可利用的资源都用于大学的研究来支持经济的可持续发展，只能说明对大学的服务功能的深层思考还存在着缺陷。我们认为应该是时候了，而且早就应该建立一些能够研究生态文明的大学以及能够促进生态文明进步的大学。

美国大学的经费在不断缩减，法人的控制在不断加强。我们希望生态文明这个主题能吸引人文大学的关注，希望研究型大学也要建立生态文明的研究机构来从事相关研究。但是对一所新大学来说，能否围绕这方面进行研究希望还很渺茫。

我们把希望寄托于中国。中国政府已经制定了建立生态文明国家的目标。然而可以看出，这个目标并不容易实现。建立生态大学的必要性在于明确生态文明的含义是什么，以及如何实现生态文明。

显然，如果这是一个全球性运动的话，某些国家就可能响应并有所行动，这种大学也可能在一开始就能够对来自世界各地的学生和员工充满热情。这种大学在筹划阶段，还能接受来自国际专家顾问团的参与。总之，因此而发生的一切将会引起国际社会的关注，将引起世界其他国家生态文明运动的开展。

由于价值中立的研究型大学的学术课程和机构的设立是出于不同的目的，因此新大学的规划不应当把课程设置看成是顺理成章的。一个真正可持续发展的社会，绝对不能将社会的经济、农业、社会学、人类学、政治理论、宗教、心理学、教育理论、法律、制度思想、历史和哲学等诸领域发展的学习和讨论分割开，这些课程的实施者应尽他们所能将其进行综合。但从超学科角度提出的问题是，谁具有这样的能力帮助人们做到这一点。

对这种大学创建的设想和课程设置的设想有助于我们理解世界的整体概念，以及我们国家的发展方向。中国领导者的威信在第三世界国家高于西方国家的领导者。事实表明世界对这种生态文明教育的依赖程度是有限的。我们希望几年之内，各国之间能达成共识，出台建立生态文明大学的方案。这个方案对课程设置的需求很有可能将导致中国乃至世界其他国家高等教育的彻底变革。

3. 为什么应该抛弃现代性？

Why Should We Abandon Modernity?

大卫·格里芬　马季方（译）

[David Ray Griffin, Ma Jifang（Trans）]

【作者简介】 大卫·格里芬，男，1938年生，美国著名过程哲学家、建设性后现代主义主要代表人物，现任美国中美后现代发展研究院副院长、美国过程研究中心主任。其主要学术著作有《后现代科学》《后现代精神》《物理学与时间的终极意义》《建设性后现代哲学奠基者》《为了危机中的星球的后现代政治》《两种伟大的真理》《返魅何需超自然主义》《怀特海另类后现代哲学》等。他曾获诺贝尔和平奖提名，2012年曾访问中国，发表演讲《生态文明：拯救人类文明的必由之路》，该演讲发表后被《新华文摘》全文转载。

"后现代"一词近些年来迅速传播，这说明，人们越来越不满足于现代性，并且开始感觉到，现代不仅有一个开始，还可以有一个终结。尽管直至最近，"现代"一词还几乎总是被用作赞誉之词或是当代的同义词，但人们越来越强烈地感觉到，我们可以而且应该抛弃现代性，事实上，我们必须这样做，否则，我们及地球上的大多数生命都将难以逃脱毁灭的命运。

人们不再把现代性看作是所有历史一直苦苦寻求以及所有社会都应遵守的人类社会规范，而越来越视之为一种畸变。我们认识到，传统社会已持续几千年，而现代社会能否存在100年还是个问题，因而人们开始对传统社会的智慧予以新的关注。同样，现代主义这种世界观越来越不被人们认为是"终极真理"，而所有不同的世界观都曾被现代主义自动地认为是"迷信的"。现代世界观逐渐被当作众多的世界观之一来对待，它对某些目的来说有用，对另一些目的来说则无益。

尽管19世纪以前曾发生过反现代运动，如始于19世纪初浪漫主义者和卢德派的反现代运动，但后现代一词在今天广泛而迅速的传播说明，目前的反现代情绪比以往任何时候都要普遍和强烈。它还包含了这样的含义，那就是要想成功地战胜现代性，就必须跨越它，而不是试图恢复到世界的前现代的形式中去，如果说"后现代主义"这一词语在使用时可以从不同方面找到共同之处的话，那就是，它指的是一种广泛的情绪而不是任何共同的教条——一种认为人类可以而且必须超越现代的情绪。

后现代一词除了蕴含着上述情绪之外，它还有许多其他含糊不清的用法，其中有些用法与另一些用法是相矛盾的。例如，在艺术和文学领域，后现代主义不仅代表了这种普遍的情绪，而且还包含了19世纪和20世纪初流行于艺术文学领域的这一狭义范围内的一种反"现代主义"的特定反应。后现代建筑又是与后现代文学批评大相径庭的。在某些领域，后现代一词被用来指称一种有时被人们称作新时代形而上学的各种思想和体系的混杂物，尽管许多这种思想和体系更可称为前现代的，而不是后现代的。甚至在哲学领域和神学领域，后现代一词也代表了两种截然不同的立场，本丛书将论及其中的一种。每一种立场都试图从以17世纪的伽利略—笛卡儿—培根—牛顿的科学为基础的世界观出发来超越现代主义，同时又试图通过与这种世界观互为条件的世界秩序来超越现代性。但这两种立场超越现代的方式是不同的。

与文学艺术的后现代主义密切相关的是哲学的后现代主义，它发端于实用主义、物理主义，代表人物为维特根斯坦、海德格尔、德里达以及其他一些近期的法国思想家。如果用这一运动中特殊派别的话来说，它可被称为解构性的后现代主义或消除性的后现代主义。它以一种反世界观的方法战胜了现代世界观；它取消或消除了世界观中不可或缺的成分，如上帝、自我、目的、意义、真实世界以及作为与客观相符合的真理。由于有时受拒斥极权主义体系的伦理考虑所驱使，这种类型的后现代思想导致了相对主义甚至虚无主义。因而它还可被称作超现代主义，因为它的消除是将现代前提运用于其必然结论的结果。

与此相反，本丛书中的后现代主义均可称作建设性的或修正的后现代主义。它试图战胜现代世界观，但不是通过消除上述各种世界观本身存在的可能性，而是通过对现代前提和传统概念的修正来建构一种后现代世界观。建设性或修正的后现代主义是一种科学的、道德的、美学的和宗教的直觉的新体系。它并不反对科学本身，而是反对那种允许现代自然科学数据单独参与建构人们世界观的科学主义。

这类后现代思想的建构性活动不仅仅局限于一种修正后的世界观，它同样是关于一个与一种新的世界观互倚的后现代世界。一个后现代世界一方面将涉及具有后现代精神的后现代的个人；另一方面，它最终要包含一个后现代的社会和后现代的全球秩序。超越现代世界将意味着超越现代社会存在的个人主义、人类中心论、父权制、机械化、经济主义、消费主义、民族主义和军国主义。建设性后现代思想为我们时代的生态、和平、女权及其他解放运动提供了依据。它同时强调，范围广泛的解放必须来自现代性本身。然而，与前现代相对的后现代一词强调的是，现代世界已取得了空前的进步，不能因为反对其消极特征而抛弃这些进步。

从解构的后现代主义者的立场来看，这种建设性的后现代主义仍无可救药地属于陈旧过时的观念，因为它不仅希望保留现代性中至关重要的人类自我观念、历史意义和符合论真理观的积极意义，而且希望挽救神性的实在、宇宙的意义和附魅的自然这样一些前现代概念的积极意义。然而，从它的拥护者的观点来看，这种建设性的后现代主义不仅对我们的经验来说是足够的，而且是真正属于后现代的。它没有单纯地将现代性的各种前提运用于其必然的结论中去，而是对这些前提进行了批判和修正。由于它重新回到了有机论并接受了非感官感知，它愿意从曾被现代性所拒斥的各种形式的前现代思想和实践中恢复其自身的真理和价值观。这种建设性的、修正的后现代主义是现代真理和价值观与前现代真理和价值观的创造性结合。

本丛书的目的不是试图创立一种运动，以帮助塑造和扶持一个已经存在的运动来证实现代性可以而且必须被超越。但是，那些从前兴起的反现代运动没能改变甚至是阻止现代性强大的势头。那么，我们预计目前的运动能够取得成功的依据是什么呢？第一，从前的反现代运动主要是号召回到前现代社会的生活和思想方式中去，而不是呼吁向前进步；而人类的精神是不能够后退的。第二，从前的反现代运动要么拒斥现代科学，对其轻描淡写，要么就是从根本上假设它是合理的，因而，这些运动所号召的基础只能建立在现代性的消极的社会和精神后果之上。而目前的运动把自然科学本身当作反现代世界观合理性的根据。第三，对现代性及其世界观在社会上和精神上的毁灭性，目前的运动比以往任何运动都揭示得更加透彻。第四，也许是最与众不同的，目前的运动意识到了现代性的持续危及了我们星球上的每一个幸存者。随着人们对现代世界观与现代社会中存在的军国主义、核问题和生态灾难的相互关系的认识的加深，这种意识极大地推动了人们去认识后现代世界观的特征，去设想人与人、人类与自然界及整个宇宙之间关系的后现代方式。正因为如此，先前那些反现代运动的失败并不能说明目前的运动不可能取得成功。

这一运动的支持者们并非天真地、乌托邦式地相信，这一运动的胜利将给整个社会带来普遍持久的和平、和睦和幸福，所有精神上的难题、社会冲突、生态灾难以及痛苦的抉择都将随之消失。毕竟，人们深信，世界诸宗教所揭示的人类内心深处的超文化的邪恶倾向是存在的，这是一个深刻的真理。因而新的范式以及新的经济秩序、新的育儿实践或任何其他的社会活动，都不会即刻消失。而且，人们曾正确地宣称："生命就是抢劫"——激烈的竞争是有限存在的固有特性，没有任何社会—政治—经济—生态秩序能够推翻它。这两条真理提醒我们，不要抱有任何不切实际的希望。

然而，这种对"宇宙永恒不变的事物"的呼吁不应使我们顺从于现存的秩序，好像这种秩序是合理的。通过一种世界秩序及其世界观，人类的邪恶倾向和冲突性竞争（特别是生态破坏）可以得到极大的抑制和减缓。现代性使这种倾向加剧到了人们无法想象的地步。因而，我们可以非常现实地企盼一个比我们的现实更加美好的、没有危险倾向的世界秩序。

[本文是大卫·格里芬先生的《后现代科学》一书序言，题目由王治河先生拟定]

4. 怀特海过程哲学概述

Overview of Whitehead's Process Philosophy

杨富斌（Yang Fubin）

【作者简介】杨富斌，男，1958 年生，哲学博士，美国克莱蒙研究生大学过程研究中心高级访问学者，北京第二外国语学院国际法学院教授、校学术委员、研究生导师，兼河北工业大学研究生导师、中国过程学会副会长、北京市法学会旅游法学研究会会长等。其主要研究方向为现代西方哲学等，承担"怀特海过程哲学研究"等国家和省部级课题多项，出版《现代西方哲学方法论》《过程与实在》等专著、译著多部，发表学术论文多篇，是我国过程哲学研究专家。

西方著名哲学家怀特海创立的"过程哲学"（Process Philosophy）不仅是当代西方最重要的哲学流派之一，也是最具独创性、对现实影响越来越大的哲学流派之一。要深入了解和全面把握怀特海过程哲学要义及其基本精神，应首先了解一下怀特海的生平和著作及其思想发展脉络。

一、怀特海其人及其主要著作

（一）怀特海其人

在现代西方哲学家中，阿尔弗雷德·诺思·怀特海（Alfred North Whitehead）可谓是个兴趣广泛、思想独特，且在多种学科领域中颇有建树的大师级人物。这突出地表现在，他把数学家的严密与哲学家的智慧天才地融为一体，同时又在自然科学，尤其是理论物理学方面造诣颇深，有资格对爱因斯坦的相对论做出评论，甚至提出不同见解，从而集数学家、逻辑学家、哲学家、科学家、科学史家、教育家和社会学家于一身，这在 19 世纪后半期至 20 世纪中叶的现代西方哲学家和思想家中是极为少见的。因此，日本怀特海研究专家田中裕教授赞誉怀特海为"七张面孔的思想家"——数理逻辑学家、理论物理学家、柏拉图主义者、形而上学家、过程神学的创造人、深邃的生态学家和教育家立场的文明批评家，应当说，这个评价很中肯。

1861 年 2 月 15 日，怀特海出生于英格兰的一个田园城市——肯特郡萨尼特岛上的兰姆斯格特镇。他的家族是一个教育世家，其祖父、父亲、叔伯和弟兄们都在从事教育、宗教和其他地方行政管理工作，在当地很有威望。1815 年，他的祖父托马斯·怀特海（Thomas Whitehead）在 21 岁时便担任当地一所私立学校校长。1852 年，他的父亲阿尔弗雷德·怀特海（Alfred Whitehead）也在 25 岁时接任他祖父的职务。1860 年，在怀特海出生前夕，他的父亲被委任为英国圣公会教会的牧师，成为当地神职人员中一位很有影响的人物。这样的家庭氛围对怀特海毕生热衷于文化教育事业和关心人类精神生活具有深远的影响。而且，通过观察他的祖父、父亲、泰特大主教和当地其他有影响的人物，他无意识地看到了英格兰的历史，这是怀特海从小对历史产生浓厚兴趣的原因之一。另一个原因则是来自遍布这个地区的美丽的古代文化遗迹。宏伟的坎特伯雷大教堂使怀特海从小就魂牵梦萦；萨尼特岛或岛外不远的地方有许多历史遗迹，包括罗马人修建的里奇勒城堡（Richborough Castle），那高大的城垣，还有撒克逊人和圣奥古斯丁登陆的艾贝斯费特（Ebbesfleet）海岸，还有不远处敏斯特村精美的修道院大教堂，依然保留着罗马人石造工程的某种特色。圣奥古斯丁就是在这里做了他的第一次布道。

怀特海从 10 岁开始学习拉丁文，12 岁开始学习希腊文，同时他十分热爱学习数学和历史等各种相关知识。他喜欢博览群书，善于和同学们讨论问题。1875 年，15 岁的怀特海被父母送到当地一所有一千多年历史的著名中学——英格兰南端多塞特郡舍伯恩中学（该校建于公元 741 年）读书。这里历史文物更加丰富。据说阿尔弗雷德大帝（Alfred the Great，849—899）曾是这所学校的学生。学校占据着隐修院的建筑，校园以现存最宏伟的那些大修道院中的一座为界，院中有撒克逊亲王们的陵墓。在这所学校里，怀特海可以使用修道院院长的书房，在那里他阅读了大量他所喜爱的书籍。怀特海和他的同学们在寺院钟声回荡的环境中学习，再加上这所中学特有的鼓励学生进行学术讨论的风气，这一切都深深地影响了怀特海的一生。少年时期的这些经历对怀特海以后的学术研究具有深远影响，他的兴趣之广泛和历史知识之渊博，就连著名哲学家和思想家罗素都感到十分吃惊。怀特海在《自述生平》中写道，他从小经历的这些环境表明，历史传统是如何通过自然环境的直接体验代代相传地继承下来的。

1880 年，19 岁的怀特海进入剑桥大学三一学院学习，专攻纯粹数学和应用数学。他自己认为，在社交能力的培养和知识的训练方面，他得益于剑桥大学，特别是三一学院。他评论说，剑桥大学的正规教学由那些具有一流素质而又风趣的教师承担，他们出色地完成了工作。在剑桥大学学习期间，怀特海除了正常听课、听讲座等正规学习活动以外，还特别喜欢与朋友、同学或老师交谈和讨论。这种交谈，据他自己讲，一般从傍晚六点或七点钟正餐时开始，一直持续到大约晚上十点钟。在这种交谈之后，他通常还要再钻研两三个小时的数学。尤为值得一提的是，他的朋友圈子并不以学习科目相同来划分，他们讨论的题目也是各式各样的，包括政治、宗教、哲学、文学，怀特海对文学特别偏爱。这使他阅读了大量各种各样的书籍和报刊。到 1885 年获得研究生奖学金时，他已经能够背诵康德的《纯粹理性批判》的部分章节了。但是他很少研读黑格尔的著作。怀特海说，他曾经试着开始读黑格尔有关数学的一些评论，但读后发现黑格尔的那些见解毫不足取。后来，他又认为自己的这些想法可能有点儿愚蠢可笑。怀特海把当时剑桥大学的这些自由交谈学习法称为"柏拉图式的对话"，把剑桥大学的教学方式称为"仿效柏拉图式的方法"。

1885 年秋天，怀特海不仅获得了三一学院研究奖学金，而且还有幸被聘为三一学院数学讲师。1910 年他辞去了在剑桥大学担任的高级讲师职位，迁往伦敦。1890 年 12 月，他和年轻漂亮且智慧的女子伊芙琳·韦德（Evelyn Willoughby Wade）结婚。据他自己说，他妻子对他的世界观影响很大，所以他提到，这种影响在他的哲学著作中是一个重要因素。因为他一直生活在英国职业阶层生活的那种狭隘的英国式教育之中。职业阶层影响着高居他们之上的贵族，也引导着地位比他们卑微的大众，这一社会等级的盛行是 19 世纪英国取得成功与失败的原因之一。这是几乎未能载入英国历史的国民生活倒退的一个因素。而他妻子伊芙琳的背景与他则完全不同，伊芙琳具有军事和外交方面的经历，而且生活丰富多彩。这使怀特海逐渐明白，道德的和美学意义上的美是生存的目的；善良、爱和艺术上的满足是实现它的形式。逻辑和科学揭示相关的方式，也可以避免不相关的事物。

专攻数学的怀特海平生发表的第一部重要学术著作也是数学方面的，书名叫《泛代数论》（1898），因此他于 1903 年当选为英国皇家学会会员。约 30 年后（1931），他凭借从 1918 年开始哲学研究而取得的成绩当选为英国科学院院士。同年，他与已经发表了《数学原理》第一卷（1903）的伯特兰·罗素（Bertrand Russell）开始合作撰写著名的《数学原理》一书，用了八九年时间才得以完成。罗素起初是怀特海的学生，后来他们成为同事和朋友。像世界其他地方的人们一样，他们分享了各自的智慧。罗素是怀特海在剑桥大学时期生活中极其重要的组成部分。但是他们二人后来发现，他们在哲学和社会学方面基本观点并不相同，而由于兴趣不同，他们的合作后来就自然地结束了。后来在罗素修订《数学原理》相关版本时，怀特海明确表示不再参加。并且，当罗素介绍维特根斯坦给怀特海时，怀特海对维特根斯坦的语言哲学观点明显地有保留意见。

从 1911 年到 1914 年，怀特海在伦敦大学附属学院担任讲师。他的《数学导论》就是在那个时期完成的。从 1914 年到 1924 年，他在附属于伦敦大学的大学学院担任不同教职，后来又在帝国理工学院担任教授。在这段时间的后几年里，他担任该大学科学系系主任、教务委员会主任以及校务会成员。在长达 14 年的教学和管理工作中，处理伦敦大学问题的这些经验改变了他对现代工业文明中高等教育的看法。那时，社会上仍然流行对大学的作用持一种狭隘的观点。有牛津和剑桥的方式，还有德国的方式，人们对其他的方式都采取无知的蔑视态度。那些追求知识的工匠们、社会各阶层渴求知识的活跃的青年人，以及由此而带来的各种问题——所有这一切都是当时社会文明中的一种新的因素。但是当时的英国知识界却依然沉浸于过去。而伦敦大学在当时却是各种不同类型的教育机构的联合体，其目的是解决现代生活中人们面临的新问题。在那里，许多商人、律师、医生、科学家、文学家，以及行政管理部门的官员们，都把自己的全部或部分时间用来研究解决教育中出现的新问题，他们正在实现一种迫切需要的变革。正是这个有利于发挥个人潜能的生活环境和生活方式，这个阶段迫切需要的人们之间的爱、仁慈和鼓励，激发了怀特海的创造热情。在这期间，还由于受爱因斯坦的相对论和量子力学等现代科学发现在物理学领域乃至整个自然科学领域的重大影响，他陆续撰写和发表了科学哲学的三部重要著作——《自然知识原理》（1919）、《自然的概念》（1929）和《相对论原理》（1922）。

伦敦大学时期是怀特海一生学术生涯和行政工作中最繁忙的时期。然而，以研究数学和逻辑成名的怀特海却一直对哲学情有独钟，因而他在伦敦大学时期撰写了大量的哲学学术论文，并与许多哲学家和科学家建立了亲密的个人友谊。这为他后来应聘到美国哈佛大学讲授哲学奠定了基础。根据资料，如果没有这些朋友的大力支持和反复推荐，哈佛大学不可能会聘任他来校做哲学讲座教授。当年哈佛大学哲学系主持系务工作的伍兹教授（J. H.

Woods）为重振哈佛哲学系的雄风正在广罗人才，当时很有名望的哲学家柏格森、罗素和杜威等都是他们欲延聘的对象。1920 年 3 月 10 日，当伍兹给哈佛大学校长洛威尔（Lowell）提出欲聘怀特海为教授，主讲科学哲学时，洛威尔回答说此事务须缓缓进行，尽量不要作过多的许愿。而到 1923 年，由生物化学家劳伦斯·亨德森（Lawrence J. Henderson）再次向校长洛威尔提出聘用怀特海。亨德森教授曾借用柏格森的话这样评价怀特海：他是用英语写作的最优秀的哲学家。专门讨论科学哲学问题的"罗伊斯聚餐会"团体内的人都读过并喜欢怀特海的一些著作。他们一致强烈要求，哈佛应得到这样的人才。

因此，1924 年，在怀特海 63 岁从伦敦大学教授职位退休时，意外地收到来自美国哈佛大学哲学系的邀请函，请他前去主持哲学讲座，工作年限为五年。即将赋闲在家的怀特海便毫不犹豫地表示同意应聘，从此开始了他学术生涯的光辉一章，也是其一生最具创造力的乐章。他后来写道，他无法用语言充分表达哈佛大学校方、他的同事、学生以及他的朋友们给予他的鼓励和帮助。

尽管怀特海曾经是大名鼎鼎的英国著名哲学家、文学家和数学家罗素的老师，也是慧眼识珠，教诲并提携罗素成才、成名的"伯乐"，又与罗素一起撰写了"标志着人类逻辑思维的空前进步，被称为永久性的伟大学术著作"的《数学原理》，然而，他却没有像罗素那样在早年就红得发紫，经久不衰。与罗素形成强烈反差的是，怀特海是名副其实的"大器晚成"，尤其是在哲学研究和著述方面，直到其六十三岁到哈佛大学哲学系以后，他才开始系统阐发其多年来逐渐形成、多次与学生和同行讨论、久已酝酿在胸的独特哲学思想，并且似乎一发不可收。不顾有些人对其讲课风格的冷嘲热讽（例如，有人听了他的过程哲学讲座后，说他是"纯粹的柏格森主义者"，这在当时的美国哲学界无异于骂人，是对他讲课内容的全盘否定），他在讲演中把其深邃的过程哲学思想娓娓道来，并在讲演之后整理成著作出版，从而使人类的哲学思想宝库中有幸多了一份难得的哲学遗产。而且，需要特别提及的是，哈佛大学当初聘任他的目的是想请他讲授科学哲学，结果他讲授的主要是与美国哲学界占主导地位的分析哲学大相径庭的思辨形而上学。一开始听他讲课的人很多，后来越来越少，但哈佛大学一直宽容地让他讲下去。为此，世界哲学界、文化界和一切后辈学人应该感谢哈佛大学哲学系，以及哈佛大学自由宽容的学术研究氛围，否则，怀特海多年的哲学思考成果可能就失去了面世场合和机遇。

在哈佛大学时期是怀特海哲学创作最高产的时期。他的主要哲学著作大多是在这一时期完成的。他先是撰写了具有重要影响的科学哲学著作《科学与近代世界》（1925），这是他在哈佛大学分八次讲授的罗威尔讲座的讲义，由麦克米兰出版公司出版。继而，他利用应邀到爱丁堡大学主持研究自然神学的吉福德讲座（1927—1928）完成了他的形而上学鸿篇巨制——《过程与实在》，1929 年由麦克米兰出版公司出版。接下来，他又把在布林·毛尔学院、哥伦比亚大学、哈佛商学院、美国哲学学会东部分会等地所作的讲演整理为《观念的探险》一书，1933 年仍由麦克米兰出版公司出版。1934 年，他撰写的《自然与生命》一书由芝加哥大学生出版社出版，这是上一年度他在这所大学的讲演记录。这些讲演记录后来又收进《思维方式》一书中（1938）。1936 年，怀特海向阿特兰泰克月刊投稿《回忆》《哈佛及其未来》，后来这些著述收进其《科学·哲学论文集》（第三部）一书中出版。需要提及的是，在哈佛大学做教授的十多年间，由于他妻子的好客以及他本人善于与学生和朋友开展沙龙式的研讨，经常有大批学生、朋友和同事周末到他家做客，与他讨论和争论过程哲学等相关问题。据说，最多的一次参加讨论的人员近百人。正是这些睿智头脑的反复碰撞，使得怀特海过程哲学的思想越来越系统，其闪烁的智慧火花越来越亮。

1937 年，怀特海从哈佛大学退休。此后，他仍然笔耕不断，直至其逝世，这 10 年左右的学术活动成果均收入《科学·哲学论文集》中，于 1947 年作为纽约哲学丛书之一公开发行。1947 年 12 月 30 日，怀特海长眠于马萨诸塞州的坎布里奇，享年 86 岁。

（二）怀特海的主要哲学著作

怀特海一生可谓著作等身，在保罗·阿瑟·希尔普（Paul Arthur Schilpp）主编的《阿尔弗雷德·诺思·怀特海的哲学》一书附录中收录了怀特海自 1879 年至 1947 年间出版的各类学术著作，多达 99 种。其中，怀特海的主要哲学著作有《教育思想与科学的组织》（1917）、《自然知识原理》（1919）、《自然的概念》（1920）、《相对论原理》（1922）、《科学与近代世界》（1925）、《宗教的形成》（1926）、《符号论：其意义与效果》（1927）、《理性的功能》（1929）、《过程与实在》（1929）、《教育的目的》（1929）、《观念的探险》（1933）、《思维方式》（1938）、《科学与哲学论文集》（1947）等。此外，其晚年还撰写了两篇篇幅不长却非常重要的学术论文《数学与善》（1941）和《论不朽》（1941）。特别是其《自然的概念》

《科学与近代世界》《宗教的形成》《过程与实在》《教育的目的》《观念的探险》《思维方式》等专著以及《数学与善》和《论不朽》等论文，是研究怀特海过程哲学必须阅读的基本文献。

需要提及的是，在《观念的探险》一书序言中，怀特海将《科学与近代世界》《过程与实在》和《观念的探险》三本著作的内容和关系作了评价，指出"每一本著作都可以分开来读，但它们之间则是相互补充、相互生发的"。这三本著作"都力图要表达理解事物性质的某种方式，都力图要指出那些方式是如何通过对人类经验各种变化的研究从而得到阐释的"。

二、过程哲学的基本特征、基本内容和基本观点

关于怀特海过程哲学的基本特征、基本内容和基本观点，我们可以从两个视域进行考察。一是从外部来考察，即从怀特海过程哲学与其他哲学流派的关系方面来考察；二是从内部来考察，即从怀特海过程哲学本身的理论体系来考察。

这里，我们先从外部来考察。从怀特海过程哲学与其他哲学流派的关系视域，我们可以说，怀特海过程哲学是一种不同于迄今所有西方哲学派别的新的宇宙论和世界观，是西方哲学发展史上的革命性变革。做出这一判断的根据主要有以下几个方面。

（一）从与其他哲学的关系看过程哲学的基本特征

1. 过程哲学是一种不同于传统西方哲学诸流派的新哲学

（1）怀特海过程哲学不同于传统西方哲学中的机械唯物主义或形而上学唯物主义。不管不同的形而上学唯物主义者在具体观点上有何不同，他们在世界是由物质实体构成的这一根本观点上是完全相同的。怀特海过程哲学明确批判所有本体论或实在论上的实体观，认为世界在本性上或本质上既不能归结为物质实体，也不能归结为精神实体。实体实在论或本体论从根本上是错误的，因为世界在本质上是一个不断生成的动态过程，世界上的万事万物是一个不断生成的动态过程，任何存在要成为现实，就是要成为一个过程。这样，怀特海过程哲学给我们描述的世界图景，从根本上说，不是一个实体性的世界，而是一个不断生成、不断创新的动态过程世界。这样，过程哲学就从哲学本体论上回答了长期困扰西方哲学家乃至科学家（牛顿等人）的"第一推动力"或"不动的推动者"问题。

因此，怀特海明确批判近代以来在西方哲学界和科学界占统治地位的机械唯物主义观点，认为这种所谓的"科学唯物主义"根本不能真正说明世界的运动和变化，也不能说明世界上物质的东西与精神的东西的真正关系，更不能科学地说明人类的经验、灵魂何以产生、如何存在，尤其不能说明人类精神如何与物质的东西相互联系、相互作用的问题。而说明什么是完全现实的和人类经验如何出现，是怀特海哲学的中心任务。我们通常所讲的形而上学唯物主义的机械性、形而上学性和唯心史观三大根本缺陷，从根本上说，都是由于坚持这种实体实在论或本体论所造成的。而怀特海对机械唯物主义或形而上学唯物主义的批判，对过程实在论的系统论述，则使他的过程哲学与历史上所有这些实体实在论或本体论哲学区别开来。

（2）怀特海过程哲学也不同于西方哲学传统中的唯心主义哲学。唯心主义在一定意义上也是一种实体实在论，只不过它坚持这种实体是精神或观念而已。怀特海过程哲学认为，片面地以观念、精神、思维为本源，或者以精神实体、观念实体为根本实体来解释我们所面对的复杂世界，或者否认精神对物质的依赖性，认为观念、精神可以独立于物质的东西而存在，在根本上是十分错误的。如上所述，这样理解精神实体所遇到的理论困境，如同坚持物质实体论一样，根本无法说明物质的东西与精神的东西的相互作用、相互联系、相互影响和相互制约，而且在根本上也无法说明精神何以产生、何以能反作用于物质世界的问题。而在怀特海过程哲学看来，所有现实存在都既有物质极也有精神极。正因如此，宇宙才经过漫长的进化和发展，在一定历史阶段上使地球上产生了"宇宙最美的精神花朵"——人类精神。否则，人类精神的出现就只能归之于奇迹了。

（3）过程哲学还批判了以笛卡尔为代表的二元论哲学，坚持物质与精神并非相互独立的两个实体，而是内在关联的，统一于现实的存在过程之中。我们知道，在多数现代哲学中，物质和精神一直被严格地区分。笛卡尔教导我们要对物质和精神进行不同的形而上学思考。在怀特海过程哲学看来，忽视物质和精神的这种本质区别将会在哲学上误入歧途，但是应当把这种区别看作每一现实存在的两个方面，尤其是人类的任何活动中都存在着这两个方面，任何人类创造物也存在着这两个方面。当代西方哲学家波普把人类创造物中蕴含的精神内容称为"客观知识"或"客观精神"，这与怀特海的观点是完全一致的。在现实的人类活动中，实际上我们根本不能把物质和精神截然分开。因此，把物质和精神当作两种互不相关的实体，这正是现代西方形而上学哲学二元论的根本缺陷。怀特海坚持每一现实存在或现实发生都包含着物质性和精神性，尤为重要的是，不要忘记，灵魂、精神、意识虽然不同于物质性的身体，但根据过程哲学，物质和精神之间根本不存在二元论所说的那种无法逾越的鸿沟。由此可见，怀特海过程哲学对于克服近代西方哲学中物质和精神的二元对立具有特别重要的意义，并且能够合理地解释我们现实的人类经验和人类创造物的基本特征，与我们通常对物质和精神的感受也是一致的。

（4）过程哲学不同于现代西方哲学中的分析哲学。怀特海针对现代西方分析哲学的片面性，十分强调人的感觉经验与实在世界之间的内在联系。我们知道，在现代西方哲学中占主导地位的是分析哲学，以致美国哲学家怀特称西方哲学的现代时代为"分析的时代"。然而，现代西方分析哲学只是片面地强调对语言、经验、逻辑、精神等进行分析，强调所谓"语言学转向"等，却从根本上忘掉了语言、经验、逻辑、精神等与实在的真实关系。用过程哲学的话说，分析哲学的主要缺陷是只探讨语言的本质，而不探究与之相关的经验的本质，不探讨人类经验与世界的关系等。这样，在他们探讨分析哲学的过程中，就走向了忽视生活世界的极端。而脱离生活、远离现实世界的哲学肯定是片面的，它不能给我们提供相对合理的世界图景和世界观。哲学作为人类对世界的总体性认识，归根到底要对我们生活于其中的世界有所解释、有所理解，对现实的人类生活和社会实践活动有所指导和启迪。否则，只对世界进行片面的局部分析，把本来是相互联系、相互作用、相互依存的万物构成的整体世界或有机世界分析为互不相关的各种碎片，看不到世界万物之间的相互联系和相互作用，这种哲学一定是片面的，因而是错误的，它不能引导人们正确地认识这个世界。怀特海明确地对语言分析哲学进行批判，指出对世界的哲学认识根本不能归结为一个单纯的语言问题。换言之，对世界的认识绝不可能只是一个把握世界的语言问题。尽管语言问题在认识世界的过程中具有很重要的作用，但构成世界的万事万物及其复杂关系在本质上并不能仅仅归结为语言。语言现象只是复杂世界的一个组成部分而已。可见，怀特海过程哲学对分析哲学的批判，不仅是十分深刻的，也是极富启发性的，对于我们正确认识当代西方分析哲学的作用和局限具有重要启示。

（5）过程哲学也不同于现代西方哲学中的现象学。现象学运动是现代西方哲学中颇有影响的另一种哲学运动，在欧洲大陆哲学界具有较大影响。怀特海对现象学的根本理念进行了批评，指出其最主要的片面性在于：现象学家只关注现象，而把其他一切都悬置起来，因而他们至多达到了对现象领域的深刻洞见，而对现象所表现或反映的东西则予以悬置，存而不论，对它们不能达到本质性的认识。换言之，现象学的根本缺陷在于否定现象与现象所反映的实在之间的真正联系，使认识仅仅局限在现象层面。并且现象学还把现象理解为纯粹的直接给予的东西，相当于我们通常所说的直接经验，或者直接呈现在意识中的东西。无疑，这些东西确实是现实世界的组成部分，我们的认识离开这些直接经验或直接呈现在意识中的东西，就不会有真正的认识结果。但是，如果把世界仅仅归结为这些直接呈现在意识中的东西，不承认这些东西的客观实在性，不承认现象之外还有实在，就很难真正认识这个世界，也不能给现实的人提供在这个世界上生活的知识和真理。怀特海过程哲学在根本上不同于这种现象学见解。在《观念的探险》中，怀特海明确指出，我们正确地根据一种基本的信念在生存，即在显现（或现象）与实在之间有真正的连续性。也就是说，怀特海坚持认为在现象与实在之间具有某种真正的关联。在过程哲学看来，如果仅仅承认现象，把现象与实在的关系悬置起来，进而把实在本身抛弃，根本不考察现象与实在的内在联系，这是现象学哲学存在的根本问题和缺陷。

自然科学和人类经验都告诉我们，现象只是实在的反映和显现，显现与被显现之物既存在着联系，也存在着区别。若把现象当作一切，一切科学研究都成为多余的东西了。真正的哲学和科学既要研究现象，也要研究本质和实在，更要研究现象与本质、实在之间的联系。否则，把现象当作一切，这与把感觉经验当作一切的经验主义或感觉论并无本质区别。即使把现象叫作客观现象，也不能改变问题的本质。

2. 过程哲学是一种建立在现代科学基础之上的思辨哲学

与大多数现代西方哲学家尤其是实证主义哲学家拒斥形而上学相反，怀特海明确自觉地要建立一种奠基于现代科学之上的形而上学思辨哲学体系，这在现代西方哲学家中是极为少见的。根据怀特海的论述，可以对作为思辨形而上学的过程哲学的主要特点做出如下概括。

（1）过程哲学是一种思辨形而上学体系。对此，怀特海不仅明确承认，而且高调宣扬，并以现代科学和科学史为例，说明思辨形而上学的合理性、必要性及其对科学发展的积极意义。在《过程与实在》中，他明确指出，过程哲学的目的就是要构建一种思辨哲学体系，并首先对"思辨哲学"作出界定，认为它是一种产生重要知识的方法。

我们知道，在现代西方哲学中，如柯布教授所说，"思辨"一词通常名声不好。在许多情况下，"思辨"是指提出了一些未经恰当证明的观念。显然，怀特海并非提倡这个意义上的思辨。然而，他认为在所有思想中都有某种思辨成分，在自然科学中也是如此。如波普所言，科学发现的过程就是不断地猜测与反驳的试错过程。任何竭尽全力想摆脱思辨的思想家，最后都不可能成功。幸运的是，科学的思辨最终会被实验所证实，因而人们对科学的思辨没有任何怀疑。然而，对社会科学和哲学中的思辨，由于社会现象的复杂性和社会科学与哲学知识证明的复杂性，人们对哲学思辨通常抱有怀疑甚至否定态度。怀特海认为，我们应当承认思辨本身的缺陷，并要小心谨慎地抑制这种形而上学思辨，但不能因此而否定所有形而上学思辨的价值和作用。因为形而上学理论也有不同的类型，正如物理学理论也有不同类型一样。我们不能因为相对论和量子力学而否定牛顿物理学或伽利略的物理学，同样，我们也不能因为近代实体形而上学有弊端而否定所有的形而上学理论。正是在这个意义上，怀特海极力倡导其过程形而上学理论体系。

在 20 世纪早期，英语世界中的哲学家们发展出种种综合性的思想体系，这是对科学中各种进步的回应。应当说，这种回应是积极的，也是富有成果的。哲学应当对科学有所总结和概括。然而在 20 世纪晚期，对科学进步的思辨性综合即哲学反思和概括走向了反面，出现了相当多的不可靠而且异类的哲学概括。结果，这种哲学概括被分析哲学运动取代了。但分析哲学主要致力于澄清分析，却没有提出观念的综合，没有对科学揭示的有关世界的观念进行哲学的综合，形成科学合理的哲学世界观。在欧洲大陆，思辨性综合的最好范例是德国古典哲学家黑格尔的著作。那些反对黑格尔的著作家们通常转向了现象学，把现象学作为对经验的仔细描述和分析的形式，但没有对经验与客观事物的关系作任何思辨，没有对经验与实在的关系进行正确的思考，结果其哲学也存在着根本缺陷，不能正确地解释思维与存在的辩证关系。

怀特海明确指出，在任何情况下，他的过程哲学的兴趣都在于综合性的探究。他认为，现代物理学（主要是相对论和量子力学）中的新发现所提出的哲学问题，现有的语言和物理学假定以及日常语言，都不能真正地加以解决。因此，有必要对近代哲学提出的假定从根本上进行反思。这种反思要求仔细地分析经验和仔细地使用语言，但是仅仅有这些还不够，还需要发展新的假定，这些假定能依据各个领域中的材料来检验。这些新假定是一些思辨，并且没有某种思辨，科学就不能前进。怀特海力求在他的过程哲学中也采用这种方法。

小约翰·柯布教授针对怀特海过程哲学的思辨性特征指出，要把自己的哲学确定为思辨的，就是要着重地声称，这种哲学不是由确定无疑的结论或具有确定性的学说构成的，而是由人们目前能够提供的最好的和最充分地加以检验的假设所构成的。这种检验的一部分是这些假设所共同适合的那种方法。这些假设的内在一致性就像它们能够说明人类经验和知识各个领域中材料的恰当性一样重要。

对怀特海而言，在科学中任何事物都不能一成不变，任何科学结论都会随着科学实践的发展而不断得到修正。因此，科学中存在着思辨，科学结论并非都是经过实践检验的确定无疑的结论。在怀特海看来，在哲学中情况也是如此。因此，坚持哲学是思辨的并无不妥。当然，科学中的有些假设随着时间的推移通常可以得到彻底的检验，因而强调这些得到检验的科学具有思辨性实际上是不重要的。然而，在科学中有些理论假设在面对为它们设计的新实验时通常是有很大争议的，它们显然的和彻头彻尾的是思辨的，但人们也承认这些科学仍然是科学。怀特海认为，在哲学中这种情况也存在。因此，怀特海偶尔会呼吁人们要特别关注某些假设与其他假设相比没有得到很好地检验这一事实。他认为，所有理论在某种程度上都是思辨的，但是某些理论比其他理论更具有可检验性，而有些理论比其他理论更具有思辨性，意思是指有利于它们的证据远不是最终的或决定性的。正是在这个意义上，怀特海虽然也批评近代思辨形而上学体系中的各种错误观点，如笛卡尔、黑格尔等人的形而上学思辨中存在的错误，但他并不一概地反对和拒斥形而上学，而是认为形而上学也有其不可替代的地位和作用。因此，他要致力于建立一种奠定在现代科学之上的过程形而上学理论体系。

（2）过程哲学是一种建立在数学、逻辑学和现代科学基础之上、由一系列范畴构成的思辨形而上学哲学体系。过程哲学建立在数学和逻辑学基础之上自不待言，这些东西已经内化在过程哲学的范畴体系之中。作为数学家和科学家出身的怀特海自觉地不妄言、不独断、言必有据——自觉地使自己提出的观点和思想与现代科学相一致，各种观点在逻辑上自洽、不矛盾、内在一致，且经得起个人直接生活经验的检验。他完全接受休谟和康德对哲学上诸多独断论的批评，自觉地意识到并努力做到不做独断论式的宣称。而他以相对论和量子力学为科学基础，自觉地阐述相对性原理和过程原理等，也体现在其过程哲学的基本观点上。脱离这些现代科学基础，就无法真正理解过程哲学的真谛，也无法理解过程哲学在哲学史上的贡献，无法理解过程哲学对实体哲学和以牛顿力学为基础的机械唯物主义的批判。

过程哲学由一系列抽象的范畴构成，在《过程与实在》第一编第二章

"范畴体系"中，怀特海有明确论述。在那里，他明确提出了过程哲学的四个基本概念，即现实存在、摄入、聚合体、本体论原理；提出了四组范畴，一是终极性范畴，二是结合和分离，三是创造性、新颖性原理和创造性进展，四是共在与合生；还提出了八种存在性范畴，即现实存在、摄入、聚合体、主体性形式、永恒客体、命题、多重性、对比；尤其是通过提出和阐述二十七种说明性范畴（譬如，现实世界是一个过程，任何两种现实存在都不会起源于同一个领域，现实存在是如何生成的，构成这个现实存在实际上是什么等）和九种范畴性要求，即主体统一性范畴、客体同一性范畴、客体多样性范畴、概念性评价范畴、概念性逆转范畴、转化性范畴、主体性和谐范畴、主体性强度范畴、自由和决定范畴，系统地构建了一个思辨的形而上学哲学体系。过程哲学之所以难以理解，也与这些抽象范畴及其构成的体系与以往哲学完全不同有关，同人们心目中通常认为应当拒斥所有形而上学理论有关。

3. 过程哲学是一种与马克思的实践辩证法和东方哲学相通的有机哲学

（1）过程哲学和马克思主义哲学都坚持以过程观点看世界，认为世界是一个过程。恩格斯在《费尔巴哈论》中曾明确指出："世界不是事物的集合体，而是过程的集合体。"马克思也明确提到过，他认为人类社会的发展是一个自然历史过程。这与过程哲学的基本观点不谋而合。实际上，马克思和怀特海的哲学都是对现当代科学的哲学反思，都是坚持建立在达尔文进化论基础之上的过程和有机思想。马克思的"社会有机体论"与怀特海的"有机体哲学"有诸多契合之处。尽管怀特海侧重探讨的是有机宇宙论，马克思侧重研究的是社会有机体论，但两者都强调现实存在的关系性、有机性和动态性，强调现实事物的相互作用是发展的终极动因，强调事物的自我运动、自我发展，这便从根本上排斥了"外力"或"第一推动力"的机械论动力观，强调了现实事物的"自己运动""自我发展"和"自我生成"。

当然，如果说怀特海过程哲学与马克思主义哲学有什么区别，可以说，按照传统马克思主义哲学教科书的说法，马克思主义哲学属于辩证唯物主义和历史唯物主义学说，因而从本体论视域看，唯物主义不管采取何种形式，在某种意义上都有实体哲学的一些理论缺陷和不足。从这个意义上说，两者是有一定区别的。但是，如果按近些年来我国学术界对马克思主义哲学的新理解，把马克思主义哲学理解为"实践的唯物主义"，理解为不仅不同于费尔巴哈的人本学唯物主义，而且不同于所有以往的唯物主义，包括近代机械唯物主义、形而上学唯物主义，强调从主体、实践方面去理解和改造世界，从过程性方面理解，把世界理解为过程的集合体而不是事物的集合体，坚持"社会生活在本质上是实践的"观点，人类社会的发展是自然历史过程，那么，过程哲学与马克思哲学在本质上的相通之处便多于两者的区别。

（2）过程哲学与东方哲学尤其是中国哲学有许多相通之处。怀特海曾明确讲到，他的过程哲学更接近于东方哲学的有机联系和变化思想，而不是西方原子论的机械世界观。他说："就这种一般立场来看，有机哲学似乎更接近于印度或中国的某些思想传统，而不是更接近于西亚或欧洲人的思想传统。前者把过程当作终极的东西，而后者则把事实当作终极的东西。"[2]譬如，过程哲学坚持世界在本质上是一个不断生成的过程，事物的存在就是它的生成，因而过程才是真正实在的。这与中国古代哲学中"生生不息"的变易思想息息相通。过程哲学坚持任何事物的存在都是关系中的存在，没有任何事物是一座"孤岛"，而且万物都有不同程度的"感受"能力等思想，与东方哲学坚持万物皆有灵性的思想相契合。过程哲学坚持创造性演进是宇宙进化之本质的思想，与道家哲学所说的道生一、一生二、二生三、三生万物的创生思想相契合。过程哲学所批判的"误置具体之谬误"，与我国传统哲学中坚持具体事物具体分析和实事求是思想相契合。过程哲学强调现实存在都是能动的主体或超主体，没有纯被动的消极客体，因而现实事物间只有主体间关系等思想，与我国传统哲学思想中天人合一、主客不分的思想相一致。

如果说怀特海过程哲学与东方哲学尤其是与中国哲学有哪些区别，可以说，中国哲学和其他东方哲学提出和坚持的过程思想，是以天才的直觉和日常生活实践为基础的，而怀特海过程哲学则建立在现代科学成果如相对论和量子力学等科学基础之上；中国哲学和其他东方哲学关于过程思想的论述是以中国和东方各国特有的象形文字语言和学术逻辑加以阐述的，相对而言缺乏一定的明晰性和严密的逻辑性。而过程哲学则以现代西方特有的语言和学术逻辑加以阐述，加之怀特海本人是著名的数学家和逻辑学家，因此，尽管过程哲学在现代西方哲学诸流派中以语言和概念的抽象晦涩而著称，但只要按照其内在含义和逻辑认识过程哲学，其概念和思想的明晰性、其论证的严密性和内在逻辑性仍然是无可怀疑的和无懈可击的。

由于 20 世纪以来西方主流哲学是分析哲学和现象学，因而过程哲学自创立以来一直遭到西方主流哲学界的竭力排斥。然而，随着 20 世纪后期工业文明带来的一系列负面影响，诸如环境污染、核战争危险、片面重视经济增长、健康与食品安全等现代性问题日益突出，人与自然的关系日趋紧张，人们开始关注强调关系、有机和过程思想的过程哲学。随着当代美国建设性后现代思想家小约翰·柯布和大卫·格里芬等人的深入研究和大力推动，过程哲学受到越来越多的思想家的关注，其影响已经扩展到经济学、教育学、政治学、法学等诸多领域，并对后现代农业、生态城市建设和环境保护等诸多领域产生重大影响。此外，由于分析哲学和现象学运动在欧美哲学界渐趋衰落，怀特海过程哲学反而越来越显示出蓬勃生机。因此，深入研究过程哲学，揭示其合理思想和深刻洞见，剔除其错误观点，对于丰富和发展马克思主义哲学，为中国特色社会主义实践提供更多的理论视域和思想营养具有重要意义。[3]

以上，我们从外部视域考察了过程哲学与其他哲学流派的关系。而如果从过程哲学的内部来考察，可以看到，怀特海过程哲学理论体系是由两个基本特征、六个基本原理和一系列基本范畴和基本观点所组成的完整严密的哲学理论体系。

（二）从体系内部视域看过程哲学的特征、原理和范畴体系

1. 过程哲学的两个基本特征

怀特海过程哲学的两个基本特征是过程性与关系性，也可叫作过程性与联系性①，其含义有两个方面。

第一，过程哲学坚持认为，现实世界是一个过程。任何现实存在要成为现实的，就是要成为一个过程。现实存在的存在是由它的生成所构成的。简言之，存在就是生成。例如，一棵生长了 30 年的大树，它的存在就是它不断生长的 30 年。一颗恒星存在了 130 亿年，实际就是它自形成之后演化了 130 亿年而已。这一演化何时停止，就是它消逝之时。

第二，过程哲学坚持认为，现实世界之中的各种现实存在都不是孤立存在的，而是相互联系的，这种联系性不是外在的，而是内在固有的。所以，怀特海说联系性是一切事物的本质。因此，任何现实存在本质上都是关系性中的存在，只有在特定和具体的关系中，它才是其所是。脱离了这个特定的关系，它就不是本来意义上的事物了。正如脱离人体的手不是真正意义上的手一样，在人体之外存在的原子也不同于在人体之内存在的原子。例如，萝卜的原子随同萝卜生长在田地里时，绝不同于该萝卜被某人吃掉之后在人体

---

① 怀特海在原文中表述关系性大体上有三个术语，即 relativity, connectedness, relatedness，它们的意思大体相同，都是表示现实存在内在固有的关系性质。

之内的状态。"橘生淮南则为橘，橘生淮北则为枳"，讲的实际也是这个道理。英国著名物理学家爱丁顿在《物理科学的哲学》中讨论相对论和量子力学引起的科学认识论原理时，指出光的波长取决于观察者与被观察物之间的关系和速率，不同的波长取决于它与观察者的关系，或者一般地说取决于它与外在物体的关系。这正是相对论的本质。从认识论意义上说，根据相对论原理，我们只能观察到物理实体之间的关系。

综上可知，过程哲学坚持过程性和关系性是所有现实存在的基本特征，任何现实存在从本体论上说都不能脱离具体的生成过程和内在关联。正因如此，我们说怀特海的哲学既可以叫作"过程哲学"，也可叫作"有机哲学"。称其为"过程哲学"强调的是其哲学的过程总特征；称其为"有机哲学"强调的是其过程哲学的关系性。

2. 过程哲学的六个基本原理

从基本原理上说，怀特海过程哲学主要包括六个基本原理，这就是过程原理、相关性原理、创造性原理、摄入原理、主体性原理和本体论原理。

（1）过程原理是怀特海哲学的首要原理，也是其最基本的原理。它所揭示的是现实世界是一个过程，整个宇宙是一个面向新颖性的创进过程。没有任何现实存在不处于不断的生成过程之中。整个世界就是一个动态的和过程的海洋。存在就是生成，生成就是新事物不断出现、旧事物不断灭亡。脱离现实的生成过程就意味着死亡，任何事物都是不进则退。这是宇宙间一条不可逆转的基本规律。

（2）相关性原理是建立在过程原理基础上的一个基本原理，它所揭示的是现实世界中的诸多现实存在及其构成要素无论从活动过程来看，还是从结构关系上看，都是内在相关的、相互联系的，没有一种事物是一座真正的"孤岛"。万物之所以内在关联，是因为从微观上说，它们是通过当前的现实存在对先前的现实存在的摄入而形成的；从宏观上看，诸多现实存在的合生形成聚合体，万事万物最终形成一个协同体，这便是现实的宇宙。世界的统一性正是由万事万物的协同性造成的。反过来说，世界的统一性是万事万物的协同性的最终目的和现实表现。万事万物只有在这种相关性中，才能真正成其为自身。孤立的存在物既不可能真正存在，也无法确证自己的存在。每一现实存在的生成是整个宇宙共同努力、协同作用的结果。

（3）创造性原理是揭示现实存在不断生成的动力和源泉的一条原理，同时也是揭示万事万物内在相关的根本原因的原理。创造性原理表明，创造性是现实存在自我生成的根本动因，创造性是所有共相之共相，是宇宙进化和发展的最根本动力。创造性是所有现实存在具有的普遍属性，也是现实存在的本性之一。宇宙若没有创造性，就不会有今天纷繁复杂而又相互关联的现实世界，也不会有地球上千姿百态的生命有机体，更不会有"地球上最美丽的花朵"——人类精神。

（4）摄入原理是揭示创造性的内在机制的一个基本原理。它表明，现实存在之所以具有自发的创造性，是因为每一个现实存在都会自发地摄入先前的现实存在提供的客体性材料，同时形成自身的主体性目的。这种客体性材料与主体性目的的统一，就是现实存在的实际生成和发展过程。创造性若无摄入原理作基础，现实存在的生成、创造就会面临"巧妇难为无米之炊"的局面。同时，摄入原理也为主体性原理和本体性原理奠定了基础。

（5）主体性原理是进一步揭示现实存在创造性的内在根源的一个原理。它表明，任何现实存在都是一个能动的主体，都既有自己的主体性形式，因而也有自己的主体性目的。从终极范畴意义上说，除永恒客体以外，任何现实存在都不是消极被动的，而是积极主动的存在。它们之所以是其所是，是因为它们具有自己的主体性形式和主体性目的；它们之所以能不断地生成和变化，从"是其所是"逐渐演化为"不是其所是"或者"是其所不是"，也是因为它们在生成过程中，被新出现的主体性形式所摄入，按照这种主体性形式的目的而形成一个新的现实存在。原先的现实存在则成为现在的新的现实存在的客体性材料，被摄入其中，生成为新的现实存在的构成要素。主体性原理强调，现实世界中除永恒客体以外，并没有真正消极被动的客体，相反，一切现实存在都是能动的主体，或者称"超主体"。现实存在与现实存在的关系，因而是主体之间的关系，简称为"主体间关系"或"主体际关系"。

（6）本体论原理是揭示现实存在的存在根据的一个基本原理。本体论原理认为，任何现实存在都不会是无中生有、空穴来风，而是具有一定的根据和理由。一个现实存在的生成既需要通过物质性摄入而吸纳先前的现实存在的客体性材料，又需要通过概念性摄入而创新自己的存在形式。这便给所有现实存在的存在提供了本体论根据。

3. 过程哲学的一系列基本范畴和观点

怀特海过程哲学还包括一系列基本范畴和基本观点。这些基本范畴主要包括现实存在与永恒客体、摄入与聚合、结合与分离、现实与潜能、命题与杂多、自由与决定、共在与合生、存在与过程、恒定与流变、事实与价值等。"现实世界是一个过程，这个过程就是各种现实存在的生成。""现实存在是诸多潜在性的实在的合生。""各种现实存在的聚合就是现实世界。""客体化就是一种现实存在的潜在性在另一种现实存在中得以实现的具体方式。""现实存在的存在是由它的生成构成的。""命题是由某些现实存在所构成的统一体。""一种存在只有在对其自身有意义时才是现实的。""生成就是把不一致转化为内在一致，这种转化实现之时，便是生成中止之时。"

此外，关于怀特海的过程哲学，还有几个特别需要预先加以说明和澄清的基本观点。

（1）过程哲学强调世界的过程性和事物发展的过程性，坚持存在就是生成，现实存在之存在是由它的生成所构成的，这绝不是要否定世界上存在着实体，或者说否认世界上存在着实体性的事物，如高山、河流、植物、动物、人类、房屋、黄金等实体性的存在，而是强调这些实体性的存在本质上都是过程中的存在，都是关系性的存在。脱离这些现实的过程和关系，它们就不会存在，也无法得以理解和说明。从量子力学理论看，这些所谓的实体，实际上也是量子的海洋。因此，这些所谓实体并非如亚里士多德等实体哲学家所坚持的那样，是一些除自身以外不依赖任何其他存在的东西。相反，它们也是过程中的存在和关系中的存在。脱离宇宙总体的协同性和统一性，脱离它们与其他存在的关系，它们就不是现在这个样子了。例如，如果把太行山放在太阳上，在极度高温环境下，它绝不是现在在地球上的这个样子。

因此，如果有人批评过程哲学坚持"过程原理"，就会否定事物的客观存在，或者说无法理解事物的存在。这种批评是不符合过程哲学思想的原意的。恰恰相反，过程哲学的宗旨正是合理地理解和说明现实事物如何存在、为何存在，如何理解世界上那些现实存在的事物包括无数个实体性事物的本质和本真状态。如果仅仅把它们当作实体，看不到它们的过程性和关系性，实际上对这些事物的认识只是停留在近代科学所反映的水平上而已。而从相对论和量子力学来看，这些实体实际上并非真正的实体，而是关系性的存在和过程性存在而已。

所以，如果正确地理解过程哲学的过程原理，就不必担心坚持过程哲学就会否定马克思主义哲学的物质观，就会只承认过程、不承认物质的客观存在。实际上并非如此。恰恰相反，只有根据过程原理，才能真正理解世界上的客观物质存在的本质，真正理解现实存在都是关系性的存在，而不是静止的实体性存在，以防止用孤立的、静止的和片面的观点看世界的形而上学宇宙观。① 同时，只有这样理解，才能真正理解世界的物质统一性，尤其是理解整个世界的协同性和整体性，理解现实存在的物质性与精神性的不可分割和统一性。而根据近代实体哲学二元论，甚至某些科学唯物主义学说，精神如何与物质相联系，精神如何反作用于物质，甚至人有无灵魂和精神，都是一直众说纷纭，难以达到统一的认识。在我们看来，只有根据过程哲学原理才能真正理解物质与精神及其辩证关系。

（2）过程哲学的过程原理强调现实存在的生成和创造性进展，绝不是否定现实存在的相对静止和守恒性。在过程哲学看来，在事物的本质中，具有两种原则，一个是变化的原则，另一个是守恒的原则。任何实在的东西都不可能缺少这两个原则。事物只有变化没有守恒，便是事物从无到无的过程，最后只剩下一种转瞬即逝的"不存在的存在"。而事物若只有守恒而没有变化，也谈不到所谓守恒，通常讲的守恒正是从"变化中之不变"的意义上讲的。脱离了运动、变化和发展，讲事物的守恒似乎也没有意义。这是怀特海哲学过程原理的基本观点。[4]

因此，在坚持过程原理的同时不能否定事物的相对静止和守恒，否则，就会陷入赫拉克利特式的流变论的泥沼。这也是怀特海过程哲学不同于或者高于古希腊哲学的流变思想的独特之处，也是我们理解过程哲学的创新之处。否则，我们只会认为过程哲学了无新意，不过是古希腊流变思想的系统化而已。其实，这两种流变思想具有本质的区别。

（3）过程哲学强调现实存在的相关性和关联性，强调事物的关系性存在，绝不是否定现实存在相对独立的单独存在。任何现实存在都是相对独立的存在，否则，事物之间就无法区分，千姿百态的大千世界就是不可思议的了。现实世界之所以呈现出千姿百态和丰富多彩的美丽画卷，正是因为各种现实存在各有自己相对独立的规定和存在形态。过程哲学强调现实存在的关

① 这里的"形而上学"概念，是在黑格尔哲学和马克思主义哲学通常使用的意义上使用的，即指一种与辩证法相对立的宇宙观和方法论，它坚持以孤立的、静止的和片面的观点看世界。所以，恩格斯也说过："物理学，当心形而上学啊！这是完全正确的，不过，是在另一种意义上。"（《马克思恩格斯选集》第3版，第3卷，人民出版社2012年版，第899页。）这"另一种意义"就是这里所说的意义。而我们在本书中讨论怀特海哲学经常使用的"形而上学"概念，则不是在这个意义上使用的。在怀特海过程哲学意义上，"形而上学"是指关于宇宙本性的普遍性原理。它致力于用一般概念、原理来揭示现实世界的本质，揭示这个宇宙中各种现实存在及其组成的整个宇宙的本性及其规律性的东西。

系性，强调万事万物的相关性和关联性，主要目的是想表明，世界上的万事万物都不是如实体哲学所坚持的那样是孤立存在的，任何一个现实存在都不是真正独立的孤岛，不是与其他现实存在没有任何关联。这样的孤立存在只有在抽象的思辨中存在，在现实世界上是不存在的。

因此，如果有人批评过程哲学坚持"相关性原理"，就会否定现实存在的独立存在，否定了现实存在的独立自主性，那么，这完全是对相关性原理的极大误解或者曲解。根据过程哲学的相关性原理，正是因为各种现实存在是独立存在的，它们之间才有相关性；正是因为它们是独立自主的，它们之间才有相互关联。如果各种现实存在是互不相关的实体，除了它们自身不需要其他现实存在就可以独立存在，那么，这才是对现实存在的本质的片面理解，实际上是对其本真状态的曲解。

（4）过程哲学强调现实存在的生成和发展都是有原因和条件的，任何事物的生成、变化和创造性进展，都不会是毫无根据的，这绝不是不承认事物的生成、变化和发展没有偶然性，一切都是预先安排好的（"先定和谐"），或者说都是由上帝预先决定的，因而一切变化和发展都是必然的。

恰恰相反，过程哲学坚持本体论原理，认为任何现实存在的生成、变化和创造性进展都有根据。首先，这是同所谓"神创论"根本不同的。"神创论"把一切现实存在都当作"创造物"，把上帝当作创造者，这种理论解释既和近代科学的物质不灭、能量守恒定律相矛盾，也会导致归根到底让上帝为世界上的一切罪恶负责，让那些作恶之人推卸责任的荒谬结论。因此，过程哲学反对传统基督教的神创论，反对上帝在最初时刻或最终创造世界万物的观点。在这一观点上，过程哲学同佛教是一致的。佛教也明确地反对上帝或神造万物的观点。① 其次，过程哲学的本体论原理同"偶创论"也是不同的。"偶创论"认为，宇宙是在天体演化早期阶段的某个混沌"奇点"上，由各种因素的偶然作用而产生的，因而也会因某个偶然原因而使宇宙突然毁灭，复归于无。自古至今，反复出现的所谓"宇宙毁灭论"中不同程度地

① 参见 *The Teaching of Buddha*, Printed by Kosaido Printing Co., Ltd. Kokyo, Japan, 1980. pp. 87-88. 其中讲道："In this world there are three wrong viewpoints. …First, some say that all human experience is based on destiny; second, some hold that everything is created by God and controlled by His will; third, some say that everything happens by chance without having any cause or condition." 译为中文便是："在这个世界上有三种错误观点……第一，有人说，所有人类经验都建立在命运之上；第二，有人坚持认为，万物都是由神创造并由其意志所控制的；第三，有人说，万物都是没有任何原因或条件而偶然发生的。"

都有这种观念的影子。就连当今在宇宙学中占主导地位的大爆炸宇宙学似乎也有类似的观念。过程哲学的本体论原理同这种所谓"偶创论"中包含的理念是根本对立的。过程哲学坚持客观的因果效应观，认为现实存在的生成、发展和灭亡都是有原因和条件的，这些原因和条件构成了它们的生成、发展和灭亡的根据。

（5）过程哲学给我们提供的以过程和关系为总特征的世界图景，绝不可能是关于世界的最后图景，它只是怀特海及其后继者根据现时代人类达到的科学成果及其认识水平，通过他们的智慧所描绘的一幅不同于传统哲学的世界图景而已。正如爱因斯坦所说："人们总想以最适合自己的方式画出一幅简单而易于理解的世界图景，并试图以他这个宇宙代替并征服经验世界。这就是画家、诗人、思辨哲学家、自然科学家各按自己的方式去做的事。各人都把宇宙及其构成作为他的感情生活的中枢，由此找到他在个人经验的狭小范围内所找不到的宁静和安定。"[5]怀特海这位思辨哲学家给我们描绘了过程哲学的世界图景之后，1929 年 1 月在哈佛大学给《过程与实在》撰写"前言"时，非常谨慎而谦逊地指出："我们试图在事物的性质上一探究竟，追根溯源，这种努力是多么肤浅无力和不尽完善啊！在哲学讨论中，关于终极性陈述即使对其确定性有丝毫独断式的确信，都是一种愚蠢的表现。"[6]因此，我们也应当恰当地对待过程哲学的宇宙论，既不能夸大它对哲学世界观的贡献，把它看作人类哲学宇宙论最后的表达；也不能无视或者贬低它对哲学宇宙论的新贡献，看不到它对人类哲学宇宙论发展的巨大推进。即使在今天复杂性科学和系统性科学等最新科学已经极大地进一步发展了相对论和量子力学的观点之后，在"关系宇宙"被系统科学刻画得更清晰之时，怀特海的过程—关系宇宙论仍不失其巨大的学术价值和理论贡献。迄今还无人这样系统地从思辨哲学视域给我们提供这样一幅清晰的世界图景。可以说马克思主义哲学创始人之一恩格斯属于最早一批试图绘制世界图景的"画师"，因为他明确指出了正是由于 19 世纪自然科学自身的发展，给人们呈现出来一幅普遍联系的、合乎规律地流转变化的宇宙画面，甚至"世界图景"（the picture of the world）这个概念本身的发明权，如纪树立先生所言，恩格斯也是最有资格的竞争者之一，[7]然而，"由于种种历史条件的限制，恩格斯没有最终完成这幅巨画"，虽然"这并不妨碍他已经为之勾勒了他那个时代最出色的一幅草图"[8]。不少后人在继续恩格斯的未竟事业。在一定意义上可以说，怀特海根据相对论和量子力学等现代科学，为我们描绘的过程关系宇宙论，正是这样一幅世界图景。诸如爱因斯坦等科学巨匠也都试图为我们的宇宙描绘一幅世界图景。但是，科学家也许只能提供一些描绘世界图景的科学材料，至多能提供一些从哲学视域描绘这幅世界图景的背景草图，而这些草图还有待于哲学家描绘得更加轮廓清晰、色彩分明。怀特海正是凭借其把数学家、逻辑学家、哲学家、半个物理学家、科学史家、教育家和社会学家集于一身的独特优势，用抽象的形而上学范畴，严密的逻辑推理和高超的语言驾驭能力，为我们清晰地描绘了一幅迄今为止相对最为完整的过程—关系的世界图景。

三、过程哲学的不足和值得进一步研究之处

综上，我们阐述的都是过程哲学在西方哲学史上的创新和贡献。那么，怀特海过程哲学有哪些缺陷和不足以及值得进一步研究之处呢？

（一）过程哲学的不足

从过程哲学的表述方式上看，主要存在以下不足。

（1）过程哲学的基本概念和范畴过于抽象和晦涩，令人费解。怀特海在阐述其过程哲学的原理和基本观点时，专门使用了一些特殊的抽象术语，比如"现实发生"（actual occasion）、"摄入"（prehension）、"感受""经验""一""多""永恒客体""诱导""情调"（emotional tone）、"满足""命题""对比""合生""共生""聚合体""集合体""共相""殊相"等概念，并经常在与传统西方哲学非常不同的意义上使用这些哲学概念。同时，他还总是从两种或多种不同意义上使用这些概念，通常又不是在一处明确阐明这些概念，而是在不同语境中对这些概念予以不同的应用。这样，便使得学习和研究怀特海过程哲学的读者，往往在一开始阅读怀特海的原著时就如坠云雾之中，不知他在说什么，不知他在探讨什么问题，难以很快抓住过程哲学的核心思想和基本观点。当然，这与怀特海过程哲学与其他现当代西方哲学选择了完全不同的进入路径有关，也同过程哲学试图表达一种对世界的新体验和新理解有关。但是，如果过程哲学能用更为明确的概念和范畴来表达其过程思想，可能更会有助于过程哲学思想被人尽快地理解和把握，更有利于过程哲学思想的传播和转变为现实的实践活动。怀特海在晚年也承认这一点，认为他如有时间修改和重写过程哲学的有关著作，他会进一步完善有关表述方式。甚至有的著作的内容顺序也要做一些调整。如《过程与实在》第三、四部分就应当改变一下叙述的顺序。

正因如此，不少怀特海研究专家撰写了许多研究过程哲学的二手著作，例如梅斯勒教授撰写了《过程—关系哲学》一书，通俗地阐述怀特海的过程哲学。柯布教授对这本小册子评价很高，认为是进入过程哲学的重要入门书。柯布教授本人也在深入研究《过程与实在》的基础上，专门针对这本书撰写了该书的《术语解释》，以帮助读者尽快进入和正确理解，同时防止人们对过程哲学宇宙论作各种各样的歪曲理解。此外，还有其他一些解释性著作在美国等国出版。其中有代表性的著作如比利时过程思想家斯唐热（Stengers）的著作《与怀特海一同思考》（*Thinking with Whitehead*），刘易斯·S.福特（Lewis S. Ford）的著作《怀特海形而上学的突现》（*The Emergence of Whitehead's Metaphysics*）等。

（2）过程哲学在阐述其基本观点时使用了大量比喻，包括明喻和隐喻。这种表达方式也妨碍了人们对过程哲学思想的明确理解和精确把握。譬如，怀特海指出，许多世代以来，人们试图把我们的终极见识解释为仅仅能说明感性印象的东西。的确，这个思想派别可以直接追溯到伊壁鸠鲁，它可以援引柏拉图的某些词句。他认为这种哲学理解的基础类似一种阐述完全是由公路上的交通信号灯衍化过来的现代文明的社会学的努力。车辆的行驶是由这些信号灯调度的，但是这些信号灯不是交通的原因。常识证实了这一结论。因此，这种说明绝大多数是没有必要的。再如，怀特海指出："思维是兴奋的一种巧妙的方式，它像一块石头投入水池一样激起我们整个存在的波澜。不过这个比喻不恰当，因为我们应当把波澜看作是投石入水引起的东西。波澜引起思维，而思维扩大和歪曲了波澜。为了理解思维的本质，我们必须研究思维与思维在其中发生的波澜的关系。"[9] 再如，怀特海说"人类的心灵是语言给予人类的礼物"，怀特海认为这样说一点也不是夸大。[10] 当然，隐喻式的表达方式也有其优点，它可促使人们冥想和体验，然而对于哲学这样高度理性化的学问，用更为简洁明晰的语言和概念来表达，可能更有利于理解和掌握。

（3）过程哲学对有些观点的阐述过于简略，这给一般读者的理解增加了许多困难。而且怀特海通常对于问题的背景并无详细的阐述，这使得处于不同文化背景和时代的读者，尤其是中国读者，在阅读过程哲学的原著时徒然增加了许多困难。

正是由于这一原因，许多研究怀特海过程哲学的第二手著作便有了特殊意义。它们可以帮助读者认识和理解怀特海过程哲学。但是，要真正理解怀特海，还必须阅读怀特海的原著，这是任何第二手著作都代替不了的。

（二）过程哲学值得进一步研究之处

从过程哲学的基本原理和观点本身上看，怀特海过程哲学主要存在以下值得进一步研究的方面。

（1）过程哲学在对现实存在的自我生成和创造性进展的描述中，引入了作为一种特殊现实存在的"神"的概念，认为若没有这种作为诱导因素和劝导力量的神，现实存在的自我生成和创造性进展便缺乏一种最终的依托和根据，这种观点值得商榷。特别是对于无神论者来说，在过程哲学的宇宙论中为何非要假定这样一个神学概念？为什么不能像有的西方哲学家所说的"我不需要上帝这样的假设"？用一个更为中性的一般哲学术语，譬如说，"世界的统一性"是否也能表达同样的哲学原理呢？这无疑是一个需要进一步探讨的问题。

（2）过程哲学对社会历史观的论述似乎不太系统和完整，只是从某些方面，譬如从社会文明的发展、观念的探险、宗教进步和科学发展等方面展开了深入探讨，而对社会的基本结构、社会进步的基本动力和社会发展规律等问题则语焉不详，有待于后人在过程哲学思想的基础上，根据过程哲学的基本方法进一步丰富和发展这方面的研究。

（3）对于如何通过社会实践具体地实现过程哲学的思想和观念，怀特海过程哲学也着墨不多、论述不详，从而为建设性后现代主义的发展提供了空间。从某种意义上说，由格里芬等人阐述和发展的建设性后现代思想，就是在过程哲学基础上，为现实地实现过程哲学的思想理念而进行的探索。真可谓："纸上得来终觉浅，绝知此事要躬行。"真正理解和把握过程哲学思想，最重要的是要在理解其思想和观点的基础上，积极投身于创造性的社会活动之中。

（4）正如有些批评家所说，怀特海在所有有关实体哲学的争论点上都只是提出了问题，并试图以过程哲学原理为基础解决这些问题，然而他最后并没有完全成功，因此，他的思想只具有过渡性质。譬如，他一方面批判机械唯物论将自然分解成静态的物体和变化的特征，而他自己却又将自然分解成相反的形态——动态的事物（发生、事件、过程）和静态的特征（永恒客体）。那么，永恒客体作为静态的存在如何与动态的现实存在或事件相结合，它如何"分有"到每一现实事件之中？对此，怀特海并没有令人信服的说明。还有，他一方面坚持现实存在是最终的实在，同时又承认神是最终创造者，而其他一切都是创造物。他一方面坚持过程才是实在，成为现实的就是成为过程的，同时又承认永恒客体也是实在，等等。这些似乎都是其理论体系中一些难以自圆其说的矛盾。

（5）怀特海一方面批判一切旧唯物论的实体观点，同时又不得不使用"客观实在"概念，尽管他把这个概念重新界定为"现实存在"或"现实发生"。作为一位对黑格尔哲学缺乏深入系统研究的哲学家，他也没有对黑格尔学派关于事物的"自我运动""自我发展"思想予以批判地继承和借鉴，对马克思哲学的普遍联系和永恒发展思想也没有给予关注。因此，他对马克思和恩格斯通过引进科学的实践观而在哲学上所实现的革命性变革，对马克思强调的"社会生活的本质是实践的""问题在于改变世界"等思想均缺乏合理的评论和借鉴，特别是对马克思和恩格斯在改造黑格尔哲学的基础上所论述的"世界不是事物的集合体，而是过程的集合体"等广义的过程哲学思想，根本没有进入加以关注。

在我们看来，怀特海过程哲学之所以存在这些问题，可能与其长期作为数学家，在他身上烙下了太深的理性主义理想和习惯有关，以至于使他虽然锐意重建西方哲学，努力使西方哲学实现"过程转向"，从近代实体哲学转向现代过程哲学，然而，他却难以彻底摆脱西方哲学传统的理性主义静态逻辑观点的束缚。同时，由于他深受静态的逻辑思想的束缚，因而他对自黑格尔以来直到马克思和恩格斯所继承发展的辩证逻辑也难以认同，这样，当他试图借助静态逻辑去重建动态的实在时，一定会遇到不可克服的理论困难。所以，美国学者巴姆批评怀特海说："有机哲学的极性不够，不够层次论，不够辩证法，因而不够有机性。从'感受''摄入''想象'的意义来看，有机论哲学也过于观念论，这些术语都采自经验的心理方面，偏重于表达存在界的极限特征。"[11]还有的批判者说，怀特海本可以继续发挥一种妥协的方法以自己的术语去处理过程，而以自己的术语研究过程就会意味着试图在过程之中发现一种功能结构，而不是在过程之外去发现一种永恒绝对的"实在"。这种批评的另一种说法是，他虽然反对自亚里士多德以来的逻辑中所镶嵌的主词—谓词观念，然而，当他论述他的哲学时，却仍然不得不运用主语—谓语式的语言在思维。这样，他通过其过程形而上学体系的论述，在他所反对的前提下，让这种语言主谓语的思维方式却表现得更加顽强。因此，他的著作中所贯穿的基本思想，不是借助于过程思想使逻辑动态化，而是借助于永恒客体使逻辑静态化，这似乎从亚里士多德的哲学回到了柏拉图的哲学，因而怀特海坚持"欧洲哲学传统最可信赖的一般特征在于，它是由对柏拉图的一系列注脚所构成的"[12]。

此外,根据巴姆的看法,怀特海哲学中还存在一种双重还原主义倾向,就是说,他将现实发生的存在还原成了转瞬即逝的流变,又把现实发生的本性还原成了永恒客体。其实,现实发生只要达到有机状态,就会作为一种功能结构状态持续地发挥作用,而现实发生的本性也不是一成不变的永恒客体,而是不断生成和变易的存在物。

四、过程哲学与实体哲学的比较

把过程哲学与实体哲学做一个比较,可进一步加深对过程哲学创新之处的理解和把握。

传统的实体哲学并非一无是处,并非没有相对的真理性。相反,如果从静态的角度看现实世界,如果以常识和近代科学为基础观察现实世界,实体哲学仍然有许多合理之处。甚至在过程哲学提出之后,在日常生活领域中应用实体哲学仍然会得到许多智慧。因此,我们在坚持过程哲学基本观点的同时,也要充分承认实体哲学的合理性及其与过程哲学的辩证关系。正如马克思和恩格斯虽然尖锐地批判与辩证法相对立的形而上学思维方式的各种局限性,明确主张坚持唯物辩证法的思维方式,他们却仍然承认形而上学在一定范围和一定意义上的合理性,尤其是在日常生活范围甚至某些科学研究领域的合理性。因为如果在日常生活和自然科学某些研究领域,不把有关研究对象孤立起来就无法研究。同样,在日常生活范围内,如果不承认大量日常物品是实体,似乎也无法正常生活。例如,我们必须承认我们所住的房子是实体,它们在一定时间和地点通常不会发生变化。在日常生活甚至法律范围内,坚持这些观点并无大问题。

因此,在我们看来,实体哲学与过程哲学并非冰炭同炉、水火不容,相反,在中外哲学发展史上,这两种学说其实一直是同时存在、相互促进的,有时甚至能很好地相互结合在同一个哲学体系之中。譬如在赫拉克利特哲学、莱布尼茨哲学、黑格尔哲学和马克思主义哲学中,实际情况都是这样。只有到怀特海过程哲学中,真正彻底和独立的过程哲学体系才得以形成和建构起来,并把传统实体哲学的基本观点以辩证否定的形式包含在过程哲学理论体系之中,达到了一种更高程度上的融合,充分体现了人类哲学思想发展的否定之否定情形,使人类的哲学思想和理论发展的水平达到了一个更高的历史阶段。即使用今天的眼光看,实体哲学的基本观点也并非完全错误，并非没有任何科学理论作为自己的基础，其在实际社会生活中也并非毫无用处。

归纳起来，实体哲学的合理性主要表现在以下几个方面。

首先，实体哲学符合人们的日常生活经验和常识。人们在日常生活中，每天与之打交道的现象多是实体现象。日月星辰、山川河流、花草树木、桌椅板凳等，多是传统实体哲学所讲的有形实体存在，日常生活中的柴米油盐酱醋茶和衣物、汽车等，也多是有形的实体存在。因此，处理好这些日常生活中常见的现象和物体，是生活之所需。把这些东西当作实体，把它们的属性当作实体的属性，似乎对日常生活并无妨碍。

其次，实体哲学有牛顿力学等近代科学成果作为自己的科学基础。不仅日常生活经验认同这些实体性的存在物，而且牛顿力学等近代科学也在讨论和研究这些实体性的存在。也就是说，实体科学也有自己的科学基础，只不过是以牛顿力学等为代表的近代科学为基础，而不是像过程哲学那样以现代科学中的相对论和量子力学等为科学基础。

最后，实体哲学在日常生活和工作中仍然有很大的指导意义，在我们认识和改造宏观自然界以及在日常的社会生活中，它仍然是非常有效的哲学学说，可以指导我们的日常认识和正常的社会生活。

只有承认和坚持以上观点，才能合理地解释和理解为何迄今为止实体哲学仍然在哲学界占主导地位，实体哲学思想仍然是主流哲学思想。无论是古代三大世界哲学传统，即西方哲学、中国哲学和印度哲学，还是当今世界存在的三大哲学潮流，即分析哲学、现象学和马克思主义哲学，在基本哲学取向上，还是以实体哲学为主导。而过程哲学思想虽然从古至今一直同实体哲学思想相伴随，不时地闪现出耀眼的思想火花，如"万物皆流""没有人能两次跨入同一条河流""太阳每天都是新的""世界是过程的集合体"等命题，对人们认识世界有很大启发，却一直没有处于主导地位。

然而，尽管如此，与相对论和量子力学等现代科学相一致，在现当代我们仍然应当坚持过程哲学思想，注意克服实体哲学的各种弊端和错误观念。正如在马克思主义辩证法意义上，辩证法超越了形而上学一样，从过程哲学视域看，过程哲学已经超越了实体哲学，已把实体哲学的研究对象和范围包含在自己的理论范围之内。这样一来，对于实体哲学能够说明的一切现象和过程，过程哲学如今不仅都能予以说明和解释，而且更加彻底和全面，从而超越了实体哲学存在的各种弊端。而过程哲学能够说明的宇宙的现实过程及关系性，实体哲学则不能给予合理的说明。因此，我们理所当然地应当坚持过程哲学，抛弃传统的实体哲学，起码要抛弃根据过程哲学已经认识到的实体哲学的种种错误主张。

关于过程哲学与实体哲学基本观点的比较，参见表1。

表1 过程哲学与实体哲学的比较

过程哲学	实体哲学
以现实发生（事件、感受、经验等）为出发点	以实体（粒子、单子、精神实体等）为出发点
坚持现实存在相互依赖、相互联系，相互存在于对方之中	坚持现实存在是独立自存的
存在即是生成	存在就是存在
宇宙自身及其规律不断地自我生成	人为自然立法
坚持整体性和两极性	坚持二元对立
坚持过程—关系—有机的思维方式	坚持实体的、机械的思维方式
坚持内在价值、工具价值和整体价值的统一	坚持外在价值和工具价值
坚持现实存在都是合生	坚持现实存在是个体、单子
坚持事物的自我创造	坚持事物都是被创造的
坚持"多生成一，并由一而长"	坚持还原论
坚持主体都是超主体和主体间性	坚持主体与客体的绝对区分和主客体关系
坚持关系决定性质	坚持主体和属性二分，主体独立存在，性质依附于主体
坚持人是自然的一部分	坚持人与自然对立
坚持三种知觉方式：直接表象方式、因果效应方式和符号参照方式（混合知觉方式）	坚持直接表象方式
坚持人与社会不可分	坚持人与人、人与社会相异
坚持回归自然、身土不二	坚持征服自然、驾驭自然

续表

过程哲学	实体哲学
坚持劝导、和平、爱	坚持暴力、强迫、恨
坚持伦理内在于宇宙结构	坚持伦理是人类迫不得已的选择
坚持尊重他人（他者）	坚持人与人都是狼、他人是地狱
坚持智慧教育、全人教育	坚持知识教育、技能教育、专家教育
坚持适度消费	坚持消费至上、过度消费
坚持慢节奏、慢生活	坚持快节奏、快生活
坚持过程神学	坚持传统神学：基督教神学等
以相对论、量子力学等为科学基础	以牛顿机械力学为科学基础
采用发生学方法	采用结构方法、分析方法
坚持从主体出发分析对象：对象也是主体，因此是主体与主体间的关系	坚持从客体出发分析主体：主体也是一种客体
以数学、宗教等为样板，同时坚持超越数学和宗教，坚持思辨形而上学	以数学、宗教为样板：深受其害。只关注抽象和形式，忘掉具体和经验
肯定思辨哲学的价值：承认想象力、综合概括的价值，承认形而上学的价值	否定思辨哲学、形而上学，拒斥形而上学，反对本体论研究
承认哲学不断进步，如同科学一样	否定哲学的进步：认为哲学史是僵尸战场；是狗熊掰棒子式的历史
承认传统和优秀文化的价值和作用	否定传统、反传统，否定过去
重视当下和现在：现在是最重要的	重视过去（历史）、未来，轻视当下
不承认绝对虚空和以太假设	承认绝对虚空和以太假设
反对科学万能论	坚持科学万能论
主张科学返魅	坚持科学祛魅
肯定信仰、宗教的价值	或过高或过低肯定/否定信仰、宗教的价值
主张众生平等	主张人是万物的尺度，人是万物之灵长

续表

过程哲学	实体哲学
主张经过修正的主体性原理	表面坚持主体性原理，实质主张客体性原理
主张不确定性原理	主张确定性原理
主张相关性原理	主张万物独立自存原理
主张本体论原理：现实存在不会无中有生	主张万物有开端
主张摄入原理	主张合并原理
主张未来不一定比现在好	坚持未来一定比现在好
坚持物质与精神不可分：同一现实存在的两个方面、两极性，物质极和精神极不可分	主张物质与精神二元对立、两种实体互不相关

五、过程哲学与其他哲学的"家族相似"

美国过程研究中心的约翰·奎因（John Quiring）博士曾对过程哲学的思维方式与其他有关哲学的思维方式做过一个非常有价值的比较。通过对多元论、强硬自然主义、过程思想、经典神学、唯心论和理念论、虚无主义和无政府主义六种哲学思维方式的特征所作的简要概括，我们可以看到，过程哲学的两极相通式思维方式具有明显的合理性。（表2）

在约翰·奎因看来，从类型上说，过程思想属于两极性类型的哲学，它坚持多中有一，采用关联性思维、综合性的对立统一思维、模糊逻辑和辩证思维、中庸和阴阳和谐思维，反对传统哲学的实体学说、相对主义、神学主义和二元论，这在当代哲学中独树一帜，同分析哲学、现象学、解释学、存在主义哲学和实证主义哲学等明确区分开来。

表 2 六种哲学：世界观上关于终极实在、知识和价值问题的 "家族相似"

标签（数量）	多元论（多）	强硬自然主义 一元论 B（一）	过程思想 两极性（多中之一）	经典神学 二元论（二）	唯心论和理念论 一元论 A（一）	虚无主义和无政府主义 虚无（零）
类型（数量）	多元论（多）	一元论 B（一）	两极性（多中之一）	二元论（二）	一元论 A（一）	虚无（零）
方法	大陆现象学 后结构主义 反本质主义的	分析的、批判的思维逻辑主义、基础主义，概念澄清、归纳、证实、证伪的	关联性思维、综合性、对立统一、模糊逻辑、辩证的、阴阳、中庸、和谐	权威、综合、并列、优先性、等级性、"二元对立"	直觉、演绎的、整体性的、原型、本质主义	唯我论（>虚无主义 A）；科学主义（>虚无主义 B）相对主义（>虚无主义 C）
认识论	解释学 视域论 整体论	经验论 客体性	实效论 隐含的/明确的 主体间性 错误论	信仰与理性 自然+启示	理性主义 主体性	极端怀疑论 无根据 荒谬
"形而上学"概念	不可能的 "后形而上学的"	无意义的（逻辑命题）~修正的（P. 斯特劳森）	不可避免的对世界的假设，根源问题、隐喻	必然性、可能性 与堕落	不可避免的	幻相
形而上学立场	实体、反实在论、相对主义	实体 实在论 唯物主义 自然主义	过程 事件 关系 有限制的非二元论	实体 相对主义 神学二元论 二元论	唯心论/理念论 非二元论	衰败 虚空 无意义 无目的的

续表

标签	多元论	强硬自然主义	过程思想	经典神学	唯心论和理念论	虚无主义和无政府主义
科学哲学	费耶阿本德 杜普雷	亨佩尔 内格尔 帕皮诺	巴姆 波希 伊安·巴伯	普兰丁戈	哥本哈根量子力学	温伯格 阿金斯 莫纳德
宗教体验	3种类型（或宇宙非宗教的）	非宗教（或宇宙论的）	宇宙论的 神学的 混沌的	神学的	混沌的	混沌倾向
神学	多神论 无神论	无神论 泛神论B	万有在神论（视世界是神的一部分）、宗教的、自然的	有神论 自然神论	泛神论A	"自由人的崇拜"
美学	"第三只眼"	情绪论	感受不对称的逻辑	对称性	不可定义的、生命力	达达主义宣言 反艺术
伦理理论	解构	唯我论 功利主义	美德论 目的论	神圣命令	非效果论	道德事实真理（麦奇）
政治理论	马其雅弗利, 柏林	霍布斯, 自由主义, 马克思	社群主义辅助原则	实在论 神权政体	唯心论或理念论	无政府主义 恐怖主义

续表

标签	多元论	强硬自然主义	过程思想	经典神学	唯心论和理念论	虚无主义和无政府主义
代表人物（哲学家们的观点有可能是折中的——他们的身份仍需限定于一种类型或一种类型视域内的不同形态。时因价值视域不同，通常会有不同的自我宣称）	诡辩运动；普罗泰戈拉、福柯；尼采·古德曼、诺伯特·齐瑟 [方法论的] 后期维特根斯坦；理查德·麦克恩、大卫·瓦尔特·沃森；大卫·迪尔沃斯	荀子、查伐伽、德勒斯、利奥塔；卢克莱修、休谟、罗素、拜尔、卡尔纳普、奎因、P.丘奇兰、约翰·安德森、D.阿姆斯特朗、D.麦科恩、查尔莫斯、金在权、道金斯、赫金斯	柏拉图、亚里士多德、莱布尼茨、谢林、黑格尔、海德格尔、柏格森、德日进、皮尔士、詹姆士、怀特海、魏斯、哈特肖恩、伊巴克、贝尔也夫、W.谢尔顿、米德、阴阳图、华严宗、赫拉克利特、马赫、杜威、威曼、朗格尔	摩陀瓦、数论派、正理派-胜论派、柏拉图、新柏拉图主义、菲洛、迈蒙尼德、摩西、孟德尔森、诺斯提教、安萨利、奥古斯丁、笛卡尔、康德、刘易斯	奥义书、商羯罗、孟子、王阳明、作为唯心主义的柏拉图、普罗提诺、贝克莱、费希特、斯宾诺莎、黑格尔、康德/黑格尔、罗伊斯、霍金、提格里斯、普里格、约翰·弗斯特、P.巴索	萨特、加缪、斯·施蒂纳、斯·施蒂纳、华（被动的）、费尔巴哈（主动的）、尼采、里查德、卢宾斯坦、齐奥兰、马克、叔本、韦

六、过程哲学的广泛影响

时光荏苒，日月如梭。怀特海过程哲学问世迄今已有 80 多年了。尽管由于 20 世纪以来分析哲学和各种形式的实证主义公开宣扬"拒斥形而上学"的巨大影响，同时，也由于怀特海本人在《过程与实在》等著作中使用了大量晦涩难懂的新概念和新范畴来表述其新思想，从而使怀特海过程哲学在现代西方哲学百花园里似乎有点儿受冷落，其与现代西方主流哲学有些格格不入，因而一直处于哲学的边缘。然而，随着分析哲学的式微及其与人本主义哲学相融合的趋势，怀特海过程哲学已经日益受到越来越多的东西方有识之士的青睐。

（1）早在怀特海在世的 1941 年，即在怀特海逝世之前近七年，美国出版的《在世哲学家文库》第三卷就专门收录了研究怀特海哲学的专题研究论文，以《阿尔弗雷德·诺思·怀特海的哲学》（*The Philosophy of Alfred North Whitehead*）为名予以出版。该书的主要内容如下：怀特海传记作家、美国雪城大学（Syracuse University）哲学系教授维克多·洛伊（Victor Lowe）撰写了《怀特海哲学的发展》一文，阐述怀特海哲学的发展历程；美国当代著名哲学家、哈佛大学哲学系教授威拉德·V. 奎因（Willard V. Quine）专门撰写了《怀特海与现代逻辑的兴起》一文，阐述怀特海对现代逻辑的贡献；耶鲁大学哲学系菲尔墨·S. C. 诺思罗普（Filmer S. C. Northrop）教授撰写了《怀特海的科学哲学》一文，探讨怀特海在科学哲学方面的独特贡献；威斯康星大学哲学系伊万德·布拉德雷·麦吉利夫雷（Evander Bradley McGilvary）教授撰写了《时空、简单位置和摄入》一文，探讨怀特海的时空观及其摄入理论；英国剑桥大学康维尔和凯厄斯学院（Conville and Caius College）的约瑟夫·尼达姆（Joseph Needham）教授撰写了《生物学家眼中的怀特海哲学》，从生物学视域探讨了怀特海哲学的贡献；里海大学哲学系珀西·修斯（Percy Hughes）撰写了《怀特海的心理学是恰当的吗》，探讨怀特海在心理学上的贡献和缺失；耶鲁大学哲学系另一位教授威尔伯·M. 乌尔班（Wilbur M. Urban）撰写了《怀特海的语言哲学及其与他的形而上学的关系》，探讨怀特海的语言哲学及其对他的形而上学的影响；英国曼彻斯特大学 A. D. 里奇（A. D. Ritchie）教授撰写了《怀特海对思辨理性的辩护》，探讨怀特海的思辨哲学的性质、作用及其对思辨理性合理性的辩护；伊利诺伊斯大学哲学系亚瑟·E. 墨菲（Arthur E.

Murphy）教授撰写了《怀特海和思辨哲学的方法》，探讨怀特海关于思辨哲学方法的独特理解和贡献；哈佛大学哲学系威廉·E. 霍金（William Ernest Hocking）教授撰写了《怀特海论心灵和自然》，探讨怀特海关于心灵与自然的关系理论；密歇根大学哲学系罗伊·伍德·塞拉斯（Roy Wood Sellars）教授撰写了《有机哲学和物理实在论》，探讨了怀特海的有机哲学与物理实在论的关系；约翰·戈欣（John Goheen）教授撰写了《怀特海的价值理论》一文，探讨了怀特海对价值哲学的特殊贡献；西北大学哲学系伯特伦·莫里斯（Bertram Morris）教授撰写了《怀特海哲学中的艺术过程和审美事实》一文，探讨了怀特海过程哲学对艺术哲学和美学的独特贡献；马萨诸塞州剑桥哈佛神学院朱利斯·西利·比克斯勒（Julis Seelye Bixler）教授撰写了《怀特海的宗教哲学》一文，探讨了怀特海对宗教哲学的贡献；西北大学哲学系保罗·阿瑟·希尔普（Paul Arthur Schilpp）教授撰写了《怀特海的道德哲学》，探讨了怀特海的伦理和道德哲学观念；哈佛大学研究生教育学院亨利·W. 霍尔姆斯（Henry Wyman Holmes）撰写了《怀特海的教育哲学》一文，专门探讨怀特海的教育哲学思想，这些思想对后现代教育理念具有重要影响；当代美国大名鼎鼎的哲学家约翰·杜威（John Dewey）撰写了《怀特海的哲学》一文，对怀特海的哲学给予高度评价①；另一名美国著名哲学教授哈佛大学哲学系的 C. I. 刘易斯（C. I. Lewis）撰写了《自然知识的范畴》一文，探讨了怀特海在《自然知识原理》《自然的概念》和《相对论原理》等著作中关于自然知识的理解，评述了他在这方面的独特贡献。除怀特海的嫡传弟子以外，有这么多知名大学的著名哲学家专门撰文研讨怀特海哲学，并且在《在世哲学家文库》中专门有近 800 页的一卷怀特海哲学

---

① 在全面评述了怀特海哲学以后，在近结尾处，杜威写道："有一件事我是非常确定的。他（指怀特海——引者注）为随后的哲学发展开启了一条极为富有成果的新道路，而完成这一任务需要把可观察的物理经验事实与可观察的人类经验事实相结合。其结果可为所有研究话题提供几乎无与伦比的启示——只要心灵对新的源泉的启示不采取封闭态度。"参见保罗·阿瑟·希尔普主编：《怀特海的哲学》《在世哲学家文库》第三卷，第 659 页（*The Philosophy of Alfred North Whitehead*, Edited by Paul Arthur Schilpp, Open Court Publishing Company, 1991. p. 659.）。

研究文集，足以表明怀特海哲学在当时美国哲学界的分量。① ——这是怀特海过程哲学思想对美国哲学界的直接影响。

（2）自《过程与实在》《观念的探险》《思维方式》等过程哲学著作问世以来，在80多年间，围绕这些著作探讨的问题，已经"生成"许多二手的研究性和阐释性著作。这些著作既是对怀特海过程哲学的阐述和解读，从某种意义上也是对怀特海过程哲学的继承、丰富和发展，并且衍生出一个如今非常响亮的名称——"建设性后现代主义"。尤其是在格里芬教授、柯布博士和王治河博士等人的推动下，建设性后现代主义如今已经成为世界性的思想，成为越来越多的中国有识之士认可的思想，甚至有的专家还认为它是近年来最有价值的新思想。

（3）自怀特海过程哲学问世以来，在哈特肖恩、柯布、格里芬等人的推动下，已经在美国逐渐"生成"一个过程哲学学派，并成立了专门的研究机构——"过程研究中心"，设在美国加州克莱蒙研究生大学和克莱蒙神学院，并出版了专门的学术研究专刊——《过程研究》（*Process Studies*）。这本季刊已经编辑和出版了四十多卷，该刊的宗旨是研究怀特海的哲学以及怀特海的学术助手查尔斯·哈特肖恩的哲学思想，致力于探讨过程思想及其在相关哲学和神学领域中的问题，并把怀特海过程哲学的概念和思想应用于

① 在《在世哲学文库》中，由美国西北大学和南伊利诺伊斯大学保罗·阿瑟·希尔普教授发起并主编（1938—1981年）的文库共有15卷，分别是《约翰·杜威的哲学》（1939，1989）、《乔治·桑塔亚那的哲学》（1940，1951）、《阿尔弗雷德·诺思·怀特海的哲学》（1941，1951）、《G. E. 莫尔的哲学》（1942，1971）、《恩斯特·卡西尔的哲学》（1949）、《阿尔伯特·爱因斯坦：哲学家——科学家》（1949，1970）、《S. 拉达克里希南的哲学》（1952）、《卡尔·雅斯贝尔斯的哲学》（1957，1981）、《C. D. 布劳德的哲学》（1959）、《鲁道夫·卡尔纳普的哲学》（1963）、《C. I. 刘易斯的哲学》（1968）、《卡尔·波普的哲学》（1974）、《布兰德·布兰夏的哲学》（1980）、《让-保罗·萨特的哲学》（1981）。后来，由希尔普教授与莫里斯·曼里德曼（Maurice Friedman）共同主编了《马丁·布伯的哲学》（1967），由希尔普教授与刘易斯·埃德温·汉恩共同主编了，《W. V. 奎因的哲学》（1986）、《乔治·亨利克·冯·怀特的哲学》（1989），最后由刘易斯·埃德温·汉恩教授单独主编了《查尔斯·哈特肖恩的哲学》（1991），此时他正在准备出版的还有《A. J. 迈耶尔的哲学》和《保罗·利科的哲学》。从以上这些罗列可以看出，怀特海哲学在他在世时就已在欧美哲学界有了相当大的影响。尽管由于分析哲学和现象学运动在欧美哲学界占据主导地位，使得怀特海过程哲学一直处在西方哲学的边缘，但在有些美国大学里，如在柯布教授和格里芬教授曾执教的加州克莱蒙研究生大学等大学里，有些教授一直在研究和讲授怀特海哲学，并授予学生以硕士或博士学位。柯布教授和格里芬教授的不少学生，如今活跃在美国和世界各地，研究、讲授和传播过程哲学和建设性后现代思想，从新的视角和方面致力于推进人类文化和文明建设，尤其是生态文明建设和过程教育、过程法学、过程经济学等研究，并已取得越来越多的成果，获得越来越大的社会影响。

诸如美学、生物学、宇宙学、经济学、伦理学、宗教史学、文学批评、数学、政治思想研究、心理学、物理学、社会科学和社会学等学科之中。有志于深入了解过程哲学思想研究最新成果的读者，不能不读这本关于过程哲学思想研究最权威的国际学术刊物。同时，以克莱蒙过程研究中心为基地，小约翰·柯布教授又牵头成立了"中美后现代发展研究院"，王治河博士任研究院的常务副院长。该研究院近年来在中美过程哲学研究和建设性后现代主义研究与交流方面做出了重大贡献。其主办的国际生态文明论坛等在国际社会产生了广泛影响。

（4）过程哲学已经产生了广泛的国际影响，深深地影响着当今全球的社会实践。特别是随着环境问题和生态问题的日益突出，以及宗教哲学研究在当代西方世界越来越热，怀特海的过程思想更加被人们重视，从而成为现当代西方哲学中的热门话题之一。"国际怀特海大会"已在世界不同国家召开过十届，一般每两年举行一次。前四届在美国等国召开，第五届在韩国首尔召开，第六届在奥地利萨尔斯堡召开，第七届在印度班加罗尔召开，第八届于 2011 年 10 月在日本东京上智大学（Sophia University）召开，第九届于 2013 年 9 月在波兰召开，第十届于 2015 年 6 月在美国克莱蒙召开，参会者近三千名学者。我国新华社和《人民日报》等媒体予以报道。世界上许多国家包括美、英、日和韩国等成立了过程思想研究会，我国也在不同大学成立了二十几个"过程思维研究中心"或"有机马克思主义研究中心"或"过程马克思主义研究中心"等，筹备并建立中国过程学会。过程哲学还有诸如哈特肖恩、小约翰·柯布和大卫·格里芬、杰伊·麦克丹尼尔和王治河博士等几代在当代美国学术界颇有影响的传人，这在现当代西方哲学学派中是非常少见的。还有，在过程哲学影响下，哈特肖恩、小约翰·柯布和大卫·格里芬等人还发展出建设性后现代主义和过程神学，并在美国出现了几十个接受过程神学的教会组织；在过程哲学影响下出现的后现代教育理念和实践，深刻地影响着美国教育改革；在过程哲学影响下出现的生态文明活动、女权主义活动，深刻地影响着美国的生态文明和环境保护运动；甚至过程哲学还影响着美国的法律运动，出现了过程法学学派。[13] 如今过程哲学已经深刻地影响着美国社会的许多方面和领域。

（5）过程哲学对其他学科，尤其是教育学、经济学、法学、文学、美学和宗教学等学科的研究等，具有越来越重要的影响；对生态学、环境保护、生态文明和儿童智慧教育、博雅教育等也具有越来越重要的影响。因为人类从 20 世纪以来面临的巨大生态问题、环境伦理问题、战争与和平问题以及可持续发展问题等，都可以从过程哲学中找到相对合理的解决问题的哲学理念和思维方式，找到解决问题的思想材料和某些智慧的启迪。而传统的实体主义哲学，或者如怀特海所说的"科学的唯物主义"哲学，都不能满足于当今时代和当今世界各种现实社会问题对哲学和形而上学提出的迫切需要。作为建立在人类传统思想中的过程思想和有机思想之精华之上，建立在相对论和量子力学等现代科学之上的一种过程—关系哲学，有可能代表着人类未来哲学发展的新趋向。如果恩格斯所说"甚至随着自然科学领域中每一划时代的发现，唯物主义也必然要改变自己的形式"是正确的话，那么，随着相对论、量子力学以及后来出现的系统科学、信息科学、协同论、混沌科学等复杂性科学的出现，哲学也必然要改变自己的形式。过程哲学、信息哲学、系统哲学等新哲学形态在近几十年的出现，无疑都是给人类的哲学百花园中增添的鲜艳夺目的奇葩。需要特别指出的是，怀特海过程哲学或有机哲学影响了整整一代系统哲学家。系统哲学家拉兹洛曾写有一篇《怀特海的形而上学》，他认为怀特海是"从有机体研究中得来的概念去解释从物理学到心理学的其他一切东西"。拉兹洛甚至认为，怀特海的有机哲学就是一种系统哲学，只不过用词不同而已。[14]

七、过程哲学对我们的启示

作为一种新的宇宙论和世界观，怀特海过程哲学对我们的重要启示至少有如下几点。

（一）哲学应当随着科学的发展和社会实践的进步而不断进步

这虽是老生常谈，似无新意，但要真正做到却并非易事。甚至，是否承认哲学理论可以随着社会实践的发展而不断进步，在哲学界仍有不同观点，迄今仍难统一。怀特海认为，哲学总体上一直在进步；每一个具体的哲学体系一定会被后来的哲学体系所推翻，某些哲学观点可能会随着时间的推移而显得陈腐过时；但是，哲学从总体上说却一直在不断进步，不断地朝向反映宇宙的普遍真理的方向前进，哲学的真理性认识一直在不断扩大。在这一点上，哲学同科学的发展进路并无本质区别。用怀特海的话说，人类文明的进步突出表现在哲学的不断进步上。

因此，第一，我们不要在哲学观点上拘泥于所谓"主义"之争，关键是要看一种哲学是否揭示了宇宙的某些真理；是揭示了宇宙的某一方面的真理，还是从总体上揭示了宇宙的某些方面的真理。第二，不能认为不同时代的不同哲学体系的先后取代，表现的是哲学理论实质上没有进步和发展。似乎每一种哲学都是"从头再来"，哲学史似乎成了一个个被推翻的哲学体系的"僵尸"的战场，或者哲学史似乎成为"狗熊掰棒子式的"发展史，只有最后一个哲学体系是暂时成立的，以前的哲学都被彻底推翻了，而最后一个哲学体系早晚也要被推翻。怀特海不同意这种看法。在他看来，尽管每一种具体的哲学体系都会依次遭受被推翻和被取代的命运，但是哲学的总体却一直在进步，总体上一直朝向揭示宇宙真理的方向在前进。在这个方面，哲学和科学的发展路径是一样的。天文学上的"日心说"代替"地心说"，化学上的"氧化说"代替"燃素说"，地质学上的"大陆漂移说"代替"灾变说"，物理学上的相对论和量子力学代替牛顿的机械力学，并不表明科学发展史是诸如波普所说的那种"狗熊掰棒子式的"发展史，而是表示科学在不断地进步和发展。同理，哲学上不同哲学体系的先后取代也是如此。甚至在科学上，谁也不会再去相信伽利略时代的物理学了，但并不由此而否定物理学的不断进步。在哲学上也是如此，不能因为哲学体系不断被新的体系所取代，就否定哲学总体的进步和发展。怀特海深刻地指出，一种哲学新观念通常会引入一种新选择。经由一位哲学大师的思想冲击之后，哲学再也不会回到其原先的状态了。从这个意义上说，从柏拉图、亚里士多德、托马斯·阿奎那、笛卡尔、斯宾诺莎、莱布尼茨、洛克、贝克莱、休谟，一直到康德、黑格尔和马克思的哲学前后相继，一直到现代西方哲学各流派和怀特海过程哲学的出现，表明新的哲学观念一直在不断出现，表明哲学一直在不断进步。这些哲学理论中包含的关于这个世界的普遍性概括，总体上反映着哲学关于这个世界的真理性认识一直在不断前进。

（二）哲学应当保持自身的高度思辨性和普遍性品格，不能把自己混同于具体的实证科学

哲学既不应在科学的光环面前失去自我，盲目地追捧科学，从而在科学面前失去清醒的判断力和批判性思维能力；更不应当使自身也加入狭义的科学之列，追求所谓"实证的"哲学，或者不加限定和说明的所谓"科学的哲学"。马克思主义创始人马克思和恩格斯高度重视科学的社会作用和功能，为了把他们自己创立的"社会主义"理论与当时流行的"空想社会主义"理念相区分，给自己的理论冠之以"科学社会主义"的名称，但他们在命名自己创立的新哲学时，却没有使用"科学"或"科学的"概念，而

是把"唯物主义历史观"或"唯物史观"当作自己在哲学上的独特贡献。马克思只使用了"实践的唯物主义"或"新唯物主义"的概念。显然，在他们看来，哲学与严格意义上的科学在性质上是根本不同的。怀特海高度重视现代科学，但又清醒地认识到，哲学认识与科学认识具有本质区别，不能把哲学与科学混为一谈，因此他特别批评了以牛顿力学为基础的所谓"科学的唯物主义"观点。在他看来，哲学虽与科学相互关联、相互影响，哲学应当借鉴和应用具体科学的成果，哲学概括不应当同科学所揭示的事实和真理相矛盾，但是，哲学又不能局限于科学所揭示的事实和真理，而是要保持自身的独立性，并超越具体科学的成果，把具体科学所揭示的事实和真理应用于具体科学成果所适用的范围之外，探讨它们在这些领域是否具有普遍性和适用性。这正是哲学作为"形而上学"的主要意义之所在，即哲学作为形而上学正是要在科学的成果之上，进一步揭示其中可能蕴含的超越于具体科学结论的普遍原理。这是过程哲学对我们的另一个重要启示。也正因如此，怀特海虽然批评近代各种形而上学体系的弊端，但他并不一般地否定形而上学思辨的重要作用。

当然，哲学原理的思辨性和普遍性一定要接受科学、实践和经验的严格检验，并随着科学和社会实践的发展而不断证伪和修正自己的思辨结果和普遍性概括。

从上述意义上说，我们认为，最好不要再把哲学当作科学看待了，也不要像有些教科书那样，把马克思主义哲学说成是"科学的哲学"，而其他哲学都不是"科学的哲学"。哲学不是科学，正如科学不是哲学一样，它们各有自己独特的研究对象和研究方法，因此，它们也各有自己不同的研究结果和社会功能。哲学不是科学，正如艺术不是科学、宗教不是科学一样，这并非哲学自身的缺陷和不足，毋宁说，这正是哲学对自身性质和地位的清醒认识，也是哲学之所以具有自身特殊的价值和功能的根据之所在。许多著名科学家在晚年从事哲学研究，国外诸如爱因斯坦，国内诸如钱学森，至少表明哲学不同于科学，研究哲学具有重要的意义和作用。尽管只有少数科学家明确承认自己是在某种哲学理论指导下取得重大研究成果的，譬如，诺贝尔奖获得者日本物理学家坂田昌一明确承认他是在唯物辩证法指导下取得其研究成果的，哲学对科学发展和社会进步的影响和启示，却是多数科学家所公认的。

诚然，如果我们把"科学"定义为一门系统的知识，哲学无疑具有这种意义上的"科学"的品格；在这个意义上，说"哲学是一门科学"也无可厚非。但是，科学学（Science of Sciences）研究启示我们，根据不同的研究对象和研究方法，把哲学与自然科学、人文社会科学和思维科学以及数学区分开来，对于正确理解哲学、各门具体科学和数学的性质、地位和社会作用，具有重要意义。正如哲学不等于社会科学一样，数学也不等于自然科学，这已经成为科学学中的常识。我们不必再去为了强调哲学的"科学性"而把哲学称为科学。哲学具有自身独特的研究对象和研究方法，哲学具有其他学科不可取代的不可替代性。正如叶秀山教授所说："哲学是要署名的。"虽然它研究的是最一般、最普遍的东西，但又像艺术品一样是个人的作品。[15]它同自然科学显然是不一样的。

（三）哲学也不要盲目地效仿数学

数学方法如今被科学界和社会各界普遍认可。即使在古希腊时期，哲学家们就已非常重视数学对哲学研究的重要价值和作用了。因此，在柏拉图学园门口写有"不懂数学者莫入"。马克思也曾高度评价数学的作用，认为一门科学只有达到能够运用数学的时候，才是真正的科学。但是，作为数学家出身的怀特海却明确指出，哲学曾深受数学的样板之害。在怀特海看来，"欧洲哲学的兴起在很大程度上就是由数学发展为一门抽象的普遍性科学所推动的。但是在哲学后来的发展中，哲学的方法也深受这种数学典范之害"。因为"数学的主要方法是演绎法，而哲学的主要方法则是描述性的概括。在数学的影响下，演绎法作为标准的方法强加给哲学，而不是把这种方法的真正作用当作检验这些普遍性原理适用范围的基本的辅助性证实手段。这种对哲学方法的误解掩盖了哲学在提供一般观念方面的巨大成功，而这种一般观念可以使我们对经验事实的理解更加清晰"。[16]这一论断使我们想起毛泽东的一段有类似思想的话："感觉到了的东西，我们不能立刻理解它；而只有理解了的东西才能更深刻地感觉它。"怀特海认为，哲学提供的一般观念能使我们对经验事实的理解更加清晰，讲的正是这个意思。

因此，正如我们不能把哲学混同于科学一样，我们也不能使哲学完全地追随数学的演绎方法，因为哲学所要追求的现实存在的普遍性原理，同数学所要追求的现实存在的形式的普遍性原理，从性质上说是两种不同的普遍性。哲学既要研究现实存在的形式普遍性，也要研究现实存在的内容的普遍性，毋宁说，哲学是从现实存在的内容和形式相统一的视域，研究现实存在的普遍性的，因而哲学从研究对象和研究方法上应当有别于数学。怀特海过程哲学之所以有独创性，之所以开创了一种以"过程哲学"命名的新哲学，正是他自觉地超越了他自己最熟悉和最擅长的数学方法，用哲学特有的想象性理性思维方法和智慧来思考哲学问题的结果。因此，如果有人把怀特海过程哲学的思维方法归结为数学方法，这一定是对怀特海思维方式的极大误解和曲解。他在《过程与实在》和《思维方式》等著作中，着力论述的正是要超越和摆脱数学样板之害，以消除误置具体性之谬误，真正从过程和关系视域观察和分析现实存在和宇宙的创进。

（四）哲学应当保持追求智慧的本性

哲学是智慧之学，或者说哲学是追求智慧的学问，这是自古以来哲学家们的共识。今天，我们学习和研究哲学，包括那些科学大师去研究哲学问题，显然，绝不是为了在科学知识之外再学习和增加一些新知识。毋宁说，我们学习和研究哲学，归根到底是为了增加我们的智慧，增加我们智慧地理解和把握现实世界的能力，增加我们智慧地提出问题和解决问题的能力。然而，除了把哲学知识混同于实证知识的科学主义思潮和把哲学当作科学的错误观点之外，对于哲学如何追求智慧、何谓真正的智慧，人们通常是见仁见智、众说纷纭。在怀特海看来，只有综合运用人类的所有经验、知识和智能，才能真正地形成智慧。这就是说，人的经验、知识和智能还不等于智慧。人工智能更不是，也不能等同于人的智慧。其他动物具有一定的心理活动能力，也会具有一定的智能，计算机也能有一定的智能，这是不容置疑的。但是，迄今为止，只有人类才是有智慧的生物。在怀特海看来，人的经验、智能属于本能的范畴，不学自通；而人类的智慧尽管具有先天的禀赋，更主要的则是通过后天学习和修炼获得的。一个满腹经纶的学究可能会有许多知识，但他可能缺少智慧，面对现实困境一筹莫展。这是怀特海给我们的重要启示。

（五）哲学要有自己独特的方法

怀特海指出，近代以来，西方的科学抛弃了形而上学，接着有些从事哲学研究的形而上学家也开始学习和效仿科学家的做法——抛弃了形而上学。原因之一是这些所谓哲学家根本上并不真正懂得哲学的特殊性质、地位和作用，不知道哲学应有自身特殊的研究方法。尽管这些人自认为他们也是在从事哲学研究，实际上如有识之士指出的那样，他们只是"似乎是"在从事哲学研究，而不是真正在从事哲学研究。这正是近代以来，在科学的巨大成功影响下哲学的危机表现之一："哲学常常在做着非哲学的事情"。这些人使用着哲学名词，运用着哲学概念和范畴，非常像哲学，但实际上却不是哲学，而是所谓"准哲学"[17]。而怀特海运用自己独特的哲学方法，即综合方法（实体与过程相结合、动态与结构相结合、定性与定量相结合等）、中庸方法（不走极端：从每一种方法中看到合理性和片面性）、两极性方法、有机方法等，创立了一种新哲学，提出许多新观念，使西方哲学发展到一个新阶段。从总体上说，它对世界的解释力超过了以往的一切哲学。

我们知道，人类思想中最宝贵、最重要、最有用的属性之一，是它有能力一般性地揭示并解释真实世界的构造。不管我们是否同意或者是否完全同意怀特海提出的过程哲学的基本思想和观点，我们必须首先看到和承认，过程哲学是怀特海对真实世界的构造所提出的一种解释方式、一种概念图式、一种新的理论范式。尽管这种解释方式和概念图式不是最终的和绝对的，怀特海也明确反对把任何解释图式和方式看作是最终的和绝对的观点，并称之为独断式的教条，但必须承认，这是现代西方哲学家提出的一种新的解释方式和图式。这种解释方式明显不同于传统西方哲学的解释方式，尤其是不同于近代实体哲学的解释方式。总体上说，以往的西方哲学家们都是以某种实体为出发点去考察世界，因而要么把这种实体归结于某种物质实体，要么归结于某种精神实体。近些年来，又有人以"场"和"系统"等为视域来解释世界。如果把"场"和"系统"理解为动态的过程，这同过程哲学是一致的。而如果把"场"和"系统"理解为封闭的实体，这同样是实体性的思维方式。而过程哲学则完全是一种新视域和新范式，是一种新的世界观。它要求我们以过程—关系视域看世界，坚持过程就是实在、实在就是过程。凡是要成为现实的东西，都必须成为过程的。由此看来，不论是从物质实体还是从精神实体出发去解释世界，本质上都是一种静态的形态学分析，这种分析的结果很难与活生生的现实世界和我们对这个现实世界的直接经验相符合。相反，若从过程角度来看，一切存在物都不是静止不动的，也不是一成不变的，而是处于永不停息的生成和发展过程之中，这种过程性就是它们的本真状态。显然，这种过程实在论同传统的实体实在论具有明显和本质的区别，它所蕴含的生成和发展理念，同传统的实体实在论所蕴含的静止不变理念是针锋相对的。

可能有人会说，在西方哲学史上，许多具有辩证思维的哲学家，不是早就指出了事物是不断发展变化的吗？古希腊哲学家赫拉克利特就已经明确指出了"人不能两次踏进同一条河流"，其他哲学家也强调过事物的发展变化和变动不居的思想，尤其是德国古典哲学大师黑格尔集西方哲学辩证法之大成，系统论述了世界是发展过程的基本思想，马克思主义经典作家恩格斯在《费尔巴哈论》中更是明确地讲过"世界不是一成不变的事物的集合体，而是过程的集合体"，等等。

但是，不管是西方哲学史上的辩证法大师，还是马克思主义经典作家，他们似乎都不是从本体论上谈论真实世界或实在世界的过程性的。众所周知，德国古典哲学家黑格尔所讲的是绝对观念自我运动、自我发展的过程，而自然、社会和思维的运动、变化和发展过程，只不过是这个绝对观念的外化而已。恩格斯所讲的"世界是过程的集合体"的思想，也是在坚持"世界的物质统一性"的前提下，在坚持"世界的真正的统一性是在于它的物质性"这个本体论前提下，谈论物质的运动、变化和发展的。反过来说，恩格斯并不是在本体论意义上谈论世界的过程实在性，这同怀特海过程哲学的基本出发点是不一样的。不管我们是否同意怀特海的这种"过程即实在"的基本观点，但都必须首先承认和弄清其过程哲学的这种基本理论取向。

所以我们认为，怀特海自觉地建立这样一个以过程为实在的形而上学体系，并自觉地以这个体系为概念图式或理论范式，批判一切其他与此相悖的哲学观点，包括在西方哲学史上长期占主导地位的预成论观点、主客二元对立观点等，并试图以过程—关系为基点建立一种新哲学，这是一种全新的尝试。正是在这个意义上，我们说过程哲学是超越传统西方哲学中的实体实在论和主客二元对立的思维方式的新尝试，从而有可能成为现代西方哲学的重要生长点。他把古希腊时期的"一个人不可能两次踏进同一条河流"的思想扩展或者引申为"一个思想者不可能思考再次"，而且更为一般地说，"无主体能经验两次"。这样，他便把古代哲学家提出的客体流变思想扩展到主体流变思想，世界从整体上看都是流变的，都是一个不断生成的过程。而且在怀特海看来，除了这些现实的能动主体的生成或流变外，世界上根本不存在其他任何现实的东西。存在之外不可能有存在，因为非存在是没有界限的。

参考文献

[1] 田中裕. 怀特海有机哲学 [M]. 包国光，译. 石家庄：河北教育出版社，2001：3.

[2] [6] [12] [16] 怀特海. 过程与实在：宇宙论研究（修订版）[M]. 杨富斌，译. 北京：中国人民大学出版社，2013：9，4，50，13.

[3] 杨富斌. 过程哲学要义 [N]. 光明日报，2011-07-05 (11).

[4] A. N. 怀特海. 科学与近代世界 [M]. 何钦，译. 北京：商务印书馆，2012：221.

[5] 爱因斯坦. 探索的动机 [M] //瓦尔特尔·霍利切尔. 科学世界图景中的自然界. 孙小礼，等，

　　　译．上海：上海世纪出版集团，2006：序言 1.

[7] [8] 瓦尔特尔·霍利切尔．科学世界图景中的自然界 [M]．孙小礼，等，译．上海：上海世纪出版集团，2006：纪树立序言 2.

[9] [10] 怀特海．思维方式 [M]．刘放桐，译．北京：商务印书馆，2004：33-34，38.

[11] 阿尔奇·J. 巴姆．有机哲学和世界哲学 [M]．江苏省社会科学院哲学研究所巴姆比较哲学研究室，译．成都：四川人民出版社，1998：342.

[13] 杨富斌．当代美国过程法学述评 [J]．北京政法职业学院学报，2010，72 (4)：78-83.

[14] 黄小寒．世界视野中的系统哲学 [M]．北京：商务印书馆，2006：89.

[15] [17] 叶秀山．哲学要义 [M]．北京：世界图书出版公司北京公司，2006：142，4.

5. 论怀特海过程哲学的哲学观

A Philosophical View of Whitehead's Process Philosophy

杨富斌（Yang Fubin）

怀特海创立的过程哲学具有独特的哲学观和方法论。只有深刻理解怀特海的过程哲学观及其方法论，才能真正理解怀特海过程哲学的独创性贡献。本文侧重考察怀特海的哲学观。

一、哲学是宇宙论

（一）哲学是宇宙论

怀特海在其代表作《过程与实在》中明确指出，他所阐述的新哲学，其目的就是要阐述一种严密的宇宙论观念，通过探讨各种经验论题来揭示这些宇宙论观念的意义，最后建立一种适当的宇宙论。《过程与实在》的副标题就是"宇宙论研究"。当然，他所理解的宇宙论与哲学史上其他哲学宇宙论具有明显的差异。

从概念上说，哲学意义上的"宇宙论"一词最早由德国哲学家沃尔弗使用。到 18 世纪，西方人已开始普遍运用沃尔弗关于宇宙论的提法来分析哲学史问题。如德国哲学家康德把托马斯·阿奎那关于上帝存在的证明叫作宇宙论证明。康德在其《纯粹理性批判》中提出了宇宙论的四个二律悖反，实际总结了以前哲学中各种宇宙论的对立观点。到德国古典哲学家黑格尔那里，他则认为宇宙论的研究应包括世界的偶然性、必然性、永恒性、有限性、规律性、人的自由和恶的起源等问题。有些传统西方哲学家认为，哲学宇宙论仍然有存在的价值，而且宇宙论与本体论有区别，二者的不同在于：宇宙论探求这个世界什么是真实的，而本体论则探求对任何世界都有效的关系与原则。[1]

怀特海正是在探求"世界上什么是真实的（real）"的意义上使用"宇

宙论"概念的。整个《过程与实在》就是根据量子力学和相对论等现代科学理论所揭示的宇宙万物的本性及其存在的真相，试图阐明世界上各种现实存在的生成过程是最实在的。

在怀特海看来，宇宙是一个由各种现实存在相互作用、相互影响、相互摄入而不断生成的现实过程。任何现实存在，不管是以实体性形式存在的东西，如山川、日月、星辰、树木等，还是以非实体形式存在的东西，如信息、波、场、精神、意识、思维等，只有处于不断生成的现实过程之中，它们才是真正的、实在的存在。倘若脱离了不断生成的现实过程，它们就成为非实在、非真实的存在。这也正是怀特海所揭示的过程原理所要表明的宇宙真理："一个现实存在是如何生成的，构成了这个现实存在是什么；因而现实存在的这两种描述方式并不是互不相干的。现实存在的'存在'是由其'生成'所构成的。这就是'过程原理'。"[2]

（二）怀特海详细阐述了其过程哲学宇宙论的研究范围、研究目的和研究方法等

一是其宇宙论研究是以重新发现从笛卡尔到休谟这个阶段的哲学思想为基础的，并把其宇宙论研究叫作"有机哲学"。他强调，宇宙论研究的目的是要强调柏拉图、亚里士多德等古希腊哲学大师和从笛卡尔到休谟这些近代哲学大师的著作中被后来的创造体系的哲学家们所抛弃的内容，即有关过程和关系的思想。

二是他强调《过程与实在》第一编解释了有机哲学宇宙论使用的方法，并概要地阐述了构成其有机哲学宇宙论的观念体系。第二编则致力于揭示这个观念体系可以恰当地解释那些构成西方文明思想的复杂结构的观念和问题。

三是他指出哲学史揭示了在不同历史时期支配着欧洲思想的两种宇宙论，这就是柏拉图的《蒂迈欧篇》表达的宇宙论和 17 世纪的宇宙论，后者的主要代表人物有伽利略、笛卡尔、牛顿和洛克。前者的缺陷在于其包含过程思想的宇宙论缺乏自然科学基础，而后者的缺陷在于以牛顿力学为基础，坚持了机械的宇宙观，忽略了宇宙的有机联系和发展。而怀特海所要发展的过程宇宙论则遵循了一种明智的研究路径："也许真正的解决办法在于把先前这两种宇宙论体系结合起来，并根据自洽性和知识进步的要求做一些修正。"

怀特海致力于构建宇宙论的目的主要在于：首先，他要以一种新的方式

认识世界。换言之，他要给我们描绘一幅新的世界图景，从而为我们提供一种新的观察世界的方式。其次，他要对世界作综合性的总体性研究。这种综合性研究致力于阐明许多西方哲学中以往含糊不清的问题，把许多在现代世界中被分割为碎片的东西重新整合起来。最后，他的宇宙论研究是为了同近现代西方的认识论哲学区分开来。由于近代西方哲学发生了康德哲学引起的所谓"哥白尼式的革命"，使主流西方哲学家认为所有哲学问题都可以归结为认识论问题，以至于哲学就是认识论，而传统形而上学中的宇宙论和本体论研究，则被视为根本不能证实的思辨哲学或形而上学问题被抛在一边。由于坚持这种认识论哲学的基本立场，近代哲学进一步强化了自然与文化、主体与客体、心灵与世界、事实与价值、第一性质与第二性质的区分和对立。为克服这种割裂世界整体性和有机性的二元对立的严重弊端，怀特海明确反对把哲学仅仅归结为认识论的错误倾向，认为哲学在本质上首先是宇宙论研究，在这种宇宙论和本体论前提下，才有可能真正探讨认识论问题。

二、哲学是形而上学

怀特海还经常明确地把他的过程哲学叫作思辨哲学或形而上学。这在现当代西方主流哲学明确拒斥思辨哲学或形而上学的大背景下，尤其别具一格。

形而上学（metaphysics）本来是亚里士多德一部著作的名称，意为"物理学之后"。从13世纪开始，"形而上学"被作为哲学概念使用，用以指称研究超经验的东西的学问，或者用作哲学的别称，其意一般多指建立一个观念体系，以对实在的性质作出判断，或以一种方法去把握所知的实在的性质。而怀特海致力于构建的过程形而上学理论则与历史上形形色色的形而上学理论既有某些相通之处，又有明显区别，主要表现在以下几个方面。

（1）怀特海认为形而上学是一种形成知识的重要方法。思辨哲学与形而上学是同义的。在《过程与实在》中，他开宗明义地指出："这些演讲的宗旨是要对思辨哲学进行探讨，其首要任务便是对'思辨哲学'做出界定，并为其作为一种形成重要知识的方法做辩护。"[3]可见，在怀特海看来，思辨哲学不仅是一种形成"知识"的方法，而且是形成"重要知识"的方法。

（2）怀特海认为，他所要建立的"形而上学不过是对适合于全部实践细节的普遍原理所做的描述而已"[4]。在他看来，"凡是可以在'实践'中发现的东西，都一定在形而上学的描述范围之内。如果这种描述不能包含这种'实践'，这种形而上学就是不充分的，需要做修正。只要我们满足于我们的形而上学学说，我们就不要诉诸实践去补充形而上学。"[5]因此，他强调"思辨哲学的目的是要致力于阐述一种内在一致的、合乎逻辑的且具有必然性的一般观念体系，根据这一体系，我们经验中的每个要素都能得到解释"[6]。

当然，怀特海也明确认识到："任何形而上学体系都不能完全地期望满足这些实效性的检验。这样一种体系充其量是对所寻求的那些普遍真理的逼近。特别是不存在任何精确陈述的、可作为出发点的公理式的确定性，甚至根本不存在用来构成它们的语言。唯一可能的方法是以词语表达方式作为出发点，而若以这些词语表达方式的现行意义本身来看，它们则是定义不明和含糊不清的。"[7]因此，除非通过进一步说明，这些表达方式不是可以直接进行推理的前提。因为词语力求陈述的是一些一般原理，而这些一般原理必须通过经验事实来说明。

（3）怀特海指出，他的思辨形而上学既有理性的一面，也有经验的一面。其理性方面是由"内在一致的"和"合乎逻辑的"这些术语来表达的。其经验方面是由"适用的"和"适当的"这些术语来表达的。也就是说，根据怀特海的理解，思辨形而上学并非只是纯粹的理性思辨，与经验没有任何关联。相反，他认为他所要创立的思辨形而上学也有经验的一面，与经验有关联。这种关联性表现在，这种思辨形而上学体系对每一项经验都具有适当性，全部经验的基本结构都会表现得同这种思辨哲学体系相一致，因而这种相关性又是普遍的、必然的。思辨哲学体系是对全部经验具有必然的普遍性的学说，这就意味着，过程哲学宇宙论所理解的宇宙具有一种本质，这种本质禁止其自身之外的关系。思辨哲学的目的就是要寻求宇宙的这种普遍联系的本质。

（4）怀特海还强调，"哲学家们决不要奢望最终构成这些形而上学的第一原理。人在洞察力方面的弱点和语言自身的缺陷会无情地妨碍这一目标的实现。各种词汇和短语必定会在其一般意义上被加以引申，使其超越通常的用法。然而，不管这些语言要素如何被固定化为专门术语，它们仍然是一些隐喻，需要暗中借助于富有想象性的跳跃来补充"[8]。这就是说，任何哲学家包括怀特海本人，都不可能最终构成这些形而上学的第一原理。因为一是人的洞察力有限，二是人的语言本身也总有难以克服的缺陷，这两者都会妨碍最终完成形而上学的第一原理。因此，他特别提醒人们注意："我们试图在事物的性质上一探究竟、追根溯源，这种努力是多么肤浅无力和不尽完善啊！在哲学讨论中，关于终极性陈述即使对其确定性有丝毫独断式的确信，都是一种愚蠢的表现。"[9]

但是，第一，形而上学的第一原理本身绝不是不可知的、不能为人的洞察力所把握的。这便同一切实证主义关于形而上学原理不可知的观点区别开来。当然，坚持形而上学第一原理是可知的，是指人们"只能逐步地接近某种原理体系"，而不能最终完成这种体系。这就正如物理科学也不可能穷尽物理世界的一切规律一样。造成这种状况的原因有二：一是因为语言本身有缺陷和想象力有限；二是我们的经验材料有限，我们难以对所有的直接经验进行任何清晰完整的分析。第二，"形而上学的第一原理绝不能没有具体的实例。"[10]相反，它们总是通过一个具体实例体现出来的。然而，通过严格的经验主义方法发现一般原理的做法已经破产，而且这种破产也不仅仅局限于形而上学。即使在自然科学中严格坚持归纳法，也将使科学停滞不前。因此，在构建形而上学第一原理和所有科学发现中，必须充分发挥自由想象的作用。他批评培根忽略了自由想象的作用，指出"这种自由想象是由内在一致性和合乎逻辑性的要求支配的。真正的发现方法宛如飞机的航行，它从特殊的观察基地起飞，继而在有想象力的普遍性的稀薄空气中飞行，最后降落在由理性的解释使之更为敏锐的新的观察基地上"[11]。

综上，怀特海阐述的过程形而上学思想，既承认思辨哲学是一种产生知识的重要方法，也表明了哲学同具体科学的重要区别就在于哲学的形而上的研究具有重要意义，它对人类文化发展和语言意义的确定都有重要作用，因为哲学研究的主题是关于宇宙的普遍原理。

三、哲学研究的主题是普遍原理

第一，哲学应当对一切经验现象有普遍意识。在怀特海看来，当哲学只是沉溺于卓越的说明技巧时，便会使自己的有用性丧失殆尽。这样一来，它就是在用错误的工具侵蚀特殊科学的疆域。他说："哲学的终极诉求应当是对我们在实践中所经验到的一切具有普遍意识。无论是何种预设思路，只要其能表现贯穿于理性社会各个时代的社会表达方式的特征，都必定会在哲学理论中找到其用武之地。"[12]这就是说，具体科学的目的和意义在于对具体事实的说明。而哲学则是对这些具体说明和解释中所贯穿的普遍原理的揭示和说明。如果哲学不是致力于揭示这种普遍原理，而是致力于说明具体的经验事实，这便是哲学对特殊科学研究领域的僭越。自从近代科学从古代自然哲学中独立出来以后，任何企图把哲学理解为"科学之科学"的观点，都已经根本站不住脚了。

第二，哲学研究既要有抽象的理性概括，又要使这些普遍概括能经受得住逻辑和事实的检验。即在面对具体现实时，哲学既要有大胆的抽象概括和探险性的理性思辨，又必须在逻辑和事实面前保持全然的谦卑态度。而"当哲学既不大胆也不谦逊，而仅仅反映异常人格的情绪性预设时，这便是哲学的病态"[13]。也就是说，如果一种哲学理论既没有对具体的现实存在的抽象概括和理性思辨，没有达到普遍原理的层次，同时又没有遵循严格的逻辑方法，不是直接对客观事实进行概括，而是哲学家纯粹按照自己的抽象思维和主观想象提出一些情绪性的预设，那么，这种哲学理论便是错误的，只是反映了哲学理论的病态表现，而不是正常的和健康的哲学理论的禀赋。

第三，哲学的任务是要说明如何从具体事物中作出抽象概括。怀特海指出，哲学的这种说明性意图经常被人误解。如果要追问如何从普遍的东西构成具体的特殊事实，那就完全错了。对这个问题的回答就是"完全不可能"。"真正的哲学是：具体事实如何体现从其本身抽象出来而又分有其自身性质的那些存在。""换言之，哲学是对抽象概括的说明，不是对具体的说明。"[14]所以，怀特海认为，各种类型的柏拉图学派的哲学，由于天才地掌握了这一终极真理，尽管与任意的幻想和返祖的神秘主义有许多联系，至今依然保持着持续的魅力，因为它们所要寻求的是事实中的形式。然而，在怀特海看来，"每一种事实都不只是自己的形式，而每一种形式却都'分有'着整个事实世界"[15]。这样一来，怀特海的过程哲学便同各种柏拉图学派的哲学区分开来了。正是基于这种认识，我们可以做出结论说，根据怀特海的观点，哲学的研究对象就是贯穿于自然、社会和人类思维之中的普遍规律或普遍原理（generalities）。

第四，哲学是从有限和无限的关系中突破有限、认识无限的。在怀特海看来，哲学和科学研究的最终目的都是从已知走向未知，通过有限去认识无限。但是，科学是致力于从有限中认识无限，因而科学总是侧重于在有限的现实世界中寻求因果关系；而哲学则是从有限与无限的关系中去认识无限，因此，哲学总是要突破现实世界的有限性，在有限之外去寻找无限。它要在科学研究的范围之外去寻求和射杀"猎物"。[16]综观怀特海的著述，似乎他并没有对"哲学是什么"的问题直接给出明确的定义，但是，他确实曾经认真地思考过"什么东西使一种理论成为哲学理论的"[17]。他的回答是："哲学是心灵对于无知地接受的理论的一种态度。所谓'无知地接受'，我的意思是说，没有就一种理论牵涉到的无限多的情况来理解这种理论的全部意义。"[18]他解释说，哲学的态度就是要坚定不移地试图去扩大对进入我们当前思想中的一切概念的应用范围的理解。也就是说，哲学并不满足于人们已经用文字表达出来的概念、思想和思维，不满足于已经进入我们当前思想中的一切概念的应用范围。如果人们满足于这些已有的原始概念、原始命题的应用范围，那他们就不是哲学家。没有一个哲学家会满足于与人们的通常看法相一致，不管这些人是他的同事还是他先前的自我。哲学家"总是在突破有限性的界限"[19]，致力于扩大已有知识、概念、思想和思维的应用范围。譬如，哲学家总是试图把物理学已经达到的知识扩大应用范围，把它们应用于物理学尚未研究、也无法研究的宇宙的其他领域，如心理领域、精神领域、道德领域、价值领域和其他未知的物质领域。当然，在做这种扩大应用时，哲学家一定要小心谨慎，切不要以为这种应用一定会成功。当然，这种思辨性的应用一旦获得成功，就是哲学家的洞见获得了成功。否则，就要修改这种思辨性的假定。

当然，由于哲学探索的是普遍原理，而且是不断更新的普遍原理，通常就很难用语言明确地表达出来。因此，怀特海说："如果谁想把哲学用话语表示出来，那它是神秘的。因为神秘主义就是直接洞察至今没有说出来的深奥的东西。但是哲学的目的是把神秘主义理性化：不是通过解释来取消它，而是引入有新意的、在理性上协调的对其特征的表述。"[20]可见，怀特海一方面认为哲学不可能用语言清楚明白地表达出来，在很大程度上它需要人们苦思冥想，通过意念来把握；另一方面，哲学又必须用理性的语言来表述人们对世界的冥想和体验，否则就要陷入神秘主义。把神秘主义理性化，这就是怀特海所理解的哲学的目的。

正是在这个前提下，怀特海提出了一个著名论断："哲学类似于诗。"[21]也就是说，哲学和诗一样，都力图表达我们关于文明的终极的良知，所涉及的都是形成字句的直接意义以外的东西。二者有所不同的是，"诗与韵律联姻，哲学则与数学结盟"[22]。

四、哲学的成功在于能提供一般观念

首先，哲学是通向更大的普遍性的航行。怀特海认为，一门具体科学的领域通常只限于某一类事实，意思是指，它所做的任何陈述都与这个事实之外的事实无关。任何一门具体的科学都是针对一组特定的事实而产生的，正是这个状况保证了这一类事实之间具有各种确定的关系，人们似乎都能意识到这种关系，并且能用语言来充分地加以描述。因此，在怀特海看来，"具体科学探讨的主题通常易于探究，而且易于用语词来表达"[23]。

"哲学研究宛如通向更大的普遍性的航行。正是由于这个原因，在科学的幼年时期，人们的注意力主要是放在发现可有益地应用于相关主题的最一般的观念上，哲学与科学还没有严格地区分开来……在科学发展的晚期阶段，除了偶然的干扰以外，大多数科学都毫无疑问地接受了它们赖以发展的一般概念，其主要的关注点是如何协调和直接证实那些更加具体的陈述。"[24]

因此，在怀特海看来，"一种新观念通常会引入一种新选择……在经由一位哲学大师的思想冲击之后，哲学再也不会回到其原先的状态了"[25]。从这个意义上说，从柏拉图、亚里士多德、托马斯·阿奎那、笛卡尔、斯宾诺莎、莱布尼茨、洛克、贝克莱、休谟，一直到康德和黑格尔的哲学前后相继，表明新的哲学观念一直在不断出现，哲学一直在进步。

怀特海强调："哲学的有用性功能就是促进文明思想最普遍的系统化。专门知识与常识总是相互作用的：专门科学的作用是修正常识，而哲学的作用则是把想象力与常识相融合，从而形成对专家的制约，同时也扩大他们的想象力。通过提供一般概念，哲学应当使人们更易于理解那些孕育在自然母腹中尚未成为现实的无限多样的特殊情况。"[26]因为如果没有这些一般概念，就不可能形成科学的理论体系，经验性的认识就上升不到科学层面。有识之士认为，中国古代科学后来停滞不前，未能形成化学、物理学等现代科学理论的形态，从某种意义上说，就是因为我们的古人没有形成一般的概念。怀特海认为，在哲学史上，思辨哲学因为过于野心勃勃而一直遭人反对。因为它要建立和阐述关于宇宙的普遍原理，而这些普遍原理并非那么直接明显，也并非那么容易被发现，那些被哲学史上的哲学家们宣布为普遍原理的东西，后来被证明为并非如此。因此，这给人们造成一种印象，似乎思辨哲学家都是一些空谈家，都是一些不切实际的理想主义者。但是，有意思的是，"人们承认理性主义是具体科学在自己的有限范围内获得进步的方法"[27]。承认理性主义的积极作用，却不承认以理性主义为基本工具的哲学或者形而上学，怀特海认为实际上这是自相矛盾的。

在怀特海看来，这种观点实际上是在暗中把过去的独断论检验标准强加给了哲学。怀特海说："如果用同样的标准来强行检验科学，科学也是不成功的。"[28]因为从科学史来看，一门具体科学的发展也是不断地由新理论替代旧理论的历史，如化学上从"燃素说"到后来的"氧化说"，天文学从最初托勒密的"地心说"发展到后来哥白尼的"日心说"，物理学上从牛顿力学发展到爱因斯坦相对论和哥本哈根学派的量子力学，等等。如果以同样的标准来衡量这些自然科学，那么，这些自然科学也是不成功的。为什么坚持理性主义精神的人们对自然科学的理论不断更替采取如此宽容的态度，唯独对哲学理论的不断更替采取如此教条或独断的态度呢？如果从继承性上来看，"我们对17世纪笛卡尔哲学的继承就远甚于继承那个世纪的物理学"[29]。

怀特海进一步分析说，对哲学思辨的主要反对意见是其无用性，即认为哲学没有任何用处。[30]这种"哲学无用论"起源于16世纪，最终是由弗兰西斯·培根表达出来的。持这一哲学无用论的观点认为，我们应当描述具体的事实，并从中概括出具有普遍性的规律。这种普遍性应当严格限制在所描述的那些细节的系统化方面。而普遍性解释被认为对这一方法没有任何意义。因此，有人认为，任何普遍的解释体系，不管其真假如何，本质上都是空洞无用的。怀特海不赞同这种哲学无用论观点及其论证方式。他指出："不幸的是，对这种反对意见来说，除非把事实解释为系统中的一个要素，否则根本不存在任何能够理解的自足的原初事实。无论何时我们试图表达直接的经验问题，我们都会发现，对这一问题的理解都会引导我们超越经验自身，超越其现在、过去和未来，并达到据以展示其确定性的普遍。"[31]这就是说，我们只有把一个事实理解为一个普遍系统中的一个要素，才能真正理解这个原初事实在整个有机系统中的地位及其作用。如果仅仅把一个原初事实理解为孤立的、与系统中其他要素没有相互联系的独立事实，那么，这个事实就不能得到真正理解。无论何时，只要我们试图全面而深入地说明一个经验事实，就必须超出这一事实，把这一事实放在它所处的整个系统之中，并且超越其现在、过去和未来，才能真正地对这一事实得到一个普遍而必然的系统说明。

那么，哲学如何能使自身摆脱无用性的缺陷呢？怀特海提出的办法之一是："哲学由于同宗教、自然科学和社会科学的密切联系使自身摆脱了无用的坏名声。哲学由于将宗教和科学融为一种合乎理性的思想体系而使自身获得了主要的意义。"[32]在怀特海看来，宗教能把哲学理性的普遍性与特定社会、特定时代中产生的，并以特定前因为条件的诸情感和目的结合起来。宗教是把一般观念转化成特殊思想、特殊情感和特殊目的，其目标指向是扩展个体的利益，使之超越有违其初衷的特殊性。哲学应当与宗教建立密切联系，应当向宗教学习。因为宗教能把一般观念、终极关怀变成具体的思想、情感和目的，因而能打动人心，能使个体获得直接利益。宗教作为一种终极的渴望，能把主要属于概念思想本身的非现世的普遍原理注入持续的特殊情感之中。在高级机体中，只有实现了这种注入，才会消除纯粹情感和概念经验之间的节奏感造成的终身厌烦。机体的情感和概念这两个方面要求协调一致，宗教在这种协调过程中发挥了重要作用。在怀特海看来，对纯粹经验进行理智性证明的要求长期以来也是推动欧洲科学发展的动力。"从这个意义上说，科学的旨趣不过是不同形式的宗教旨趣而已。任何对科学献身于'真理'这一理想的探究都将会确认这一陈述。"[33] 由此不难理解，为什么近代科学的先驱大多是宗教徒，如近代天文学家哥白尼、生物学家孟德尔等。科学与宗教同源，科学的兴趣只是宗教兴趣的一种变化——这并非天方夜谭，而是不争的事实。

五、哲学的进步性和传统哲学对理性作用的夸大

1. 怀特海认为哲学自柏拉图以来一直在不断进步

显然，怀特海既不同意哲学史"是一堆哲学僵尸的战场"的观点，也不同意哲学的发展是"狗熊掰棒子"式的历史的观点。即他并不认同一种流行很广的观点：每一种新的哲学体系总是把先前的哲学体系推倒重来，因此，哲学自产生以来似乎没有什么真正的进步；哲学史只是各不相同的哲学体系相互替代的历史而已。

在怀特海看来，尽管从历史上看，每一种哲学都免不了被其他哲学替代的命运，因而哲学史似乎表现为各种不同的哲学体系相互攻讦和更替，但是从总体上看，哲学一直在不断地前进。哲学同其他任何科学部门一样，其内容一直在不断更新，其观点一直在不断发展，逐渐地接近对宇宙本性和总体的正确把握。

在我们看来，怀特海关于哲学自柏拉图以来一直在不断前进的观点，一方面非常正确地概括了西方哲学自古希腊以来的实际发展状况，另一方面，对于我们正确认识哲学和科学的关系、哲学的社会作用和功能等，也具有特别重要的意义。长期以来，各种科学主义哲学思潮和"哲学无用"论的重要依据之一，就是同科学进步相比，哲学没有自己进步的历史，似乎自产生以来一直在原地踏步，这与科学自产生以来不断进步形成鲜明的对照。而怀特海则认为，其实同 17 世纪的物理学等具体科学相比较而言，人们可能更会重视 17 世纪的哲学研究成果。如果说今天的人类不再坚持 17 世纪的哲学，那么今天的物理科学更不会再坚持 17 世纪的物理学。

2. 在怀特海看来，传统哲学所犯的主要错误是夸大理性概括的作用

因为哲学对具体事实做出一定的理性概括，从目的上看是合理的，然而传统哲学对这种概括所取得的成功的估计则被过分夸大了。这种夸大主要有两种形式：一种是所谓"误置具体性之谬误"。这种谬误表现在，把本来是对现实存在的某种抽象当作具体，似乎这种抽象可以脱离现实存在而独立存在。这就把具体放错了地方，故怀特海称之为"误置具体性之谬误"。譬如，引力是牛顿物理学对各种现实存在尤其是天体之间存在的一种力的抽象，这种引力依赖于这些具体的天体，没有这些天体的存在，就不会有引力。而有些人则认为，引力是一种独立存在，即使没有这些天体，引力照样会独立存在。这便是犯了怀特海所说的"误置具体性之谬误"。

传统哲学的另一种夸大，是在确定性和前提方面对逻辑方法做了错误的估计。在怀特海看来，"哲学一直受到一种不幸观念的困扰，这就是认为哲学方法可以独断地表示那些各自清晰、明确和确定的前提，并可在这些前提之上建立起一种思想演绎体系"[34]。而他认为，精确地表达终极的一般原理是进行哲学讨论的目标，而不是其起因。长期以来，哲学一直被数学的样板所误导。即使在数学中，对终极的逻辑原理的陈述也被各种困难所困扰，迄今这些困难也未能克服。因为对一种理性体系的确证，应当检验其第一原理是否取得了普遍成功，而不是看其是否有特别的确定性，或者是否有原初的清晰性。怀特海特别强调，在这方面，必须要特别注意防止归谬法的滥用，许多哲学原理深受其害。在推理过程中，当一系列推理出现矛盾时，人们通常得出的唯一结论便是，这种推理的各种前提中至少有一个是假的。通常人们不再质疑，就会轻率地断定这个错误的前提可以立刻被确定。在数学中，这种假定通常可以被证明是正确的。哲学家们由此而受到误导，认为在哲学中也是这样。其实，在哲学论证中，当存在的范畴还没有得到很好的定义时，哲学论证的每一个前提都是可以存疑的。怀特海指出："如果我们把任何一种哲学范畴体系都看作一种复合的断定，并且把逻辑学家或真或假的选择应用于这种体系，那么答案必定是，这种范畴体系是错的。对于现已阐明的任何科学原理的类似问题，必定都可以给予同样的回答。"[35]

从这个意义上说，形而上学范畴不是对明显事理的独断性陈述，而是对各种终极的一般原理的试探性表达。任何哲学体系都会有一些尚未详细阐述的条件、例外和局限，并且根据更为一般的概念可以做出新的解释。迄今为止，我们还不知道如何把一种哲学体系或形而上学体系打造为一种合乎逻辑的真理。但是，由此并不能否定哲学的积极作用。在怀特海看来，哲学体系是一个母体，从中可以衍生出适用于各种具体环境的真命题。目前我们只能信任我们受过训练的天赋，让我们的天赋来帮助我们区分这种哲学体系可以适用的各种具体情况。

使用哲学这样一个母体，就是要我们根据严密的逻辑，大胆地以之为根据来论证。因此，应当以最精确和最确定的方式来阐述这种哲学体系，以便使这种论证能得以进行。这种论证的结果还应当由此而能面对其应当适用的各种具体境况。

这样做的主要好处在于，人们会根据这种哲学来经常地拷问经验，并使人们的观察获得了更强大的穿透力。采用这一方法的结果有三种：一是其结论与观察事实相一致；二是其结论与观察事实大体一致，只是在细节上不尽相同；三是其结论与观察事实完全相反。

在第一种情况下，人们对观察到的事实得到了更充分的认识，并且说明这种哲学体系适用于现实世界。在第二种情况下，对事实的观察和这个哲学体系的细节都需要进行批判和反思。而在第三种情况下，则需要对理论进行根本重建，要么将其限制于某个特殊领域，要么抛弃其主要的思想范畴。

在这里，怀特海提出了一个非常重要的论断："自从人类以文明语言奠定了理性生活的最初根基以来，全部富有成效的思想进步，要么是通过艺术家富有诗性的洞察力来实现的，要么是通过思想家富有想象力地来阐述可用逻辑前提的思想体系而实现的。从某种程度上说，进步永远是对那些明显的东西的超越。"[36]这表明，诗性的洞察力和理性的观念探险是人类思想进步的主要动力。理性主义在人类的思想探险活动中一直占据主导地位。在怀特海看来，"理性主义是一种思想澄清过程的探险，这种探险不断进步，永无止境。然而，这种探险即使部分地取得成功，也具有重要意义"[37]。

参考文献

[1] 冯契. 外国哲学大辞典 [M]. 上海：上海辞书出版社，2008：21.

[2][3][4][5][6][7][8][9][10][11][12][13][14][15][23][24][25][26][27][28][29][30][31][32][33][34][35][36][37] 怀特海. 过程与实在：宇宙论研究（修订版）[M]. 杨富斌，译. 北京：中国人民大学出版社，2013：29，3，16，15，3，16，5，5，5，6，20-21，21，24-25，12，12，12，13，21，17，18，17，17，18，18，9，10，11，11.

[16] A. N. WHITEHEAD. Immortality [M] // Paul Arthur Schilpp. The Philosophy of Alfred North Whitehead，The Library of Living Philosophy Volume III，1951：682-700.

[17][18][19][20][21][22] A. N. 怀特海. 思维方式 [M]. 刘放桐，译. 北京：商务印书馆，2006：149，149，150，151-152，152，152.

6. 论过程哲学的方法论

On Process Philosophy's Methodology

杨富斌（Yang Fubin）

有什么样的哲学宇宙观，就有什么样的哲学方法论。由于怀特海的过程哲学或有机哲学明确地坚持有机的和动态的宇宙观，因此，在方法论上他便明确提出并坚持着与近代实体哲学的静态宇宙观明显不同的过程哲学方法论。在其代表作《过程与实在》"前言"中，怀特海明确指出该书"第一编解释了有机哲学使用的方法"。而实际上在整个《过程与实在》中以及在《思维方式》和《观念的探险》等著作中，怀特海对过程哲学的方法论都有论述。本文根据怀特海在不同地方的论述，把过程哲学的方法论创新概括为以下几个方面。

一、以过程分析法取代形态分析法

第一，怀特海过程哲学方法论的首要特点，也是其哲学方法论的最大特点，是以"动力学过程描述"取代了实体哲学的"形态学描述"。[1]也就是说，有机哲学方法论试图以发生学的动态过程分析法代替传统实体哲学的形态学静态结构分析法。这是过程哲学的有机宇宙论在方法论上的必然体现。

在怀特海看来，哲学研究方法至少涉及两个方面：一是哲学研究必须建立一定的体系。因为"这种体系是重要的，它对于讨论、利用以及批判充塞于我们经验中的那些思想都是必要的"。在他看来，哲学的"体系化是用从科学的专门化得出的方法对一般性的批判。它以一组封闭的原始观念为前提"[2]，构造出合乎逻辑的和内在一致的理论体系。二是哲学研究必须对范围广泛和适当的一般性概念予以思考。怀特海强调，对一般性概念进行思考的"这种精神习惯就是文明的本质，它就是文明。独居的鹈和夜莺能发出极为优美的声音，但它们不是有文明的生物。它们缺乏关于自己的行为及周围世界的适当的一般性的观念。高等动物无疑具有概念、希望和恐惧。由于它们的精神机能的一般性不充分，它们还缺乏文明……文明生物是那些运用某些范围广泛的关于理解的一般性来考察世界的生物"[3]。而哲学则是人类最高级的文明形式。

但是，怀特海认为，在做建立体系的工作以前，须先要完成一项任务，这就是要先收集和强调少数几个范围广泛的概念，同时注意其他各种不同观念。在西方文献资料中，有四位伟大的思想家，他们对于文明思想的贡献就在于他们在哲学收集上所取得的成就，不过他们每个人都对哲学体系的结构做出了重要贡献。这四人便是柏拉图、亚里士多德、莱布尼茨和威廉·詹姆士。

怀特海则要致力于通过收集和整合人类迄今所创立的基本概念和各种不同观念，结合科学发展的最新成就及其所揭示的宇宙真相，综合人类的日常经验、宗教体验、审美体验和其他相关知识，建构一种有机哲学的宇宙论体系。

从方法论上说，这种建构理论体系的方法，类似于马克思在《资本论》中使用的方法。马克思在分析资本主义经济活动时，从资本主义经济的多种现实中抽象出最基本的"商品"范畴，这个最基本的范畴不能再分为更小的单位，但包含着以后各种现实存在的实现形式的萌芽。然后，马克思通过系统地分析"商品—货币—资本"的现实运行和发展过程，从理论上抽象地再现了整个资本主义的现实。这就是马克思所概括的"从抽象上升到具体的方法"。其中，"抽象"即是马克思对资本主义诸多现实所作的抽象假定，而"具体"则是对资本主义现实的理论再现。

那么，怀特海在建构形而上学理论体系时是从哪个最基本的范畴开始的呢？他说："'现实存在'——亦称'现实发生'——是构成世界的最终的实在事物。在这些现实存在背后再也找不到任何更为实在的事物了。"[4]在他看来，有机哲学就是关于现实的最小构成单位的理论。对这种最小构成单位，既可以从发生学方面进行考察，也可以从形态学方面进行考察。《过程与实在》第三编即是对现实存在进行的发生学理论考察，而第四编则是以现实存在的广延性分析为题，对之进行的形态学理论考察。[5]传统实体哲学的缺陷并不在于从形态学方面对现实存在进行考察，而在于它仅仅从形态学角度进行，不懂得甚至否认从发生学方面对之进行考察，因而陷入孤立的、静止的和片面的方法论泥沼。① 在这种孤立、静止、片面的方法论视域中，根本看不到现实存在之间的相互联系、相互作用和相互影响，更看不到现实存在本身存在着关系性属性，即内在关系性。因此，传统的实体哲学通常只承认外在的关系，不承认现实存在本身固有的关系性。

而有机哲学方法论则超越了传统实体哲学方法论的这些局限。这种超越主要表现在，有机哲学不仅特别注重对现实存在进行发生学考察，而且还注重对其进行形态学考察。这样，它便克服了传统实体哲学方法论的弊端，把哲学研究推向一个新阶段，深化了人类对现实存在本身的有机性、关系性和过程性等本来面目的认识和把握，并推动着西方哲学思维方式发生了"过程转向"。

从这个意义上说，有机哲学与实体哲学的关系，类似于相对论和量子力学与牛顿机械力学的关系。相对论和量子力学并非完全否定了牛顿力学，而是把它的应用范围限制在宇宙的宏观低速领域。牛顿力学在这一宏观低速领域中仍然是有效的。但是，在宇宙的微观高速领域，牛顿力学原理则失效了，相对论和量子力学的原理在这些领域则是有效的。从某种意义上说，牛顿力学是量子力学和相对论力学在宏观低速领域的特殊表现形式。

与此相似，有机哲学与实体哲学方法论之间的关系，类似于相对论和量子力学与机械力学方法论之间的这种关系。如果说实体哲学方法论概括和总结了以牛顿力学为代表的近代科学方法论，那么有机哲学则是概括和总结了以相对论和量子力学为代表的现代科学方法论。有机哲学方法论并非完全否定和推翻了实体哲学方法论，而只是把它们限制在一定的适用范围之内，因为实体哲学方法论在一定范围内还是非常有效的方法。

第二，为明确建构和阐述有机哲学的方法论，怀特海回顾、分析和比较了近代实体哲学的方法论，揭示了其存在的严重弊端，从而展示了有机哲学方法论的优点。

在怀特海看来，在近代哲学中，笛卡尔哲学的两种实体观表现出明显的不一致。也就是说，笛卡尔并没有给出任何理由，说明为什么不能存在只有一种实体的世界：或者是单一物质实体的世界，或者是单一精神实体的世

① 黑格尔学派和马克思主义哲学家曾把这种以孤立的、静止的和片面的方法分析事物的方法叫作与辩证方法相对立的形而上学思维方法。当然，这种意义上的形而上学与怀特海在此所运用的"形而上学"概念并非一回事。后者是在亚里士多德所理解的意义上的形而上学，即关于世界的普遍性的理论考察。

界。因为根据笛卡尔的观点，一种实体性个体自身就能存在，无需其他任何东西。因此，完全有可能存在只有物质实体的世界或者只有精神实体的世界。而笛卡尔哲学坚持的基本前提却是世界上存在着物质实体和精神实体这两种基本实体。这表明，笛卡尔的哲学体系具有内在的不一致性，而笛卡尔本人对此并未作任何说明。他似乎根本没有意识到他的二元论哲学以之为前提的这种概括有何不一致性。而怀特海过程哲学超越笛卡尔二元论哲学的地方，正在于怀特海看到了笛卡尔哲学的两种实体说具有这种内在的不一致性，因此，他的过程哲学要致力于克服二元论哲学的这种不一致性。

进而，怀特海又考察了斯宾诺莎的实体哲学。他认为，斯宾诺莎哲学的魅力及其贡献在于，他修正了笛卡尔的两种实体观，从而使其哲学达到了更大的一致性。他的哲学坚持认为世界上只有一种实体，并从一种实体出发，考察了实体的本质属性及其个体化方式。然而，怀特海认为，斯宾诺莎哲学体系的缺陷在于任意地引入了所谓"方式"。在怀特海看来，"有机哲学与斯宾诺莎的思想体系具有密切联系，但与之不同的是，有机哲学抛弃了思想的主—谓形式，因为斯宾诺莎的哲学假定这种形式是对事实的最终特征的直接体现。其结果便是有机哲学排除了'实体—属性'概念，并且以动力学的过程描述取代了（斯宾诺莎的实体哲学的）形态学的描述"[6]。怀特海坚持的"过程哲学体系所要寻求保持的内在一致性正是要发现，任何一种现实存在的过程或者合生都将会涉及其自身组成成分之中的其他现实存在。这样一来，世界的明显的协同性就会得到合理的说明"[7]。

显然，怀特海的过程哲学所追求的是以动力学的过程描述方法来取代传统实体的形态学描述方法，以发生学方法来取代传统实体哲学的形态学方法。这样一来，"横看成岭侧成峰，远近高低各不同"，过程哲学以发生学方法为视域来考察现实存在及其构成的现实世界和整个宇宙，同实体哲学坚持以形态学方法来考察现实世界和整个宇宙，所得出的认识结果便有根本不同，它们视域中的现实世界和整个宇宙具有不同的样子。

第三，怀特海还从过程方法出发批评了实体哲学方法对物质的抽象。他说："过程有一种节奏，创造活动由此引起了自然的搏动，每一搏动形成了历史事实的一个自然单位。通过这种方法我们就能够在相联系的宇宙的无限性中辨认出有限的事实单位。如果过程是现实事物的基本的东西，那每一个终极的个别事实都一定可以描述为过程。牛顿对物质的描述把物质从时间中抽出来了。这种描述是在'瞬间'设想物质。笛卡尔的描述也是这样。如果过程是基本的东西，那这种抽象就是错误的。"[8]爱因斯坦的相对论则坚持物质和运动不可分、物质运动与时间不可分为基本前提，从而更加接近物质世界的运动和时间的本性。过程哲学以接受相对论的时空观为前提，坚持物质与运动和时间不可分，从而超越了近代实体哲学的时空观，与马克思主义哲学等坚持物质运动与时空不可分的各派哲学不谋而合，体现着现代哲学对近代哲学的超越。

二、以关系分析法代替要素分析法

根据怀特海的有机哲学，全部现实存在所构成的有机宇宙整体是相互联系在一起的，万物内在相互关联，无任何现实存在是真正孤立存在的。因此，从方法论说，怀特海特别强调如下几点。

1. 关系支配着性质，而不是相反

怀特海指出，有机哲学"涉及生成、存在和各种'现实存在'的联系。'现实存在'就是笛卡尔意义上的'客观实在'，它是笛卡尔意义上的实体，而不是亚里士多德意义上的'第一实体'。但是，笛卡尔在他的形而上学理论中仍然坚持亚里士多德主义关于'性质'范畴支配着'关系'范畴的观点。而根据本书这些演讲中的观点，'关系'支配着'性质'。所有关系在各种现实的关系中都有自己的基础，而且这种关系完全关涉到活的东西占有死的东西——也就是说，关涉到'客体永恒性'。因此，凡是剥夺了其自身活的直接性的东西，都成为其他生成的活的直接性的实在成分。这就是关于世界的创造性进展是共同构成不可改变的事实的那些事物的生成、消逝和客体永恒性的学说"[9]。

因此，在方法论上，有机哲学认为，应当从关系着手分析现实存在，而不是相反。因为任何现实存在只有在一定的现实关系中，才成为其自身，而进入到另一种关系中时，它就成为另一种不同性质的存在。譬如，一只萝卜生长在地里时的自身状态和性质与它被人吃掉后的自身状态和性质是非常不同的，因为它与同其自身发生关系的其他现实存在或者说外部环境已经发生了很大变化。每一现实存在不管多么微小，如基本粒子，也不管多么宏大，如地球、太阳、银河系等，都有自己的存在环境，并且只有在适合自身存在的这种环境中，因为同其他现实存在具有这样那样的直接联系和相互作用、相互影响，它们才成为"是其所是"的那个样子。如果脱离其特定的具体环境和关系，它们就会成为另外的样子，其性质也会随之改变。

正是在这个意义上，怀特海指出并强调"思辨哲学假定，不可能设想

任何存在能够完全地脱离宇宙系统，思辨哲学的任务就是要揭示这一真理"[10]。这就是说，从宇宙系统来看，每一现实存在都是这个整体宇宙的组成部分。"这种哲学体系对全部经验具有必然的普遍性的学说意味着宇宙具有一种本质，这种本质禁止其自身之外的关系，因为这些关系违背这种本质自身的合理性。思辨哲学就是要寻求这种本质。"[11]

2. 关系性是一切类型的一切事物的内在本质

怀特海在《思维方式》一书中明确指出："联系性是属于一切类型的一切事物的本质。它之成为类型的本质，是因为类型都是相联系的。"[12]这一观点非常重要，它揭示了关系性是宇宙中所有现实事物内在固有的一种本质。也就是说，任何关系从本质上说都是宇宙自身内部各种现实存在和现实事物的内在关系。就每一具体的现实存在来说，关系正是其自身固有的，而不是其他外在的现实存在强加于它的。正是因为它自身具有内在的关系性，它才能同其他现实存在具有真正的联系。否则，它就不能与其他现实存在发生现实的关系。我们对现实存在的认识，实际上正是要认识这种现实的关系。一切认识本质上都是对现实存在的关系的认识。脱离现实的关系，我们就不可能认识现实存在和现实事物自身及其相互之间的关系，甚至最终有可能会否认这种关系的现实性。休谟否认因果关系的客观性，其认识论根源可能正在于此。

因此，怀特海强调，如果抽掉联系性，必将会抹杀所考虑的客观事实中的一个本质性因素。而根据有机哲学，"关于单纯事实的概念是抽象理智的成果……任何一个事实都不仅仅是它本身"[13]。因为它是整个有机宇宙的一个组成部分，它必定会有自己的具体环境，而这个具体环境又是在一个更大的环境之中的，"其大无外"，永无止境，其最大的环境即整个宇宙。只要我们记住了我们是在无限的宇宙中去认识有限的事实的，我们这样去认识具体的事物就是无可指责的，而且是唯一可能的认识方式。

正是从这个意义上，怀特海指出，对一个单个事实的任何考虑，都会在暗中预先假设一个事实的存在所必不可少的同一个环境。对这一事实来说，这同一个环境乃是它的视域中的整个宇宙。但是，视域按不同关系有不同等级，这就是说，它的重要性是有等级的。在每一事实的构成中，无限的细节会产生无数的结果。人的感受是把宇宙归结为相对于事实的视域的动因，即视域是感受的产物，有限的理智就是用这种方式研究无限的事实的。这似乎是一个神话，然而事实上，我们正是以这样的方式来认识无限的宇宙的，即我们总是通过有限来认识无限，通过相对来认识绝对，通过个别来认识一般。只要我们清楚我们的认识的辩证本性，这种做法既无可指责，又是科学认识、日常认识和各种认识实际遵循的方法。相反，如果"科学一旦忽视了这种局限性，它总要犯错误"[14]。怀特海认为，无论在科学还是在逻辑中，人们要做的如果只是充分地提出他们的论证，他们迟早都要陷于矛盾，不管这是论证内部的矛盾还是论证所关联的事实外部的矛盾。

在这里，怀特海分析"关系性"概念时涉及"视域"概念，说明每一现实事物都有自己具体的视域。从方法论上说，任何关于现实事物的认识，实际上都是在认识者自己的视域中去观察具体的现实事物。而这个作为认识对象的现实事物也有自己的视域。只有这两个视域的相交区域，才有可能进入认识者的现实认识之中，而视域中其他尚未进入这个相交区域的部分，则是认识者的盲区。

综上，怀特海明确地批评脱离关系性，仅仅从事实出发分析现实存在的方法论错误。即使分析一个现实事物内部的各种要素，如果不从关系性着手，仅仅把它们当作孤立的和静止的要素来看待，也会在认识上犯错误。当然，如果在关系性思想支配下，在分析要素的时候考虑到它们的关系性，而在分析关系性的时候考虑到涉及哪些因素，把这两个方面有机结合起来，这才是真正符合有机哲学基本思想的方法论。

三、以思辨分析法代替实证分析法

1. 在怀特海看来，思辨方法是一种形成重要知识的方法

与现代西方哲学中大多数分析哲学家不同，怀特海并不认为只有实证知识才是重要的知识，而思辨得来的知识就不是重要的知识。因为诸如数学、逻辑之类的知识，无疑也是人类知识的重要组成部分。同样，哲学知识也是人类知识体系中重要的组成部分。如果我们认同怀特海以及许多伟大的哲学家关于哲学是爱智慧的学问，是对普遍性、绝对性、无限性的探求，那么，哲学的思辨方法无疑是获得这类重要知识的一种方法。实际上，自然科学如果脱离思辨方法也是寸步难行的。因为从有限的事实、观察中概括出具有普遍性的科学定律，一定需要科学实证方法之外的思辨方法；数学和逻辑知识的发展一定需要数学家和逻辑学家的思辨。只是由于自然科学、数学和逻辑知识可以得到较好的实验证实，通常人们并不怀疑或者否定科学家、数学家和逻辑学家所进行的思辨，而唯独哲学的思辨方法经常遭人诟病。显然，这是没有道理的，也是不公平的。同样的思辨方法，为什么科学家、数学家和

逻辑学家使用就是合法的，而只有形而上学家使用是非法的，这样的思维逻辑实际上并不成立。

因此，作为数学家、逻辑学家和半个物理学家的怀特海，旗帜鲜明地高扬形而上学的思辨旗帜，认为这同他作为数学家、逻辑学家运用思辨方法并没有什么两样。他在《过程与实在》等著作中，就是运用这种思辨方法建构了一个自黑格尔哲学体系以来人类近 200 年间最为系统完整的过程哲学理论体系。尽管他认识到"事实上也不曾有过任何确切的、完全的哲学思想体系"，[15]任何哲学体系都不是自足的，他仍然要致力于建立这样一种哲学体系，以给人们提供一种哲学宇宙论的世界图景。而这是哲学家所能贡献给人类的知识形式或世界图景，正如科学家、诗人、画家等都可以用自己的方式给人类提供自己心目中的世界图景一样。对此，爱因斯坦也有明确的论述，他说："人们总想以最适当的方式来画出一幅简化的和易领悟的世界图像，于是他就试图用他的这种世界体系来代替经验的世界，并来征服它。这就是画家、诗人、思辨哲学家和自然科学家所做的，他们都是按自己的方式去做。"[16]

2. 怀特海明确提出，真正的发现方法宛如飞机的航行

在《过程与实在》中，怀特海非常形象地对其方法作了这样一个比喻。他说："真正的发现方法宛如飞机的航行。它从特殊的观察基地起飞，继而在想象性概括的稀薄空气中翱翔，最后降落在由理性的解释使之更为敏锐的新观察基地上。"[17]我们认为，这是怀特海对其方法论的一个著名概括和阐述。其包含的主要方法论观点如下。

第一，真正的发现方式必须从特殊的或者具体的经验事实出发。这就犹如飞机的航行，必须从坚实的大地起飞。没有坚实的大地作跑道，飞机是无法飞上蓝天的。这是强调无论哲学研究还是科学研究，其目的都是要揭示其研究对象的本质和规律。哲学要发现宇宙的本质和规律，揭示关于我们生活于其中的宇宙的真理，就必须建立在可靠的基础之上，这种可靠的基础在怀特海看来就是经验事实。因此，就哲学而言，真正的发现方法必须以全部人类经验，包括科学、宗教、艺术等各门学科所揭示的客观事实为基础。否则，这种哲学所做出的普遍性概括便是不可靠的，是没有坚实依据的。这便是从特殊的观察基地出发的丰富内涵。马克思主义哲学强调一切从实际出发，实事求是，所坚持的是同样的认识论路线和方法论进路。

第二，要在观察和经验事实基础上通过想象和思辨进行理性的抽象和概括。用怀特海的话说："首要的要求便是通过概括的方法来进行。"[18]，其中想象和思辨是必不可少的。否则，诚如马克思所说，没有从客观具体到抽象思维的理性加工过程，便不可能从具体上升到抽象。而没有这一抽象概括的飞跃，只是停留于具体经验事实和材料上，还不能达到对经验材料的理性认识，不能从具体进到一般、从事实上升到理论高度。任何哲学认识，诚如恩格斯所言，都必须致力于从经验材料中做出一定的概括，从个别中看到一般，从暂时中看到永久，从相对中看到绝对，从有限中看到无限，这才是理性认识的价值，也是思辨哲学的价值所在。否则，就事论事，就材料论材料，任何科学研究都不可能进行。正如爱因斯坦所说："物理学是从概念上掌握实在的一种努力，至于实在是否被观察，则被认为是无关的。"[19]

第三，在做出初步的抽象概括之后，还需要进一步对抽象的概念、范畴和命题进行理论的深度演绎，逐步形成系统的、内在一致的理论体系。这是从抽象的概念和范畴上升到理论具体的过程。这正是任何科学的理论体系包括科学的哲学理论体系应当具有的基本特征，也是理论能够回到实践中去，接受实践检验的基本前提。若没有在抽象的思辨空间中进行的逻辑演绎，不能构成具体的理论体系，就难以被人们接受，也难以接受经验和实践的检验。甚至现代物理学等经验科学都已经在用严密的数学公式和符号来演绎和表达了。牛顿的《自然哲学的数学原理》是这样，爱因斯坦的相对论是这样，量子力学理论和以霍金为代表的黑洞理论等也是这样，马克思的《资本论》也自觉地运用了从抽象到具体的逻辑方法。怀特海的《过程与实在》所运用也是这种从抽象到具体的逻辑方法。这就是怀特海所说的"在想象性概括的稀薄空气中翱翔"的基本含义。

第四，经过想象性的思辨和逻辑的理论推演所得到的结论，还必须回到坚实的经验大地上接受实践的检验。一切科学的和哲学的最终结论，都要经得起实践的反复检验。作为科学家出身的哲学家，怀特海最忌讳理论家没有经验和事实根据的纯粹空想；作为经验论者，怀特海始终坚持理论思辨要接受经验的检验。没有经验的最终检验，一切抽象的理论思辨都是应当存疑的。如果经受住了经验的反复检验，这种理论思辨才具有一定程度的可靠性。用他的话说："这种想象性实验是否成功，永远要通过在其发源地之外来检验其结果是否有适用性。没有这类扩展性应用，一种概括，譬如说从物理学中所做的概括，就只不过是一种仅可适用于物理学的概念表达而已。而一种部分地获得成功的哲学概括，即使其起源于物理学，也可适用于物理学以外的经验领域。它将会在那些遥远的领域中为观察提供启迪，因而能在说明这些观察的过程中领悟到一般原理，而当没有这种富有想象力的概括时，这些一般原理通常会被连续不断的实例所遮蔽。"[20] 他特别强调："要检验这种方法是否成功，就要在其当下的发源地之外去应用它。"[21] 这里，怀特海不仅强调了实践经验是检验理论正确性与否的最终标准，而且特别强调说明了哲学要超越具体科学的应用范围，把具体科学概括的普遍原理运用到其具体科学之外的更广大的领域的哲学意义，这对我们理解哲学的性质和功能及其方法论无疑具有极其重要的启发意义。

四、以哲学概括法超越科学概括法

第一，怀特海认为，"整体说来，（对理解加以理解）这是一项无法完成的任务。我们可以阐明理智的片段方面。但是，总是有一种理解不能为我们所领悟。其理由是：脱离被理解的事物的纯抽象的理智概念是一种神话。因为全面的理解乃是完全掌握整个宇宙，我们是有限的存在，我们不可能有这种掌握。"[22]

当然，"这不是说，有一些事物的有限方面在本质上不可能纳入人类认识范围之内。任何存在的事物，就其与其余事物的联系的有限性而言，都是可以认识的。换句话说，我们可以根据任何事物的某种视域来认识任何事物。但是，整个视域则包含了有限的认识之外的无限性。例如，我们可以根据'绿'色的某种视域来认识绿色。但是，在宇宙的其他时代，当其他的自然规律起作用时，'绿'可能是什么，则是我们所想象不到的。不过没有任何事物在本质上不可认识，因为随着时间的推移，人类有可能获得一种洞察自然界其他可能性的想象力，从而获得对于其他想象的时代的'绿'的可能性的理解。"[23]

显然，怀特海在这里阐述了人类认识的有限性和无限性的辩证关系以及认识的可能性问题。虽然他没有使用"辩证"的概念，却非常深刻地阐述了宇宙的无限和有限的辩证关系以及人类认识有限和无限的辩证关系。同时，他非常明确地否定了认识论上的不可知论和怀疑论观点。

第二，从过程方法出发，怀特海强调："理解从来不是一种完全静止的精神状态，它总是带有不完全的和局部的渗透过程的特征。"理解的这两个方面都涉及我们的思维方式，怀特海的论点是："当我们在渗透过程中来体认自己时，我们所具有的自我认识比我们对理智工作的一种完成感受到的要更为充分。"[24] 而且，即使某种局部的认识完成也预先假定了与某种特定的未确定的环境的关系，它置于一种视域之上，并有待于探索。也就是说，任何一种具体的知识都会"受到世界在现时代的视域的限制。它与一种确定的、未探索的广泛性相关，而这种广泛性本身只能由它与其他广泛性的关联来理解"[25]。

因此，在世界的创造性进展过程中，"理解受到其有限性的限制。另外，在无限的有限事物中，没有任何有限的东西实质上是否定无限性的。这样的无知是偶然的，而认识的可能性揭示了它与已知事物的未探索的方面的关联性。任何有限的东西的认识总是包含了对无限性的一种关联"[26]。

然而，怀特海指出，不幸的是，文明的思想发展所必要的专门化，导致"随着科学的发展，人们理解的宽度变窄了。19世纪是一个取得了伟大成就的时期……但它未能产生对于各种各样的兴趣、各种各样的潜在的东西都有敏锐认识的学者"[27]。

第三，怀特海以过程思想为基础阐述了理解的本质。什么是理解？怀特海认为，理解总是包含了结构概念。而理解结构总是有两种方式，一种是内在的理解，即按照构成事物的因素来理解事物；一种是外在的理解，即把事物理解为一个统一体，或者理解为一个过程。当然，这两种方式是相通的，并且是互为前提的。"诚然，只要与过程的关系未弄清楚，任何事物最后都未被理解。"[28]因为"由于过程，宇宙摆脱了有限者的局限性。过程是有限之中的无限的内蕴。由于它，一切界限都打破了，一切不相容性都消融了。任何特殊的有限性都不是加于宇宙之上的最高限制。在过程中，宇宙的有限的可能性通向它们的实现的无限性"[29]。而科学的进步正是通过有限的抽象而获得的。纯数学是依靠这种严格的抽象而获得成功的主要例证。现代科学的产生也是依靠有限的人类理解的某些适当的抽象以及这种抽象中思维的发展。但是，哲学的进步则是通过超越这种有限的抽象而思考无限所取得的。

总之，由于"任何现实性都不是一个静止的事实。宇宙的历史特征是它的本质所在"，因此，任何"完成的事实只有处于形成未来的那种活动材料之中，才能得到理解"[30]。所以怀特海说，当我们把过程看作一个完成了的过程时，我们就已经在分析一种其他创造物的活动的材料。"宇宙不是一个用玻璃箱装着标本的博物馆。宇宙也不是一支训练有素、步伐整齐地行进的队伍，这样一些想法属于近代科学的虚构。"[31]因为"存在的直接性处于流变之中，生命的生动性寓于转化之中……按其本质来说，现实事物的目标是自我形成"。因此，怀特海坚持的理论观点是："不能把存在从'过程'中抽象出来。'过程'和'存在'这两个概念是互为前提的。从这个论题得出一个推理：关于过程的'点'这个概念是谬误的。"[32]从这个意义上说，认为存在着没有个别事物的过程和没有过程的个别事物，都是错误的观念。

在做出以上说明之后，怀特海还特别解释了"哲学性的概括"这一术语在其过程哲学方法论中的含义。他明确指出，哲学性的概括是指"用适用于一组有限事实的特殊概念，来推测适用于全部事实的一般概念"。[33] 并且怀特海还明确比较了哲学与自然科学在应用这种概括性方法时的主要区别。

怀特海指出，自然科学在应用这种概括性方法时，表现出理性主义与非理性主义的奇特混合。在其自身的研究领域内，自然科学一直坚持顽强的理性主义精神，而在其研究领域之外，自然科学却表现出独断的非理性主义色彩。在实践中，这种态度非常容易成为教条式的否定，即否定世界上的任何因素如果不经过进一步概括就能用其自身的基本概念来充分表达。怀特海认为，"这种否定是对思想本身的否定"[34]。他还认为，理论的建构要取得成功需要一个条件，这便是坚定地追求两种理性主义理想，即内在一致性和逻辑上的完满。

对于逻辑上的完满，怀特海认为没有必要做任何详细的解释。数学在自然科学的有限领域内所发挥的作用已经证明了其重要性。数学史已经展示了那些在具体事例中所观察到的特殊概念是如何一般化的。在数学的任何分支领域里，这些概念都是互为前提的。思想史的显著特征是，由纯粹想象所产生并受之控制的各个数学分支，最终都获得了重要的应用，这些应用或许要假以时日。怀特海举例说，圆锥截面理论的应用不得不等待了 1800 年。近些年来，概率论、张量论和矩阵理论也是这方面的典型例子。

而对内在一致性的要求，怀特海认为，这是维护健全理性主义精神的重要因素。哪一派哲学如果否定这种内在一致性，它们的观点通常不能得到认可。怀特海认为，在哲学史上，争论者们往往要求对方保持内在一致性，而他们自己似乎拥有不一致的特权。当某些显而易见的经验要素不能包含在这种哲学体系的理论领域之中时，它便会粗暴地否认这些事实。此外，当一种哲学体系仍然保持着一定的创新魅力时，它便会恣意地放纵自己缺少一致性。一个哲学体系一旦获得正统性，并被作为权威观点来讲授之时，它便受到更加尖锐的批判。一旦发现它对事实的否认及其不一致性已经达到令人难以容忍的地步，人们便开始反击这种哲学。

因此，怀特海提出一个重要论断："在任何具体阶段，对概括加以遏制都是没有正当理由的。"[35] 也就是说，在做出发现的任何具体阶段，都需要一定的概括。同时，做出概括的每一阶段都展示着其自身特有的简单性，每一种概括都不可能完整无缺地概括出具体对象的所有特性。从这个意义上说，每一种概括都是一种简化。只有这样，我们才能对这种对象有所认识。

参考文献

[1] [4] [5] [6] [7] [9] [10] [11] [17] [18] [20] [21] 怀特海 . 过程与实在：宇宙论研究（修订版）[M]. 杨富斌，译 . 北京：中国人民大学出版社，2013：8，23，279，8，8，4，4，4，6，6，6，6.

[2] [3] [8] [12] [13] [14] [22] [23] [24] [25] [26] [27] [28] [29] [30] [31] [32] [33] [34] [35] A. N. 怀特海 . 思维方式 [M]. 刘放桐，译 . 北京：商务印书馆，2004：4-5，5，79，10，10，11，39，39，40，40，40，41，42，50，81，81，86，8，8，8.

[15] 阿尔费雷德·诺思·怀特海 . 宗教的形成：符号的意义及效果 [M]. 周邦宪，译 .（修订版）南京：译林出版社，2012：72.

[16] [19] 爱因斯坦 . 爱因斯坦文集：第一卷 [M]. 增补本 . 许良英，等，译 . 北京：商务印书馆，2012：171，40.

7. 过程哲学认识论初探

Preliminary Study on the Epistemology of Process Philosophy

杨富斌（Yang Fubin）

认识论是研究人类认识的本质、来源及其发展规律的哲学理论。怀特海过程哲学主要致力于构建宇宙论的世界图景，对认识论并未做系统研究。但在阐述其宇宙论的过程中，怀特海对认识论也做了许多精辟论述，我们可称其为"过程认识论思想"。尤其是在关于本体论与认识论的关系，关于世界的可知性、理解的可能性基础、主体间性、认识的方式方法和检验认识的真理性的标准等问题上，怀特海有了许多独到见解和闪光思想，并据此深刻批判了近代哲学认识论的一些错误主张，澄清了传统认识论中的一些模糊认识，极大地丰富和发展了西方哲学认识论，并对我们丰富和发展马克思主义认识论也极有启发。

一、认识论建立在本体论上才有坚实的基础

怀特海虽然致力于建构过程哲学的宇宙论，重点关注过程哲学的本体论。但是，首先，他明确指出，"认识论也是人们所需要的"[1]。因此，不能以本体论研究否定认识论研究的价值和作用。而且，特别值得强调的是，他还明确坚持，"认识论上的困难也只有诉诸本体论才能加以解决"[2]。这一思想是非常深刻的，对于我们正确理解和把握哲学的本体论与认识论的辩证关系，具有重要的意义和作用。

首先，认识论上的困难实质上都是由本体论上的困难所造成的。怀特海说："所有那些承认个体经验的组成要素与外部世界的组成要素相互分离的形而上学理论，都必定会不可避免地遇到关于命题真假和判断的根据问题上的困难。前一个困难是形而上学方面的，后一个困难是认识论方面的。"[3]这就是说，当我们在认识论上遇到命题的真假和判断的根据问题上的困难时，仅仅从认识论上很难彻底地加以解决。因为这些认识论问题的困难最终

的根源在于本体论。命题的真假就其本身来说很难最终加以判定，必须同它所概括的东西相对照。这就必然涉及命题的组成要素与外部世界的组成要素的关系。如果在本体论上坚持个体经验的组成要素与外部世界的组成要素相互分离的形而上学学说，那就必然会导致无法判断命题的真假。在这里，仅仅坚持所谓融贯论是无法真正解决问题的。因为即使这种命题和相关理论在其自身的理论体系内非常自洽和融贯，也难以保证它是同它所概括和反映的外部世界的组成要素是一致的，难以保证在把这个命题和相关理论运用于现实世界时是有效的，能达到预期的结果。也就是说，从符合论和实效论标准看，这是无法解决的难题。

因此，在怀特海看来，哲学的认识论问题只有建立在与之相一致的本体论上，才有自己坚实的基础。认识论上的困难也只有诉诸本体论才能加以解决。所有认识论上的困难都不过是经过伪装的形而上学的困难。如果不首先解决本体论上的困难，例如，个体经验的组成要素与外部世界的组成要素的相互分离问题，那么，认识论上的命题真假和判断的根据问题就无法解决。怀特海的过程宇宙论通过把所有现实存在，包括个体经验的组成要素与外部世界的组成要素，理解和解释为一个统一的有机体，坚持每一现实存在都存在于所有现实存在之中，从而就在本体论上为解决近代哲学认识论的各种难题奠定了坚实的过程—关系和有机的本体论基础。

其次，对认识论问题的研究和解决总要结合本体论来进行。怀特海在研究和解决近代认识论的相关问题时，总是从本体论着手。例如，在阐述经过改造的主体性学说时，怀特海批评了近代哲学认识论否定意义是从经验意义中抽象出来的观点。而在怀特海看来，所有意义实际上都是从经验意义中抽象出来的。而经验还不仅仅是人的经验，并非只有人类才有经验。所有现实存在都能与其他现实存在相互影响、相互作用和相互制约，怀特海从本体论意义上称之为现实存在的"经验"或者"感受"。只不过到人身上，由于人有了自觉的意识，才达到了有意识的经验的地步。因此，人的经验的产生和存在及其组成要素，同外部世界的其他所有现实存在的产生、存在和组成要素，并无本质不同。这样，怀特海便从本体论上阐述了经验的性质和作用。由此，便从根本上克服了近代哲学认识论把主体的经验成分与外部世界的共同体相分离的缺陷，阐述了过程哲学经过修正和改造的主体性学说，并由此解决了近代哲学认识论的一系列困难，诸如世界的可知性问题、因果关系的客观性问题、归纳问题、真理标准问题等。康德哲学和休谟哲学的不可知论，从根本上说，也是由于割裂本体论与认识论的内在联系而引起的。

二、没有任何事物在本质上不可认识

在认识论上，怀特海明确批判近代哲学的不可知论和感觉学说，坚持任何事物在本质上都是可以认识的。为此，他对康德、笛卡尔和休谟等人的不可知论作了明确批判。

首先，怀特海明确地批判康德的不可知论，并揭示了康德陷入不可知论的本体论根源。在怀特海看来，康德明确区分了作为现象世界的自在世界和作为实在世界的自为世界，承认自在世界的客观存在，这无疑是正确的。但是，康德却认为只有现象世界是可以认识的，而作为实在世界的自为世界则不可认识。这种康德式的不可知论是怀特海明确加以反对的。他说，康德哲学"赋予每一现实存在以两个世界，一个是纯粹的表象世界，另一个是充满了终极实体事实的世界"[4]。这种区分把二者割裂开来，是康德最终陷入不可知论的本体论根源。而在过程哲学看来，现实世界既是现象的，也是实在的。实在世界与现象世界是同一现实世界的两个方面，在现实的生成过程中，它们是有机地联系在一起的。如果把两者人为地割裂开来或对立起来，当然就会在认识论上陷入不可知论。

其次，怀特海明确批判笛卡尔的实体学说，并揭示了实体学说必然会在认识论上造成的困难。怀特海说，笛卡尔明确地把实体区分为物质实体与精神实体，这是一种灾难性的划分。这种划分既在本体论上也在认识论上造成了无法克服的困难。[5]因为物质实体与精神实体果真如笛卡尔所说的那样是两种性质根本不同的实体，那它们之间如何联系起来，如何相互沟通，进而如何发生相互作用，便是非常难以解释的问题，弄不好很容易陷入神秘主义和不可知论；同时，也难以真正说清精神实体何以会产生，它如何能作用于物质实体。而在人身上，精神可以作用于物质，这是每个神志正常的人每时每刻都可经验到的事实。所以，怀特海认为笛卡尔对物质实体和精神实体的划分虽在当时有进步意义，特别是推进了科学关于物质实体的研究，排除了宗教界等对科学研究的干扰等，但是，从哲学本体论上看，这种二元对立的实体观却是错误的。根据怀特海过程哲学，任何现实存在既有其物质极也有其精神极，是物质极和精神极的统一体。这就正如中国道家所讲的现实事物都是阴阳统一体一样。只不过在人身上，这种"精神极"达到了自我意识的高度，人可以在清醒状态下自觉地意识到自身的精神状态。

需要说明的是，怀特海尽量"避免使用'实体'一词，原因之一是这个词含有主—谓形式的概念"。在怀特海看来，实体及其不变的属性学说——这种概念构成了他所说的所谓"科学唯物主义"的基础。他明确指出："这种唯物主义概念用于解释原子正如解释石头一样，已被证明是错误的。"[6]现代量子力学已经证明，原子和石头一样，不是坚实的实体，不是具有所谓"不可入性"的实体。以近代牛顿机械力学为基础的这种"科学唯物主义"在认识论上的根本错误在于：一是坚持物质实体学说；二是以实体学说为基础来界定现实存在，认为不是实体的存在就不是现实的存在，认为所谓事物的第二性质是依赖于实体而存在的，没有实体，这些属性便不存在，正所谓"皮之不存，毛将焉附"；三是以主体与客体相区分为前提，并以主体和客体都是实体为基础，来阐述其认识论。因此，近代哲学认识论的各种困难便由此而生。而过程认识论则从根本上不同于这种以实体主义为前提的认识论，坚持过程就是实在，实在就是生成，成为现实的就是要成为一个过程，并以此为基础来展开过程认识论的理论建构。无疑，这些基本观点更加符合人现实的认识过程，更能真正揭示认识的本质、过程、规律和认识的真理性的检验标准等。

再次，怀特海明确批判近代哲学认识论的感性经验学说。怀特海承认，人的感性知觉在人的认识过程中具有重要作用。"感性知觉是肉体性经验中的抽象的成就。这些抽象是由于对选择性的关注的增加而产生的，它给人类生活三件礼物，即一种对精确性的接近，一种对于各种外部活动性质上的区分的感觉，一种对本质联系的忽略。高等动物的经验的这三种特征（近似的精确性、性质上的确定、本质的忽略）共同构成了意识的核心，在人类经验中就是这样。"[7]然而，近代哲学认识论由于仅仅关注这种感性知觉，忽略了人的经验中的其他方面，因而损害了哲学的发展。他指出："对高级感性材料（如视觉和听觉）的注重损害了上两个世纪的哲学发展。我们所认识的是什么的问题被换成了我们能够认识什么的问题，后一个问题被武断地解决了，办法是假定一切知识都从这些感性知觉材料的空间—时间方式的意识出发。"[8]这里怀特海揭示了近代认识论陷于错误的深刻根源，这就是把"我们所认识的是什么"转换成"我们能够认识什么"的问题，最终把作为认识对象的外部世界丢掉了，当然就不可能真正揭示外部世界的本质及其内在联系。在他看来，近几个世纪的著名的认识论之所以那样薄弱，原因正在这里。这种认识论把经验整体解释为仅仅是对感性材料初始的清晰性的一种反应，结果把反应局限于感性材料所供给的材料之内。如果真是这样，人的认识包括科学认识，岂不成为认识者自言自语式的痴人说梦？

最后，怀特海还明确批判休谟的经验学说。在他看来，近代以来流行的关于认识论的理论是完全错误的。"这种流行的理论在 18 世纪休谟的《人性论》中达到了顶点，它以我们经验中的完全确定的因素为基础。声、色之类的感觉的感性材料无疑是存在的。于是，人们认为它们既然是确定的，所以它们是根本性的。"[9]殊不知，它们只是反映了人的经验中的一些表面的东西。"因此，从以这些感觉为源泉这点来看，经验中的其他因素应当被看作是派生的东西。情感、欲望、希望、恐惧、爱、恨、目的、记忆都不过是与感性材料相关的东西。离开感性材料，它们就是非存在的。"怀特海说，这是一种他要否定的理论。在他看来，"解决问题的唯一方式只能是诉诸经验的自明性"[10]。

为批判以休谟哲学为代表的这种近代认识论对经验的解释，怀特海指出，这些不同的感性材料是我们生活中最易变的因素。我们可以闭住双眼或者永远失明，然而我们还是活着。我们可以是聋子，但我们依然活着。我们几乎可以任意变换或者变更这些经验的细节。在一日之内，我们的经验因其对待感性材料的方式不同而发生变化。我们完全醒着，我们打盹儿，我们沉思，我们入睡。就清晰性来说，我们所接受的感性材料中没有任何东西是基本的。此外，人类不过是万千物种存在中的一种。世界上除人类以外还存在着其他动物、植物、微生物、生命细胞、无机物的活动。从某些方面说，人类感觉的敏锐性逊于其他动物，例如在嗅觉上逊于某些狗。换言之，人对于环境的反应，并不与感觉经验的清晰性成正比。在人类的经验中，"这种经验由于它的优点，不完全以感性经验的清晰性为转移。在清晰性上，专家的水平低于动物——猎狗的嗅觉、鹰的视觉"。换言之，"人类在感性经验方面并无特长。直接的、生动的清晰性一点也不占支配地位，以致使实在的构成中所包含的无限的多样性模糊起来。感性经验说明现实事物的完整性并且使它有完整性的抽象。它增加了重要性。但是，这样得出的重要性并不只是一张红、白和蓝的颜色表，它涉及隐于其实现的有限性中的现实事物的无限性"。而"哲学的出发点是将经验的一个方面加以确定，这个方面最为充分地表现了存在的普遍必然性"。"人类经验中清晰和明白的因素无疑是高级的感性材料。""人与其身体的统一是众所公认的……身体之与外界可区分无疑是非常模糊的……我们的身体的经验是存在的基础。"[11]因此，在怀特海看来，"首先，就经验一词的清晰和明白的意义来说，它主要不是感性材料的经验，健康的身体的内部活动所提供的感性材料极少，它们主要是一些与身体相关联的材料……身体是我们的感情的和合目的的经验的基础……眼睛的凝视并不是视觉。我们用双眼看，但我们不是看自己的眼睛"[12]，而是在观看外部世界中客观存在的事物。由此可见，休谟以人的认识超不出自己的感觉经验为由而推导出不可知论，完全是没有道理的。

无疑，上述怀特海对康德、笛卡尔、休谟哲学认识论观点的批判，为正面阐述过程哲学认识论奠定了基础。

三、认识的可能性依赖于现实事物相互联系的本性

首先，怀特海在明确坚持世界的可知性前提下，进一步揭示了认识的可能性的客观依据。他深刻地指出，认识的可能性依赖于现实事物相互联系的本性。在他看来，虽然对宇宙的理解，"整个说来，这是一项无法完成的任务……总有一种理解不能为我们所领悟。其理由是：脱离被理解的事物的纯抽象的理智概念是一种神话。因为全面的理解乃是完全掌握整个宇宙，我们是有限的存在，我们不可能有这种掌握"。但是，"任何存在的事物，就其与其余事物的联系的有限性而言，都是可以认识的。换句话说，我们可以根据任何事物的某种视域来认识任何事物。但是，整个视域则包含了有限的认识之外的无限性……不过没有任何事物在本质上不可认识，因为随着时间的推移，人类可能获得一种洞察自然界其他可能性的想象力"。[13] 而且，由于"理解从来不是一种完全静止的精神状态，它总是带有不完全的和局部的渗透过程的特征"。这样一来，"在无限的有限事物中，没有任何有限的东西实质上是否定无限性的……对任何有限的东西的认识总是包含了对无限性的一种关联"。[14] 因此，现实世界在本质上是可以认识的，认识的可能性在根本上依赖于现实事物相互联系的本性。

其次，怀特海认为，人只有根据对现实世界的本体和终极系统的总体把握，才能真正认识和把握现实世界。因此，怀特海特别强调哲学认识对把握世界的总体的重要作用，坚持认为，哲学认识是一种重要的认识方法，并且认为"正是由于对终极系统的这种揭示，才使我们有可能理智地把握这个物理的宇宙。在所有相关事实中都存在着一种系统的体系，只有根据这个体系，丰富多彩的世界上各种变化万千、种类繁多、漂浮不定和不断凋谢的细节，才能通过它们与宇宙系统的共同方面的联系而展现出自身的相互关联……发现直接表象揭示的数学关系具有真正的联系，这是理性征服自然的第一步，精确的科学就是由此而产生的。如果没有作为自然事实的这些关系，科学便是毫无意义的，无异于痴人说梦。例如，一位著名的天文学家可

以根据他对感光板的测量而猜测我们的恒星系演化的周期大约为 3 亿年，然而这种猜测只有根据这个时期普遍存在的系统几何关系，才能获得其意义。但是，即使他要对儿童玩的陀螺的旋转周期做类似的陈述，他也需要有同样的系统参照，而且这两个周期也可以根据这个系统进行比较"。[15]

显然，在这里，怀特海不仅强调了认识归根结底是人的理智对外在现实世界的把握，而且强调了自然事实本身的内在联系以及宇宙体系的总体联系和统一性是科学得以建构的客观依据。即使对儿童玩具——陀螺的旋转周期做出描述，也需要根据宇宙中普遍存在的系统关系来进行，否则，人们做出的描述就相当于痴人说梦，不会符合现实存在的本真状态。从语言所记录的观察事实的角度来看，根据过程哲学，任何事实都是关系中的事实，而且是生成过程之中的事实。在怀特海看来，世界上"根本不存在任何漂浮在虚无之中的自足的事实"[16]。而当人们用语言来表达一个所谓经验事实的时候，实际上是把它从这个关系系统和动态系统中孤立出来，进行静态的描述而已。这样，这一描述与事实相偏离，就成为不可避免的事实。同时，观察者、记录者以及最后用一定语言把这些事实记载下来的认识主体，对于所谓客观事实都会有自己的主观解释，尽管有时他们这样做是无意识的。所以，谁要坚持让事实本身说话，那就无异于让石头自己写传记。

由上可见，在怀特海看来，不仅所谓现象世界是可以认识的，所谓自在世界也是可以认识的，因为它们都是现实世界的组成部分。对复杂的现实世界的认识之所以是可能的，是因为这个世界的各种现实事物是相互联系的。用怀特海的话说："认识的可能性恰恰不应当是上帝之善的偶然产物，而应当依赖于相互联系的事物本性。"[17]这就是说，现实世界中的各种现实事物本身是相互联系的，这种相互联系的本性，恰恰是认识之成为可能的本体根源。因此，怀特海明确地说："存在的联系性所涉及的是理解的本质。"[18]这就是说，人的理解归根到底是对现实存在的联系性的理解。如果现实存在之间根本没有联系性，人们对世界的理解就是不可能的。为此，他指出，"认识论的第一原理应当是：我们对于自然界的关系的不确定的、易变的方面是自觉地观察的首要论题"[19]。这就是说，不仅是自然界中的各种关系，而且这些关系中那些不确定的和易变的方面，正是人的认识论研究中自觉观察所要关注的首要论题。

再次，怀特海对人体在认识中的重要作用及认识的社会性也作了明确论述。在他看来，作为现实的认识主体的人，其本身也是这个现实世界的组成部分，同世界上其他现实存在具有直接的和间接的相互联系与相互作用。因此，人们通过自身的身体器官直接地与各种现实存在发生相互作用和相互影响，通过其自身长期进化而来的内在思维能力和智慧，不仅使人能切实地感受到现实事物的因果作用，而且能理性地把握相互关联的现实事物的各种关系和属性，从而逐渐认识现实世界，掌握认识和改造各种具体的现实存在的规律和方法。用怀特海的话说："人体是自然界的一部分，由于有了它，人的经验的每一瞬间都密切配合。在身体的现实存在和人的经验之间存在着流进流出的因素，因此，每一个因素都分有其他因素的存在。人体提供了我们对自然界的现实事物的相互作用的最密切的经验。"[20] 此外，在他看来，"人是一种社会的动物"[21]。与此相类似，每一种现实存在和现实事件也都是类似于社会性的集合性存在。正是这种相互联系的集合性（在人类社会中表现为社会性），使得现实的人对现实存在的认识成为可能。

最后，怀特海特别强调人的一般概念同外部世界的真实联系。他明确指出，有机哲学的宗旨就是要揭示时间、空间等一般概念与现实世界的真实联系。在他看来，时间和空间并非如康德所说是人的先天性范畴，而是一种客观存在。这种客观存在也不是可以脱离现实存在的纯粹"虚空"，而是具有现实内容的现实存在。他坚持有机哲学以赞同普通人的看法为出发点，以现实存在为出发点。同时，他明确地批评近代哲学坚持的所谓"误置具体性之谬误"，坚持从具体的现实事物出发，去认识事物中所体现的普遍性和一般原理。对认识论上可能出现的其他各种认识谬误，如完善辞典之谬误、呆滞的和谐之谬误等，怀特海在不同地方给予了揭示。

四、理解是对结构、统一性和过程的把握

我们知道，近代西方哲学由于实现了认识论转向，特别关注认识论研究中必然涉及的人类理解（understanding）问题的研究。这以洛克的《人类理解论》、休谟的《人类理解研究》和莱布尼茨的《人类理解新论》等为代表。为了说明世界的可知性和认识的本质，怀特海对什么是理解以及与理解相关的一些认识论问题，也做了许多深刻的阐述。

怀特海指出，"首先，理解总是包含了结构概念。这个概念能够以两种方式中的一种出现。如果被理解的事物是有结构的，那就可以按照这一事物的因素以及将这些因素构成这一整个事物的交织的方式，来理解这一事物。这种理解的方法会显示出一事物为什么是一事物"[22]。这表明，理解现实存在总是包含着对现实存在结构的认识。只有把握住了现实存在的结构，才能

抛开事物的细节，抓住事物的结构性特征。尤其是物理科学等科学认识总是致力于对结构的认识和把握。

其次，"第二种理解方式是把事物看作一个统一体（不管它能否作分析），并获得关于它对其环境起作用的能力的证据"[23]。需要强调的是，怀特海揭示的这一观点极为重要，即认识在本质上还是对事物统一性的认识，并对其在环境中的作用获得认识以及环境对它的反作用的认识。如果说上述第一种方式可以称为内在的理解，那么，这第二种方式可称为外在的理解。在怀特海看来，这两种理解方式是彼此相通的，即一者预先假定它者。第一种方式把事物看作一种结果，第二种方式把事物看作一个表示原因的因素。按照后一种阐述意义的方法，我们把宇宙的过程纳入到了理解概念之中。"诚然，只要与过程的关系未清楚，任何事物最后都未被理解。"[24]可见，理解不仅包括理解事物的内在结构和统一体，而且还要理解其生成的过程。只有这样，才能达到对事物的完全理解。

再次，为推进人类理解的进步，人们必须发展出一定的抽象能力和思维能力。用怀特海的话说："有限的人类理解的进步主要依靠某些适当的抽象以及这种抽象中思维的发展。由于这种方法的发现，最近3000年间产生了作为现代文明的进步的科学。"而"有限的科学的清晰性和其外的黑暗的宇宙之间这种绝然分裂本身就是一种撇开了具体事实的抽象……也许三维几何适合于一类显相，十五维几何为另一类显相所需要"[25]。所以，在坚持抽象思维能力有重要作用的同时，也不要把人类的抽象能力及其结果绝对化。要充分认识到，认识过程中的每一种抽象都是历史的产物，因而是相对的。

最后，难能可贵的是，怀特海还从社会性视域考察了人类认识和理解的发展。他说，社会建制对于认识发展既有促进作用，也有阻碍作用。在《过程与实在》中，怀特海明确指出："人类社会发展史展现出一些伟大的组织机构，它们在发挥着不同的作用，既能为进步创造条件，也能阻碍人性的进步。地中海沿岸国家以及西欧的历史，就是一部各种政治组织、宗教组织、思想体系和抱有宏大目标的社会机构祈福和降灾的历史。一代又一代最杰出的精英人物为之祈祷、为之奋斗、为之牺牲而获得统治权的那个时刻一旦到来，就成为由祈福到降灾的转折点的标志……进步的艺术就是在变化中保持着秩序，同时又在秩序中保持着变化。生命拒绝以防腐剂来保持活力。"[26]这些充满智慧的论断，对我们今天在社会建设中如何把握进步的艺术显然具有重要启示：既要在变化中保持秩序，又要在秩序中保持变化。只有变化而无秩序就会导致社会混乱，而只有秩序没有变化又会使社会停滞不前。

此外，怀特海还明确指出理解中需要想象和创造。他说，即使传统基督教的上帝形象，实际上也是人们根据自己的形象和想象创造出来的。所以，在根据埃及人、波斯人和罗马帝国统治者的形象塑造的上帝，一种浓厚的偶像崇拜被保留下来了，"基督教会把唯一的属于恺撒的品性赋予了上帝……在有神论哲学形成的伟大时期……它们分别把上帝塑造成罗马帝国统治者的形象、道德力量人格化的上帝形象、哲学的终极本原的上帝形象。休谟的《自然宗教对话录》无可辩驳地批评了这三种解释世界体系的方式"。"这三个思想流派可以分别与神圣化的恺撒、希伯来的先知和亚里士多德联系起来。"[27] 在这里，怀特海不仅深刻地揭示了人类社会的宗教观念和上帝观念产生的认识论根源和社会历史根源，实际上也深刻地揭示了人类认识的一般本质，这就是对现实世界的能动的创造性反映。其中既有源于现实的基础和材料，也有人类的创造性和想象。

五、经验是意识产生的基础而不是相反

近代哲学的认识论通常认为，只有在具有自觉的意识出现以后，人才能意识到自己的经验，进而区分出认识的主体和客体及其关系，对外部客体获得一定的认识。因此，意识是经验的基础，没有意识就没有经验。怀特海对此则持完全相反的观点。

（一）意识并不是与物质实体相并列而存在的另一种实体，而是与物质性的现实存在密不可分的一种存在

怀特海认为，任何现实存在都有其物质极和精神极，只是在人类出现之后，在人类经验发展的一定阶段上，意识才得以现实地出现。用怀特海的话说："每一种现实存在在本质上都是两极性的，一是物质的，一是精神的，而物质性的继承本质上伴随着概念性的反应，部分地与之一致，部分地引入一种新的关联性对比，但总是要引入强调、评价和目的。把物质的和精神的方面整合为一种经验的统一体是一种自我构成的活动，这是一种合生的过程，并且这个过程通过客体性永恒原理标志着超越自身的创造性。所以，尽管精神是非空间性的，但是精神总是来自对空间性物质经验的反应并且与之相整合。显然，我们不可能要求有另一种精神来管理这些其他的现实（就像凌驾于所有美国公民之上的那位山姆大叔）。"[28] 这里，怀特海明确地坚

持精神与物质不可分的原理，并以之为基础批判近代哲学家把物质和精神对立起来的二元论主张。他说："有机哲学通过混合的物质性感受和转变的感受学说，避免了身心之间的灾难性分裂。"[29] 显然，这对坚持过程哲学的一元论学说，反对各种形式的二元论具有极其重要的理论意义。

为论证上述观点，怀特海曾明确指出："我们所坚持的观点是，在分析任何有意识的感受起源时，都会发现有某些成分的物质性感受；相反，不论何时，只要有意识存在，就会有某种成分的概念在起作用。因为具体事实中的抽象要素恰恰是激发我们意识的东西。意识就是产生于物质活动和精神活动的某种综合过程之中的东西。"[30] 可见，他不仅区分了精神和意识，把精神当作与物质不可分的东西，而且把意识看作物质与精神活动相综合的产物。因此，他进一步强调，"根据有机哲学，纯粹的概念与意识无关，至少在我们人类的经验中是这样。意识是在综合感受整合物质性感受和概念性感受之时才产生的。传统哲学在说明有意识的知觉时仅仅把注意力固定在它的纯粹概念方面，因而在认识论上为自身造成了诸多困难……所有意识，甚至是对概念的意识，至少都需要物质性感受与概念性感受的综合……如果同肯定和否定这样的确定性没有关联，就不会有意识"[31]。显然，这比近代唯物主义关于物质与意识不可分的观点还要彻底。

由上可见，过程哲学的意识论在根本上同各种有神论、唯心论和二元论哲学的意识论根本不同，同近代机械唯物主义把物质和精神截然分开甚至对立起来的二元论观点也根本不同。用怀特海的话说："有机哲学废除了这种分离的心灵。精神活动是某种程度上属于全部现实存在的一种感受方式，只有在某些现实存在中，它才等同于有意识的智能。"[32] 也就是说，只有在人类身上，精神活动才等同于有意识的智能。在过程哲学看来，同物质性的现实存在相分离的心灵、精神活动、意识活动是根本不存在的，精神、意识和心灵活动迄今只有在高级的有机体——人类身上才是现实的存在。尽管全部现实存在在一定意义上都会感受，因而都有一定的精神性活动，但是，只有在人身上它才达到了自我意识的程度。

（二）意识是在人类经验发展到一定阶段才产生的

怀特海说："有机哲学坚持认为，意识只是在各种复杂整合的后期派生阶段才能产生。"[33] 而就人的经验而言，只要个体的人一出生，其身体就会有这样那样的经验。只是在早期阶段，个体的人意识不到这种经验而已。即使是成年人，其意识和经验能力都是正常的，经常也会有许多内在的身体经验是自己感觉不到和意识不到的，甚至在睡觉和做梦时，我们的身体和经验器官仍然在进行着现实的经验活动，但是，我们在大多数情况下对这些经验过程是意识不到的。如果感受到身体内部某个部位的活动了，通常这就是病态的征兆。

所以，怀特海强调："千万不要忘记，意识的清晰性并非发生过程之原始性的证据，相反的学说倒更接近真理。"[34]这就是说，在经验的发生过程早期，人们并没有清晰的意识。正如一个人处于婴儿期时，其躯体已经有了各种各样的经验活动，但是他/她对此还没有清醒的意识。只是到了经验发展的一定阶段，个体才会产生清晰的意识。怀特海指出，只有在人感受到某种"对比"状态时，意识才会出现萌芽。所以他说："当这类感受之间的对立和统一本身被感受到时，我们就有了意识。——意识所要求的不只是仅仅拥有见解、就见解仅仅作为见解、事实仅仅作为事实而言，意识是对见解与事实之对比的感受。"[35]这表明，意识并非与经验一同产生，它只是在经验的高级阶段才会现实地产生。

（三）意识乃是经验的顶峰

在怀特海看来，意识是人脑中形成的关于观念与事实之间的对比的主体性形式。这是怀特海关于意识本质问题的独特看法。怀特海指出："'理论'和'给予的'事实之间会形成对比，意识就是感受这种对比的那种主体性形式。因此，意识关涉到被称为'任何'和'正是那个'的诸永恒客体之对比的意义的提升。因此，有意识的知觉是最原始的判断形式。"[36]也就是说，"所谓意识，是人脑中形成的关于观念与事实之间的对比的主体性形式。如果没有这种对比，人就不会有意识。在意识中，现实性作为某种事实过程是与潜在性相结合的……意识就是我们如何去感受肯定与否定之对比的方式……如果没有作为客体性材料中一个要素的命题，就根本不会有任何意识"[37]。这就是说，"概念性经验本身并不包含意识，意识的本质是评价"[38]。在他看来，"精神产生于感觉经验。它坚持所有感觉经验都会产生精神活动的原理……意识是内部整合的产物"[39]。"意识就是感受这个对比的主体性形式。因此，在经验中，意识依赖于精神性感受而产生，并与这类感受的种类和强度成正比。"从这个意义上说，"所有感受都会由于意识的辐射作用而获得一定份额的意识"。而"意识之光忽隐忽现，即使在最闪亮时，也只会照亮经验的一小片中心区，而周围一大片经验区域则朦胧不清，只显示出一些模糊理解的强烈经验。清晰意识的简洁性无法表示完全经验的复杂性。我们的经验具有这样一种特征也表明，意识乃是经验的顶峰，只是偶尔才能达到，经验的必然基础并非意识"[40]。这里对意识乃是经验的顶峰的说明，值得我们深入思考。

（四）经验是意识的基础，而不是相反

我们认为，怀特海在意识和经验关系问题上的最大贡献就在于揭示了如下原理："我要采用的原理是：意识是以经验为先决条件的，而不是经验以意识为先决条件。"[41]一般地说，意识是某些感受的主体性形式中的一种特殊要素。因此，各种现实存在也许会意识到也可能意识不到自己经验的某个组成部分。只有在人这种特殊的现实存在中，才有可能意识到自己经验的某个部分。因为在很多情况下，人自身内部的各种经验活动，譬如，人体内脏器官的各种经验活动，人的消化系统、血液循环系统、内分泌系统等生理系统的各种经验活动，通常就是人们所意识不到的。只有在某种病态情况下，人们才可能会有这种意识。例如，当胃部有疼痛感时，人们会意识到胃的存在。而人们在睡眠和失去意识的状态下，通常对自身内部的各种活动并没有清晰的意识，但是这些器官的经验活动却一直在进行着，否则，我们便难以正常地睡眠，甚至难以维系正常的生命存在。

所以，怀特海特别注重经验的作用，他对因果关系的说明、对现实存在自我生成的说明、对现实存在的创造性进展的说明等，都离不开经验的作用。即使在人的认识活动中，经验也是首要的。凡是认识都离不开直接经验。只有清晰地阐明经验在认识过程中的重要作用，才能充分说明意识和精神现象的基础及其发展，同时，也能对意识和精神活动的正确与否提供客观标准。因此，人们通常把怀特海称为"泛经验论者"也不无道理。而我们认为，与其把怀特海的经验论称为"泛经验论"，不如称为"广义经验论"。因为"泛经验论"在中文里似乎有一定的贬义，而"广义经验论"则是一个中性概念。我们认为，怀特海的"广义经验论"恰恰可以合理地解决传统认识论中面临的许多理论困难。

（五）精神性活动并非必然地包含意识

怀特海说："人的精神部分地是人体的产物，部分地是人体唯一的指导性因素，部分地是一个与人体的物质关系没有多少关联的认知系统。"[42]在他看来，精神就是由这三个部分构成的。而"我们的自我意识就是对我们自己是这样的个体的直接觉察"[43]。所以，"精神性活动并非必然地包含着

意识"[44]。在有些与人体活动有关的精神性活动中，可能就不包含自觉的意识。譬如，人体内部的一些精神性活动，在人失去意识的状态下仍然在发挥作用。植物人没有自觉的意识活动，但是其物质性的身体内部的协调仍需要某种内在的精神性因素。如果没有这些内在的精神协调机制，植物人身体机制的运行是不可设想的。尤其是精神病人的病因，公认是精神机制出现了问题，而不是生理机制出现了问题，尽管精神机制与生理机制具有内在的关联。当然，对于这种内部协调机制能否叫作"精神性活动"，人们可能会有不同见解。而怀特海正是在这种内部协调意义上谈论问题的。对整个宇宙的内部协调机制和总体性所具有的那种力量，怀特海就称之为"神"。实际上，他在人的机体内部协调机制和整个宇宙有机体的内部协调机制的看法上，思路是完全一致的。如果我们承认人有精、气、神，我们也应合乎逻辑地承认整个宇宙似乎也有与此类似的精、气、神，只不过各自的表现形式有所不同。

与意识问题相关，怀特海考察了意识与记忆的关系，认为二者之间存在着一定的必然联系。他说："只要有意识存在，就会有某种程度的记忆。意识会从模糊的潜意识深处回忆起那些先前的阶段。"[45]从广义上说，意识能启迪先于意识的经验，而如果把经验看作纯粹的材料，那么就可能会存在没有意识的经验。在怀特海看来，"意识的胜利是伴随着否定性直觉判断而来的"[46]。而"否定的清晰性是意识独有的特征"[47]，"存疑判断是科学进步本质上不可或缺的东西"[48]。所谓"精神极是由各种决定所构成的，各种事实正是凭借这些决定而成为创造性的特性。精神极与意识没有必然的联系，但是，凡是有精神性感受出现的地方，事实上就会有意识进入那些主体性形式之中"[49]。怀特海批评亚里士多德说，"亚里士多德没有区分概念性感受和精神性感受，只有精神性感受中才包含着意识。"[50]因此，对于记忆问题的考察，必须从意识与记忆的关系着手，才有可能做出正确的说明。这对我们进一步研究人的记忆问题具有重要的启发意义。

与意识问题相关，怀特海还探讨了人为什么会犯错误的问题。他认为，人的认识错误不可能产生于构成判断的主体性形式之中。因为主体不管有什么样的切身感受，对他来说都是真真切切的。不管主体的感受如何，对他来说，这些感受都是真实的。例如，一个人只要确实感觉肚子痛，不管他是否能说清楚到底是肚子里哪个地方痛，这种痛对他来说都是真实的。这里不存在感受的对错问题。

但是，当有人问他哪里痛时，他可能会说不知道，或者可能会说不清楚；也可能会具体地指向某个部位。除非他对自己身体的内部器官非常清楚，并有丰富的解剖学知识，否则，他很难真正准确说清楚究竟哪个地方痛。如果是一个婴儿的肚子痛，他或她通常只会哭，根本不可能说清楚究竟是哪里痛。这样，儿科大夫要确诊哪里出问题，通常需要丰富的诊断经验。不管是成年患者本人，还是医生，只有他们对病情所做出某种判断，才有可能会出现（认识上的）错误。

因此，怀特海说："错误是由存在于意识之中的活动所产生的，虽然这些活动也可以进入意识之中，并有待于接受批判。"[51]因为意识活动本质上是通过经验的对比而对经验活动所做的判断或评价，这种评价有可能是正确的，也有可能是错误的。而感受等主体性形式不可能出现错误。这对我们进一步研究感觉、经验和理性认识等无疑具有重要启示。

六、认识活动具有不可重复性和创造性

关于认识活动本身，过程哲学以其本体论为基础，提出以下一些新见解。

（一）现实人的认识活动具有不可重复性，每一具体的认识活动都是独特的和现实的

根据过程哲学的本体论，世界上的任何现实存在绝不会完全相同地出现两次，人的认识活动作为一种现实的认知活动当然也是如此，也不可能出现两次完全相同的认识活动。因为人的认识活动也是这个世界上的现实活动之一，[52]每一次现实的认识活动的主体、时间和地点以及认识的对象都不一样，每一次认识的目的也不尽相同，这就决定了认识活动具有不可重复性。从本体论意义上说，这是由现实世界的创造性进展所决定的。从认识论意义上说，每一次现实的认识活动都是一种创造性认知活动，都会获得一种新的感受和经验，并形成一种新的认识。这种认识既不会完全地重复先前的认识活动（其中总会有一些新的内容），同时又会引起新的感受和体验。从这个意义上说，每一具体的认识活动实际上都是新的，无主体能经验两次。

（二）每一种认识活动必定会创造出自己的主体和客体及其相互关系

根据过程哲学，现实的认识主体和客体并不是在现实的认识活动之前就

已经预先存在了，然后认识的主体再去对客体进行认识。在怀特海过程哲学看来，现实的认识主体和客体都是在现实的认识活动之中生成的。只有通过主体现实的认识活动，才能具体地生成现实的认识主体和客体，并形成主体与客体之间现实的主客体关系。用怀特海的话说，"我"成为"我自己"的过程，就是"我"从"我"拥有的那一部分世界生成的过程。[53]

显然，根据过程哲学，并非先有了既成的认识主体和客体，然后才会有现实的认识。而是说，认识的主体及其对象都是在现实的认识过程中生成的。正是在这个意义上，怀特海认为，每一个主体实际上都是"超主体"。因为传统哲学使用了"主体"这个概念，而过程哲学又找不到更好的术语来代替"主体"这一概念，只能把它规定为"在认识过程中生成的超主体"。所以怀特海说："现实存在既是自我实现过程的主体，同时又是自我实现的超主体。"[54]这同马克思哲学中世界历史和现实的人都是自我生成的过程思想是完全一致的。

应当说，这是过程哲学认识论在主体理论上的重大贡献。因为，过程哲学对认识主体和客体及其相互关系是在现实的认识活动过程中自我生成的。理论告诉我们以下几点。

第一，传统的机械唯物主义认识论的主客体关系论是错误的，因为它抽象地认定主体和客体的先在性，没有看到现实的认识主体并不是事先存在的，而是在认识活动过程中生成的；更没有看到认识对象也不是预先存在的，不懂得认识对象实际上也是在主体的能动作用下自我生成的。因为如果没有认识主体的能动性认识和实践活动，认识对象对主体来说实际上并不存在。正是在这个意义上，马克思早就说过，对于不辨音律的耳朵来说，音乐没有意义，实际上等于无。与人脱离的自然界，对人来说也是无。怀特海过程哲学所强调的其实也是这个意思。因此，那种把马克思主义认识论简单地等同于唯物主义反映论的观点并不正确。马克思主义认识论是能动的和革命的反映论，其独特之处正在于它否定消极直观的反映论，强调从实践方面和主体方面去理解"对象、现实、感性"。如果承认马克思哲学这一观点的正确性，那么怀特海哲学坚持主体和客体是在现实的认识活动过程中自我生成的观点无疑也是正确的。

第二，笛卡尔主义的二元论认识论也是错误的。因为根据过程哲学，任何现实的人作为有机体都是超主体，而不仅仅是传统哲学意义上的纯粹认识主体。作为超主体的人只有在抽象意义上是预先存在的认识主体，而在现实意义上，他只有现实地从事认识活动，才是真正意义上认识主体。脱离现实的认识活动，即使他作为有机体存在于世界之上，也不是真正现实认识主体。正是从这个意义上，怀特海批评笛卡尔的认识论说："在其哲学中，笛卡尔认为思想者创造了新产生的思想。有机哲学把这一顺序颠倒过来了，因而认为思想是创造了这种新思想的构成活动。思想者是终极目的，思想正是由此而成为存在的。"[55] 本来，笛卡尔的著名论断"我思故我在"表达了与过程哲学一致的认识论真理，即"思"这种思想活动，造成了"我"（在）这个事实，即思想活动创造了思想者，而不是思想者创造了思想活动。但是，笛卡尔在解释这一论断时，却陷入了实体哲学的本体论泥沼，由"我在"（思想者）推出了"思想"。怀特海过程认识论的高明之处正在于，从认识论上表明，正是"思想"活动创造了"思想者"，而不是相反。

根据过程哲学的这一原理，我们之所以是说话的主体，是因为我们已经开始说。我们说出了一句话，造成我们已成为说话者。[56] 在现实地说话之前，我们并不是说话的现实的主体，而只是抽象的说话主体。只有现实地说话，我们才是说话者。实际上，在所有认识活动中都是如此。譬如，一个高能物理科学家，并不是在从事现实的高能物理研究之前，就已经是一个真正的高能物理学家了；相反，只有在他现实地学习和研究高能物理学的过程中，他才逐渐成为一个现实的高能物理学家。同理，一个阿拉伯语学者绝不是在学习阿拉伯语之前就已经是一个真正的阿拉伯语专家了，而只有在学习阿拉伯语的过程中，他才逐渐地"生成"为一个阿拉伯语专家。

第三，这一认识论观点还具有重要的伦理意义和价值。由于认识和实践的主体是主动地发挥作用的，因此这一"主体还要相应地为它的存在的结果负责，因为这些结果是从它的感受中产生出来的"[57]。这就是说，作为认识和实践活动的主体，因为自身的积极能动作用造成了一定的结果，他理所当然地应为自己的行为结果负责。

七、主客体关系实质上是主体间关系

特别值得强调的是，在现当代西方哲学家中，怀特海较早地明确论述了"主体间性"问题。他坚持认为，认识主体与客体的关系实际上是一种主体间关系。根据上述过程哲学关于主体与客体是在现实的认识活动过程中自我生成的观点，现实的主体与客体的关系显然已经不是能动地认识主体与消极被动地认识客体之间的纯粹认识关系，而是一种相互作用、相互影响和相互制约的关系，是一种相互生成的关系。怀特海把现实的认识主体与客体之间的这种关系性叫作"主体间性"（intersubjectivity）。因此，主体与客体之间的关系就不再是纯粹的认识关系了，而是一种主体间关系。既然是一种主体间关系，就一定存在着相互作用、相互影响和相互制约，从而也不仅仅是一种纯认识关系，而是存在着复杂的相互作用关系，更主要表现为一种相互生成的关系。

我们知道，"主体间性"概念是现当代西方一个非常重要的概念。对这一概念由哪一位哲学家首先提出，我们没有做考察。但是，从怀特海在1929年出版的《过程与实在》中明确使用这一概念，并根据其主体性原理明确阐述这一关系来看，他无疑对主体间性理论做出了重要贡献，并有其过程哲学本体论作为坚实的基础。因为每个现实存在都是能动的主体，作为认识主体的人当然也是能动的主体。这样一来，主体对客体的认识就并非如近代哲学认识论所坚持的那样，是通过感性知觉对客体的表象认识，而是主体与同样作为主体的认识对象相互作用的过程。从这一观点出发，坚持主体间性理论就非常合乎逻辑，理所当然。

根据过程认识论，现实的认识活动以认识材料为前提，没有认识材料，就不可能发生现实的认识活动。在有了认识材料的前提下，进而通过感受活动，认识的主体得以生成，或者说生成了主体的统一性，怀特海称之为认识的"超主体"（superject）。[58]从这个意义上说，"在有机哲学中，认识被降低为过程的中介状态。认知属于这样一类主体性形式，它们要么被承认，要么不被承认是一种把客体内容吸收到满足的主体性之中的功能"[59]。而"自然界从来没有完成。自然界永远在超越自身，这就是自然界的创造性进展"[60]。因此，人的认识也是永无止境的。

在这里，无疑体现过程哲学与实体哲学的明确对比。从认识路线上来看，实体哲学坚持的是如下认识过程：以作为实体的主体为前提，进而达到或获得认识的材料，第三步才是获得现实主体对认识材料的现实的反映与认识。显然，这是一种对认识过程的抽象分析。而真正现实的认识过程则是如过程哲学所分析的那样，是一个现实的认识主体和客体相互生成的过程，它以一定的认识材料为前提，在感受和经验活动中，生成了具有一定主体性形式的认识主体，同时也生成了具有一定主体性形式的认识客体，从而形成了现实的认识活动中的主体间性和主体间关系。真正的认识正是发生于这种现实的主体间关系和活动过程之中的。

过程认识论的主体间性理论具有重要的哲学意义。

第一，它告诉我们，世界上并没有认识论意义上纯粹消极被动的客体。

只有本体论意义上的永恒客体，没有认识论意义上的永恒客体。从这个意义上说，所有现实的认识"对象"实际上都是能动的"主体"，它们都是能动的活动者。这就告诉我们，不能把任何现实的认识对象当作纯粹消极被动的客体，否则，就可能在现实中出现这样那样的问题。例如，自然界作为人的认识对象，就不是消极被动的客体。任何自然界的现实事物当然也是如此。因此，人与自然的关系，实际上也是一种主体间关系。如此看来，近代以来，以现代科技为手段，人类试图改造自然和征服自然的做法，就是很成问题的。现代的生态危机和文明危机已经充分表明了这一点。恩格斯早就明确指出：我们对自然界的征服，绝不像征服异民族一样，因为我们每一次在征服自然界方面取得的胜利，都遭到了自然界的报复。

再如，在教育教学活动中，教师绝不应当把学生当作被动的灌输对象，教学教育活动绝不像给箱子里装东西，也不是填鸭式的饲养活动。真正的教育教学活动是师生互为主体的交互性创造性活动和自我生成活动。教育最核心的活动是促使学生的自我成长、自我生成、自我创造，培养出既有文化和智慧，又掌握某一门专门知识和技能的人才。而在我国现实的教育教学活动中，违背这一教育教学理念的灌输式、填鸭式教育教学活动比比皆是，甚至对学校教育教学活动中，究竟应当以学生为主体还是以教师为主体这样的伪命题，不知讨论了多少年，至今还有人在争论。实际上，教师和学生都是学校教育教学的主体，忽视哪一方面都会导致严重的失误。从这个例子可以看出，怀特海的认识论对于我国当前和今后的教育教学改革也具有重要的方法论指导意义。

第二，主体间性理论对于消除近现代哲学中占主导地位的二元论具有重大意义。在怀特海看来，传统哲学，特别是"全部现代哲学都是以如何根据主词和谓词、实体和属性、特殊和普遍来描述世界这个难题为转移的"[61]。结果，全部现代哲学由于建立在这种二元对立的基础之上，对现实世界便不可能有全面和正确的把握，对人类认识世界的可能性和现实的方式方法，也不可能有一个正确的描述，从而不可能为人们正确地认识世界提供科学的世界观和方法论。而在过程哲学看来，一切现实的认识对象，既是客体，也都是主体。"要成为现实的就一定意味着所有现实事物都同样是客体，在形成创造性的活动中都有客体的永恒性。同时，一切现实事物都是主体，各自摄入着产生自己的宇宙。"[62]这样一来，过程哲学"这种有机学说试图把世界描述为个体的现实存在的生成过程，每一种现实存在都有其自身绝对的自我造就能力"[63]。认识的主体如此，认识的客体和过程也如此。这就表明，人的认识实际上是一个自己运动、自我认识的过程。这同黑格尔的辩证认识过程思想是完全一致的，与马克思主义认识论所揭示的认识自己运动的思想也是完全一致的。

第三，主体间性理论对于反对和摒弃康德的主体性哲学也有重大意义。在康德哲学看来，经验产生的过程，是从主体性到客体性的过程；而在有机哲学看来，经验产生的过程则是从客体性到主体性的过程。怀特海明确地说："有机哲学则把这一分析（康德哲学所坚持的从主体性到客体性的过程——本书作者注）颠倒过来，因而把这一过程解释为从客体性到主体性的过程，即从外部世界由此而成为材料的客体性进到一种个体经验因而得以产生的主体性。因此，根据有机哲学，在每一种经验活动中都有认识对象；但是，除非该经验活动中包含着理智的作用，否则便不会有知识。"[64]这就是说，在康德看来，认识主体只有具有先天的范畴，才能认识和把握外在的客体及其规律性，因此，他的口号是"人为自然立法"。而在怀特海看来，外在的自然客体和现象也并非纯粹消极被动的存在，而是能动的主体，它们也遵循着自身的规律，在能动地运动变化和发展着。因此，认识的过程并非只是单向地从人的主体性到外在的客体性的活动过程，而是作为能动的主体的人与外在客体同样作为能动的主体与人相互作用、相互制约和相互影响的过程，正是在这一活动过程中，作为主体的人获得了认识和其他相应的改变，作为认识对象的"客体"由于也能作为主体能动地与人相互作用，从而也会能动地改变自身，发生这样那样的变异。这从人类历史上人与传染病毒做斗争的历史中可以明显地看出来。人与传染病毒作斗争的历史，实际上是人体抵抗力、免疫力和医学不断发展的历史，也是病毒本身不断变异的历史。没有一种传染病毒被人真正地消灭了，而只是它们改变了自己的存在形式，按照自身的规律在运行和变化而已。如"非典病毒"（SARS）在人类历史上曾经肆虐多次，2003年初在北京等地区发生时，最后也不是真正地被人类征服了和消灭了，而是其自身发生变异后暂时地"潜伏"下来了。它何时再肆虐人类，无从知晓。即使是无机物，诸如山川河流和日月星辰，同样有自身运行和变易的规律。大自然中的雾霾、地震、海啸、飓风和泥石流等对人类有重大危害的自然现象，也都有自身的运行和变易规律。人类只能在一定意义和一定程度上对之进行干预和适应，要想改变其自身能动的运行规律是不可能的。

第四，主体间性理论对于理解现实存在的两极性有重大意义。怀特海认为，"现实存在在本质上都是两极性的，既具有其物质极，也具有其精神极。甚至物质世界如果不同作为精神活动之复合的这另一面相关联，就不可能得到恰当的理解"[65]。这在本体论意义上说明了现实存在的两极性及其关系，而在认识论上则启示我们，不能把物质与精神绝对割裂和对立起来，然后再去讨论二者之间的关系。传统唯物主义和唯心主义认识论在这方面似乎都存在缺陷。

第五，过程认识论对于克服柏拉图主义的理论困难也有重大启示。在怀特海看来，割裂事物的静止和运动或者说恒定性与流动性的辩证联系，就会造成认识论上的困难，无法说明世界上的运动和相对静止，而"这正是柏拉图主义最棘手的难题"。因为"在希腊人和希伯来人的直觉以及基督教思想中，都同样体现着这样一些概念：一个是俯视世界的静止的上帝，一个或者完全流动或者偶然静止而最终却是流动的世界"，如何使这两个世界统一起来，说明它们之间内在的联系，是柏拉图主义最难解决的问题。而在过程哲学看来，"具有恒定性的现实需要流动性才能使自己完满，而具有流动性的现实则需要有恒定性才能使自己完满"。"这个双重问题不能分割为两个不同的问题，问题的每一方面只能通过另一方面才能得到解释。"[66]因为"无论神还是世界，都不能达到静止的完善，两者都要受制于终极的形而上学根基，即不断地向新生事物创造性进展。神和世界，两者都互相为对方提供实现创新的工具"[67]。没有对方提供的条件，任何一方都不可能实现自己的完善。因此，怀特海指出，"宇宙论研究的这个主题是一切宗教的基础，这个主题就是把世界的动态劳作变成持久的统一体的历程，也是通过吸收世界的多样性劳作而把神的洞察力的静态威严变成实现自己完满目的的历程"[68]。这就是说，只有过程视域说明统一性和恒久性，从统一性和恒久性视域看待过程性，把二者有机地结合起来进行说明，这种宇宙论才是符合现实宇宙本真状态的学说。因此，怀特海强调："鉴于宇宙自身有自由与必然、多样性与统一性、不完善与完善等各种各样的对立，应当把宇宙看作获得积极的自我表达的各种对立的过程。所有这些'对立'都是事物本质中的要素，不可移易和不可替代。"[69]根据有机哲学，"坚持不懈的追求就是正当的——这种坚持不懈地追求生存的热情，被我们持续存在和永不衰竭的重要的直接活动不断增添活力，我们的直接活动虽然不断消逝，但却永恒地存在着"[70]。这就是过程哲学给我们揭示的宇宙真理。

八、直接表象、因果效应和符号参照知觉方式

所谓知觉方式（the mode of perception）实际是指人的认识方式。怀特海通过批判近代认识论仅仅关注感性知觉方式的弊端，明确提出和深入阐述了因果效应知觉方式和混合知觉方式或符号参照方式（the mode of symbolic reference，亦译为符号指称方式、符号所指方式）理论，从而不仅明确地提出了过程认识论的符号论思想，克服了近代认识论在认识方式问题上的主要局限，而且通过三种知觉方式的理论在一定程度上解决了长期困扰人们的因果关系难题，回答了休谟的诘难，极大地丰富和推进了哲学认识论的发展。

概括地说，怀特海认为，传统认识论尤其是近代认识论，仅仅看到和研究了人的直接表象的知觉方式，并以此为基础提出许多有价值的见解。但因为没有看到人类认识活动中的因果效应的知觉方式，以及直接表象知觉方式与因果效应知觉方式的混合体——符号参照的知觉方式，因此，近代认识论并未真正把握人类现实的知觉活动及其本质，因而对认识的本质、现实过程等，提出了许多错误观点。

（一）直接表象的知觉方式

所谓直接表象的知觉方式，是人通过感官感知外部事物的认知方式。无疑，这是人类认识世界的基本方式之一。从这个意义上说，传统认识论尤其是近代认识论，强调直接表象知觉方式在认识活动中的作用和地位，这本来并没有错，它部分地说明了人的认识方式的真实情况和过程。

但是，如果把这种直接表象的知觉方式假定为我们进入外部世界的唯一的直接通道，否定或看不到其他认识方式，这就有些片面化了。在怀特海看来，根据纯粹的直接表象知觉方式，我们只能经验到外部事物给予我们的现象。对这一传统认识论观点，怀特海并不否认。然而，他明确指出："纯粹的直接表象方式并未提供任何有关过去和未来的信息，它只呈现那个被呈现的持续性中已被展现的部分。因此，它界定了宇宙的某个剖面，但其本身并未界定过去在哪一面，未来又在哪一面。"[71]休谟正是以此为据而否认外部世界的因果性的。

为了解决这类问题，怀特海提出了他的知觉方式理论。在他看来，在现实的认识活动中，实际上存在着一种混合的知觉方式，他称之为"符号参照"的知觉方式。这种混合知觉方式是由两种具体的知觉方式构成的，他

经常称之为"纯粹的知觉方式"（two pure modes of perception），它们就是：
（1）直接表象的知觉方式；（2）因果效应的知觉方式。近代认识论主要探讨了第一种知觉方式，没有看到和不承认第二种知觉方式，当然也因而没有看到第二种知觉方式对直接表象知觉方式的作用，以及两者的相互作用。两者相互作用的结果就是形成了混合性的知觉方式——符号参照的知觉方式。

在怀特海看来，首先，根据纯粹的直接表象知觉方式我们只能经验到现象。近代认识论强调这一点是正确的。因此，休谟等人坚持在直接表象知觉方式中，我们不可能直接经验到因果关系，并且提出"在此之后，不等于因此之故"的著名命题，无疑也是正确的。但是，正如柯布教授所说，"大多数哲学都假定这是并且仅仅是我们进入外部世界的通道"，[72]这则是错误的。"长期以来，哲学家们跟随着日常感觉不仅把永恒客体分布给空间地点而且分配给位于那里的物质客体，例如墙面。他们认为他们自己看到了人、马和房子，而不是一团颜色。但是当他们更为严格时，他们就纯粹地把注意力集中于直接表象，也就是，直接给予的感觉材料。在这种方式中，我们接收的只是表象或现象。"[73]这就是说，如果严格地坚持直接表象学说，我们通过感官，例如视觉所知觉到的东西，就只是一团颜色而已。这只是怀特海所说的"永恒客体"，而不是具有能动经验活动的现实事物。例如，我们用眼睛看到一匹真实的马时，实际上投入我们眼睛的只是一团颜色而已。我们在头脑中形成的真实的马的概念和印象，绝不只是映入我们的眼睛中的这一团颜色告诉我们的。这表明，要形成现实的认知活动，还需要其他知觉方式。

遗憾的是，近代哲学家都没有看到除直接表象的知觉方式之外，还有其他知觉方式。他们根本没有看到人还有因果效应的知觉方式和符号参照的知觉方式。所以，怀特海说："造成形而上学难题的诸多原因之一，便是对符号参照没有给予适当的重视，结果导致把'意义'概念变成神秘莫测的了。"[74]例如，当看到一块绿色地毯时，人们就会得出"这是一块绿色地毯"的认识。对于人们为何在实际看到一团绿色东西时会形成"绿色地毯"的意义，近代认识论根据直接表象认识方式，根本无法做出合理的解释，这就必然会导致对"意义"的解释神秘化。而为了解决这一意义的难题，怀特海明确提出了"因果效应的知觉方式"和"符号参照的知觉方式"这两个概念，并通过详细讨论它们与直接表象的知觉方式之间的关系，提出了一种全新的知觉理论，从而对意义问题形成了合理的解释。

（二）因果效应的知觉方式

因果效应的知觉方式是怀特海提出的一个新概念，它是指作为主体的人之外的某个区域中所发生的事件对主体的直接作用，而人能够直接通过自己的身体感受到这种直接作用。简言之，因果效应的知觉就是身体对外部刺激的直接感受。

例如，某个人的眼睛接收了外部一个墙面反射的光线刺激，眼睛便会获得某种感受。其中眼睛的刺激源于那一部分墙面反射的光线，这种刺激传递到大脑某个特定部位，从而形成了某种感受。到此为止，就是一种直接的因果效应知觉。该人感受到了那个区域有某种颜色，这是无可怀疑的，这种感受也没有对错之分。至于这种感受经过大脑加工形成了何种印象和表象，这实际上已经超出因果效应的知觉了。

在怀特海看来，看到并承认这种因果效应的知觉，具有重要的认识论意义。我们知道，在近代哲学史上，休谟第一次明确地否定因果关系的客观性，并用其感性知觉学说对其作了详细论证，得到了许多人的认同。而在怀特海看来，现实世界的因果性或因果关系并非如休谟所说的那样，只是人们的一种习惯性心理联想，而是人们可以通过因果效应的知觉方式而直接感受到的客观存在。

首先，"有机哲学认为整个世界都能'感受'"[75]。这里的"感受"是广义的感受，并非仅指人的感受，而是指世界上所有的现实存在之间的相互作用和相互影响，是指现实存在既能作用于他物，也能被他物所作用。从这个意义上说，万物都能感受，或者说都有感受的能力和活动。所以怀特海说："感受是（现实存在的）各种各样的具体化活动，这些活动影响着向主体性的转化。"[76]而只有在宇宙进化出人类之后，在有意识和有理性的人这里，感受才在某些情况下具有有意识的感受的特性。所以，怀特海认为，人的"理解是感受的一种特殊形式"[77]。近代哲学中的感觉论者，把人的直接表象知觉方式当作唯一的认识现实对象的通道，因此，他们就难以理解和说明客观的因果关系以及人们何以能实现对现实的因果关系的知觉和认知。而过程哲学则认为，"每一种现实存在都有认识的能力，并且形形色色的各类认识强度是有等级的；但是，一般说来，脱离了某些现实发生的构成中特殊的复杂性，认识便似乎是微不足道的"[78]。这就是说，只有在作为高级有机体的人类身上，认识才具有特别重要的意义。

在过程哲学看来，对于现实的因果关系，人们是可以直接通过自己的身体和各种感觉器官而直接感知到的。我们在日常活动中，时刻在通过自己活的身体而获得真切的关于外部世界的因果感受。例如，突然遇到一阵寒风，我们的身体会不由自主地打寒战。我们的肢体接触到高温物体，我们就会本能地迅速离开，即使我们既聋又瞎也是如此。因此，休谟把因果观念仅仅归结为人的心理联想的观点，从根本上说就是错误的，根本不符合我们的日常感觉经验。过程哲学认识论坚持认为，人的知觉可以分为两种纯粹的知觉方式：一是直接表象的知觉方式，二是因果效应的知觉方式。仅仅从直接表象的知觉方式来看，人确实看不到现实的因果关系，因为它不可能告诉我们现实的因果联系，也不能告诉我们知觉对象的过去和未来。从这个意义上说，休谟关于感性知觉的观点具有一定的合理性。休谟也正是从直接表象的知觉方式出发，并且仅仅坚持认为这是人的唯一认识外部现实的通道，因此，他不可避免地得出了因果关系不是我们通过直接表象而知觉到的，而是习惯性的心理联想造成的。譬如，太阳晒，石头热，由于多次通过直接表象知觉到这样的事实，久而久之，我们就会习惯性地联想到这是因果关系。

但是，在怀特海看来，人类知觉外部的现实存在的方式并非只有直接表象这一种方式。除此之外，人还有一种知觉现实存在的方式，这就是因果效应的知觉方式。也就是说，在外部现实存在作用于我们的感官的时候，我们会现实地感觉到有一种"力"在作用于我们的感官。譬如，即使在黑暗中，当有人从你身旁近距离走过，或者当有人狠狠地打了你一下，你都会切实地感到这种作用接触到你的身体。所以怀特海说，"知觉的主要基础是各种各样的身体器官的知觉"[79]。譬如，人关于石头的知觉就是由两部分构成的：一是人的手上的触觉；二是来自石头的矢量性材料（亦可说是"信息"）。在过程哲学看来，人的知觉可以意识到外部的现实存在传递而来的因果效应。怀特海就称这种效应为"知觉的因果效应方式"。正是这种知觉方式，使得我们有了切实的因果性感受。

因此，过程哲学坚持认为，知识建立在直接的认知活动之上，这种活动表现在直接的现实存在的构成之中，这是笛卡尔哲学的基本学说，"也是有机哲学的首要原理"[80]。也正是在这个意义上，过程哲学坚持认为，在人的经验中既有人体自身的经验，也有来自外部事物的作用和材料——用今天的信息论的概念来说，也有来自外部对象的信息。如果我们坚持"所有认识都要以知觉为基础"[81]这样一条合理的哲学原理，那么，就必须承认因果效应的知觉方式。

当然，在人的现实的知觉活动中，直接表象的知觉方式与因果效应的知觉方式通常是不可分割地结合在一起的，我们通常很难将两者的作用区别开来。所以，怀特海指出："所有科学观察，都是以直接表象的知觉方式进行的，并且要竭尽全力保持这一方式的纯粹性，也就是说，要避免对因果效应的符号参照，这样便可保证其精确性。意思是说，要把所有解释从直接观察中排除。"近代哲学通常强调的观察的客观性，不要对事实予以解释，不要附加主观的成分，其正确的意义也在于此。然而，仅仅依赖直接表象的知觉方式对于我们把握外部世界的本质和规律还是不够的，所以怀特海接着上一段话指出："另一方面，所有科学理论都是唯一地参照该关联性体系而阐述的，就所观察到的而言，该体系还包括以纯粹因果效应方式获得的知觉对象。这样一来，令我们豁然开朗的是，我们想要认识的东西，无论出自好奇还是从技术观点看，主要都居于由因果效应揭示的世界的那些方面。"[82]这就是说，我们通过科学认识甚至日常认识，主要目的还是获得外部世界自身中那些规律性的东西，那些能够直接影响我们的力量。否则，我们就可能在行动中不能达到我们的目的，甚至会面临灾难。例如，我们对自然灾害、身体疾病、战争、内乱等现象的认识，绝不只是为了仅仅获得关于它们的表象，而是要掌握它们的活动规律，以便我们趋利避害。正如有近代哲学家所说，如果感觉印象只是对自身感觉器官的感觉印象，那么，猫就不用抓耗子来充饥了，只需抓自己的眼睛就可以了。

尽管客观上存在着因果效应的认识方式，但从人的具体的认识过程来看，怀特海说："我们能清楚明白地记录下来的东西，却主要地存在于以直接表象方式存在的知觉对象中。"[83]这也是导致休谟等近代哲学家仅仅关注直接表象的认识方式的主要原因。直接表象知觉方式对我们的日常认识和科学认识都有重要作用，这是不能否认的。"直接表象的有效性建立在下述原理之上：直接表象能更好地获得关于共时性世界的信息"，然而，需要注意的是，"它偶尔会产生误导"[84]。例如，我们在听到窗户外面的狗叫声时，可能马上会认为这是一只真实的狗在叫。在战场上，区分清楚是真实的人的活动，还是其他伪装的活动，是至关重要的。而根据怀特海的观点，这既可能是真实的狗在叫，也可能是有人在模仿狗叫，或者有人在播放狗叫的声音。我们直接听到的仿佛是狗叫的声音，这是千真万确的。至于是否是真正的狗在叫，则不一定。后者是人做出的判断，这是一个复杂的认识活动，已经不仅仅是直接的知觉了。近代哲学认识论，特别是休谟、洛克和笛卡尔的认识论由于主要关注直接表象的知觉方式，没有意识到其中存在的因果效应的知觉方式，因此，他们在因果性问题上陷入了泥淖，没有对之做出正确的阐述。怀特海过程哲学认识论第一次明确地揭示了因果效应的知觉方式在认识因果关系的重要作用，并且阐述了它与直接表象的知觉方式的相互关系，应当说这在哲学认识论上是一个重大贡献。

为此，怀特海还批评了所谓"批判主义"的一般方法。他说，人们通常把直接表象当作认识的唯一来源，感觉论者是这样，某些经验论者也是这样。但是，"没有哪一位哲学家会真正地认为这便是信息的唯一来源"。"现代哲学'批判主义'的一般方法是，将对手紧紧地绑在作为唯一信息源的直接表象的前门，而自己的哲学却披着日常语言用法的伪装从后门逃走了。"[85]因此，提出因果效应的认识方式，对于批判休谟的因果学说，真正揭示世界的客观因果性和规律性，具有重要意义。

在怀特海看来，"因果关系概念之所以会出现，就因为人类生活在因果效应的经验之中"[86]。例如，我们在路上听到汽车鸣笛时会赶快躲开，因为我们担心会被汽车撞上。这是实际的因果效应，而不只是眼睛和耳朵的表象。因此他说："直接表象就是我们通过感官对共时性世界的知觉。它是一种物质性感受，然而却是一种复杂的物质性感受。""无论在任何情况下，身体的'接触'总是我们直接表象的知觉中一个常在的要素，尽管是一个难以把握的要素。""无论在常识中还是在心理学理论中，这种身体效应都是直接表象以之为前提并且导致直接表象产生的成分。"[87]可见，如果没有身体效应，直接表象的知觉方式就没有基础。动物世界中有些动物生活在深海中，或者生活在没有光线的深洞中，视觉几乎没有，甚至有的也没有听觉，然而它们依赖自身的感觉和经验，照样也能生存。这对我们思考人的知觉方式有重要启发。

（三）符号参照的知觉方式

在《过程与实在》中，怀特海专门列了一章论述符号参照的知觉方式及其相关理论。

所谓符号参照的知觉方式，就是人们实际生活中所运用的知觉方式，它是一种由直接表象的知觉方式和因果效应的知觉方式相混合而形成的知觉方式。从人的认识发展的视域看，它出现在人的经验发展的后期阶段。怀特海认为，因果效应和直接表象这两种知觉方式通常不会出错，而"符号参照却导致有此可能。当探讨人类经验时，'知觉'几乎总是指'以混合的符号参照方式表现出来的知觉'。因此，一般而言，人的知觉容易出错，因为就这些成分十分清楚地存在于意识之中而言，人的知觉是有解释力的。事实上，犯错误是较高级机体的标志，它像教师，由于它的作用才有向上的进化。例如，智能进化的作用就在于，它能使个体从错误中受益，不至被错误吞没。"[88]

首先，"解释符号参照的第一原理是：这种参照需要一个'共同基础'。所以要有'共同基础'这一必要性，意思是说，经验中必须有一些成分可以直接地被看作在每一纯粹的知觉方式中是相同的"[89]。他认为，"在这两种纯粹方式共有的共同基础中，一种主要因素是被呈现的轨迹。这一轨迹从属地进入因果效应知觉方式中……它不是由该知觉方式以任何其他方式所揭示的，至少不是直接揭示的。进一步的揭示一定是间接的，因为诸当下事件本身既不是能引起，也不是由具有知觉的现实发生引起的事件"[90]。在怀特海看来，"被呈现轨迹是由感觉材料直接表现的……所有科学观察，诸如测量、对相对空间位置的确定，对诸如颜色、声音、味道、气味、冷热感、触感等的确定，都是以直接表象的知觉方式进行的"，然而，就所观察到的东西而言，"还包括以纯粹因果效应方式获得的知觉对象"。这样一来，便可以说，"被呈现轨迹是符号参照的共同基础，因为它是由直接表象直接而明确地知觉到的，同时是以因果效应方式模糊而间接地知觉到的。"[91]正因后一种知觉方式，我们便区分出过去和未来，原因和结果，而且由于人具有动物性的身体，使这种区分获得某种精确性——虽然不如直接表象知觉方式那样区分得非常清楚，却足以做出重要的区分。例如，我们用眼睛看，我们用味觉尝，我们用手摸，等等。此外因果效应限定了那些区域，它们与另一方式知觉到的更为明确的区域是相同的……从这一方面看，动物性身体是所有符号参照的重要核心基础。就身体知觉而言，这两种方式都获得了最大的符号参照，并汇集了相同区域的感受。对世界上物质实体间的几何关系做任何陈述，归根结底是把某些确定的人体当作参照系。一位旅行者迷路后不应当问：我在哪里？他真正想知道的是其他地方在哪里。他有自己的身体，但却迷失方向，不知其他地方在哪里。[92]由此表明，直接表象通过人的身体而依赖于因果效应。所以怀特海说："我们的身体经验主要就是去体验直接表象如何依赖于因果效应的。休谟的学说颠倒了这一关系，认为作为经验的因果效应依赖于直接表象。不管这一学说有何优点，都不是以诉诸经验为基础的。"[93]

其次，符号参照知觉方式的第二个"基础"是这两种方式之间的联系。这一联系是由作为它们两者之组成成分的永恒客体的同一性所造成的。前一个"基础"是外部世界广延区域的同一性，这后一个"基础"则是永恒客体的同一性。

以人对一块石头的知觉为例：光线照到石头上，石头反射出灰色的光线投射到人的眼睛上，由因果效应的知觉方式导致人的"眼睛收缩"，并由直接表象知觉方式获得"灰色"的知觉，至此，"被直接而确切地知觉到，且丝毫没有疑问的东西，就是被呈现轨迹的灰色区域"。这是由因果效应和直接表象知觉方式共同参与的结果。往下，"再做任何解释，不管出自本能还是理智的判断，都只能归结为符号参照"[94]。也就是说，通过两种纯粹的知觉方式感知对象之后，最后还只有通过混合的符号参照知觉方式发挥作用，人们才能得出那是一块"石头"的认识。这种认识有可能是正确的，也有可能是错误的。假如那是一块作为演出使用的、由纸糊的假石头，我们若判定它为真石头，我们的判断就是错的。

至此，怀特海的阐述已经说明：因果效应知觉方式可追溯到感觉材料的构成；而直接表象的知觉方式则源于感受过程后期原创性整合阶段，由此才有具体的知觉存在。"这样一来，我们就必须把因果效应方式归之于某个发生的基本构成之中，因而这一方式在其萌芽状态甚至可归之于最低等的机体；而直接表象方式则要求过程的后期阶段有更复杂的行为，因而只属于相对高级的机体。"[95]但是，需要特别注意的是，怀特海以具体事例说明，"直接表象"处理的材料与"因果效应"处理的材料相同，这一事实对"符号参照"为何具有共同的"基础"提供了终极理由。[96]

最后，怀特海还说明，符号参照知觉方式是人类经验中的解释性要素，它提供了支配所有符号论原理的主要实例。他说："符号论之所以是必不可少的，是因为有两类知觉对象，而一类知觉对象与另一类知觉对象有某种共同的'基础'，因此便确立了这一对知觉对象之间的相互关联。与一类知觉对象的组成部分有联系的感受、情绪和一般特征，明显地在某些方面不同于与另一类知觉对象的组成部分有联系的感受、情绪和一般特征。因此，在这两类知觉对象之间便存在着'符号参照'……符号参照由之开始的那一类型叫作'符号类型'，而它在其中得以结束的那一类型叫作'意义类型'。"[97]在怀特海看来："思想史表明，对观察事实的错误解释往往会进入关于这些事实的观察记录之中。"[98]这表明，根本没有纯粹的关于客观事实的记载，任何事实都是经过解释的事实。在这里怀特海说出一句名言：如果让事实自己说话，那就无异于让石头自己写传记。[99]

九、符合论、融贯论和实效论及其统一性

在真理标准问题上，哲学上通常有符合论、融贯论和实效论等不同的主张。怀特海在真理标准问题上则采用了一种符合论、融贯论和实效论相统一的综合标准论。

首先，怀特海赞同真理符合论的基本主张。所谓真理符合论，是指坚持认为正确的认识是符合客观实在的本质和规律的一种学说。怀特海认为，如果把客观实在理解为一个不断生成的过程，人的认识是对这一过程的认识，而不是认识者自己的主观建构或任意想象，那么，这当然是正确的。否则，以科学认识为例，如果科学不是对自然事实的描述及其关系的揭示，那"科学便是毫无意义的，无异于痴人说梦"[100]。他以天文学为例说明这个道理，明确指出天文学绝不是天文学家的幻想和心理联想，而是对客观存在的天文现象及其规律性的描述。因此，科学如果不是科学家有关日常世界的系统理论的重要陈述，它就有可能是"一个爱好讲述白日梦的孤僻智慧头脑的幻想"。[101]如果科学家的直接表象不是对现实存在和外部世界的反映，那么这种知觉就只不过是他的私人心理联想，这样，"科学就成为没有任何公共意义的个人幻想"[102]。而在怀特海看来，科学是对作为终极系统的现实世界某些方面或某些领域的系统揭示。"正是由于对终极系统的这种揭示，才使我们有可能理智地把握这个物质性的宇宙。在所有相关事实中都存在着一种系统的体系，只有根据这个体系，丰富多彩的世界上各种变化万千、种类繁多、漂浮不定和不断凋谢的细节，才能通过它们与宇宙系统的共同方面的联系而展现出自身的相互关联……发现直接表象揭示的数学关系具有真正的联系，这是理性征服自然的第一步，精确的科学就是由此而产生的。"[103]

所以，在关于检验认识的真理性的标准问题上，怀特海明确地坚持，判断一种认识的真理性的标准必须是检验它是否符合相关的客观事实。用他的话说："人类的所有言论，只要基于要求考虑陈述的真理性，就必须诉诸事实。无论哪一派哲学，都不能声称可以摆脱这一规则。"[104]显然，这一主张同真理符合论是一致的。

当然，怀特海对真理符合论的基本主张的赞同是有保留的，因为在他看来，"符合论对高级生命来说是必不可少的，而符合论的错误则根本不能完全避免"[105]。理由是：一方面，根据过程哲学的主体性原理，过程认识论并不认为认识的主体和客体是互不相关的两个实体，是在认识过程中两者才

联系到一起的。相反，在怀特海看来，认识的主体和客体都是在现实的认识过程中生成的。认识的主体只是在现实的认识过程中才能获得对客体的现实认识，而认识的客体也正是因为在这种现实的认识活动发生时，才生成为真正现实的认识客体。例如，一本书只有在现实的人阅读时才是真正意义上的书，否则，它只是抽象意义上的书。而且阅读者也并不是在"看书"或在看书上的墨迹，而是在理解和解释书中的内容，即波普所说的"世界3"的内容。如果没有阅读者，"世界3"虽然抽象地说是客观存在的，但它并不是真正的认识客体。因此，认识的结果与认识对象的符合，实际上是一种动态的符合，而不是静态的符合；这种符合不是一成不变的，而是像世界上一切现实存在一样不断创造性进展的。因此，怀特海所赞同的真理符合论不是理论和对象的僵死的符合一致，而是动态生成过程之中的符合一致，它不是排斥融贯论和实效论前提下的符合一致，而是与之内在一致的。这样，它便既有同传统哲学上的真理符合论相一致的方面，也有不一致的方面。另一方面，怀特海坚持真理的符合论标准，并不排斥真理标准论上的融贯论和效用论，相反，它们是内在统一的，而且是相互支持的。如果以符合论排斥融贯论和效用论，那也是错误的。这表明怀特海坚持真理符合论是有条件和有限度的。

其次，怀特海也认可真理融贯论的主张。所谓真理融贯论，是指这样一种观点：一种理论是否具有真理性，是看其内部各种概念、观点和原理是否彼此协调一致，是否有内在的冲突和矛盾。作为逻辑学家和数学家，怀特海当然不会允许自己的理论体系和认识存有内在的矛盾。因此，他在原则上赞同并坚持真理的融贯论学说。但是，与传统的真理融贯论不同的是，怀特海认为，这种内在一致和无矛盾性，应当以坚持真理的符合论为前提。如果以排斥真理的符合论为前提，仅仅以一个理论体系内部的概念、观点和原理是否协调为标准，来判断该理论是否具有真理性，这就不能保证这个理论体系是否符合客观世界本身的真实状况。因此，怀特海在谈到主体性学说时指出："有机哲学承认这种主体性学说，但是却拒斥感觉论学说，因而便有了它关于一种现实发生可以客体化于另一种现实发生的经验之中的学说。每一种现实存在都是一种把现实世界包含于其自身范围之内的经验搏动。有关动力因和认识的各种难题可依据现实发生的这一本质而获得共同的解释。有机哲学中的判断理论同样既可以被恰当地描述为一种符合论，也可以被描述为一种'融贯'论。它之所以是一种符合论，是因为它把判断描述为关于某个命题与被客体化的聚合体之间的一致或不一致的整体性摄入的主体性形式。"[106]之所以说它是一种融贯论，是因为它坚持理论体系内部应当是一以贯之的，符合逻辑的和没有内在矛盾的。怀特海对自己的过程哲学体系就明确提出了这样的融贯论要求，并致力于把过程哲学理论体系建构成这样一种自洽的理论体系。

我们认为，怀特海在坚持真理的符合论前提下赞同融贯论的主张，是极为有见地的。这既克服了真理标准问题上符合论和融贯论的对立，使二者能够统一起来，同时，也能克服二者各自的片面性，使符合论中贯穿着融贯论的思想，而融贯论中也贯串符合论的思想。应当说，这在认识的真理标准论上是一个贡献。

最后，怀特海还认为真理的效用论也是必须要坚持的，并且要和符合论和融贯论统一起来。在谈到多数的人类经验与符号参照知觉方式密切相连时，他明确指出："说真理的意义就是有效，简直是毫不夸张。"[107]然而，效用的检验是有条件的。只有在某种未来或当下的发生中，对该发生中什么是真的有明确的规定时，效用的检验才是起作用的。"否则，可怜的实用主义者就依然是智力上的哈姆雷特，永远地把做出判断的决定向后推迟。"根据怀特海的过程学说，"只有在'意义'足够清晰和有关联之时，才是做出判断之日"[108]。这时，作为符号的知觉对象与作为意义的知觉对象，通过某种关联背景相互联系起来。对于符号论，怀特海评论说，它可能是正当的，也可能是不正当的。而"对正当性的检验一定永远要注重实效"[109]。这里，虽然直接谈论的是对符号论的检验，我们据此可推论，对认识的真理性检验也应当要注重实效或效用。

这里，怀特海还特别强调了这样一种观点："恰当的检验不是要检验最终的结果，而是要检验其是否取得了进步。"[110]也就是说，要从过程视域，检验当下的认识是否比先前的认识取得了进步。由于世界的过程性，任何认识都不是最终的认识。每一种认识结果，都是一定历史条件下的认识。我们这个宇宙时期的认识，包括爱因斯坦的相对论和哥本哈根学派提出的量子力学，都是相对于我们这个宇宙时期而言是正确的科学理论。而对未来其他宇宙而言，这些理论是否正确，还有待于将来根据实际情况去检验。因此，怀特海指出："脱离了现实化过程，真和假便毫无意义：我们会处于一个无意义的区域，处在一个没任何东西有存在权利的不定状态。但是，确定性是现实性的灵魂：获得一种具体的确定性，就是一个特殊过程具有生机的终极原因。"[111]

参考文献

[1] [2] [3] [4] [5] [6] [21] [26] [27] [28] [29] [30] [31] [32] [33] [34] [35] [36] [37] [38] [39] [40] [41] [42] [43] [44] [45] [46] [47] [48] [49] [50] [51] [52] [53] [54] [55] [56] [57] [58] [59] [60] [61] [62] [63] [64] [65] [66] [67] [68] [69] [70] [71] [72] [73] [74] [75] [77] [78] [79] [80] [81] [82] [83] [84] [85] [86] [87] [88] [89] [90] [91] [92] [93] [94] [95] [96] [97] [98] [99] [100] [101] [102] [103] [104] [105] [106] [107] [108] [109] [110] [111] 怀特海. 过程与实在: 宇宙论研究 (修订版) [M]. 杨富斌, 译. 北京: 中国人民大学出版社, 2013: 204, 242, 242, 196, 95, 100, 260, 431, 436, 138, 315, 310, 310, 71, 18, 223, 240, 208, 311, 356, 317, 341, 67, 138, 137, 109, 309, 348, 349, 350, 353, 439, 346 - 347, 40, 104, 248, 194, 165, 283, 199, 207, 369, 63, 72, 76, 200, 306, 442, 444, 445, 446, 447, 216, 537, 537, 216, 226.

[7] [8] [9] [10] [11] [12] [13] [14] [15] [16] [17] [18] [19] [20] [22] [23] [24] [25] [76] A. N. 怀特海. 思维方式 [M]. 刘放桐, 译. 北京: 商务印书馆. 2006: 66, 67, 99, 100, 103, 39, 40-41, 417, 14, 243, 30, 28, 102, 42, 42, 42, 50-51, 51.

8. 怀特海的过程教育哲学初探

Preliminary Study on the Educational Philosophy of Whitehead

杨富斌（Yang Fubin）

怀特海的过程教育哲学思想丰富而深刻，加上他那天赋特有的洞察力，使他的教育哲学观点有着不同寻常的新意。国内关于怀特海过程教育哲学思想的研究，代表性成果是曲跃厚教授和王治河博士的论文《走向一种后现代教育哲学：怀特海的过程教育哲学》。[1]国外关于怀特海过程教育哲学思想的研究，当推美国学者马尔康姆·伊万斯（Malcolm D. Evans）的《怀特海与教育哲学》最具代表性。本章旨在上述研究成果的基础上，根据我们对怀特海过程哲学的理解，以怀特海的《教育的目的》为文本依据，概括和阐述怀特海过程教育哲学的基本观点及其对我国未来教育改革的启示。

所谓教育哲学，是指从哲学层面对教育的目的、本质、过程及其规律性的理性思考。[2]从这一理解出发，我们认为，怀特海的过程教育哲学思想主要是由怀特海关于教育的目的、教育的本质、教育的方法和手段、教育的效果和评价等四个方面的内容所构成的。

一、教育的目的是使人具有活跃的智慧

众所周知，怀特海的过程教育哲学思想集中地体现在其《论教育的目的及其他》（1929）一书中。因此，探讨怀特海的过程教育哲学，首先必须明确怀特海关于教育目的的论述。在我们看来，探讨教育的目的既是怀特海过程教育哲学的出发点，也是其过程教育哲学研究的落脚点或根本目的。因为教育的目的决定了教育的方法和手段，以及最终的教育效果和评价标准。从否定意义上说，如果没有明确的教育目的，这就好像我们的旅程没有明确的目的地，在这种情况下，我们对教育的方法和手段就无从选择，我们对于向哪个方向努力就缺乏明确的目标。与此相应，最终的教育效果是好是坏，是否成功，我们也就无从评价。因为我们根本就没有合理而明确的评价尺

度。因此，探讨和确立教育的目的，是我们研究怀特海过程教育哲学时应当探讨的首要内容。

那么，根据怀特海的论述，教育的目的是什么？显然，与西方历史上教育哲学关于教育目的的几种代表性观点（鼓励说、分析说、指导说、研究说等[3]）相比，怀特海的教育目的观别具特色、出人意料，读后令人耳目一新，思之令人兴奋不已。用英国著名教育家、前牛津大学副校长亚历山大·邓洛普·林塞（Alexander Dunlop Lindsay）在该书序言中的话说：这是"一位伟人的观点……真正充满了智慧"[4]。

首先，在《教育的目的》第一段中，怀特海明确指出，"我们要造就的是既有文化又掌握专门知识的人才"[5]。这是怀特海关于教育的目的的第一个明确的概括。简言之，在怀特海看来，教育的目的就是要培养既有文化又掌握专门知识的人才。

显然，在怀特海关于教育目的的这一经典概括中，包含着相互联系的两个方面。一方面，教育的目的是要培养有文化的人才。因为"文化是思想活动，是对美和高尚情操的接受"[6]。我们的教育要致力于培养年轻人成为有文化修养的人，具有较高的审美能力和高尚的情操。为此，在教育的手段和方法、教育内容的设置、教育效果的评价等各方面，就要有相应的措施。

另一方面，教育的目的应当是培养掌握专门知识的人才。公允地说，改革开放以来，我们的大学教育在这方面还是卓有成效的。否则，就难以理解改革开放以来我国高等教育的大发展，难以理解我国的"神州"飞船上天、"蛟龙"潜艇入海，难以理解我国的经济、政治、社会、文化和生态建设等各方面取得的举世瞩目的成就。

其次，怀特海明确地指出："教育的全部目的就是使人具有活跃的智慧。"[7]掌握支离破碎的信息或知识，与掌握智慧不可同日而语。一个人即使学富五车，倘若不懂得如何融会贯通地灵活运用这些知识，那他只不过是一个没多大用处的书呆子而已。所以怀特海讲，一个人仅仅见多识广而没有文化修养和智慧，他不过是这个世界上最无用而令人讨厌的人。[8]只有既掌握一定的知识，又能把这些知识积极地运用于实际，并养成习惯积极地利用透彻原理的人，才算真正拥有了智慧。因为"认识的目的在于运用它们而不是将其作为空泛无意义的公式……只有在创造中，才会对产生的客观对象的特性具有生动而深刻的理解。如果你想了解一种东西，就亲自去做它。这是一条明智的法则"[9]。那些只会空谈的理论家，怀特海是极为鄙视的，并认为教育若无用，还谈何教育。

怀特海指出："教育应该培养出这样的学生，他既能很好地掌握某些知识，又能够出色地做某些事情，这种实践和理论的紧密结合是相辅相成的。"[10]如果达到了这个境界，就是掌握了智慧。因为知识是无限的，"即使是最有天赋的学生，由于缺乏时间，他也不可能在每一方面都得到充分发展，因此必须有所侧重"[11]。只要在他选择的专业知识上有所掌握，同时又能够运用这些专业出色地做好某些事情，他就是掌握了智慧。

怀特海还特别强调："通过直接经验获得的知识是智慧生活的首要基础。在很大程度上，通过书本学习所得到的是第二手的知识，因此永远不具有那种直接实践的重要意义。"[12]这正是中国古人所讲的"纸上得来终觉浅，绝知此事要躬行"。从这个意义上，怀特海说，弗兰西斯·培根最重要的影响并不在于他表达了任何独特的归纳推理理论，而在于他领导了对间接知识的反叛。亦即正是由于他的贡献，人们对任何间接知识的可靠性都不再迷信了，因为它们只是或然性知识而已。

从这个意义上，怀特海指出："一个人如果只了解自己所学的学科，把它作为这种学科特有的一套固定程序，那么，他实际上并不懂那门科学。他缺乏丰富的思维，不能很快领悟完全不同的思想概念的含义。他将无所发现，在实际运用所学的知识时也将会反应迟钝。"[13]

还须提及的是，怀特海认为："学者的作用就是在生活中唤起智慧和美，假如没有学者那神奇的力量，智慧和美还湮没在往日的岁月中。一个不断前进的社会必须包括三种人：学者、发现者和发明创造者。"[14]但愿我们的社会多一些能唤起智慧和美的学者，而不是那些追名逐利、投机取巧甚至遇到批评就满嘴脏话骂人的所谓"公知"。

最后，教育的目的是"应该培养所有精神活动特质中最朴素简约的特质"，即"对风格的鉴赏，这是一种审美的能力"。[15]简言之，教育的目的是培养学生的审美能力，使学生逐步形成特有的风格。怀特海解释说，"按风格最完美的意义，它是受教育的心灵最后学到的东西；它也是最有用的东西。风格无处不在。有风格的管理人员讨厌浪费；有风格的工程师会充分利用他的材料；有风格的工匠喜欢精美的作品。风格是心灵的最高德性"[16]。

风格对受教育者有什么帮助？怀特海说："风格帮助你直接达到目标，使你避开无关的问题，而不会引出令人讨厌的东西。有了风格，你可以实现你的目标。有了风格，你可以计算出行动的效果，而预见的能力也成为神赐予人类的最后的礼物。风格会增加你的力量，因为你的大脑不会因枝节问题而分心，你将更有可能实现自己的目的。风格是专家独享的特权。谁听说过业余画家的风格？谁听说过业余诗人的风格？风格永远是专业化学习的结果，是专门化研究对文化做出的特有贡献。"[17]中国古语中所讲的"将军赶路，不追小兔"，也正是这个意思。许多大科学家、思想家、政治家等都具有这种特殊的风格。教育所要着力培养的应当是这样一种认准目标后即锲而不舍的精神风格。

二、教育的本质在于培养人的责任感和崇高感

关于教育的本质，怀特海是从两个视域出发进行界定和说明的。

首先，从学生学习的视域看，教育相当于有机体吸收食物的过程。对此，怀特海强调，必须记住：教育绝不是往行李箱里装物品的过程。教育是一种完全具有自身特点的过程。与这种过程最相似的是生物有机体吸收食物的过程。当我们把靴子放入行李箱后，它们会一直待在那儿，直到把它们取出为止。然而，如果给一个孩子喂了不合适的食物，情况就完全不同了。即使是一个不会说话的婴儿，也会把不能吃或不愿吃的食物吐出来。因此，致力于使学生像有机体吸收食物的营养一样，把最有思想营养的知识和技能传授给学生，让学生像吸收营养一样吸收知识和技能，这正是怀特海所要强调的教育本质之一。

从这个意义上说，教育者一定要把学生当作活的有机体来看待，想方设法让学生自己去吸收和消化所学到的知识。拔苗助长式、填鸭式等教育方式之所以错误，根本原因皆在于此。而成功的教育则在于，经过若干年的培养，学生能够自我发展，自我成长，因为他已经学会自我获得食物和吸收营养。因此，怀特海引用大主教坦普尔的话说："人们18岁时怎么样并不重要，重要的是他们后来会如何发展。"[18]

其次，从教育者教学的视域看，"教育是教人们掌握如何运用知识的艺术"[19]。与古人教导我们的教育的本质在于"传道、授业、解惑"不同，怀特海的建设性后现代教育理念强调，教育是教学生掌握如何运用知识的艺术。如果学生在学习过程中经过浪漫阶段、精确阶段而达到了概括阶段，并成功地综合运用了他所学到的知识，那么，这种知识就已经转化成为他自己的技能，表明他已经真正掌握了所学的这项知识。

当然，怀特海也强调："这是一种很难传授的艺术"，[20]不能用一个简单的公式来解决。古语讲"师父领进门，修行在个人"，其真谛也正在于此。为师者如何引导学生自己动脑和动手，从来没有固定的方式和方法。这

便需要为师者自己首先是一个善于运用知识解决实际问题的人。一个没有做过临床医生的医学教授难以成为真正称职的医学教授，一个没有办过案件的法学教授，也不可能成为真正优秀的法学教授。培养人的灵魂的教育工作，需要真正的大师去为之，需要长期的锻炼和摸索，才能逐渐掌握教学艺术的要领。

综合以上从两个视域得出的关于教育的本质的论断，怀特海在《教育的目的》第一章末尾对教育的本质又提出一句发人深省的概括："教育的本质在于它那虔诚的宗教性。"[21]而且他认为，这是自有文明以来，人们普遍信仰的教育理想，他只不过是对这种教育理想做了概括而已。

那么，什么是宗教性的教育？怀特海又自问自答说："宗教性的教育是这样一种教育：它谆谆教导受教育者要有责任感和崇敬感。"[22]由此可以说，教育的本质在于培养受教育者的责任感和崇敬感。

何谓责任感？怀特海认为，"责任来自我们能潜在地控制事件的进程。当可习得的知识能够改变结局时，愚昧无知便成为罪恶"[23]。这就是说，责任来自我们通过学习而获得了关于事件进程的规律性知识，由此可以依据对规律性知识的掌握而控制事件的进程。对规律性知识的掌握只有受过良好教育的人才能做到。正是在这个意义上，怀特海指出："一个不重视培养智力的民族注定将被淘汰……当命运之神对未受良好教育的人作出判决时，将不会有人为他们提出上诉。"[24]因为他们没有获得应有的普遍性知识，这种愚昧无知是一种罪恶，所以他们理应受到历史的惩罚。中国在近代落后挨打，便是这一论断的明证。

何谓崇敬感？怀特海指出："崇敬基于这样的认识：现在本身就包含着全部的存在，既包含着过去，也包含着未来，这整个时间的总和，便属于永恒。"[25]因此，怀特海特别强调，要教育学生重视当下，关注现在。"现在包含一切。现在是神圣的境界，因为它包含过去，又孕育着未来。"[26]同时，怀特海又提醒我们注意，一个200年前的时代与一个2000年前的时代同样古老，不要被形式上的年代所蒙蔽。莎士比亚和莫里哀的时代与索福克勒斯和维吉尔的时代一样古老。"先贤们的思想交流是启发灵智的盛会，但聚会只可能有一个殿堂，这就是现在。"[27]因此，我们要教育学生重视和敬畏现在，对当下有崇敬感。因为当下既是历史生成的结果，又是创造未来的出发点。

三、教育的金科玉律是设法唤起学生的学习兴趣

怀特海讨论教育的方法或手段，既受其关于教育的目的、教育的本质的观点所支配，同时也同其对人的智力发展过程的认识有关。他关于人的智力发展的基本观点即他的教育节奏说。

在怀特海看来，生命在本质上是周期性的。它包括日的周期，如工作和娱乐的交替，活动和睡眠的交替；季节的周期，它规定了学校的学期和假期；此外，还包括四季分明的年的周期。生命中还有一些更微妙的涉及智力发展的周期，它们循环出现，但是每个周期总是各不相同，尽管每个循环期中都会再次出现从属的阶段。所以，怀特海用"节奏"概念表达教育中学习者智力发展的过程和阶段：浪漫阶段、精确阶段和概括阶段。[28]并把这种教育的节奏表述为一个原理："不同的科目和不同的学习方式应该在学生的智力发育达到适当的阶段时采用。"[29]这似乎是一个众所周知的老生常谈，但熟知非真知，人们在对待这一原理时，并没有对学生的心理给予应有的注意。因此，怀特海提出一些过程教育哲学思想指导下的教育方法和手段，以期达到他所倡导的教育目的。

首先，"必要优先原则"[30]。怀特海明确反对学习科目按照先易后难的原则安排顺序的做法。相反，他认为，有些最难学的东西必须先学，因为人的先天秉性如此，也因为这些本领对生活来说非常重要。以婴儿学习口语为例，要把意思和声音联系起来，这是多么艰难的任务，可是婴儿做到了。婴儿这种奇迹般的成功表明，"我们再不要说把较难的科目放在后面学这类蠢话了"[31]。因为不加鉴别地应用某些科目必优先于其他科目的原则，已经在教育中制造了干涸的撒哈拉沙漠。

其次，教育的金科玉律是教育者要设法唤起学生的学习兴趣。怀特海认为，迄今存在于教育理论中的最致命、最错误因而也是最危险的一种观点是：把大脑当作工具，认为我们首先需要训练大脑这个工具，然后才能使用它。在怀特海看来，"人的大脑从来不是消极被动的，它处于一种永恒的活动中，精细而敏锐，接受外界的刺激，对刺激做出反应……不管学生对你的主题有什么兴趣，必须此刻就唤起它；不管你要加强学生什么样的能力，必须即刻进行；不管你的教学给予精神生活什么潜在价值，你必须现在就展现它。这是教育的金科玉律，也是一条很难遵守的规律"[32]。

这种困难在于，对于一般概念的理解，以及大脑智力活动的习惯，还有

对智力成就的令人快乐的关注，这些都是无法用任何形式的言语唤起的。凡是有实际经验的教师都知道，教育是一种掌握各种细节的需要耐心的过程，一分钟、一小时，日复一日地循环。企图通过一种虚幻的方法做出高明的概括，学习上绝无此种捷径。因此，怀特海特别强调，培养一个儿童如何思维，最重要的是必须注意那种"僵化的观念"（inert ideas）——这种观念仅为大脑所接受却不加以利用，或不进行检验，或没有与其他新颖的思想融为一体。而兴趣是专注和颖悟的先决条件，自然也是学习获得成功的先决条件。

怀特海还特别强调，千万不要认为学生只有大脑，没有躯体。我们进行教学和教育，不只是教会学生学会用脑，还要教育学生学会运用全部机体。没有学习者整个身体的和谐发展，仅有大脑发育和思维发展，这是同怀特海的整体教育观相违背的，也是近代二元论哲学割裂身心关系造成的恶果。

再次，教育的作用在于唤起学生对智慧和美的追求。他指出："在古代的学园中，哲学家们渴望传授智慧，而在今天的大学里，我们卑微的目的却是教授各种科目。从古人向往追求神圣的智慧，降低到现代人获得各个科目的书本知识，这标志着在漫长的时间里教育的失败。"[33]

在怀特海看来，比传授知识更为重要的是传授智慧。智慧高于知识。因为知识在无限增长，任何个人都不可能全部掌握。知识材料的过剩对我们来说是一种幸运，因为对重要原理处于一种愉快的无知状态，使世界变得有趣了。因此，尽管不掌握某些基本知识就不可能聪明，但是，"你可以很容易地获得知识却仍然没有智慧"。因为"智慧是掌握知识的方式，它涉及知识的处理，确定有关问题时知识的选择，以及运用知识使我们的直觉经验更有价值。这种对知识的掌握便是智慧，是可以获得的最本质的自由"[34]。"知识的重要意义在于它的应用，在于人们对它积极的掌握，即存在于智慧之中。人们习惯上认为，知识本身——而不是和智慧一起——会使知识的拥有者享有一种特殊的尊贵。我对这种知识却缺乏敬意。知识的价值完全取决于谁掌握知识以及他用知识做什么。使品格伟大崇高的知识是这样一种知识，它改变每一方面的直觉经验。"[35]可悲的是，怀特海指出："如果你经常接触从中学和大学毕业的年轻人，你很快会注意到那种头脑迟钝的人，他们所受的教育便是掌握死板的知识。"[36]怀特海在英美的数所大学里任过教，他"对学生们麻木不仁的思维深感惊讶，这种麻木的思维来自于漫无目的地积累死板的精确知识而对它们又不加利用"[37]。

怀特海强调，人的大脑拒绝接受以"单纯传授知识的方式"所传授的知识，"青年人天生渴望发展和活动，如果用一种枯燥的方式将受纪律束缚的知识强加给他们，会使他们感到厌恶"。所以，"当实行纪律时，纪律应该满足对智慧的一种自然渴望，因为智慧可以使单纯的经验具有价值"。[38]

有意思的是，怀特海指出："从某种意义上说，随着智慧的增长，知识将会减少，因为知识的细节消失在原理之中。在生活的每一种业余爱好中，你可以临时学习那些重要的知识细节；但养成习惯去积极地利用透彻的原理，才算是最终拥有了智慧。"[39]成人尤其是知识界人士，是否都有这种切身体会呢？

最后，成功的教师有一秘诀：他清楚地知道学生必须精确地掌握什么。在怀特海看来，成功的教师不用勉强学生记住那些次要的和不相关的知识。教育成功的秘诀是速度，速度的秘诀是集中精力，全力以赴。但就精确知识的学习而言，秘诀是速度，速度，速度。快速地获取精确的知识，然后去学习应用它。如果你能应用这种知识，你便牢牢地掌握了它。[40]

因此，怀特海提倡，学制并非越长越好，学习任一科目也并非时间越长越好。对于儿童的教育，从一开始至关重要的是，应该让孩子体验到发现的快乐。对儿童教育中引进的主要思想概念要少而精，并能使之形成各种可能的组合，使这些概念变成儿童自己的概念。要教育儿童逐步认识到，一般的概念能使他理解他一生中遇到的、构成他生活的各种事件。

怀特海指出，从婴儿到成年的整个发展时期形成了一个大循环周期。在这个循环周期里，浪漫阶段大约有 12 年，精确阶段包含青少年在中等学校接受教育的整个时期，而概括综合阶段则是青年迈向成人的阶段。对于接受正规大学教育的人来说，大学课程属于很重要的综合概括时期。在大学教育中，综合概括精神应占主导地位。如果说中学阶段学生专注于自己的课业是正确的话，那么在大学阶段，他们应该站立起来并环顾周围。在中学里，学生初步从特殊具体的事实进到初步了解一般的概念；而在大学里，他们应该从一般概念开始，进而研究如何将这些一般概念应用于具体的场合。"一种设计得很好的大学课程是对普遍规律进行的广泛研究。"[41]怀特海认为，人的大脑一直应当受到这样的训练：理解抽象的思维，分析具体的事实。学生越是理解一般的道理，越是能解决现实的问题。智者并不需要掌握所有的事实和知识，只需掌握少量深刻的有关世界的普遍原理即可。与动物的能力相比，人类文明的本质就在于能够掌握关于客观世界的普遍规律。

当然，需要强调的是，怀特海并不相信世界上存在着放之四海而皆准的学习方法或原理。他说："我不相信有任何抽象的原理可以为所有科目、为各种类型的学生或为每一个学生提供合适的知识。"[42]方法和手段应当因时因地因人而异，不同学科、不同教学对象、不同学习阶段等，都应当有适合自己的方式、方法和手段，这正是需要教育者充分发挥才能和教学艺术的地方。

四、成功的教育是培养全面发展的人

如何衡量和评价一种教育是否成功？这便涉及教育的效果以及评价这种效果的标准问题。显然，这也是教育哲学研究的应有之义。怀特海在其《教育的目的》中虽然没有特别明确地论述和探讨这一问题，但我们从他对教育的目的和本质的论述中，可以推论其在这方面的基本观点。

首先，大体上说，根据怀特海的论述，评价一种教育是否成功的标准，应当从以下几个方面来衡量：一是这种教育是否培养出既有文化又掌握专门知识的人才；二是这种教育是否培养出既有智慧又有较高审美能力的人才；三是这种教育是否培养出有独特风格的人才。

从这个意义上说，我们应当认为，培养出伽利略、牛顿、爱因斯坦、富兰克林、爱迪生、钱学森、钱三强等科学家、思想家、发明家和政治家的教育是成功的教育，因为这些人是真正有智慧的人。而培养出诸葛亮式的"智慧之人"的教育，不一定是真正成功的教育，因为这种"智慧"实际上是"诡道""诡计"，其中"骗人"的成分居多。正如鲁迅所说："搞鬼有术，也有数，然而有限，所以以此就大事者，从来没有。"一个国家、一个民族崇尚的教育如果是培养这样的"诡道式智慧"，结果一定很危险。

著名物理学家杨振宁在《美与物理学》中说，只用专业知识教育人是不够的，通过专业教育人可以成为一种有用的机器，而不能成为和谐发展的人。要使学生对教学内容的价值有新的理解，产生强烈的感情，那是最根本的。[43]大家都认为教育不只是传授知识。良好的教育需要摆脱所谓"模块""精英""规模"教育的理念，需要从功、名、利的狂热的状态下冷却。由此可见，北京师范大学某教授公开对其学生说"不赚够几千万，别来见我"，此"名言"显然已经背离大学教育的真谛。

从否定意义上说，根据怀特海的论述，成功的教育不应当只是培养出一些没有高度文化修养的片面的专门技术人才；不是培养出一批没有灵魂、没有智慧、没有审美能力而只有满腹经纶和崇尚空谈的学究；不是培养出一批没有特殊风格的职业工程师等。当然，成功的教育更不能是培养出一批批满口仁义道德而一肚子男盗女娼的伪君子，培养出一批祸国殃民的政客。

在《教育的目的》一书中，怀特海明确指出："你不能将学习的无缝外套分开。教育所要传授的是对观念的力量、观念的美、观念的结构的一种亲密感，以及一种特殊的知识，这种知识与知识掌握者的生活有着特别的关系。"[44]特海特别强调教育的过程和学生直接参与到千变万化的世界之中。正如伊万斯在其著作中所说，我们在科技上越是进步，我们的世界变化特征就越明显。由于对过程哲学不熟悉，人们在面对变化时束手无策，不知所措。如果精通过程哲学，人们就能随着世界的变化而变化，并因此而适应这个世界，在这个世界上得心应手。怀特海过程哲学教导我们，要把世界当作一个不断发展的相互联系之网，而不是相互分离的部分，或者稳定不变的整块石料。技术进步不仅要求学生成为计算高手，而且要求学生发挥能动的思维，这种能动思维是通过与这一媒介相互作用而获得的。

其次，成功的教育应当是能充分调动学生学习的积极性和兴趣的教育。为此，教育家就必须不惜一切代价消除学生的僵化观念。在怀特海看来，在课堂上，最主要的敌人是僵化观念或惰性思维。所谓僵化观念，就是互不相关的观念，这些离散的、没有内在关联的观念，既不能打动学生的求知心灵，也不能调动学生的积极思维，它只会导致学生积累越来越多的僵死知识，不少书呆子就是这样炼成的。

最后，成功的教育应当促进学生的整体发展，培养全面发展的人。正如伊万斯所强调的那样，怀特海的过程教育哲学不仅批判了僵化观念，而且强调了另一重要概念，即整体论。伊万斯的著作使用的副标题就是"无缝的学习外套"。他引用怀特海的这个隐喻，目的就是说明怀特海的过程教育哲学不是把学习过程视为互不相关的不同部分，而是把所有学习视为一个有机的统一体。学习的过程不是相互分割的或者是模块化的，而是没有缝隙的整体。怀特海的过程教育哲学鼓励教育家们把课程和学习的过程皆视为整体，不能视之为相互分离的各部分的组合。

以上是对过程教育哲学的概括性阐述。过程教育哲学对我们有如下启示。

首先，我们应当通过认真反思传统教育方式的弊端，借鉴过程教育哲学的教学目的观，逐步形成切合我国现阶段社会发展实际的正确的教育目的观。目前我国教育领域存在的各种严重弊端，不能说与我们没有树立正确的教育目的观没有关系。诚然，我国现在确立和执行的德智体全面发展的教育方针，从原则上说无疑是非常正确的。我们的社会主义现代化事业要保持健康持续发展，确实需要大批"又红又专"的社会主义建设者和接班人。但是，如何实现这一教育方针，如何培养"又红又专"的现代化建设者，近几十年的教育实践证明，我们还有许多现实的问题需要探讨和解决。

根据怀特海的教育目的观，反思我们的教育现状，不论中小学教育，还是大学教育，许多实际做法显然与这一教育目的观背道而驰。我国中小学教育中最突出的"升学教育"，大学教育中的"考研教育""就业教育"和"出国预备教育"等严重弊端，其直接的功利目的，都与怀特海主张的"文化教育观""智慧教育观"和"风格教育观"完全风马牛不相及。怀特海当年批评的西方国家追名逐利的实用庸俗的教育观，在我国目前还十分严重地存在。许多中小学教育工作者和中小学生家长，迫于外部社会压力和内在认识模糊等原因，教育工作几乎完全以升学为目的，而现有大学教育则主要以学生就业为目的，以谋一份好工作，升官发财或挣大钱为目的。显然，这些都是把教育的目的完全扭曲了。现在真正到了认真反思我们的教育目的的时候了！否则，我国教育现有的一切弊端只会越来越严重，难以从根本上改观。怀特海批评说，他那个时代的英国教育缺乏明确的目的。现在看来，何尝只有英国当时的教育缺乏明确的目的？试问当今我们的教育者、学生家长和教育政策制定者们，他们心目中的教育目的究竟是什么？有多少人真正地反思过这个问题？正是由于缺乏合理的和正确的教育目的，我们这些年才出现了所谓教育中的"中国虎妈""集中营式的中学"等教学领域中的怪胎。

所有教育家、学生家长、教育政策制定者都应当知道，不同的教育哲学理念会导致不同的教育实践，而不同的教育实践直接影响和决定着把我们的下一代培养成什么样的人。任何教育实践、教育制度背后实际上都体现或隐藏着一定的教育哲学。我们呼唤 21 世纪的教育实践、教育制度和理论，应当自觉地以怀特海的过程教育哲学为指导，坚决地克服西方近代工业化以来形成的"职业教育"理念，以培养全面发展的智慧型人才作为教育改革的总目标，为未来的和谐世界培养合格的人才。

其次，我们在注意培养各行各业的专门技术人才时，还要同时注意培养学生的综合素质和文化素养。怀特海的教育目的观启示我们，我们不能把教育的目的仅仅理解为培养掌握专门知识的人才。而应当理解为，我们所要培养的是既有文化又掌握专门知识的人才。如果以此教育的目的来反思我们的教育，无论作为家长，还是作为教育者和教育管理者，甚至作为被教育者，难道不会有许多令人值得深思的东西吗？

再次，怀特海过程教育哲学中提倡的教育方式和方法，值得我们的教育工作者学习和借鉴。如何设置合适的课程？如何进行课堂教学？如何评价一部好教材？如何评价一位好教师？如何评价一所学校和整个教育？是否能以发表科研论文的数量多少来评价一位大学教师？是否能以就业率高低来评价一个大学的教育质量？诸如此类的一系列问题，借鉴过程教育哲学思想，都可以使我们得到智慧上的启发。

最后，就教育是一个国家、民族、社会乃至整个人类文明的组成部分而言，教育改革和进步还涉及整个社会制度、社会文明的改革和进步。过程哲学告诉我们，整个宇宙是一个相互联系的有机体，人类社会是一个相互联系的有机体，所有现实存在都是相互关联的，没有绝对孤立的存在。教育、学习作为现实存在，既是一个多种因素构成的有机整体，也是与整个社会、民族、国家乃至全人类相互关联的整体。从时间维度上看，教育、学习的过程既与过去和未来相关，更与现在相关，它们就是当下的活动，既摄入着过去，也影响着未来。从主体角度看，教育、学习与教育者、学习者的身体、经验、感受、直觉、动手能力和解决问题的智慧等密切相关。因此，在思考和进行教育改革时，要从整个人类文明的进步、社会制度的合理性、生产力和生产方式的发展程度等诸方面综合进行。单从教育本身进行改革，难以真正地解决教育中存在的各种问题。

总之，过程教育哲学启发我们要关注教育的目的，注重教育的方式方法，以整体论、有机论和创造论等作为教育改革的哲学理论基础和指导。这是怀特海过程教育哲学对我们的最大启示。

参考文献

[1]［2]［3] 曲跃厚，王治河. 走向一种后现代教育哲学：怀特海的过程教育哲学 [J]. 哲学研究，2004（5）：85-91.

[4]［5]［6]［7]［8]［9]［10]［11]［12]［13]［14]［15]［16]［17]［18]［19]［20]［21]［22]［23]［24]［25]［26]［27]［28]［29]［30]［31]［32]［33]［34]［35]［36]［37]［38]［39]［40]［41]［42]［44] 怀特海. 教育的目的 [M]. 徐汝舟，译. 北京：生活·读书·新知三联书店，2002：1，1，1，66，1，94-95，85，86，90，93，146，21，22，23，2，8，8，26，26，26，26，26，4-5，5，31-32，28，29，29，11，52，54，57，57，66，57-58，66，65，47，62，21.

[43] 张立银. 心灵起舞，给力生命 [N]. 杂文报，2013-06-21.

9. 建设性后现代教育十大理念

Ten Big Ideas of the Constructive Postmodern Education

杨富斌（Yang Fubin）

教育理念是一定教育观的反映，而教育观决定于价值观，价值观则体现着一定的宇宙观。因此，欲理解建设性后现代教育理念，需首先了解其哲学基础——机体宇宙观。

一、建设性后现代教育理念的哲学基础——机体宇宙论

机体宇宙论是英籍美国著名哲学家阿尔弗雷德·诺思·怀特海在其创立的一门新哲学——过程哲学中所系统阐述的一种宇宙观。怀特海的代表作《过程与实在》① 一书的副标题即为《宇宙论研究》。美国过程研究中心②创办主任、当代美国著名哲学家小约翰·柯布、大卫·格里芬（David Ray Griffin）等人在系统地阐述和发展其过程哲学思想的过程中，明确提出和阐述了建设性后现代主义哲学理论。

诚然，对过程哲学在哲学发展史上的独创性贡献，其重大的理论价值及其现实意义，不同哲学家囿于不同的出发点和见解，自然会有不同的理解和阐述。尤其是在分析哲学和现象学运动占主导地位的欧美哲学界，哲学教授们要么对过程哲学保持沉默，不予评论；要么把它简单地归之于思辨形而上学或者新实在论而予以排斥或贬低。唯有少数美国学界的有识之士，譬如小

---

① 怀特海《过程与实在》一书的英文名称为 *Process and Reality*，其副标题为 *An Essay in Cosmology*。其中文版目前在我国有四个版本，一为本文作者杨富斌所译，中国城市出版社于 2003 年 2 月出版；二是周邦宪先生所译，贵州人民出版社于 2006 年 6 月出版；三是李步楼先生翻译，商务印书馆 2011 年出版；四是杨富斌译修订版《过程与实在》，中国人民大学出版社 2013 年出版。

② 美国过程研究中心（Center for Process Studies）最初是美国著名思想家小约翰·柯布和大卫·格里芬于 1973 年创建的，总部设在美国加州洛杉矶市美丽的小城克莱蒙，现在欧洲、非洲、南美和澳大利亚、日本、韩国、中国等国家和地区设有 40 多个委员会，有 2000 多名会员，创办有《过程研究》（*Process Studies*）学术季刊。

约翰·柯布和大卫·格里芬，还有一些后起之秀，如美国哲学教授杰伊·麦克丹尼尔（Jay MacDaniel）①、罗伯特·梅斯勒（C. Robert Mesle）② 和我国留美学者王治河博士、樊美筠博士③等人，他们真切地看到了过程哲学特有

---

① 杰伊·麦克丹尼尔博士为美国著名过程哲学家，美国阿肯色州汉瑞克斯学院（Hendrix College）哲学系系主任，哲学和宗教学教授。其代表作为《何谓过程思想：对七个问题的七个回答》（What is Process Thought: Seven Answers to Seven Questions）、《甘地的希望》《生态神学：重新理解我们与自然的关系》（An Ecological Theology: Reunderstanding Our Relation to Naure）、《解放生命：当代生态神学研究》（Liberating Life: Contemporary Approaches to Ecological Theology）。自 2006 年以来，他数次来华演讲，跟中国学生和有关学者交流过程哲学基本思想，尤其在其执教的"中美过程暑期班"上，他对怀特海过程哲学深入浅出而又十分清晰的扼要阐释，给中国学者和相关听众留下了深刻印象。

② 罗伯特·梅斯勒博士为美国爱荷华州格雷斯兰德大学（Graceland University）哲学教授，其代表作有《过程-关系哲学——浅释怀特海》（Process-Relational Philosophy: An Introduction to Alfred North Whitehead.）、《过程神学与宗教多元论》（Process Theology and Religious Pluralism）、《过程神学：导论》（Process Theology: A Basic Introduction）、《胸中热情：信念与信仰研究》（Fire in My Bones: A Study in Faith and Belief）。他也数次来华讲学，在上海和天津等地举办的"中美过程暑期班"上讲授过过程哲学。其《过程-关系哲学——浅释怀特海》是迄今中国学生理解怀特海过程哲学最好的入门书，该书受到小约翰·柯布先生的高度评价，被认为是学习怀特海过程哲学的最佳入门书之一。

③ 王治河，美国加州克莱蒙研究生大学（Claremont Graduate University）博士，本科和硕士就读于北大哲学系，出国留学之前担任中国社会科学院《国外社会科学》常务副主编，现为美国中美后现代发展研究院常务副院长、研究员、美国过程研究中心中国部主任。长期以来，王治河博士致力于研究过程哲学及其在当代的新发展——建设性后现代主义，在中国和世界各地研究和推介建设性后现代思想，尤其是在生态文明、绿色农业和过程教育等领域，颇有建树。其代表作《扑朔迷离的游戏：后现代哲学思潮研究》影响了国内一代年轻学子，成为国内研究后现代哲学思想的重要启蒙著作之一。

樊美筠，北京大学哲学硕士，北京师范大学历史学博士，先后师从叶朗教授与周桂钿教授，出国前任北京师范大学哲学系副主任、北京市美学会副秘书长，著有《儿童审美发展》《中国传统美学的当代阐释》等专著 6 部、《第二次启蒙》等合著 6 部，发表相关学术论文、译文 80 余篇，现任中美后现代发展研究院项目主任、美国过程研究中心中国部共同主任及《世界文化论坛》主编。

王治河与樊美筠博士 2011 年合作出版的新作《第二次启蒙》，是两位作者 10 余年来求学国外的思想结晶。该书不仅可为即将来临的生态文明和后现代转向提供坚实的理论基础，而且因其深阔的整合视野及与中国文化的深度契合，注定会产生更大的学术影响。

追慕前贤将学问与生命打成一片的境界，二位博士在潜心做学问的同时，和他们的团队一起致力于中西文化的深度交流和生态文明的研究与传播。迄今他们已与中国社会科学院、中共中央党校、湖南省委、中共中央编译局、苏州市委、中国自然辩证法研究会和中国农业工程研究院、北京大学、北京师范大学、哈尔滨工业大学、哈尔滨师范大学、北京第二外国语学院等国内多家单位在世界范围合作举办了 80 余次有关生态文明、过程哲学、教育改革、第二次启蒙和生态农业方面的国际会议，产生了非常积极的影响。迄今为止，国内已有 20 多家高校成立了过程思想研究中心或后现代哲学研究中心，在中国社会科学出版社出版了《中国过程研究》系列丛书（已出版三辑），并于2010 年暑期在北京外国语大学召开的"过程哲学与心灵生态"国际学术研讨会上正式宣布成立中国过程学会，这是中国过程研究发展的一个里程碑，也标志着中国过程研究将进入一个新阶段，为过程思想与中国传统思想和马克思主义哲学过程思想相结合，为我国克服西方现代化弊端，超越西方现代化过程中出现的个人主义、人类中心主义、唯机械化主义、经济主义、消费主义和军国主义，走出一条适合中国国情的可持续发展之路，推进中国学术创新，做出了不可磨灭的贡献。正如格里芬所说："事实上，如果我们要避免自我毁灭并毁灭我们星球上的大多数生命，那就必须如此。"（大卫·雷·格里芬. 后现代宗教 [M]. 孙慕天，译. 北京：中国城市出版社，2003：1）

的价值，长期以来，坚持不懈地阐释和发展过程哲学，一方面使过程哲学思想得以代代传承、发扬光大，另一方面也把它推进到建设性后现代主义阶段，进一步丰富和发展了过程哲学思想，尤其是把它广泛地应用于神学、哲学、经济学、教育学、法学和生态文明等领域。迄今，怀特海过程哲学及其丰富的学术思想在世界范围内广泛地发生着影响，国际怀特海大会已经分别在美国、奥地利、印度、日本等国召开过十届①，参加大会者有来自哲学、经济学、教育学、法学、生态农业研究，乃至物理学、化学、生物学和数学等专业的专家学者。

笔者由于翻译《过程与实在》而与过程哲学相识，并立刻被其内在的理论魅力所吸引。相比笔者早年关注的分析哲学和现象学诸流派的思想和观点，过程哲学及其引发的建设性后现代主义，因其与现实存在关系密切，强调终极关怀，对现实世界以及传统哲学诸难题具有很强、很新、很独到的解释力，并且与量子力学、相对论、复杂性科学、系统科学和大爆炸宇宙学等现代诸科学密切相关，深度契合，自觉与之保持一致，与宗教、神学、美学、伦理学和人类个体的自身经验等竭力保持内在协调，对生态文明、可持续发展、人类福祉高度关注并能为之提供宇宙论基础，对教育学、经济学、法学等具体学科有特殊的世界观和方法论意义，从而深深地打动和吸引了笔者。笔者曾在《国外社会科学》上发表《怀特海过程哲学述评》[1]一文，对怀特海过程哲学予以评介；以《过程哲学要义》[2]为题在《光明日报》（2011年7月5日）发表文章，阐述自己对过程哲学的理解；并对过程法学在美国的发展做了梳理，以《当代美国过程法学述评》[3]为题发表。本文则是笔者研读怀特海《教育的目的》一书所产生的写作冲动：阐述自己对怀特海教育理念的粗浅理解。笔者作为从教三十多年的一名教师，因被这本书中的精彩教育理念深深打动，必欲吐之而后快。

在笔者看来，过程哲学基本观点不同于近代西方其他二元论和实体论哲学的地方主要在于：它坚持以过程为最根本的实在，以现实个体的经验作为宇宙的基元，认为"'现实存在'（actual entities）——也可称之为'现实发生'（actual occasion）——是构成世界的最终的实在事物。"[4]过程哲学以此为出发点来观察和描述世界，认为"现实世界是一个过程，这个过程即

---

① 第八届国际怀特海大会于2011年9月26日至10月1日在日本上智大学（Sophia University）召开，也是该校建校一百周年的学术庆典活动之一。正是在东京参加会议期间，笔者接受李方教授邀请，为其新书作序，并应允笔者此文在其新作中发表。

各种现实存在的生成（becoming）"。简言之，"存在即生成"[5]，即宇宙中所有的现实存在是一个不断生成的过程；而"生成即创造"，即生成不是现实存在主要地受外力作用或推动而前进的，而是由现实存在自身固有的内在创造性所推动的，创造性是宇宙的共相之共相，是万物自我运动、变化和发展的最根本动力和终极动因，由此决定了宇宙万物内在相关，宇宙机体中没有任何现实存在是一座真正的孤岛。相反，万物通过相互影响、相互作用，每一现实存在，一方面通过摄受（prehend）其先前的现实存在和与其共时存在的其他现实存在的物质材料（怀特海称之为"物质性摄受"，即 physical prehension）；另一方面，通过摄受其所面临的未来无限发展的某一种可能性（怀特海称之为"概念性摄受"，即 conceptual prehension），或者说通过对其物质材料的自主反应，而不断地获得创造性进展，因而在宇宙中表现为不断地有新颖性和新生事物涌现。当然，新生事物究竟是善还是恶，取决于继起的环境和人类的相关标准。从这个意义上说，每一现实存在的未来并非一定比现在好。因此，就有意识的人类而言，需要通过理性的反思并考察其终极关怀，来确定恰当的伦理道德规范和法律标准，制定合适的社会目标和前进方向。否则，恶的出现就难以避免。根据机体宇宙论，万物皆有感受，无物能经验两次，因为每一次经验都是一次新颖的发生，都是能动的摄受和创造性进展。从这个意义上说，万物皆为主体或者叫超主体（superject），任何现实存在都不是纯粹消极被动的客体，这样，现实的诸存在之间便不是某些传统西方哲学流派所理解的那样，是能动的主体与被动的客体之间的关系，而是能动的主体与另一或其他能动的主体之间所发生的关系，怀特海称之为"主体间关系"或"主体间性"（intersubjectivity）。主体间性原理决定了我们不能把任何现实存在当作纯被动的客体，宇宙间除永恒客体（eternal object）以外，其他所有现实存在都应当被看作能动活动的主体或超主体。我们根据传统哲学所理解的客体本身是什么以及怎么样，取决于机体哲学所理解的主体的如何生成和创造。在机体宇宙论看来，精神或意识并非超自然的存在物，它不过是经验之海中的一道明亮闪光，而且现实存在并非有意识之后或有意识之时，才有感受和经验，宇宙间大量存在着非感性感受或非感官经验，即使在宇宙间迄今可能是最复杂、最高级的有机体——人类个体身上，也存在着大量非感性感受和经验，包括大量潜意识的经验以及体内大量无意识的、无感性的知觉。机体宇宙论还认为，宇宙万物皆有内在价值，既有其接受性价值，也有其自我实现的价值和贡献性价值。在教育的本质方面，机体哲学最核心的观点之一，是认为"教育的本质在于它那虔诚的宗教性"[6]：它谆谆教导受教育者要有责任感和崇敬感。责任来自我们对事件进程的潜在控制。当可习得的知识能够改变结局时，愚昧无知便成为罪恶——建设性后现代教育其他理念都是以此为出发点的。人类社会从终极意义上说，应当以追求和谐为最高目标，一个文明的社会表现出五种品质：追求真、热爱美、善创造、喜历险、求宁静。[7]

二、建设性后现代教育理念的十个观点——从怀特海《教育的目的》视角看

建设性后现代教育理念即是指包含在怀特海《教育的目的》等相关著述之中，并由其后继者逐渐加以补充和完善的一种教育理念，它在许多重大教育理念上，截然不同于奠定西方世界自17世纪以来机械论的现代世界观之基础上的传统教育理念。

与早期的哲学后现代主义不同，即与由实用主义、物理主义，维特根斯坦、海德格尔、德里达以及其他晚近的法国思想家推动起来的解构性后现代主义（deconstructive postmodernism）不同，建设性后现代主义（constructive postmodernism）包含科学的、伦理学的、美学的和宗教直觉的某种新的统一。它并不摒弃科学本身，而只是摒弃唯科学主义，按照唯科学主义，仅仅只有现代自然科学的事实才能促进我们世界观的建设。[8]建设性后现代主义思想不仅要致力于构建一种后现代世界观，它还要致力于构建一个后现代世界，包括具有后现代精神的后现代人，还将包括一个后现代社会，归根结底还包括一种后现代的全球秩序。用格里芬教授的话说："超出现代世界意味着超越它的个人主义、人类中心主义、唯机械化主义、经济主义、消费主义和军国主义。建设性后现代主义支持生态学、和平、女权主义以及当代其他解放运动"[9]，并且强调这里所指的必须是从现代性中的解放。建设性后现代主义并非一般地反对现代性，相反，它重视现代世界导致的空前进步，这种进步一定不会因对现代世界的负面特性的普遍憎恶而丧失。它并非简单地照搬现代性的前提，而是批判和修正这些前提。由于它转向有机论，承认非感觉的领悟，它开启了向那些从前现代的不同思想和实践中引申出来的真理和价值回复的道路，而这些思想和实践是被现代性所断然拒斥的。因此，所谓建设性后现代主义"意味着对现代和前现代真理和价值的某种创造性的综合"[10]。

无疑，建设性后现代教育理念包含着丰富的内容，而且会随着现实教育

实践的发展，其内容也会不断地丰富和发展自身。鉴于本文的主题和篇幅所限，这里主要是根据怀特海在《教育的目的》一书中的论述，阐述建设性后现代教育理念的十个基本观点。

1. 我们要造就的是既有文化又掌握专门知识的人才

在怀特海看来，教育的总体目标是培养既有文化又有知识的人才，而不仅仅是掌握专门知识的人才。为什么？因为诚如怀特海所说："文化是思想活动，是对美和高尚情感的接受。支离破碎的信息或知识与文化毫不相干。一个人仅仅见多识广，他不过是这个世界上最无用而令人讨厌的人。"[11] 因此，教育的根本目标是要造就既有文化又掌握专门知识的人才。其中，"专业知识为他们奠定起步的基础，而文化则像哲学和艺术一样将他们引向深奥高远之境"[12]。有文化者，通常会有智慧、有思想、有素养，明事理、懂生活、素养高，大能治国平天下，小能理家、理财、会办事，讲诚信、重情义、笃行不倦，不管做什么事，都有可能成为行家里手，成为受人欢迎甚至受人敬重之人。相反，只有某些专业知识而无深厚文化者，可能成为生活或事业上令人讨厌的人，甚至成为极大的破坏者，成为某位著名教育家所说的教育的"危险品"。怀特海还用另外的方式来阐述他的论点："即一所大学的理想与其说是知识，不如说是力量；大学的目标是把一个孩子的知识转变为成人的力量。"[13] 他还指出："卖弄学问的人会讥笑那种实用的教育。但教育若无用，它又何成其为教育……教育当然应该有用，不管你的生活目的是什么。教育对圣奥古斯丁有用，对拿破仑有用。教育有用，因为理解生活是有用的。"[14]

由此反观我国传统教育模式，其最大弊端可能正在于缺乏这一理念及其实现机制。不消说，我国目前教育的最大弊端是其极端的片面性，偏重智育，轻视德育和"全人教育"；偏重知识传授，轻视能力培养和实践；偏重知识讲授，轻视或忽视情感教育、爱心教育和环境教育等。这些弊端造成的恶果是不争的事实。甚至有教授说出，其学生"挣不够四千万，不要来见我"的惊世之语——这哪里像真正文化人的言行。更遑论我国教育领域近年来出现的一系列令人震惊的恶性事件，诸如某中学生"弑母"、中国政法大学某学生"弑师"、北大某博士残忍地杀害同宿舍两位同学后跳楼自杀等，以及四川南充那位两次考上清华等名牌大学的"高考狂人"，对其母睡在清华校园长凳上被蚊虫叮咬而无动于衷等令人扼腕的现象，这些不能不说是我们现有教育理念的失败。因此，在 21 世纪，如何克服现代教育的弊端，吸收和借鉴建设性后现代教育理念，推进我国教育体制改革，已刻不容缓。

正如怀特海所说："现代生活环境中的法则是绝对的。一个不重视培养智力的民族注定将被淘汰。并不是你所有的英雄行为、社交魅力，你的智慧以及你在陆地或海上取得的胜利可以改变你的命运。今天我们保持着自己的地位。明天科学又将向前迈进一步，那时，当命运之神对未受良好教育的人做出判决时，将不会有人为他们提出上诉。"[15]

2. 教育相当于有机体吸收食物的过程

怀特海强调，必须记住：教育绝不是往行李箱里装物品的过程。教育是一种完全具有自身特点的过程。与这种过程最相似的是生物有机体吸收食物的过程。众所周知，可口的食物对于健康是多么重要。譬如，当你把靴子放入行李箱后，它们会一直待在那里，直到你把它们取出来为止；但是，你若给一个孩子喂了不合适的食物，情况就完全不同了。即使是一个婴儿，也会把极不适当的食物吐出来。[16]因此，致力于使学生像有机体吸收食物的营养一样，把最有思想营养的知识和技能传授给学生，让学生像吸收食物营养一样吸收知识和技能，这正是机体宇宙观在教育上给我们的重要启示。

因此，怀特海强调，教育中有一条基本原则。那就是，在教学中，你一旦忘记了你的学生有躯体，那么，你将遭到严重失败。人手和大脑之间相互关联，是肯定无疑的。对多数人来说，整个机体在接受教育的过程中都发挥着极其重要的作用，这是相当明显的事实，只不过曾经被有些错误的观念遮蔽罢了。从这个意义上说，教育者一定要把学生当作活的机体来看待，就像我们喂养孩子一样对学生进行教育。教育者要设法让学生自己去吸收知识的营养，自己去掌握相关的技能。揠苗助长式、填鸭式等教育方式之所以错误，其根本原因即在于此。现代教育最可悲的是培养出一些"书呆子"，消灭孩子对知识和智慧的天然兴趣与爱好。不消说，哪个"书呆子"也不是天生的，他们都是错误的教育理念和行为培养出来的，是教育失败的产物。怀特海说："人类的悲剧在于，那些富有想象力的人缺乏经验，而那些有经验的人则想象力贫乏。愚人没有知识却凭想象办事；书呆子缺乏想象力但凭知识办事。而大学的任务就是将想象力和经验融为一体。"[17]

3. 教育的金科玉律是教育者要设法唤起学生的学习兴趣

怀特海指出："迄今存在于教育理论中的最致命、最错误因而也是最危险的一种观点"是把大脑当作工具，认为我们首先需要训练大脑这个工具，然后才能使用它。而在怀特海看来，"人的大脑从来不是消极被动的，它处于一种永恒的活动中，精细而敏锐，接受外界的刺激，对刺激做出反应。你不能延迟大脑的生命，像工具一样先把它磨好然后再使用它。不管学生对你的主题有什么兴趣，必须此刻就唤起它；不管你要增强学生什么样的能力，必须即刻就进行；不管你的教学给予精神生活以什么潜在价值，你必须现在就展现它。这是教育的金科玉律，也是一条很难遵守的规律"[18]。

在怀特海看来，这种困难在于：对于一般概念的理解，以及大脑智力活动的习惯，还有对智力成就的令人快乐的关注，这些都无法用任何形式的言语唤起，不管你怎样调整。凡有实际经验的教师都知道，教育是一种掌握各种细节的需要耐心的过程，一分钟、一小时，日复一日地循环。企图通过一种虚幻的方法做出高明的概括，学习上绝无此种捷径。学习最忌讳"见树不见林"。"教育需要解决的问题就是使学生通过树木看见森林。"[19]因此，怀特海极力主张的解决办法是："要根除各科目之间那种致命的分离状态，因为它扼杀了现代课程的生命力。教育只有一个主题，那就是五彩缤纷的生活。"[20]但是现代教育通常没有向学生展现生活这个独特的统一体，而是教他们代数、几何、科学、历史，却毫无结果。怀特海强调："生活与所有智力或情感认知能力的某种基本特点之间存在着关系，如果你不能展现这种关系，你就无法将生活融入任何普通教育的计划中。这是一句难理解的话，但它有道理。我不知道如何使它更容易理解。"[21]

其实，如上所述，孩子天然地对知识和智慧感兴趣，对动手做事情充满热情，对自我表现、受到肯定和鼓励感到极大满足，并会积极参加各种有益的活动。养过孩子的人都知道，从咿呀学语开始，孩子便对世界充满好奇，问这问那，有时问出很深的"哲学问题"，有时令父母甚至教师都难以回答。可悲的是，曾几何时，特别是从上小学开始，我们的孩子越来越胆小了，越来越对学习不感兴趣了，及至初中，有一些孩子在学习上败下阵来，厌学者逐渐增多，不少孩子辍学并非因为家庭经济困难，而是对继续学习毫无兴趣了。而不少继续学习的孩子，甚至有些优秀学生，在参考高考后都把令人讨厌的课本愤怒地付之一炬——这难道不值得我们广大教育工作者，尤其是教育决策者扼腕长叹和深刻反思吗？从极端意义上说，我们的教育何时不再扼杀孩子的学习天性，那便是我们的教育真正有希望之时。当前，严重的问题在于：现有的教材和教学方式通常会极大地压抑和扼杀孩子对知识与智慧的兴趣，因此，有良知和经验的教师，只能在自己的教学中，设法重新唤起孩子对知识和智慧的兴趣。如果说我国的初等教育面临小升初、初升高和高考指挥棒的压力，不能使学生充分发挥想象力去掌握知识的话，那么，如怀特海所说："大学的恰当作用是用充满想象力的方式去掌握知识……一所大学是充满想象力的，否则它便什么也不是——至少毫无用处。"[22]

此外，怀特海指出，"认为较容易的科目应该在较难的科目之前学习，这种观点并不对。相反，有些最难学的东西必须先学，因为人的秉性如此，也因为这些本领对生活来说是非常重要的"[23]。他想强调的是，在"复杂的教育实践中，把难点放在后面并不是解决问题的可靠线索"[24]。有关科目顺序的可供选择的原则是"必要优先原则"。在普通文化课学习方面，关键是要唤起学生的兴趣。而专业学习通常是一种具有特殊兴趣的学习。学生之所以学习某种专业知识，部分原因是因为他想了解这种知识。这就使情况大不相同了。"普通文化旨在培养大脑的智力活动，而专业课程则是利用这种活动。"[25]

4. 教育的作用在于唤起学生对智慧和美的追求

怀特海还明确指出，教师的作用在于唤起学生对智慧和美的追求。他写道："在古代的学园中，哲学家们渴望传授智慧，而在今天的大学里，我们卑微的目的却是教授各种科目。从古人向往追求神圣的智慧，降低到现代人获得各个科目的书本知识，这标志着在漫长的时间里教育的失败。"[26]这当然不是说古人的教育实践比我们今天更成功，而是说现代知识内容太丰富了，知识科目太多，罗列每个人应当掌握的各种科目，用这种方法来对待这一问题，怀特海认为，是毫无希望的。知识材料的过剩对我们来说也许是一种幸运，因为对重要原理处于一种愉快的无知状态，使世界变得有趣了。因此，怀特海强调，比传授知识更重要的还有一个因素，就是智慧。一个学生"可以很容易地获得知识却仍然没有智慧"。而"智慧是掌握知识的方式，它涉及知识的处理，确定有关问题时，知识的选择以及运用知识使我们的直觉经验更有价值。这种对知识的掌握便是智慧，是可以获得的最本质的自由。"[27]同时，怀特海还特别强调："教育必须超越以被动的方式接受他人的思想，必须加强首创精神。"[28]"成功的教育所传授的知识必有某种创新。这种知识要么本身必须是新知识，要么必须是在新时代新世界里的某种创新的运用。陈旧的知识会像鱼一样腐烂。"[29]"大学的作用是使你摆脱细节去掌握原理。"[30]

因此，怀特海指出，一个不断前进的社会必须包括三种人：学者、发现者和发明创造者。社会的进步还取决于这样一个事实，即在这个社会里，受过教育的大众都应该同时具备某种学识水平以及某种发现和发明创造的能力。[31]正是在这个意义上，怀特海评论说："今天，凡是那些不断前进的国家，它们的大学教育都在蓬勃发展。"[32]"大学培养了我们这个文明世界的知识分子等先锋——神父、律师、政治家、医生、科学家和文学家。这些知识分子始终是理想的源泉。"[33] 德、法、英如此，日本也如此，美国更是如此。今天，世界上那么多优秀学子愿意进入美国的常青藤大学等院校学习，这绝非偶然，也不是一时头脑发热，因为这些优秀学子知道，这些优秀的大学里有催人向上、鼓励创新的智慧头脑和创新环境。在怀特海看来，"对某些思想极为丰富的人来说，用文字写作或以书面形式阐发自己创造性的思想似乎是不可能的。在任何一个教师群体中，你都会发现一些杰出的教师不属于那些发表论文专著的人之列。他们创造性的思想需要通过讲演或个别讨论的形式，在与学生的直接交流中得到阐发。这些人对人类的发展有过巨大的影响"[34]。因此，能否接受良好的大学教育，对孩子的发展至关重要。中外父母对教育孩子的方式方法可能观点各异，但有一点肯定是共同的：都愿意自己的孩子进一个好的学校，能得到名师的指点和培养。无论我国古代的"择邻居"，还是今天的择校，本质上都是对此道理的认同。

在这里，怀特海顺便谈到的一个观点特别值得我们反思："根据署名发表的作品来评价一位教师的价值是极其错误的，而今天在某种程度上却出现了这种错误的倾向。"[35] 不幸的是，在我国同样出现了这种错误倾向，而且其程度更甚于西方某些国家。如上海交通大学学子们最欣赏、最喜爱、最崇拜的教师宴才宏，尽管他把原本枯燥的电路课讲得生动丰富，被学生誉为"魔电"；尽管在学生评教活动中，他以罕见的满分居学校榜首；尽管他痴迷课堂，诲人不倦，但由于没有发表论文或专著形式的科研成果，57岁的他至死也只是一位讲师！在扼腕痛惜的同时，我们难道不应该认真反思和深刻批判我们现有的职称评定和科研考核制度吗？然而可悲的是，宴才宏之死并未真正引起教育管理部门的深思，起码还没有看到实质性的机制改革。

怀特海认为，仅仅根据署名著作考核教师，这样做的危险在于很容易产生完全不合格的教师，造就一批效率高的学究和蠢人。今天，我国有一些年轻学者，一年能出好几本甚至十几本专著，多达几百万字；年纪可能不到50岁已经出版了50部以上的著作；还未真正功成名就，其理论建树还远未盖棺定论，就开始编辑出版自己的文集。只能说正是这种急功近利的、以署名著作来评价教师的机制所造成的恶果。若以署名的著作多少论高下，苏格拉底、孔子等古代先圣，在当今著作等身的年轻学者面前一定会无地自容。但是，令人无奈的是，如怀特海所言，公众只是在大学阻碍了青年人的发展前途很多年以后才发现优秀教师和不合格教师之间的差异。[36] 而此时往往为时已晚，学生们受到了伤害，而那些沽名钓誉者却得到了实惠。因此，如何使真正优秀的教师脱颖而出，使智慧的学者得到认可，需要教育理念的切实转换，并最终通过教育体制改革，构造合理的教育机制来实现。

5. 成功的教师有一秘诀：他清楚地知道学生必须精确地掌握什么

作为在剑桥大学、伦敦大学和哈佛大学等多所世界著名学府任过教的教育家，作为人类历史上少数几位专门有教育学专著的哲学家和思想家，作为曾经是著名文学家、思想家和哲学史家的罗素的老师，怀特海以其毕生的教育经验，并经深刻反思后语重心长地说：成功的教师不用勉强学生记住那些次要的和不相关的知识。成功的秘诀是速度，速度的秘诀是集中精力，全力以赴。但是，就精确的知识而言，秘诀是速度、速度、速度。快速获取知识，然后应用它。如果你能应用知识，你便能牢牢地掌握它。[37]

怀特海明确地指出，在制订的任何教育方案中，必须服从的两条戒律是："其一，不可以教太多的科目；其次，所教科目务须透彻。"[38]他批评传统教学方式教给学生的是一些不连贯的思想概念，没有任何生命的火花闪烁。他提倡从接受教育一开始，就应该让孩子体验到发现的快乐。因此，在儿童教育中引进的主要思想概念要少而精，这些思想概念能形成各种可能的组合，并使这些概念变成儿童自己的概念，"应该理解如何将它们应用于现实生活"[39]——真是至理名言。以自己任教三十多年的经验，以及笔者对一些优秀教师的访谈，笔者非常认可怀特海的这一真知灼见。如果我们不能在有限时间内，有节奏地快速让学生掌握相关精确知识，譬如说，把高中的知识延长到六年去学，其结果是什么可想而知。英国大学的研究生教育学制通常只有一年，其原因可能正在这里。相比之下，我国的硕士生教育迄今仍多是三年学制，其中的弊端亲历者都心知肚明。特别是怀特海强调必须让孩子体验学习的快乐和发现的快乐，并且要让孩子发现，"一般的概念能使理解他一生中遇到的、构成他生活的各种事件"[40]，这样理解"学以致用"和教育的实用价值，真是让人耳目一新。

但从《教育的目的》得知，在怀特海任教过的多所世界名牌大学中，竟然也有许多学生的思维麻木不仁，或者有"惰性观念"，他对这些学生麻木不仁的思维深感惊讶，这也令笔者惊诧。在他看来，这种麻木的思维来自漫无目的地积累死板的精确知识，而对它们又不加利用。因此，怀特海强调，教育的全部目的是使人具有活跃的思维。这对我国的教育难道不具有振聋发聩的作用吗？如今，我国许多大学生乃至研究生的"麻木不仁的思维"或"惰性思维"可能更甚于西方学生。我们的孩子两三岁时，甚至在幼儿园时期那种天真烂漫、充满好奇、渴求知识和智慧的精神状态，到小学和中学后就逐渐减少了，到大学时有的甚至已经荡然无存了，任老师在课堂上点名，都不愿回答问题，或者以"我不会"来敷衍了事！这难道不是与我们现行的某些错误的教育理念和教育方式有关吗？有个别家长愤而让孩子离校，在家自教，虽然其行为似乎有些极端，不能为多数家庭仿效，但确实反映了不少家长对学校教育的极端失望。

有趣的是，怀特海强调："大学教师的主要目的应该是展示自己真实的特质——即像一个无知的人那样思考，那样积极地利用他那一点有限的知识。从某种意义上说，随着智慧的增长，知识将减少：因为知识的细节消失在原理之中。在生活的每一业余爱好中，你可以临时学到那些重要的知识细节，但养成习惯去积极地利用透彻理解的原理，才算是最终拥有了智慧。"[41]

6. 教育是要培养学生有能力理解抽象的思维和分析具体的事实

就教育的改革而言，怀特海针对英国的教育状况，明确指出，首先，我们必须接受普通教育中很容易采用的对世界的量化描述方式。其次，应当使我们所学的知识面向生活整体。在他看来，"教育所要传授的是能对思想的力量、思想的美、思想的条理有一种深刻的认识，以及一种特殊的知识，这种知识与知识掌握者的生活有着特殊的关系"[42]。而"对思想条理的领会是有文化教养的人通过专门学习才能得到的。我指的是对通盘棋的辨别力，对一组思想与另一组思想间关系的辨别力。只有通过专门学习，人们才能领会一般思想的准确阐述，领会这些思想被阐述时它们相互间的关系，领会这些思想对理解生活的作用。经过这样训练的大脑应具备更抽象和更具体的思维能力。它一直在受着这样的训练：理解抽象的思维，分析具体的事实"[43]。这就是说，学生越是能理解一般的道理，越是能解决现实的问题。人们并不需要掌握所有的事实和知识，只需掌握少量的深刻的有关世界的最一般原理或道理即可。一般地说，今人比古人对世界的了解更深刻、更一般。从总体上说，人类的知识在不断积累，而智慧也在不断增长。

因此，正如恩格斯所言，一个民族一刻也不能没有理论思维。而要培养理论思维的能力，除了学习以往的哲学以外，直到现在还没有别的更好的办法。这样一来，我们就要消除一种错误的观点：不能让学生学习太抽象的理论，这些东西不实用。当今我们的教育包括哲学教育，缺乏形而上学的训练，太注重实用知识和技能教育，推崇实用，"考证"成风，蔑视理论，轻视思维方式训练，更忽视理论联系实际，造成诸多眼高手低之辈。让刚毕业的学生适应具体工作岗位需要很艰难的"二次"培训等，不能不说这是对我们现有教育体制中的弊端的控诉。

当然，诚如怀特海所说："理论阐述须简短，但应严谨精确。它不能太长，否则人们不易透彻准确地理解。头脑里装满大量一知半解的理论知识，其后果令人悲叹。理论也不应该与实际相混淆。"[44]这些论述值得我们教育工作者反复思考，在教育教学中处理好理念与实践的关系。只有这样，才能对我们改变现状、克服传统教育的弊端真正有所助益。

7. 教育是教学生掌握运用知识的艺术

与我们古人所教导我们的教育的本质在于"传道、授业、解惑"不同，怀特海所主张的建设性后现代教育理念强调，教育是教学生掌握运用知识的艺术。这就是说，教育并非是致力于传授既有的知识，绝不仅仅是教师致力于给学生授业和解惑，而是应当致力于教会学生如何运用相关知识。一旦学生学会了实际地运用所学知识去解决他所面临的相关问题，那么不管这种解决是成功还是失败，都表明学生真正地理解和掌握了这些知识，并能在实践中修正和推进这些知识。

当然，怀特海也强调，"这是一种很难传授的艺术，"[45]不能用一个简单的公式来解决。也就是说，如何教会学生运用知识解决问题，是很难用语言来传授的艺术。只要是艺术，就需要修炼者自己来修行。所谓"师父领进门，修行在个人"，其真谛也正在于此。为师者如何引导学生自己动脑和动手，在实际运用知识中掌握知识和技能，从来没有固定不变的模式和方法。这便需要每个教育工作者本人首先成为能够运用知识解决问题的人。尽管古训就有"没有状元师傅，只有状元徒弟"，但是"名师出高徒"肯定是多数人不能否认的真理。不能设想，一个自己从不搞研究、也不会研究的人，能够真正教会自己的学生去从事研究；一个从来没做过临床医生的人能成为称职的医学教授；一个从没做过律师、做过法官或检察官的人能成为优秀的法学教授。总之，"教育的艺术从来不容易掌握。克服种种困难，特别是初等教育中的困难，值得最杰出的天才去为之努力。这是培养人的灵魂的工作"[46]。因而也是太阳底下最神圣的工作。

怀特海还讲道："教育便是引导个体去领悟生活的艺术。"[47]这种艺术是指人的各种活动的最完美的实现，它表现了充满生命力的个体在面对环境时所具有的潜力。这种完美的实现涉及一种生活艺术的鉴赏力，使不可分的个性从较低水平进入较高水平。科学、艺术、宗教、道德，它们在对生命结构中各种价值的鉴赏中得到升华。每一个个体都体现一种生存的探险，生活艺术便引导这种探险。教育应当在引导个性领悟生活的艺术中发挥应有的作用。[48]

从这个意义上说，真正有创见的实用教科书是极其可贵的。怀特海评论说，只要有人写出一本具有真正教育价值的教科书，通常就会有评论家说这本教材很难用。怀特海指出，这种教材当然不容易教。倘若容易，就应该将它付之一炬，因为它不可能有教育的价值。在教育中就像在其他领域中一样，那条宽广却又危险的路通往一个糟糕的地方。[49]由此反思我们改革开放以来编写和出版的同类教材，尤其是大学公共课教材和其他相关教材，有的竟然有数百种，还名之曰"科研成果"，真是莫大的讽刺。当然，个中原因有很多，譬如有大家深恶痛绝的科研量化考核机制的负面影响，也有假定每个教育者乃至每个研究生和博士生都有科研天赋和能力的虚假预设。这种经常被人私下戏称为"逼良为娼"式的科研考核机制和学位获得机制，导致了近年来出现了颇为令人震惊的学术造假、学术腐败、学术泡沫现象，学术上急功近利，课题立项和学术成果评奖成为变相分赃。不难想象，即使没有诸葛亮的智慧也可预言，如果我们不改革现有的量化科研考核理念和办法，这些现象仍会继续存在，"钱学森之问"仍不会有解，而今年获诺贝尔文学奖的诗人每年只写两首诗的现象和行为，我们就很难理解，在我国也很难出现同类的追求。

8. 教育者要教育学生关注现在

怀特海强调，教育者要教育学生关注现在。因为"现在包含一切。现在是神圣的境界，因为它包含过去，又孕育着未来"[50]。从这个意义上说，我们需要的理解是一种对现在的理解。过去的知识之所以有价值，就在于它能武装我们的头脑，使我们面对现在。再没有比轻视现在给青年人带来的危害更严重了。[51]他还特别指出："我们必须注意，一个200年前的时代与一个2000年前的时代同样古老。不要被形式上的年代所蒙蔽……与先贤们的思想交流是启发灵智的盛会，但聚会只可能有一个殿堂，这就是现在。"[52]

从机体宇宙论观点看，我们的生活是连贯地结合在一起的。"今人不见古时月，今月曾经照古人"。当下的一切存在，既非凭空产生，无中生有，而是通过"摄受"过去而来的；现在的一切也并非瞬息万变，旋即变为虚无或旋即成为过去，它会成为未来现实存在的材料。真正实在的，其实正是当下现实。我们对孩子的培养和教育也应当如此：我们应当把过去有用的思想，与当下一连串复杂的感性知觉、情感、希望、欲望以及我们的思维和精神活动联系在一起。我们当下经验到的一切构成我们的现实世界。那种把现在看作虚无、把过去看作永恒、把未来看作理想的错误观点，正是现代实体主义宇宙观的恶果，最终必然会导致虚无主义和相对主义，也有可能导致极端个人主义和唯我论。譬如，那种"我死后管它洪水滔天"的恶念，那种"前不见古人，后不见来者；念天地之悠悠，独怆然而涕下"的悲观论调，那种《红楼梦》中"好了歌"式的虚无主义观念，都是与机体宇宙论关于万物内在相关、现实存在都是创造性进展的积极理念背道而驰的。即使给学生讲授历史课也应当贯彻机体宇宙论理念：学习历史绝非仅仅是为了了解过去，更主要的是要知往而鉴今，并理性地规范和创造未来。所有科学史、哲学史、文学史和社会发展史的最大价值，也正在于此。

9. 学生的自我发展才是真正有价值的发展

怀特海强调："我们必须记住，自我发展才是有价值的智力发展，而这种发展往往发生在 16 岁到 30 岁之间。"怀特海在《教育的目的》中特别引用了大主教坦普尔的一句话——"人们在 18 岁时怎么样并不重要，重要的是他们后来如何发展"，并说这句名言正可以说明他所主张的观点。

这里，决定一个孩子"后来如何发展"的关键是：必须学会正确地思维。用怀特海的话说，"培养一个儿童如何思维，最重要的是必须注意我所说的那种'呆滞的思想'——这种思想仅为大脑所有却不加以利用，或不进行检验，或没有与其他新颖的思想有机地融为一体"[53]。换言之，教育中最可怕的是培养的孩子在精神和思想上僵化陈腐，在离开学校后不能自我良性发展。

按我们的理解，怀特海强调这一思想理念的丰富内涵包括以下几点。

第一，必须让孩子既掌握某种知识，又要学会运用，学用结合。知识仅仅装进大脑，而不加以利用，就是"呆滞的知识"、无用的知识，不能激发孩子的智慧，不能成为孩子真正掌握的知识。

第二，必须让孩子对所学知识进行检验，用自己的经验或相关设备来检验其是否正确、是否好用，这就是学以致用。通过实际检验来巩固所学的知识，才能真正地使所学的知识变成自己思想中的内容。譬如，有关植物、动物的知识，可通过让孩子观察有关植物、动物的生长来检验。有关社会的知识，可通过让学生参加社会实践来检验、修正和丰富发展。

第三，必须使所学的知识与其他新颖的思想有机地融为一体，达到融会贯通的境界。否则，所学的知识就是支离破碎的，既容易遗忘，也不会发生有益的作用。那些只掌握一些零散知识的人，有可能变成一个令人讨厌的、似乎无所不知的浅薄之人。正如有人调侃的那样："你以为你是北京的出租车司机呀?"——意思是指,你似乎什么都知道,其实只是一知半解,知识杂乱无章、支离破碎。这样的人,不堪委以重任,难以担当大业。

怀特海还举例说,在西方教育发展史上,最引人注目的现象是,一些学校在某个时期充满天才创造的活力,后来却变得迂腐而墨守成规。其原因就在于,这些学校深受这种呆滞思想的束缚和影响。如果受到这种呆滞思想的影响和束缚,那么这种教育不仅毫无价值,而且极其有害。

有一些典型的反例也可充分说明这一点:有些没有受过系统教育的人,但由于阅历丰富,当他们步入中年时,便成为社会中最有文化修养的群体。这在古今中外不乏实例。华佗不是学医出身,也并非中医世家之子。诸葛亮也并非"名牌大学"毕业,当今许多成功人士也是如此。因此,教育中最可怕的是学校中培养出来的孩子在精神和思想上僵化陈腐,在离开学校后不能自我良性发展。举凡成功者,都是在离开课堂,走向工作岗位之后自我成长起来的。没有自我发展,绝不会成功。譬如,袁隆平在提高杂交水稻质量和产量方面的成就,并非哪个老师所教,而是自己在实践中干出来的。

10. 应该让学生尽早学习一门外语

怀特海指出,应该让学生尽早学一门外语,因为它会培养孩子不同的认知、思维和表达方式。每一种语言都体现了某种一定的心理类型,而两种语言必然会向学生显示这两种心理类型之间的差异对照。[54]

因此,学外语绝不是只为了拿学位、评职称,或者是以会说几句外文而炫耀和卖弄。学外语主要是为了了解不同的认知方式和心理类型,是为了了解不同的世界,是为了掌握以往的智慧成果,因为语言哲学和存在主义哲学早就揭示,语言是存在的家,不同语言显现出不同的世界。而且"世界的智慧在用语言创作的杰作中保留下来"[55],不同民族、不同语言之所以似乎在不同的世界,其原因之一便是他们操有不同的语言。即使从实用的角度讲,学好一门外语,不仅使学生学会了一种不同的思维方式,而且还掌握了一门后半生极其有用的工具。至此,其重要性不用再强调了。

怀特海指出,在学习外语方面,即使智力中等的孩子也会学得不错,很快就能掌握处理和理解简单外语句子的能力。[56]对大多数人来说,语言最容易刺激思维活动。西方英语世界中的不少人,其理解力的启蒙和开发,就是从简单的英语到法语,再从法语到拉丁语,而且广泛涉及几何学和代数学的内容。

有意思的是,怀特海提到,"当这个世界上的种种大事件将来失去了它们的重要性时,罗马文学的绝大部分将不能进入天国。天国的语言将是中文、希腊文、法文、德文、意大利文和英文，天国的圣人们将愉快地注视着这些金色的语言对永恒生活进行的描述"[57]。

结语：上述对建设性后现代教育理念的理解，可能存在不确切和离题万里之处，概括也不尽全面，甚至"建设性后现代教育理念"这一概括也未能得到所有人认可。诚如怀特海所说："教育培养人是一个极为复杂的题目，对此我们几乎还没有开始了解。对这个问题只有一点我可以肯定，那就是绝没有普遍适用而简单易行的办法。我们必须考虑学生类型以及他们未来的机会给各类教育机构所带来的特定问题。"[58]同时，他还强调，教育的"规律是无情的，即教育的现实性和有效性是不以人的意志为转移的"[59]，但是，文中所阐述的这些理念对于我们审视当今世界和我国教育实践存在的种种弊端，探索科学合理的教育改革之路，无疑具有重要的启迪。在各种有关教育理念的高谈阔论似乎都成为老生常谈之时，人称有"七个面孔的思想家"怀特海在《教育的目的》一书的论述，无疑会给阅读者和欣赏者以一种不同程度的清新感抑或心灵的震动，或如一位中学校长所说，听后有"醍醐灌顶"之感。我国当前教育中存在诸多弊端，这已是社会各界的共识。然而，如何通过教育体制改革真正克服这些弊端，若无教育理念的重大更新，就只能南辕北辙、越走越远。譬如，如怀特海所言："管理一所大学的教师队伍与管理一个商业组织截然不同。"[60]然而，受市场经济影响，我国高校领域曾经刮起的所谓教育产业化之风，至今仍对我国高校发展具有严重危害。诚望有识之士和有能力、有权力做教育体制具体制度改革之士，能从建设性后现代教育理念中汲取一些思想营养，受到一定启发，创造性地做一些有益于我国教育改革的事情。诚望全体教育工作者，从自身做起，从自我做起，从现在做起，在转变观念、学习先进教育理念的基础上，在自己力所能及的范围内，做一些有益的尝试。否则，有可能如《失火的房子和贪玩的孩子》的寓言中那样，大家都希望或者都猜想他人会去救火，而自己只顾眼前的玩耍，那么最终一定会导致惨痛的结局。

参考文献

[1] 杨富斌. 怀特海过程哲学思想述评 [J]. 国外社会科学, 2003 (4)：75-82.

[2] 杨富斌. 当代美国过程法学述评 [J]. 北京政法职业学院学报, 2010 (4)：78-83.

[3] 杨富斌. 过程哲学要义 [N]. 光明日报, 2011-07-05 (11).

[4] [5] 阿尔弗雷德·诺恩·怀特海. 过程与实在 [M]. 杨富斌, 译. 北京：中国城市出版社, 2003：31, 38.

[6] [11] ~ [58] [60] 怀特海. 教育的目的 [M]. 徐汝舟, 译. 北京：生活·读书·新知三联

书店，2002：26，1，1，49，4，26，59，138，11，11-12，12，14，144，28，29，20，52，53-54，83，146，49，146，65，141，148，148，149，65，3，3，3，66，21，21，7，8，93，69，69，8，4，5，5，2，112，86，113，119，162，148.

[7] A. N. 怀特海. 观念的冒险 [M]. 周邦宪，译. 贵阳：贵州人民出版社，2000：322.

[8] [9] [10] 大卫·雷·格里芬. 后现代宗教 [M]. 孙慕天，译. 北京：中国城市出版社，2003：4，4，5.

[59] 怀特海. 教育与科学 理性的功能 [M]. 黄铭，译. 郑州：大象出版社，2010：69.

10. 建设性后现代主义和教育改革

Constructive Postmodernism and Education Reform

菲利普·克莱顿　柯进华（译）

[Philip Clayton, Ke Jinhua (Trans)]

【作者简介】 菲利普·克莱顿（Philip Clayton, 1956—　）著名后现代思想家，过程哲学专家，美国克莱蒙林肯大学前常务副校长，中美后现代发展研究院副院长，美国过程研究中心执行主任，耶鲁大学哲学博士，哈佛大学客座教授，加州大学索诺马分校哲学系前主任，汤普顿研究基金获得者，加州大学柏克利分校"科学与精神追求项目"主任。研究领域：过程哲学，当代西方哲学，科学哲学，有机马克思主义。主要著作有《心灵与突现—从量子到意识》《进化与伦理》《科学与精神追求》《科学与超越》《宗教与科学牛津手册》《建设性后现代主义与生态文明》《有机马克思主义》等。其《有机马克思主义》中文版已由人民出版社出版。

一、现代主义的黑夜和后现代时代的黎明

欧洲是一个美丽的地方，现代欧洲世界观的一些产物是积极的。比如，我们都赞赏科学、全球思维、健康的经济。当然，欧洲的思想家们还提出了中国人用以建设他们自己的社会和政治体制的社会主义和共产主义。但欧洲近 500 年来所发展的世界观有很深重的问题。我感到它应当对当今教育中的许多问题负责。

欧洲的现代主义建基于三个简单的理念：个人主义、竞争和不能有社会主义的资本主义。与传统中国社会将家庭、村庄或民族的利益放在第一位相反，欧洲人将个人作为价值的源泉。

个人主义培养了竞争。哲学家约翰·洛克将个人定义为拥有私有财产的人。它预设了每个财产的拥有者们都试图积聚更多的财产。但显然，现实不

足以让每个人都拥有他想要的所有东西。谁来为每个个人可以拥有多少制定界限？谁来阻止欺骗？在现代的欧洲哲学家看来，国家存在的目的仅在于此。他们认为，国家不需要追求人民的福祉，因为资本主义——追求财富——是确保最大多数的人民幸福的一种更好的方式。

现代欧洲的教育体系就是围绕这些价值建立的，其目标是培养好的消费者和好的财产拥有者。比如，考察一下英国 19 世纪和 20 世纪早期的教育体制。年少的男孩们在 6 岁时离开家，被送往他们所谓的"公共学校"，而事实上这些学校是精英们的和学费十分昂贵的私立学校。他们在没有亲人相伴、在课堂上和运动场上充满极端竞争的环境中长大。他们生存的唯一方式是在大男孩团体中寻找保护。英国为什么让他们的高年级男孩有这样极端的待遇？统治阶层认为，这种教育是英国的海外服务所做的理想准备。因为这些男孩在很小的时候离开他们的家庭，他们愿意在世界任何地方生活。他们非常有竞争力、自立和忠于他们的阶层。这使他们成为理想的行政官员，比如英国人对印度 150 年的统治。

笔者很小的时候生活在英国，亲身体验了这一教育体制。教师会体罚学生。男孩子和女孩子分开。教练要我们玩暴力的运动，比如橄榄球运动，因为他们认为这能使我们无所畏惧。我们都相互竞争以通过"A"级考试，这样我们就能去牛津或者剑桥。他们说，"愿最好的胜出"。这种竞争的环境使得形成一个学习型的团体变得不可能。我们不互相帮助，因为每个人都想成为获胜者。

二、后现代教育理论

幸运的是，一种新的世界观正在世界范围内产生影响。建设性后现代主义者们认识到地球上的资源是十分有限的。人类面临的全球问题只有通过共同合作才能解决。中国人在奥林匹克运动会上使用了一种后现代的表达："同一个世界，同一个梦想。"因为这个世界如此小，我们必须为了整个地球而像服务于一个单一梦想的单一共同体那样共同合作。

建设性后现代主义颠覆了现代主义哲学的各个方面。与将个人放在第一位相反，我们将共同体和地球放在第一位；与将竞争放在首位相反，我们将合作放在首位；与相信通过追求财富来造福社会相反，我们要求国家为人民的利益服务，使对财富的追求放在次于社会的和地球的福祉。

这些变化如何影响教育？让我们回到我举的例子，英国的公共教育。我们颠覆这一现代主义模式的所有特征。我们不会为了孩子们的所谓成功而使他们离开家庭，我们运用家庭单位作为课堂学习的首要支撑；我们不会用体育或者体罚作为手段来使学生们个个疲惫不堪，我们运用运动来使孩子们学习如何在团队中高效地共同合作。最后，我们的目标不是"人人为自己"和"让最好的胜出"，而是"团结使我们更强"。传统的非洲社会用"乌班图"（Ubuntu）来表达这一概念。"乌班图"指"大家强则我强"。

希拉里·克林顿（Hillary Clinton）在几年前写过一本很好的、有关后现代教育的书。她的书有一个很好的名字《举全村之力》（*It takes a village*）。她解释，这个书名的意思是："非洲谚语'养一个孩子需举全村之力'（认为）……不管你是否喜欢，我们生活在一个相互依存的世界，我们的孩子从世界中听到、看到、感觉到和学到的，都将影响他们的成长以及他们将来会成为什么样的人。自'9·11事件'以来的5年增强了我一个主要的观点：孩子在任何地方被养育的方式都会影响我们的生活以及孩子的未来。"[1]

她说："家庭不与教育分离，相反，家是孩子的第一个也是最重要的课堂。"克林顿女士使用了一个很有力的例子：

"国家的许多学校都正在吸取关于同情心和自我修养的教导到他们的课程，社会理论家们称之为'素质教育'。在康涅狄格州的纽黑文市，一种社会发展的路径正被整合到每所公立学校的孩子们的日常课程中。孩子们学习技术来发展和提高社会技能、辨别能力和管理情绪的能力，比如对愤怒的管理，以及创造性地解决问题。这一项目显示，它既提高了孩子们的分数又改善了他们的行为。"[2]

克林顿女士强调的"素质教育"显然十分不同于现代的进路，现代的进路排他性地追求知识。事实上，克林顿女士所写的是美国非常典型的后现代课程改革。举个例子，她强调发展社会技能。一个成功的人是一个能够在社会上与他人合作的人。这涉及掌控一个人的情绪和在团队中解决问题。

在这里对着中国听众讲述这些主题我几乎有些不安。毕竟正如大家所知道的，素质发展和掌控一个人的情绪是中国孔子思想的基本主题。孔子说："一个真诚、上进和友善的人可以称为是有教养的——对朋友真诚，自己上进，对他的兄弟友爱。"孔子还有一次说"有教无类"，因为"所有受过教育的人都是同等的"。因此，孔子可能是后现代教育哲学之父。

后现代教育理论在欧洲和全美都有很强的影响力，我听说它在中国的影响也正在增长。后现代教育家们有着比仅仅精通一门学科的内容更广阔的目标。他们寻求培养负责任的公民和创造性地解决问题的人——能独立思考的男孩和女孩。他们不只是培养智力，他们更重要的是培养人格。

三、后现代教育理论的创建者：怀特海

根据后现代教育理论，学习不只是获得数据资料。学习关乎个人的转化。首先，教师在课堂上营造一个安全的环境，然后他跟学生交流创造性、开放思想以及在探索中有所发现时的兴奋之情的价值。关注的焦点不在未来而在当下。与一种新的经验、观念、故事或者理论相遇的当下是一个神圣的时刻。哈佛大学哲学家怀特海曾说，当下的学习是"神圣的基础"[3]。

让我稍微讲讲怀特海，第一个后现代教育哲学家。怀特海关于教育的名著是《教育的目的》。在第一篇随笔中他写道，"教育是学习运用知识的艺术"[4]。这个句子表达了他的哲学的一个核心观念：教育不能与实践相分离。去获得知识、了解事实，这还不是教育。教育只在学生能够运用他们的新知识时发生。教育关乎能运用知识去做事。教育只有在学生的交谈、探索和行动中发生。

对怀特海来说，教育是一个暂时性的、以增长为导向的过程，在这个过程中，学生和客观事物共同进步。节律这一概念暗示了这一过程的审美维度，它与音乐类似。这样，增长将是身体和心灵发展的一个部分，它有着被视为核心推动力的乐旨（motif）这一强有力因素。[5]

所有的教育经验都从学习者一定的感情投入开始。学习和兴奋相伴随。在西方，我们称这种兴奋为"尤里卡时刻"（eureka moment，指灵光一现），它来自古希腊语，意思是"我发现了!"这一表达可以追溯到古希腊哲学家阿基米德。跟往常一样，阿基米德正准备踏进池水满满的公共浴池。当他踏进浴场时，他看到水面上升。他突然想到，排出的水的体积和浸没在水里的物体的体积相等。现在，他知道如何去测量不规则固体的体积了，这是一个在此之前没人能够解决的问题。根据传说，阿基米德从浴池里跳了出来，在他的城市锡拉库扎的大街上奔跑，一边大喊"尤里卡，尤里卡!"（"我发现了，我发现了!"）

这一发现的时刻是后现代教育的核心；这是学习的第一阶段。怀特海称这一阶段为浪漫阶段。怀特海说，随后出现的是第二阶段，即精确阶段。不幸的是，我们常常首先要求精确性并忽视了发现的时刻。怀特海叫我们先推迟"系统阐述的精确性"[6]。

怀特海后现代教育理论的最后阶段是综合运用阶段。这一阶段是指一个人具备了综合运用的能力，将所学的运用于新的情况。这一重要的技能不能通过死记硬背来习得，因为这是一种你只能通过动手做才能习得的技能。事实上，学生通常是在社会处境下、在和其他学生的合作中学习综合运用的。这就是"学习的共同体"（learning community）在后现代教育中如此重要的原因。

怀特海是后现代教育理论的创立者是因为他强调理论和实践的同一性。你也许会说怀特海是一个道家：理论和实践是阴和阳，而教育是"道"。事实上，怀特海不只考虑孩子的教育，他同样多地将他的道家理论运用于大学。他写道：大学不只是训练分析和思维的技能，而且还包括将学生们的丰富想象力整合到生活中。所有大学的活动中都有一个创造性的因素（并且不只是好的艺术），一种在充满危险的、变化着的世界中生存下来所必需的创造性。[7]

怀特海还在后来的一部著作中写道，"大学的任务是创造未来"[8]。

四、后现代课程改革

那么，后现代教育改革是什么样的呢？在世界范围的许多学校中，思想前卫的教室和学校管理人员正在创建取代旧教学模式的新方案。现在通过考试来检验学生的进步只起到很小的作用。三个核心原则是以学生为中心的学习、形成学习共同体和关注学生的积极参与和创造性。

就人文学科来说，这意味着学生不只是阅读经典文本。他们也有机会写作他们自己富有创造性的散文、短篇小说和诗歌。他们和同学分享自己的作品，并且他们学着给出建设性的反馈意见。从 11 岁开始，学生一起写作剧本并表演它们。他们在课堂上做角色扮演，然后谈论他们所学到的。在学期末，他们不只是参加考试。他们还提交自己的"代表作"并展出他们的所学。

在自然科学和社会科学领域，也在发生教育改革。这些改变被称为"STEM 创新"（STEM initiatives，即科学、技术、工程与数学的综合创新）。STEM 是四个英文单词科学、技术、工程和数学的缩写。比如，在旧金山地区的 STEM 创新（它是一个很大的中美社区）通过运用数学技能解决日常困难来教授数学。学生不只是被要求识记和运用数学理论，他们还要用创造性的方式来发现数学定理。

后现代的科学教育尤其令人兴奋。现在的重点在于学习运用科学的方法而不是识记科学结论。总之，伟大的科学家和工程师都是发现者，他们不只是重复别人过去已经学到的东西。

五、后现代教育的策略

也许后现代教育改革最核心的特征是在共同体中学（learning in community）。当学生在共同体中学的时候，他们将竞争放在次要于合作的位置。他们也将发展对和谐社会很关键的社会技能和解决问题的能力。由于这一原因，建设学习共同体在后现代教育改革中是关键性的步骤之一。这些团体将在课堂内外碰面。作为一个共同体，他们有着共同的价值和目标。他们共同安排他们的任务；他们探究和讨论结果以便决定他们的结论；他们共同作报告。华盛顿的常青州立大学（the Evergreen State University）是美国教育改革的先锋。常青大学的领导倡导学习型共同体，这种共同体成为以团队为基础的、跨学科的高等教育典范……学习型共同体项目还研究社会问题，比如资讯的日益分裂、学生缺乏参与性和学生的婚恋问题。通过强调在多种多样的场合下的人际对话、合作和经验性的学习，这些项目研究正在减少的团体感和联系，并让学生将自己大学阶段的学习与更大的、个人的和全球的问题关联起来。

讨论小组和研讨班：包括许多讨论环节，鼓励对客观事物的更深刻的个人反思，帮助学生自己找材料。

以问题为基础的学习：不只是告诉学生解决办法，而是安排问题让学生解决。学生越能深刻地精通客观事物、保持的时间越久，他们就越能将它运用到现实情况中。

"跨课程的写作"：学生的写作广泛，包括杂志、读后感和回应彼此的作品。当学生写他们自己的回应时，他们的学习更深入。而且，善于写作的能力对成年人的成功很关键。这一方法也可以用来作为一种策略，能够反映那些能自觉地将过去的经验提取出来的学习者是在英语学习上更有能力、更自信和更高效的。

同龄人互助教学：年长的学生作为指导者、导师甚至是那些目前不是很超前的学生的教师。

服务型学习：学生参与共同体的服务，然后思考他们所学到的。

经验式学习：课堂外的经验成为学习的焦点。这些包括服务型学习、出国留学、共同体服务和实习。它们也包括实验和田野考察。

"创造性思维":要求学生使用不同的范式来思考事物,而不只是用传统的框架来思考。鼓励他们的创造性和帮助他们成为灵活的思想者和领袖。

结论

我们已经谈了从现代转向后现代范式。你们将不会感到吃惊,后现代处境需要十分不同的教育方法。世界比以前变化得更为迅猛。由于科学、商业和政府的变化,今天的学生需要灵活。他们必须是善于解决问题的,因为他们将面临新的和棘手的全球挑战。

我希望您们能乐于使用这些新的教学方法。我在课堂上使用它们有 25 年了,我现在正在根据这些原则改革我的大学。它们改进了学生的成绩和教学的质量,给教师带来了更多的乐趣,它们将有助于为中国培养下一代后现代领袖。

参考文献

[1] [2] HILLARY RODHAM CLINTON. It takes a village and other lessons children teach US [M]. New York:Simon & Schuster, 2006 (12):12, 55-56.

[3] [4] [5] [6] ALFRED NORTH WHITEHEAD. Aims of education and other essays [M]. NewYork:Free Press, 1929:3, 4, 4, 18.

[7] ALFRED NORTH WHITEHEAD [EB/OL]. 教育学百科全书, http://education. stateuniversity. com/pages/2548/Whitehead-Alfred-North-1861-1947. html.

[8] ALFRED NORTH WHITEHEAD. Modes of thought [M]. New York:Macmillan, 1938:233.

[本文最初发表于《现代教育管理》2013 年第 1 期,此次有增减,这里特向《现代教育管理》编辑部致谢!]

11. 建设性后现代主义在当代中国

Constructive Postmodernism in Contemporary China

吴伟赋（Wu Weifu）

【作者简介】吴伟赋（1963—）哲学博士，浙江广播电视大学哲学教授、文法学院院长，曾获"中国当代思想成就奖""浙江省高校中青年学科带头人""浙江省新世纪'151'人才"等学术荣誉称号，主要研究领域为建设性后现代主义哲学及马克思主义哲学、逻辑学等，在《国外社会科学》《新华文摘》等杂志发表相关中英文学术论文（译文）40余篇，出版《论第三种形而上学》等著作多部，是国内较早研究建设性后现代哲学的专家。

一

哲学史上有这样一种非常奇特的现象：某种具有创新性的哲学往往都会有一种生不逢时的命运，其价值总是要经许多年后才被人们发现和承认，比如西方的维特根斯坦语言哲学，中国的老庄哲学等，这种现象令人扼腕叹息。深究这种现象形成的原因不是本文的主题，但有一点可以肯定，对于当代哲学家来说，不仅要创造伟大的哲学学说，还要善于发现适合这种哲学生长的土壤。只有这样，才能使哲学更快地发挥指导现实的功能。幸运的是，本文所讨论的建设性后现代主义就是符合这种时代要求的新哲学。它不仅提出了以英籍美国哲学家怀特海过程哲学为基础的建设性后现代主义哲学，而且独具慧眼地发现了适合其生长发育的土壤，那就是正在探索新型现代化之路的中国。

我们知道，建设性后现代主义产生于20世纪六七十年代的美国克莱蒙（Claremont）。它是继解构性后现代主义之后出现的一种最新的哲学思潮。这种哲学从反思现代性恶果出发，致力于构建一种不同于现代世界观的有机的、整合的后现代世界观和思维方式，从而为人类超越现代性，创造一个更加美好的后现代世界提供了现实可能性。但是任何优秀的哲学总是具有超越现实的品格，建设性后现代主义也不例外，而且它又恰恰产生于现代性最发达的美国，西方社会制度的局限，现代思维的根深蒂固，以及现代以分门别类为特征的大学教育体系，使得建设性后现代主义至今为止尚未成为西方哲学和世界哲学的主流。但是，非常可贵的是，胸怀为人类及其他所有生命共同福祉的建设性后现代主义哲学家并不止步于此，他们以敏锐的目光、深刻的洞见、强烈的责任意识、身体力行的持续努力，仅仅通过短短18年的时光，就让建设性后现代主义在中国这块神奇的土地上开出了走向后现代社会的希望之花。

我这样说是有根据的。18年前的中国，即使是哲学界最顶尖的一流学者也不熟悉"建设性后现代主义"这个由大卫·格里芬先生首创的哲学名词。因为我是1997年考上浙江大学外国哲学博士研究生的。当时国内所有的有关西方哲学的教程都没有提到建设性后现代主义。如我的导师夏基松先生新著的《现代西方哲学教程》就没有讲到建设性后现代主义。直到2000年我完成以建设性后现代主义哲学为主题的博士论文时，导师还曾为请谁审阅论文而犯愁，这说明当时确实国内鲜有人知道和了解建设性后现代主义。北京大学教授汤一介先生也承认自己"更多地关注怀特海和后现代主义是到21世纪了"[1]。但是，时至今日，情况就大不相同了。你只要在百度上输入关键词"建设性后现代主义"，就会发现与此相关的结果高达673000个，谷歌上则高达1430000个。大卫·格里芬先生的名言："中国可以通过了解西方所犯下的错误而避免现代化恶果，当中国这样做时，就已经是后现代化了。"[2]现在被中国学者广泛应用就是一个很好的例证。由此可见，近些年建设性后现代主义在中国的发展势头。

二

让我们具体地描述最近18年来建设性后现代主义在中国的生长与发展轨迹，从中我们可以发现一个建设性后现代主义所希望的后现代化中国正在破土而出。

变化之一：中国的理论界、学术界的变化

从20世纪90年代初开始，建设性后现代主义哲学开始传入中国。其标志是1995年大卫·格里芬博士的《后现代科学：科学魅力的再现》一书在中国正式翻译出版（至今已第六版）。经过将近 18 年，建设性后现代主义已经对中国理论界和学术界产生了非常明显的重大影响，无论是理论研究，还是实践应用都呈现了良好发展的态势。这种影响，主要集中在以下三个方面。

首先，著名学术精英、主流研究杂志对建设性后现代主义之于中国的重要性等问题有了清醒而正确的认识。但客观地说，这一认识过程并不是一帆风顺的。正如中国社科院一份题为"走向建设性后现代主义"的研究报告说："在某种意义上说，中国学术界对后现代主义的态度有一个从否定到肯定的变化过程。"但通过中美各方的不断努力，中国学术界已经达成以下共识：一是建设性后现代主义对中国有重大价值；二是建设性后现代主义根本不同于否定性后现代主义，是后现代主义的另一向度；三是建设性后现代主义与中国优秀文化传统有着有机内在的联系，两者共通。正是在这三种共识的基础上，建设性后现代主义迅速成为中国学术界的研究重点之一。

正如北京大学著名国学家汤一介先生在《文汇报》著文说："当今中国学术研究有两个焦点，一是传统国学研究，二是建设性后现代主义研究，这两者如果能在马克思主义指导下生根发芽、快速发展，那么中国就可以迅速完成'第一次启蒙'，并迅速进入以'第二次启蒙'为旗帜的后现代社会。"[3]《中共中央党校学报》《哲学研究》《哲学动态》《自然辩证法》《国外社会科学》《马克思主义与现实》《中国浦东干部学院学报》等学术杂志陆续发表著名专家关于建设性后现代主义的研究成果；主流媒体如新华社、《光明日报》《文汇报》《中国教育报》、人民网等也纷纷积极报道建设性后现代主义在中国的各种学术活动。一些大学如浙江大学等甚至把大卫·格里芬、柯布等建设性后现代主义大家的代表作列为研究生必读书目。

其次，关于建设性后现代主义的研究成果数量上不断增多、质量上不断提高。这种研究成果一是以专著的形式出版，二是以研究性论文的形式发表。综观这些研究，我们可以发现，研究的内容非常广泛（主要为哲学、比较哲学、政治、教育改革、生态文明、后现代农业等），几乎涵盖了建设性后现代主义理论研究和实践应用的所有领域。据《我国怀特海有机哲学研究 85 年》一文作者不完全统计，2001—2010 年间，有关过程哲学和建设性后现代主义研究的成果快速上升，共出版相关专著 180 部、发表论文255 篇。

最后，中美学者相互交流的平台与机会不断增多。在建设性后现代主义大本营美国过程研究中心与中美后现代发展研究院的支持下，本着自愿的原则，迄今为止，已在浙江大学、华中科技大学、北京师范大学、哈尔滨工业大学等 22 所著名中国高校成立了过程哲学或后现代研究中心，已经翻译出版的建设性后现代主义著作达 20 余种。各种关于建设性后现代主义的国际学术会议、高级学术论坛、学术讲座也不断增多。其中 2002 年在北京召开的"价值哲学与过程哲学——怀特海与中国"国际学术研讨会影响最大。200 多名中外学者参加此次大会交流，中国教育部袁贵仁部长还到会作了重要讲话。此外，有 30 多位学者则以访问学者的身份直接到美国的建设性后现代主义大本营克莱蒙特研究生大学学习。他们回去之后，或著文、或宣传、或实践，使建设性后现代主义在中国大有成为一门显学之势。现在的中国学术界，很少有人不熟悉像大卫·格里芬、柯布这样的建设性后现代大家的，而这在 18 年前是不可想象的。那时的学术界关注的是德里达、福柯这样的解构性后现代主义哲学家。

变化之二：中国政府高层决策取向的变化

或许是因为改革开放 30 年来实现现代化所付出的代价太大，或许是因为中国特殊国情所决定，立志走中国特色现代化新路的中国政府高层特别关注现代化的可持续发展问题，特别是环境、生态、能源等与现代化密切相关的问题。这样一种决策取向就与建设性后现代主义所推崇的整体有机论、多元文化互补论、生态和谐平衡论、创造性人生等诸多主张不谋而合，使得中国政府高层的决策有意或无意地显示出对建设性后现代主义哲学及其思维方式的兴趣、关注、接受。正如国家宗教事务局政法司副司长裴勇所说："作为一个事实，中国人民和中国政府已经在不知不觉中应用了后现代的想法。"[4] 以 2005 年温家宝在巴黎综合理工学院的演讲和 2006 年胡锦涛在耶鲁大学的演讲为例。温家宝说："文化多样性是人类文明的重要特征。文化多样性之于人类社会，就如同生物多样性之于自然界一样，是一种客观现实。"胡锦涛说："一个音符无法表达出优美的旋律，一种颜色难以描绘出多彩的画卷。世界是一座丰富多彩的艺术殿堂，各国人民创造的独特文化都是这座殿堂里的瑰宝。"这两位中国高层领导人的讲话都强调了对多样性的推崇，因而充满了明显的后现代气息。最为明显的是中国政府关于"生态文明"建设目标的提出以及民间百姓的自发行动。因为人们意识到："如果我们这个物种和其他所有物种想要继续在这个星球上生存和繁荣的话，生态文明的建设就是迫切需要的。"[5] 因此像"硬发展没道理，可持续发展才是硬道理""既要金山银山，更要青山绿水"等后现代理念已经成为当今中国人在环境保护方面的共同意识。浙江省宁波市百姓自发联合呼吁拒绝污染生态环境的石油炼化项目表明了百姓自发的环境保护意识；而浙江省开化县为保护钱塘江水质，明令禁止任何影响生态环境的工业项目则表明了政府在环境保护上的政策走向。

事实上，中共在十七大时就已经把"生态文明"建设上升到国家战略的高度。中共十八大报告指出："建设生态文明，是关系人民福祉、关乎民族未来的长远大计。面对资源约束趋紧、环境污染严重、生态系统退化的严峻形势，必须树立尊重自然、顺应自然、保护自然的生态文明理念，把生态文明建设放在突出地位，融入经济建设、政治建设、文化建设、社会建设各方面和全过程，努力建设美丽中国，实现中华民族永续发展。"这段话中的后现代气息已经非常明显了。所有这些，都很好地表征了中国正在不断地走向后现代化。

变化之三：中国教育界的变化

建设性后现代主义在中国的影响也许在中国教育界表现得最为明显。之所以这样说，是因为中国的现代教育特别是高等教育几乎都沿袭了西方的教育理念与模式。但这种模式现在出现了许多问题，这就迫使中国教育界寻求创新改革。尽管主流的西方教育模式现在尚未得到真正的改变，但中国教育创新改革的探索从来也没有停止过。特别是最近10年，随着社会对高素质的、综合性的、有道德责任的人才的需求，随着建设性后现代主义特别是怀特海过程教育思想与中国教育改革的相遇，无论是基础教育领域还是高等教育领域都出现了令人欣喜的变化。《我国怀特海有机哲学研究85年》一文作者认为，朱小蔓、裴娣娜是怀特海教育思想和有机哲学在中国教育领域研究与应用的领军人物。正是因为以她们为代表的教育界人士积极努力，后现代教育思想在中国教育中的应用与研究才不断地走向深入。

如高等教育开始注重自主招生，强调学生的综合素质培养；学科专业开始整合，强调各专业的融合沟通，如北京大学文科不再细分文史哲学专业，而是使之整合起来，待学生具备一定的基础后，再自主决定以后的专业方向。再如中国的现代远程高等教育，其教学设计、教学方法、教育形式都十分注重运用后现代教学思想和后现代课程观，特别强调学生学习的合作性、自主性与创造性，强调知识的实际应用，培养学生综合解决社会问题的能力。

变化之四：中国现代农业的变化

农业也许是中国现代化进程中最为重要也是最难解决的问题。客观地说，改革开放30年，农业为中国现代化做出了非常巨大的贡献，使中国这样一个人口大国的粮食问题得到了基本解决，但代价也是非常巨大的。主要表现在农村土地的严重污染与农村社区生活的严重破坏。幸运的是中国政府不但及时发现了这一问题，而且已经开始探索具有中国特色的后现代农业之路。事实上，在后现代农业这一全新的理念传入中国前，中国各地就有结合环境保护开展生态农业、有机农业、绿色农业的尝试，其产品也很好地迎合了人们对食品安全的强烈需求。

但总体而言，这种探索的发展思路还不是很清晰，规模也有限，而且大多集中在果木等经济效益好的产品之上。随着建设性后现代农业思想的传入，人们对如何更好地发展中国现代农业有了更为清醒的认识，发展思路也大大开阔了。这与建设性后现代主义哲学家以及国内相关人士的努力是分不开的。2008年7月在山西省太谷县召开的"后现代（生态）农业与西部开发"国际学术研讨会就是这种努力的一个很好例证。此会由中美后现代发展研究院与山西农业大学共同主办。这次会议达成很多共识，其中最重要的就是后现代（生态）农业理论为我国农业的发展提供了新的思路，有利于解决目前我国农业和农村发展中出现的诸多问题，是我国经济发展的必然选择。《新华文摘》全文转载了澳大利亚"绿色澳洲"项目主任弗罗伊登博格（David Freudenberg）的大会发言《中国应走后现代农业之路》。此文的发表标志着中国后现代农业实践的正式开始。此后，一大批运用后现代农业理念的农业实验区相继出现，如四川大坪村的乐和家园、山东弘毅生态农场、浙江奉化滕头村等。我们坚信，随着研究和探讨后现代（生态）农业的理论与方法的不断深入以及对国外先进的生态农业发展模式的吸收与创新，富有中国特色的后现代农业之路一定会越走越宽广。

变化之五：百姓生活方式的变化

现代化之初，很多普通中国百姓盲目追求西方物质主义、消费主义等现代生活方式，结果很多人发现物质丰富了，精神却反而空虚了，身体健康也不行了。无数惨重的教训迫使人们清醒并开始改变生活方式，讲究生活的质量，注重精神生活的健康，过度消费、无端浪费被视为耻辱；食品讲究自然有机、邻里以和为美，"一方有难，八方支援"的传统美德不断发扬光大；

城市社区生活不断丰富，平时讲究中医养生，积极运动健身，整合调理健康，拒绝不健康生活方式、实践绿色生活方式已经成为普通百姓的一种新的生活方式。

所有这些变化是令人激动和自豪的，它表明，一种新的建设性的思维方式和建设性后现代化之路正在中国不断推进。这里可以借用大卫·格里芬先生的一句话："当中国这样做时，中国已经后现代化了。"[6]因此，我们有充分的理由推论：一个后现代化的中国已经款款走来。

三

事实上，放眼当今世界，建设性后现代主义的影响与作用正在不断增长，它很好地显示了其旺盛的生命力。我们可以从以下两个方面来证实这个判断。

一方面，从西方世界看，随着现代化不断地深入，现代性之局限及其所带来的恶果也表现得越来越明显。因为现代性所带来的诸如生态危机、社会危机、信仰危机已经成为一个超越国界的全球性问题，西方世界想独善其身根本不可能。在这种情况下，超越现代性从而创造一个更加美好的社会也就自然成为西方世界所不得不完成的一个重大任务。这就促使解构性后现代主义或否定性后现代主义的产生。它彻底消解了人们对作为现代性理论基础的近代西方哲学的绝对迷信。但是，因为它只重消解，不重建设，所以虽能使人们清醒看到现代性，但没能真正引起人们的兴趣。

于是，后现代主义的另一流派——建设性后现代主义便应运而生。因此，我们可以把20世纪六七十年代产生的建设性后现代主义看作西方世界超越现代性的先声。相信随着建设性后现代主义哲学所揭示的现代性困境及其所提供的新世界观和克服现代性方略之合理性的不断显现，建设性后现代主义哲学理论必将在西方世界大放异彩。

另一方面，从正在走向现代化的发展中国家看，这种影响与作用就更加明显了。因为是后发现代化国家，西式现代化所具有的天然优势如资源因素等已经不复存在了，这就决定了他们不可能再去复制一条西式现代化之路。更何况，西方现代性之恶果已经明显暴露出来，重蹈覆辙毕竟不是明智之举。所以对后发现代化国家而言，无论是理论上还是实践中必然要去寻求一种既能实现现代化又能避免现代化恶果的全新之路。发展中国家所面临的这种时代需求恰恰是建设性后现代主义所着重探索的主题和致力完成的任务。

从这个意义上定义建设性后现代主义，所谓建设性后现代主义，实际上就是一种关于后发现代化国家如何更好地实现现代化的一种全新的指导性理论。正是因为如此，当两者相遇，恰如烈火与干柴，必成燎原之势。因此，建设性后现代主义哲学最有可能在后发现代化国家中首先发展成长。这也是建设性后现代主义哲学家看好中国等这样的后发现代化国家的一个非常重要的理由。建设性后现代主义哲学在中国的上述发展成果则有力地证明了这一结论。

说到这里，有人不禁会问，为什么建设性后现代主义如此迅速地在中国生长、发展，而在其他国家则相对滞后？对于这个问题，我们可以从以下四个方面去理解。一是建设性后现代主义的具体主张与中国传统文化的核心主张有着本质上的相近与共通之处，因而它在中国有着天然的生长条件与基础。二是中国在现代化进程中遇到的问题决定了中国必须找到一条既实现现代化又避免西式现代化的惨重代价的特色之路，而建设性后现代主义所探讨的主题就在于超越现代性，恰恰为中国现实所急需，因此，两者相遇，必然会结出预期的实践之果。这是一桩水到渠成、顺理成章的美事。三是建设性后现代主义代表了人类哲学发展的一种必然方向。因为无论是从哲学发展的逻辑还是从人类发展的实践需要看，作为人类发展指南的哲学不能只解构而不建构，解构的目的恰恰在于建构。历史发展表明，人类面对问题的最好态度是创造性地建构，尽管这种建构不是一蹴而就的，相反它只能在一个不断发展的无限的创造性过程中才能最终完成。因此可以得出结论：虽然目前它还没有成为西方哲学主流，但这种哲学因其符合人类发展，必然具有强大的生命力。四是中美各方人士的不懈努力，也许这是最重要的原因。因为前述三点固然重要，但只表明了建设性后现代主义在中国发展的可能性，要把这种可能性变为现实，还必须要靠人不断殚精竭虑地"操心"与付出。在这里不得不提及以下三方面对建设性后现代主义在中国发展做出卓越贡献的重要人物与相关组织。首先是被视为中美建设性后现代主义运动发起者、组织者、传播者的著名旅美学者王治河博士和樊美筠博士，由于他（她）们十余年呕心沥血的努力，才使建设性后现代主义在中国大有成为一门显学之势，而且在各个实践应用领域都得到了长足发展，他们在译介与出版建设性后现代主义代表作、成立中国过程研究中心、组织相关大型国际学术研讨会、学术论坛、举办中美过程哲学暑期班以培养青年学者以及组织相关学者到美国建设性后现代主义大本营访问、进修等方面做了大量工作，起了非常重要的作用。他们的《第二次启蒙》一书被学术界认为代表了建设性后现代哲学的新进展。认为其"使过程哲学具有了入世的品格",从而"优化了过程哲学,推进了过程哲学"。[7]其次是建设性后现代主义大家,特别是过程哲学的第三代和第四代传人柯布先生和大卫·格里芬先生以及中美后现代发展研究院和美国过程研究中心的其他著名学者的大力支持,没有他们各方面的大力支持,这项工作也不可能取得如此大的成绩。最后是中国众多相关学者、领导独具慧眼、大力参与和精心组织。正是这三方面形成的巨大合力才促成了建设性后现代主义在中国的快速发展。

如前所述,建设性后现代主义在西方世界还不是主流,其原因是西方世界毕竟已经习惯了现代哲学机械性和线性的思维方式,因而还需要一个比较漫长的对话与交流过程。而在适合建设性后现代主义生长的中国,虽然产生了重要影响,也在一定的实践层面上有所进展,但毕竟也还没有形成一种全民的普遍性意识和行动,因此,对于建设性后现代主义的理想实现来说,仍然是一件任重而道远的事!好在希望的小树已经发芽,只要我们假以时日、精心培育,纤纤小树必将成为参天大树!

参考文献

[1] 王治河,樊美筠.第二次启蒙 [M].北京:北京大学出版社,2011:序.

[2] [6] 王治河.中文版序 [M]//大卫·格里芬.后现代科学——科学魅力的再现.马季方,译.北京:中央编译出版社,1995:13,13.

[3] 汤一介.反思中的西方学者看中国传统文化 [N].人民日报,2005-02-04(15).

[4] 裴勇.为什么是中国?中国对后现代运动的意义 [J].过程研究,2006(352):359.

[5] 大卫·格里芬.生态文明与马克思主义·序言 [M]//李惠斌,薛晓源,王治河.生态文明与马克思主义.北京:中央编译出版社,2008:9.

[7] 商红日.探寻破解不可能世界的哲学——对话《第二次启蒙》 [J].哲学研究,2012(6):124-125.

[本文最初发表于《唐都学刊》2013 年第 3 期,此次有增减,这里特向《唐都学刊》致谢!]

12. 危机时代必需的济世良方：一种全新的建设性思维方式

——评王治河、樊美筠的《第二次启蒙》

A Brand New Constructive Way of Thinking in the Necessary Prescriptions for the Crisis Era：On *Second Enlightenment* by Wang Zhihe and Fan Meijun

吴伟赋（Wu Weifu）

　　谁都无法否认，人类已经进入了一个危机四伏的时代。核爆炸危机、环境污染危机、生态崩溃危机、能源耗竭危机以至社会道德信任危机等无一不是高悬在人类头顶之上的达摩克斯利剑，稍有不慎，人类在这个美丽星球上的发展历史就随时可能戛然而止。对此，我们不禁会想："传统社会已持续几千年，而现代社会能否存在 100 年还是个问题。"[1]

　　面对这样一个关于人类命运的振聋发聩之问，有人不以为然，盲目乐观；有人悲天悯人，自暴自弃，显然这都是一种无济于事的"犬儒主义"态度，任其发展只会加速人类灭绝的速度。幸运的是，以过程哲学家和建设性后现代哲学家为代表的诸多有识之士已经清醒地认识到："当今世界迫切需要一种高远的整合精神，需要一种把各种零碎知识整合为一种综合远见的学说。"[2] 只有这样的精神、这样的学说，才能开出一副能真正克服和消解上述种种危机的整合性良方，使人类在这个星球上的历史得以持续，使人与自然、人与社会、人与人之间呈现一种良性互动、和谐发展的状态。但显然问题没有如此简单。尽管以过程哲学为基础的建设性后现代哲学的适时出现已经为我们解决上述种种现代性危机提供了一种令人满意的"积极的建设性的理念与筹划"[3]，从而真正打破了"社会批判理论没有概念可以作为桥梁能够架通现在与未来"[4] 的尴尬困局。然而，因为建设性后现代哲学恰恰产生于现代性最为发达的美国，西方社会制度的局限、现代思维方式的根深蒂固、现代大学以分门别类为特征的局限和人类急功近利的心理偏好，使得建设性后现代哲学主张在西方举步维艰。于是，怎样才能把建设性后现代哲学的天才的建设性的理论建构和实践筹划化为美好的现实便成了建设性后现代哲学大家的头等大事。他们经过深思熟虑与综合考量，独具慧眼地把希望的目光转向了中国。[5]

有希望就会有探索，有探索就会有成果。我们非常惊喜地发现，最近由北京大学出版社出版的《第二次启蒙》一书就使希望走向了现实。此书由著名旅美学者王治河、樊美筠博士耗 10 年心血合著而成，代表了建设性后现代哲学的最新进展。全书除导言外，共十二章。作者从一种观照世界的新视野，即从过程思维和建设性后现代主义的视角出发，对作为现代性基础的第一次启蒙的内在局限，特别是对自然的帝国主义态度、对他者的种族主义立场、对传统的虚无主义眼光、对理性主义的盲目乐观、对自由的单向度阐释、对科学的盲目崇拜、对民主的均质化理解等作了认真的分析与反思。以此为基础，作者从中国现实问题出发，对中国传统文化精华与建设性后现代哲学进行了创造性整合，最终为中国实现一种完全不同于西方的新式后现代化之路提出了总体性纲领，即"第二次启蒙"与具体的可操作性路径。内容主要有"深度自由、道义民主、厚道科学、有机教育、和者文化、互补意识、建设性后现代女权主义、后现代有情法、后现代农业、后现代商道、后现代人权、后现代绿色生活方式"十二个方面。总体而言，此书立论具有贴近中国现实、目光敏锐高远、结论别开生面、中西智慧贯通、可操作性强、行文流畅等等一系列优点，给人以耳目一新之感。

毫无疑问，对于这样一本积作者"10 余年求学国外的思维结晶""充分而且广泛地利用中国传统文化（哲学）的思想资源"，有机整合中西哲学智慧、具有高度"独创性"[6]和充分"显示了对中国现实问题的关注"[7]的洋洋宏著，必然会如北京大学著名教授汤一介所说的那样："我相信会引起中国学术界的关注和讨论，而且将会得到各国学术界的重视。"[8]此书出版后，关于"第二次启蒙"的话题已经成为中外学术界讨论的一个重要焦点，因为它对"别一种现代化"也是中国新式现代化之路作了一次非常重要又及时的深度探索。相信随着关于"第二次启蒙"问题讨论的深入，这本书一定会好评如潮。

尽管人们可以从多种不同的视角对内涵丰富、见解深刻的《第二次启蒙》一书进行全方位解读，但在笔者看来，对此书的评价还可以有一个非常重要的角度，即从思维方式的角度去进行评价。因为作者为中国"第二次启蒙"所精心研制的各种良方都受益于建设性后现代哲学所竭力倡导的后现代思维方式。没有这种全新的后现代思维方式，作者就无法提出上述解决现代危机的济世良方。综观全书，我们不难发现这种全新的建设性后现代思维方式就如一根红色的经纬线，始终贯穿运用在全书的各个部分。正是凭借这种全新的后现代思维方式，作者才能正确地指出现代性局限、辩证地分析中国现代化困境、创造性地整合中西哲学智慧、深度地筹划建设中国式后现代社会路径等。

因此，此书最大的贡献就在于充分运用了这种思维方式，是这种思维方式用于解决实践问题的典型范例，其意义非常深远。值得指出的是，思维方式作为一种理论基础和思维工具，其运作方式通常是隐性的，所以，要搞清这种全新的思维方式之内涵，就必须认真考察和分析作者对第二次启蒙所涉及各种问题的思考、分析、论述过程，唯此，我们才能一睹这种全新思维方式之全貌。

为充分呈现这种全新的后现代思维方式，笔者试从以下五个方面进行概括和评价。

一、这种思维方式具有广阔的适用性

任何思维方式都有适用的思维对象。如数学思维方式适合解决数学问题，机械思维方式适合解决机械问题等。从思维方式发展史看，一般地说，思维方式发展程度越高，其所适用的对象和范围也就越广泛。仔细分析作者的运思过程，我们发现，其思维对象和思维范围非常广阔。作者的思维焦点"不只关涉人类的可持续发展问题，更攸关我们整个星球能否存亡绝续问题"[9]。而关注整个星球的存亡绝续问题就需要把思维对象从广延性上拓展至整个宇宙，从持续性上就需拓展至过去、现在、未来整个的时间维度，从文化上就要拓展至整个人类所有的文化，从解决方案选择上就必须考虑到尽可能多的可能性，再也不像现代思维方式那样仅仅把思维焦点集中在人类、集中于当下现实功利、限制于现代科学及各种现代性正面成果，任何与此相悖的自然、生态、过去、将来以及以其他非科学文化一概不在考虑范围，从而导致了人类中心主义、现实功利主义、科学沙文主义等一系列现代性痼疾。因此，与现代思维方式的思维对象相比较，这种全新的思维方式的对象适用性非常强，它具有超国界、超历史、全球性、对人类整体生存影响重大等一系列特点。由此可见，这种思维方式从一开始产生就起点很高，它要所思考与解决的问题其实都是事关人类整体发展的重大问题。

二、这种思维方式具有高远的价值目标指向

思维方式的价值目标指向是评价一种思维方式优劣的一个非常重要的因素。建设性后现代主义所提倡的思维方式的价值目标非常高远。其最低目标就是希望能够真正解决人类现在面临的各种危机，使人类能够避免在短时期内灭亡。其最高的价值目标用建设性现代主义大师小约翰·柯布的话来说，就是为了人类和所有生命的"共同的福祉"。[10] 就本书而言，作者的直接目标是解决中国现在所面临的各种现代化难题，从而希望中国走出一条不同于西方的新式现代化之路。根据这一价值目标指向，作者思考的逻辑如下：首先反思、批判现代性局限，继而具体分析中国现代性问题，然后把建设性后现代哲学与中国传统智慧中后现代因素二者有机整合，最终提出了中国进行第二次启蒙的具体行动纲领和具体方案，并希望以此为突破口，推动整个人类文明的后现代转向。从全书看，作者的整个思维过程与结论都很好地演绎与表明了这一全新思维方式价值目标指向的高远性。

三、这种思维方式的立足点具有高度的动态性和灵活性

任何思维方式都有一个思维的立足点问题，立足点不同，思维的结果也就大相径庭。思维方式的发展史表明：一种思维方式不管有多大功用，一旦立足点静止、固定，这种思维方式的局限性也就确定了。现代思维方式就是把假设的理性当作能够解决一切问题的立足点，并把其僵死化、单一化、霸道化，认为理性能够把这个世界上的所有真理一网打尽，但这显然是不可能的。正是因为意识到现代思维方式在立足点上的失误，建设性后现代思维方式则以"整体有机论""过程论""内在关系论""互补论""整合论"等为综合和动态立足点，而不是像现代思维方式那样总是习惯于从一个静止不变的立足点看问题。换言之，建设性后现代思维方式的立足点是始终处于动态之中的，它总是根据对象的性质而动态地变换，而正是思维立足点的动态变换，为我们更好地寻找和发现人类前进方向的"别一种可能性"奠定了坚实基础。以作者对自由问题的思考、分析与立论为例，整个过程思维的立足点始终根据问题的性质而作不断的变换。作者首先以当下的现实为立足点，分析了现代自由观所导致的现实后果；接着作者从关系论、精神发展史、权力观与制度观之影响、后殖民主义等后现代立足点出发，有力解构了现代自

由神话，充分揭示了自由概念的复杂性，最后再从伦理学立足点、生态立足点出发重构了具有高度独创性和新颖性的后现代自由观，使我们对自由的认识达到了一个崭新的高度。正是因为作者经常不断地变换思维立足点，所以其得出的诸多结论具有独创性、深刻性、包容性等优点，很好克服了现代思维方式诸如划一性、机械性、单一性、片面性等诸多局限，让我们欣赏到了一个充满无限可能性的美好的后现代世界。

四、这种思维方式具有全方位的、多维的、全息性的思维角度

是否具有广阔的思维角度也是评价思维方式的一个重要因素。从作者的思维过程看，作者始终倡导一种全方位、立体式、全息性的思维角度，反对用单一的、平面的、机械的视角看问题，并且主张因为单一主体在看问题视角上的局限性，所以主张向他者开放，倾听他人的声音，哪怕是最低微的人的声音，而不是只听专家权威的声音。正是因为这一道理，作者在书中多次公然申明自己的关于第二次启蒙的所有分析与结论都是对他者开放的，因为"对于后现代思想家来说，一个人能够获得的观察事物的视角越多，他（她）的解释就越丰富、深刻"[11]。

这就大大拓展了思想通往真理的道路，使我们在思考问题时能够发现尽可能多的事物真相，有效地阻止了或者说避免了人微言轻的现代性悲剧的再次发生。作者在书中不厌其烦地申明：走向现代化并不是只有西式现代化的"华山一条路"，事实上，只要你变换习以为常的思维视角，就可以发现西式现代性的很多局限，就可以探寻更多更好的现代化新路，其实作者所提出的后现代科学、后现代农业、后现代教育、后现代民主、后现代法学、后现代商业、后现代文化、后现代生活方式等就很好地向我们证明了从不同视角看问题而得到的"别一种科学、别一种教育、别一种民主"等"别一种可能性"，它昭示着别一种既具中国特色又非西式现代化新路是完全可能的。与之相反，在现代思维方式的强化作用下，"我们现代人的思维被训练得太习惯于固守某个固定的答案，而不是想一想是否有多种选择的可能，是否有多种答案"[12]。为此，作者提请我们注意不断变换视角思维的重要性。应该说这是建设性后现代哲学家对于人类思维方式发展所做出的一个重大贡献。

五、这种思维方式具有辩证而多向的思维顺序

思维的顺序问题是思维方式的一个重要指标。不同的思维方式有着完全不同的思维顺序，思维顺序的不同，则决定着思维结论的不同。比如作者针对现在国内学术界关于"中国尚未完成第一次启蒙，何来第二次启蒙？"观点的分析就很好地证实了思维顺序问题的重要性。作者认为这种观点是思维的顺序出了问题，因为它以一种固定不变的线性思维顺序去思考启蒙问题。如果能适时地转换思维的顺序，那么就会发现："既然第一次启蒙出现了如此多的问题，我们凭什么一定要完成它"，"启蒙是否只有一种形式，另一种启蒙是否可能"，[13]如果"通过中国和西方、传统和现代的互动实现中国文化与现代西方文化各自的创造性转化"，[14]那么我们又有什么理由非要先实现第一次启蒙而不开始第二次启蒙呢？这里作者的思维顺序已明显不同于现代思维方式了，这是一种遵循客观世界本性的辩证的、多向的、整合性思维顺序。具体地说，作者的在书中经常运用的思维顺序主要有"先自然后人类、先关系后实体、先他人后自我、先有机后机械、先联系后静止、先整体后部分"等，并且这种思维顺序是动态地变化的。用一句话来概括这种思维顺序，就是"既要见森林，也要见树木，而且更重要的是有机多向整合"。这就是这种思维方式在思维顺序性问题上的精髓所在。

以上我们试图从思维方式构成要素的五个方面粗线条地呈现和评述作者所运用的建设性后现代思维方式。综上所述，这种思维方式较之于现代思维方式，具有建设性、整合性、创造性、动态性、包容性、过程性等诸多优点或特点。鉴于这种思维方式对于解决现代世界危机的极端重要性，所以笔者视之为我们这个危机时代所必需的济世良方，因为只有整个世界的每一个人都具有了这种思维方式，都以这种思维方式去思考问题、指导实践，我们才真正可能从根本上消除现代人类所面临的各种灭顶之灾，才有可能建设一个无限美好的世界。

为此，我们要大声疾呼，大力推广和应用建设性后现代思维方式，当务之急是将之广泛应用于中国现代化中各个重要问题的解决上。在这方面，作者已经为我们做出了很好的榜样。如果这种全新的思维方式能被我们广大群众所掌握，则中国幸也。非常可贵的是，刚刚结束的十八大已经表明，这种后现代思维方式已经开始影响中国。党的十八大报告对于我们所面临的形势的分析，对于中国现代化问题的深刻洞察，特别是关于生态文明建设的深刻

洞见等国家战略已经让我们充分感觉到一个全新的后现代中国正在形成之中。

最后，我要说的是，因为建设性后现代哲学的博大与深刻，更限于笔者的水平，对建设性后现代思维方式的呈现、概括与评述都难免挂一漏万，不足之处也是明显的。好在后现代思维方式极力主张也乐于倾听不同的他者声音，所以作为热切向往美好的后现代世界之我也就能释然面对且敢作抛砖引玉之举了。

参考文献

［1］大卫·格里芬. 后现代科学——科学魅力的再现［M］. 马季方，译. 北京：中央编译出版社，1995：16-17.

［2］［3］［6］［7］［8］［9］［11］［12］［13］［14］王治河，樊美筠. 第二次启蒙［M］. 北京：北京大学出版社，2011：16，封底，12，1，8，18，19，18，18，18.

［4］HERBERT MARCUSE. One-dimensional man［M］. Boston：Beacon Press，1964：257.

［5］JOHN B. COBB, JR. Process philosophy and its contemporary relevance to the world in general and China in particular［R］. 2005.

［10］HERMAN E. DALY, JOHN B. COBB, JR. For the common good［M］. Boston：Beacon Press，1994：37.

［本文最初发表于《浙江社会科学》2013 年第 6 期，此次有增减，这里特向《浙江社会科学》致谢！］

13. 时代需要一种建设性的后现代哲学

Times Call for a Constructive Postmodernism

王治河（Wang Zhihe）

【作者简介】王治河（1960— ）山东人，哲学博士，1960年生于北京，北大哲学系78级本科生，85级研究生，师承著名哲学家朱德生教授；博士毕业于美国克莱蒙研究生大学，师承美国著名建设性后现代思想家格里芬教授和柯布博士；出国前任中国社科院《国外社会科学》杂志副主编，现任美国中美后现代发展研究院常务副院长、哈尔滨工业大学建设性后现代研究中心主任、博士生导师，兼任中共中央编译局研究员及国内多所大学客座教授，20余年来一直从事后现代哲学、过程哲学和第二次启蒙的研究工作，出版和合作出版《第二次启蒙》《后现代哲学思潮研究》《怀特海与中国》《过程与多元：中国和而不同思想研究》等中英文学术著作9部，在《中国社会科学》《国外社会科学》《哲学研究》《哲学杂志》（中国台湾）、《马克思主义与现实》《人民日报》《光明日报》、美国《每月评论》《东西方哲学》《过程研究》、新西兰《教育哲学与理论》、波兰《可持续发展研究》、美国《世界文化论坛》等报刊发表中英文学术论文100余篇，主编《后现代主义辞典》一部，与格里芬合作主编《建设性的后现代主义译丛》一套，与国内学者合作主编《过程思维丛书》一套，同时兼任《中国过程研究》主编。王治河先生是中国后现代思想研究的先行者和最有威望与影响力的著名专家。

后现代主义（Postmodenism）这一当代西方最具影响力的文化思潮已愈来愈引起国内学者的关注和兴趣，随着这一思潮在海外的不断深入发展，我国学者（包括港澳台学者）关于后现代主义的研究也在日益增多。在改革开放的时代，这其实是一件很自然的事情。萨特逝世多年后，我们才开始知道他，而今，伽达默尔（Gadamer）、德里达（Derrida）、罗蒂（Rorty）、霍伊（Hoy）、柯布和格里芬（Griffin）等依然健在，我们便已着手研究他们的思想了，这不能不说是一种时代的进步。

发端于当代西方的后现代主义之所以能越过大洋，引起国内学者的极大关注，主要不是由于它"声势的浩大"，而是由于它思想的新颖与独特，由于它所提出的问题都是与今日人类（无论是东方人还是西方人）的生存和命运息息相关的，都是人类要生存和发展下去亟待解决的问题。

遗憾的是，目前国内学者对后现代主义的介绍和研究主要侧重于后现代主义的摧毁、解构、否定性向度上（我的《扑朔迷离的游戏——后现代哲学思潮研究》一书在很大程度上也主要是围绕这一向度展开的），对于后现代主义所蕴含的积极的、肯定性的、建设性的内涵，也就是说对于它的建设性的向度则鲜有考察，以致在对后现代主义理解上多少已经形成这样一种思维定式：后现代主义是专讲"摧毁"和"否定"的，因此是否定主义、悲观主义的和虚无主义的。许多批评文章也都是在这一思维定势上立论的。

今天看来，这种对后现代主义的理解是非常值得商榷的，因为它把后现代主义这一具有"极其丰富、复杂的思想和理论内涵"[1]的重大思潮简单化了，它遮蔽了后现代理论的丰富性和多样性。[2]简单化对于解说固然有某种便利，但在某种程度上也不可避免地造成曲解。这种曲解的一个直接的结果是造成双重的不公正：对后现代主义本身的不公正和对读者的不公正。国内目前流行的几种对后现代主义的非难，可以说在很大程度上是受这种曲解戕害的结果。

鉴于此，在中央编译出版社的大力支持下，我们翻译了"建设性后现代主义"这套丛书的几本，能多少有助于人们较全面地了解和思考后现代主义，特别是思考后现代主义所提出的问题，我们的目的也就达到了。

由于比一般读者先一步接触到这些资料，加之这些年一直在从事这方面的研究，因此想在这里谈一谈我对后现代主义的理解。鉴于对后现代主义消极的、否定性的一面人们已多有论及，这里便侧重于谈一谈后现代主义积极的、建设性的内涵，亦即它的建设性向度。

一

由于上面提及的原因，后现代主义给人的印象，似乎是专讲"否定"和"摧毁"的。因此，有人甚至将之比拟为"文化大革命"的"造反运动"。其实，撇开后现代主义所讲的"否定"和"摧毁"与常识所理解的"否定"和"摧毁"之间的差异不谈，在后现代主义多声部的大合唱中，创造的旋律始终占据着一个十分重要的地位，可以说，倡导创造性是后现代主义的一个极为重要的特征。

在后现代思想家那里，最推崇的活动是创造性的活动，最推崇的人生是创造性的人生，最欣赏的人是从事创造的人。在美国后现代世界中心主任大卫·格里芬看来，创造性是人性的一个基本方面，他的原话是：

> 从根本上说，我们是"创造性"的存在物，每个人都体现了创造性的能量，人类作为整体显然最大限度地体现了这种创造性的能量（至少在这个星球上如此）。我们从他人那里接受创造性的奉献，这种接受性同许许多多接受性价值（例如食物、水、空气、审美和性快感等）一起构成了我们本性的一个基本方面。但是，我们同时又是创造性的存在物，我们需要实现我们的潜能，依靠我们自己去获得某些东西。更进一步说，我们需要对他人做出贡献。这种动机同接受性需要及成就需要一样，也是人类本性的基本方面。[3]

理查·罗蒂所要"重塑"的人的"自我形象"也是一种创造的形象。他的原话是："我们的自我形象就会是去创造而不是去发现的形象，这是曾经被浪漫主义用来赞美诗人的形象，而非被希腊人用来赞美数学家的形象。"[4] 备受福柯推崇的法国后现代哲学家德勒兹则认为，哲学活动就是创造概念。伟大的哲学家之所以伟大，就在于他是新概念的创造者。据此，他表示了对"哲学的终结"观念的不满。在德勒兹看来，"哲学终结"观念的提出，是哲学家缺乏创造力的表现。现在要做的是去开辟新的领域，进行新的尝试。利奥塔也鼓励人们寻找机会，特别是创造的机会。他坚信："人们是能够抓住有幸创造的机会。"作为后现代主义主要代表人物的福柯对创造更是推崇备至。他曾经谈道：他很奇怪，人们为什么将一张桌子、一棵树当作艺术对象，而不把生活本身当作艺术对象。在福柯的心目中，生活本身就是活生生的创造，因此是最好的艺术品。对创造性的迷恋深深地根植于福柯的思想中，在与 R. 马丁的一次谈话中，他讲过这样一段名言："人生劳作的主要乐趣是使自己成为不同于昨日的另外之人。一旦你知道何时去著述，最后又会说出些什么东西，你想你还会有勇气去写它吗？真正的著作，真正的爱情关系，也就是真正的生活。这场游戏之所以值得我们花时间去参与，就是因为我们并不了解其结局会怎样。"这意味着在福柯看来，人生的真正乐趣就在于创造。

需要指出的是，后现代思想家所倡导的"创造"与现代人所理解的"创造"是有所不同的。其一，现代人不是受机械论的影响而对创造作机械的理解，就是受浪漫主义的影响将创造看作随心所欲，看作对秩序的破坏。而在后现代思想家看来，后现代的创造既尊重无序又尊重有序，过度的有序和过度的无序都是与真正的创造格格不入的。按照南乐山（R. C. Neville）教授的考证，其实，在西方传统的最初源泉中，英雄之神的创造性就在于既带来自然秩序又带来社会秩序。[5]其二，现代人仅仅将创造看作极少数人，特别是天才、艺术家的事，从而将创造特权化了。而后现代思想家则试图还创造性于民，通过阐发创造乃人的"天性"来激发普通民众的创造热情。

后现代思想家不仅在理论上倡导创造，而且身体力行，在自身的实践中也始终贯穿着这种可贵的创新精神。

福柯本人可以说就是这方面的一个典型。他研究哲学，而且大半生时光教授哲学，但他的哲学却不讨论柏拉图、康德和黑格尔等哲学家通常所讨论的东西，而是研究有关疯狂、医学、监狱和性的内容。但他又不是严格意义上的精神病学家、医学家、犯罪学家和性学家。他研究历史，但他不是常规意义上的历史学家，因为他所研究的历史并非我们通常所了解的历史。正是他创造性地将结构主义与现象学的研究方法，将马克思主义与批判理论，将结构分析与历史分析成功地结合起来，为人们留下了宝贵的思想财富。"知识型""知识考古学""权力""系谱学"等概念和方法的提出，无一不显示出他思想的独创性。

德勒兹这位终身奔波在"思想高原上的旅人"，毕生致力于为哲学开拓一条新的思路。他自觉地跳出"纯哲学"的高墙，与非哲学沟通，与艺术沟通，从而激发创造的灵感。他一生著述共30余部，涉及哲学、电影、戏剧、绘画、语言、心理分析、文学以及政治等各个方面，有"电影哲学家"的美誉。[6]与此相联系，他创造出大量独特的概念和方法，诸如"欲望机器""差异逻辑""茎块""精神分裂分书法""图解法""制图法"等。

此外，像德里达的"解构""分延""增补逻辑""互文"，罗蒂的"协同性""陶冶""后哲学"，费耶阿本德的"理论增生"，霍伊的"系谱学解释学"，列维纳的"失眠"，利奥塔的"谬误推理"等都体现了后现代思想家的开拓性与创造性。可以说，后现代思想家在短短几十年中所创造的概念，要远远多于以往任何一个时代。这固然得了时代（信息时代）之利，但应该说与后现代思想家自觉的创新意识是分不开的。

二

后现代主义建设性向度另一个表征是对多元的思维风格的鼓励。按照德勒兹的说法：多元论的观念——事物有许多意义，有许多事物，一事物可以被看成各种各样——"是哲学的最大成就"。他这里所说的哲学显然指的是后现代哲学。

建设性后现代主义号召人们要像读一首诗、一部神话一样来解读哲学原著和哲学本文，其用意也在于倡导一种多视角看问题的思维方式。所谓"解构"，按照德里达的界定，就是一种"双重写作"和"双重阅读"。德里达就往往在人们认为是统一的本文中，读出不一致和混乱。以倡导视角主义多元论著称的德勒兹和加塔利，更是有意避免思维视角的单一和僵化。传统思维从一个中心的概念进行操作，运用固定的概念进行分析，从而达到再现现实。与这一思维路线不同，德勒兹和加塔利的分析和研究是在多层面上进行的。他们经常有意地变动概念的层面，转换研究的视角。在《资本主义与精神分裂》第二卷中，他们就开始引进与第一卷中使用的框架和概念不同的新的分析框架和概念，"甚至改变了写作的风格"[7]。

后现代思想家对多元论的倡导是与他们对"本体论的平等"概念的信仰分不开的。根据这一概念，任何存在的东西都是真实的，一个人（不管是伟大的还是平凡的），一种思想（不论是伟大的还是平凡的），都是真实的。没有什么东西比别的东西更真实。一个实在并不比另一个实在少点或多点实在性。本体论上的平等原则要求摒弃一切歧视，接受和接收一切有区别的东西，"接收和接受一切差异"[8]。

也正是这种对后现代的"平等"概念和"多元"概念的认同，决定了后现代主义对"对话"的推崇。伽达默尔甚至将对话视作语言的本质和生命。后现代思想家所谓的"对话"，绝非一个人的话剧，更非内心的独白，而是一种人际发生的过程，它是指现在与过去的对话，解释者与本文的对话，解释者与解释者的对话，这是一个无限展开的过程。

对话的本质并非用一种观点来反对另一种观点，也不是将一种观点强加于另一种观点之上，而是改变双方的观点，达到一种新的视界。因此，真正的对话总是蕴含着一种伙伴关系或合作关系。为了使真正的对话得以进行，后现代主义主张开放，主张倾听一切人的声音，哪怕是最卑微的小人物的声音，以防人微言轻的悲剧再度发生。概言之，后现代思想家志在培养人们"倾听他人""学习他人""宽容他人""尊重他人"的美德。这里似乎很难找到"否定主义"和"虚无主义"的痕迹。

三

作为一种建设性的哲学，后现代主义建设性向度的第三点表征是倡导对世界的关心爱护。

福柯十分推举一向被基督教和传统哲学蔑视为"邪恶"的"好奇心"（curiosity）。他声称他"喜欢这个词"，因为这个词对于他意味着某种不同的东西。"它唤起关心，唤起对存在着的事物和可能存在着的事物的'关心'"，它使人们对现实敏感（sharpen），它准备发现我们周围稀奇古怪的东西。福柯憧憬着一个"好奇的新时代的来临"[9]。这显然是针对现代人对世界态度冷漠、感觉迟钝而发的。

大卫·格里芬等人所倡导的建设性的后现代主义则将福柯的"憧憬"具体化了。大卫·格里芬强调他的建设性的后现代主义具有三大特征。

其一，与现代性视个人与他人、他物的关系为外在的、偶然的和派生的相反，后现代主义强调内在关系，强调个人与他人、他物的关系是内在的、本质的、构成性的。在大卫·格里芬看来：

> 个体并非生来就是一个具有各种属性的自足的实体，他（她）只是借助这些属性同其他事物发生表面上的相互作用，而这些事物并不影响他（她）的本质。相反，个体与其躯体的关系、他（她）与较广阔的自然环境的关系、与其家庭的关系、与文化的关系等，都是个人身份的构成性的东西。[10]

其二，同持二元论的现代人与自然处于一种敌对的或漠不关心的异化关系不同，后现代人信奉有机论。这也就是大卫·格里芬等人如此推崇倡导有机哲学的怀特海，将他视为建设性后现代哲学的重要奠基人的原因所在。[11]所谓信奉有机论，意味着改变现代人的机械论世界观，改变现代人习惯占有的心态。现代人统治和占有的欲望在后现代被一种联合的快乐和顺其自然的愿望所代替。

其三，后现代主义具有一种新的时间观。它倡导对过去和未来的关心。这种后现代主义认为，后现代主义尝试解救"歪歪扭扭地，毫无意义地走向人种自杀"的现代人的第一阶段，应集中在两个方面，即恢复生活的意义和使人们回到共同体之中。因此，这种后现代主义十分推崇"生态主义"和"绿色运动"，因为它所倡导的"内在关系"理论、"有机论"以及对时间的新关系在"生态运动"和"绿色运动"中得到了很好的体现。正是在这个意义上，大卫·格里芬说"后现代思想是彻底生态的"，因为"它为生态运动所倡导的持久的见解提供了哲学和意识形态方面的根据"。正是生态运动的兴起，使我们进一步认识到，所有的事物都是相互联系的，我们应当同我们的总体环境保持某种和谐。格里芬的后现代主义便致力于倡导、推进这种后现代的生态意识。

稍加分析便不难看出，后现代主义在这里是想重建人与自然、人与人的关系。在人与世界的关系上，后现代主义主张消除现代性所设置的人与世界之间对立的高墙，因为如果我们把世界看作是与我们相分离的，由一些计算操纵的，由互不相关的部分组成的，那么我们就会成为孤立的人，我们待人接物的动机也将是操纵与计算。但是，如果我们能够换一种思维方式，用一种新的眼光看世界，认为它具有一种我们也具有的秩序，我们就会感觉到自己与世界融为一体了。我们将不再满足于为了自己的利益而机械地操纵世界，而会对它怀有发自内心的爱。我们将像对待自己的至爱之人一样呵护它，使它包含在我们之中，成为我们不可分割的一部分。

这样，建设性后现代主义便彻底改变了世界的形象。用 F. 费雷的话说就是，"世界的形象既不是一个有待挖掘的资源库，也不是一个避之不及的荒原，而是一个有待照料、关心、收获和爱护的大花园"[12]。这与激进后现代主义的思想先驱海德格尔的有关思想不谋而合。海德格尔就曾一再强调人应该保护那块他从中获取食物并在其上从事建设的土地。人并不是自然的主人，人是自然的"托管人"，就如同原初意义上的农夫的"技能"并不是对土地的一种"挑衅"，而是一种捐献（播种）、一种接受（收获）、一种年复一年的保管员的职责一样。[13]

在人与人的关系上，后现代主义则摒弃现代激进的个人主义，主张通过倡导主体间性来消除人我之间的对立。在后现代思想家看来，"个人主义已成为现代社会中各种问题的根源"。对"自我"的坚执往往是以歪曲、蔑视、贬低他人为条件的，其结果是导致人我的对立（萨特的"他人是地狱"），而周围都是地狱，又哪里有自我的自由可言？后现代主义不是将人看作一种实体的存在，而是看作关系的存在，每个人都不可能单独存在，他永远是处在与他人的关系之中的，是关系网络中的一个交汇点。在这个意上，他们称人为"关系中的自我"（self-in-relation）。因此，"主体间性"内在地成为"主体""自我"的一个"重要方面"。[14]

后现代主义重建人与人的关系的另一重要方面，是重建男人与女人的关系。这方面的思想集中体现在众多形式的后现代女权主义中。艾斯勒的《圣杯与剑》以及凯勒所撰写的《走向后父权制的后现代精神》（收在中央编译出版社出版的《后现代精神》一书中），对此有富有启发的阐述，读者尽可自己去体认，篇幅所限这里就不展开讲了。

<h1 style="text-align:center">四</h1>

关于后现代主义所讲的"否定""摧毁"与常识所理解的"否定"和"摧毁"之间的区别，有必要在这里谈一下。诚如人们所知道的，后现代主义是讲"否定"和"摧毁"的，它也的确包含有否定主义、怀疑主义和虚无主义的倾向，对此，我在《扑朔迷离的游戏——后现代哲学思潮研究》一书中已多有提及，这里就不赘言了。然而问题在于：有否定主义、怀疑主义和虚无主义倾向并不等于就是否定主义、怀疑主义和虚无主义。在我看来，后现代主义与否定主义至少有两点本质不同。

其一，否定主义的否定是为了否定而否定，否定就是一切，否定本身就是目的，而后现代主义所讲的否定则是有关怀的，它反对任何假定的"大前提""绝对的基础""唯一的中心""单一的视角"，旨在向人类迄今为止视作究竟至极的一切东西挑战，其目的是为解放人们的思想，拓宽人们的视野，为人们争得自由。"自由原则"是后现代思想家的"最高原则"（伽达默尔语）。[15]

其二，从方法论上看，否定主义的否定就是绝对的拒斥，就是简单地说"不"，而后现代主义讲的否定在某种意义上则可以说是一种"辩证的否定"。前者导向虚无主义，后者导致思想的解放。而后现代主义所讲的"否定"对解放思想的意义，在我看来，集中体现在它对封闭的"夜郎主义"的拒斥和对开放性思维的倡导上。

众所周知，夜郎王虽已作古 2000 多年了，但作为一种封闭性的、自大狂式的思想方式的"夜郎主义"却并没有随风而去。在东方是这样，在西方也是这样。所谓"人类中心主义""西方中心主义""东方中心主义""种族中心主义"，以及"故步自封""夜郎自大"在某种意义上都可以看作"夜郎主义"的表现形态。这种思想方式给人类带来的灾难是巨大的。

它不仅妨碍着人们去客观地认识外部世界，而且妨碍着人们正确地了解自身，它使人类成为愚蠢的"井底之蛙"。所幸的是，抗拒这种思想方式的努力也始终没有停止过。在当代，后现代主义便是"夜郎主义"的致命克星。否定性的后现代主义也好，建设性的后现代主义也好，在拒斥"夜郎主义"这一点上可以说是没有分歧的。美国著名后现代思想家霍伊对"夜郎主义"的批判，便集中体现了后现代主义的这一思想取向。

霍伊主要攻击的是"夜郎主义"在西方的两种表现形式："故步自封"与"夜郎自大"。霍伊用来克服"故步自封"和"夜郎自大"的工具是他的"系谱学解释学"。

霍伊的系谱学解释学是从福柯的系谱学发展而来的。这是一种内在的批判方法，这种方法拒绝任何超验的视角和超验、必然的一般标准，致力于从内部阐释和批判偶然的社会形态。霍伊的系谱学解释学向普遍必然性挑战，致力于解构必然性，从内部揭示我们的社会和我们的哲学的偶然性。系谱学解释学研究要告诉人们的是，那些想当然地被看作是一般的、永恒的和必然的东西，其实都是有一个历史的，也就是说是有开始的，因而也就是有结束的。我们对自我的理解其实也不是永恒的，也是有一个历史的。这使我们怀疑我们视为必然的自我概念其实"仅仅是偶然的"。在霍伊看来，指出我们的自我认识是偶然的，并不意味着要我们彻底摒弃对自己的理解。我们依然可以喜欢我们自己的自我理解，但无权将这种理解强加给别人，更不应自动断定其他人也应该用同样的方式理解他们自己。正是在这个意义上，霍伊认为，系谱学解释学让人们尊重差异，尊重多样性，"学会与偶然一起生活"[16]。

依据系谱学，霍伊对人的"自大"（complacency）进行了颠覆。这一颠覆集中体现在对传统的线性的、连续进步观的批判上。因为这种进步观既是人类自大的根据，又是人类自大的表现。这种连续进步观的一个重要表征是假定现在比过去好，未来将比现在更美好，作为一个整体的人类，是从低级向高级逐步发展的，人类正一步步走向理想的未来。

霍伊将这种寄希望于未来的思想称为"乌托邦式思维"。它本质上是线性进步观的一种表现形式。在霍伊看来，取向于含混的未来，对一种新的思维态度进行乌托邦式的思辨，可以说丝毫无助于对现在的研究。因为这种乌托邦式思维并没有告诉我们，我们如何可以是不同的。依照霍伊的观点，这种认为一种含混的未来将比现在更好的思想其实是一种非常空洞的想法。它丝毫无助于我们了解我们在过去哪儿做错了，有哪些错误我们其实是能够避免的。

"故步自封"（parochialism）可以被看作是"夜郎主义"的又一重要表现形式，对它的克服构成霍伊系谱学解释学的又一项重要任务。所谓"故步自封"，按照霍伊的界定，并非指对需要认识的东西缺乏完全的知识，而是相反，指"自认为对所需认识的东西具有完全的知识，从而将其他解释拒之门外"。"故步自封"的一个主要表征是"自我夸张"。它缺少自知之明，不适当地夸大了某种东西。在这个意义上，我觉得传统的普遍主义（universalism）也可看作故步自封的一种表现形态。因为普遍主义便是将某种产生于具体的历史条件中的有限的、特殊的以及暂时的认识夸大为无限的、一般的和永恒的真理。因此，被后现代思想家揭穿身世的普遍主义便大可不必像海姑巴①那样悲叹。因为既然你被追查出并非金枝玉叶，"无非是普通经验的庶孽"，那恢复本来面目，过一过平民生活又何妨呢？

"故步自封"的另一重要表征是"封闭性"。与之相反，解释学最重要的特征之一则是"开放性"。它坚持解释的多样性，拒斥"唯一正确的解释"和"独一无二的真理"，因此成为医治故步自封的良药。

在我看来，霍伊的多元主义的系谱学解释学不仅在克服故步自封问题上是有效的，而且在代表后现代主义反击普遍主义的攻讦上也是成功的。从中我们不难看出在真正的后现代主义与否定主义、虚无主义、悲观主义之间其实是存在着一条清晰的界限的。

我们知道，后现代主义对多元论的推崇使它始终受到形形色色的普遍主义的攻讦，这些批评的一个核心要点是指控后现代多元论涉嫌"操作性的矛盾"，必然要陷入"自我参照性的悖论"。按照哈贝马斯的理解，所谓后现代主义的"操作性矛盾"，就是一方面宣称社会一致和社会共识概念是可疑的、是应该摒弃的，一方面又要求人们同意它的批判性的论断是正确的；一方面宣称有效性概念本身是应该否弃的，一方面又将自己的论断视为有效的。在方法论上，这种矛盾或悖论表现为，一方面向一切究竟至极的东西进行挑战，反对一解压百解，另一方面又断定自己的理论具有优越性和优先性；一方面反对一切巨型理论体系的建构，另一方面却建立了自己的理论体系。霍伊清楚地意识到，后现代主义者要捍卫多元论，就必须面对这些矛盾和悖论，就必须对这些批评做出回应。霍伊自信，自己的系谱学解释学可以有效地回击这些批评，从而成功地避免这些矛盾和悖论。

---

① 海姑巴，荷马史诗中战败被俘的特罗亚王后。

在霍伊看来，以哈贝马斯为代表的当代普遍主义者对后现代主义涉嫌操作矛盾的指控，是建立在对后现代主义的误解之上的。其实质仍是站在传统的哲学立场上进行的，是建立在对"理论"的传统理解之上的。具体地说，这一指控是建立在这样两个可以说相互矛盾的暗中假定之上的。假定之一是，后现代主义者同他们一样是普遍论者，因而必定将自身的理论设想为放之四海而皆准的正确观点或公理；假定之二是，如果后现代主义者不是普遍论者，那他一定是虚无主义者。霍伊认为，从这两个假定不难看出，普遍论者仍没逃离非此即彼的二元对立思维的窠臼。

关于与虚无主义的关系，霍伊认为，真正的后现代主义也是反对虚无主义的。它并不反对理性也不捍卫非理性，"只有虚无主义才走得这么远"。[17]而霍伊自己的系谱学解释学是拒绝走入虚无主义极端的。霍伊认为自己的这种理解与后现代思想大师福柯的思想是一致的。霍伊不同意哈贝马斯对福柯的解读，认为福柯始终没有将自己看作是一个攻击理性的反启蒙的思想家。在《什么是启蒙》中，福柯明确提出，理性的精髓将被保存在任何事件中。霍伊认为，福柯与哈贝马斯的分歧不在于一个不要理性一个要理性，而在于重建关于理性的元理论是否必要。在福柯看来，哈贝马斯的生产一种理性元理论的工程不是今天最需要的批判行为，现今需要的不是批判理论，不是用今天的术语重新描述理性自主的理想，而是更具体地批判历史实践。这里面不存在虚无主义的问题。霍伊强调，"福柯也好，伽达默尔也好，都没有一般地反对真理概念和自由概念，只不过更感兴趣的是这些各式各样有待丰富的真理和自由概念在实践中是如何具体地被解释的"[18]。这便涉及对普遍论指控中所暗合的另一个假定的反驳。

霍伊强调，多元论的系谱学解释学尽管反对普遍论的主张，但无意确立自己的主张为正确有效的，进而取代普遍主义者的公理。为了更好地与普遍主义划清界限，霍伊主张用后现代解释学的"解释"概念来替代传统的"理论"概念。

传统的"理论"概念是与"现实"相对的，正确的"理论"无疑是对"现实"的准确把握和真实描绘。在这个意义上理论是一种"图画"。这种图画式的"理论"概念又是以下列这样一个预设为条件的，即现实（包括社会现实）是给定的（given）。而在霍伊看来，现实，特别是社会现实从来就不是给定的。因此没有任何理论可以绝对正确地把握现实。这并不意味着说现实是完全混沌的、不可认识的，所有的感知和认识都是抽象和虚假的幻觉，而是说现实是复杂的、生成的，像黑格尔那样绝对地把握事物是不可能的。在霍伊看来，这就是阿多尔诺等人所揭示的"思想的局限"。

既然现实不是给定的而是复杂多变的，既然人们只能相对地认识现实，传统的图画式的"理论"概念便暴露出了它的局限性。因此，霍伊主张用"解释"概念（其最大特点是开放性）来替代"理论"概念。相应地，传统的作为一种肯定的、建设性的社会历史力量的哲学，应被作为一种否定的或批判的功能的新哲学所代替。这不禁使我们想起马克思对哲学任务的界定，即不是在于推断和宣布一些适合一切时代、一切地点的"永恒真理"，而是要从现实出发，对现存的一切进行无情的批判。[19]不难看出，霍伊的系谱学解释学尽管是批判的、多元的，但是与否定主义、虚无主义无缘。因为它不仅揭示了后现代解释学多元论的否定性价值，有效地防止和反对了独断论；而且在于揭示了后现代解释学多元论的肯定性价值，进一步产生新的视角和理解。这可看作霍伊的后现代理论给我们的第一点启示。

霍伊所给我们的另一点启示则是：真正的后现代思想家既不是乐观主义者也不是悲观主义者。因为他（她）知道，眼泪和傻笑都会模糊人们的视线，妨碍人们直面人生。这使我想起 I. 哈克英在《福柯的考古学》中所讲的一段话，他说："乐观主义、悲观主义、虚无主义以及诸如此类的概念，只有与超验的或永恒的主体联系在一起时才有意义。"[20]的确，夜郎主义者无疑是乐观的，但我们能因此就称反夜郎主义为悲观主义或虚无主义的吗？也许现在已到了对"乐观主义""悲观主义""虚无主义"这些人们已使用得驾轻就熟的概念来一番再思考的时候了。

五

读到这里，读者或许会发出疑问：后现代主义的建设性向度依据何在呢？换句话说，为什么后现代主义会具有这种建设性的向度呢？我想从以下三个方面来简要地谈一下这一问题。

首先，它源于后现代主义的时代性。正像人们日益意识到的那样，作为一种影响广泛的哲学文化思潮，后现代主义并非某几个心血来潮的思想家闭门造车的产物，它既是对自由资本主义的反思，又是对后工业社会（信息时代）的回应。这意味着后现代主义是一种时代哲学，而作为一种时代哲学，它势必像马克思所说的那样，将人民"最精致、最珍贵和看不见的精髓"都集中于自身之中。而我们这个时代最珍贵的也是最强的时代之音就是对创造的呼唤。这一呼唤不可能不反映在后现代哲学中。

其次，它源于后现代思想家大都是"操心之人"。他（她）们既不是玩世不恭的颓废派，更不是一群唯恐天下不乱的"造反派"，而是一些严肃的思想家，是一些操心人类命运、具有古道热肠的人，是肯担当的人，这从福柯下面一段话中可以清楚地显示出来。他说：

> 今天的哲学——这里是指哲学活动——如果不是思想用以向它自己施加压力的批评工作，那在它又是什么？它要不是在于努力弄清如何以及在何种程度上才能以不同的方式思维，而是去为早已知道的东西寻找理由，那么它的意义究竟何在？[21]

后现代思想家不仅是"操心之人"，更是直面现实的人。他们清醒地看到了人类目前所面临的核武器和生态危机这两个"足以毁灭世界的难题"，并试图解决这些难题，正是在追本溯源的过程中，他们发现，对于人类今日的不幸，现代性（主要是现代思维方式）难辞其咎。因此，挑战、批判现代性便成为后现代思想家的主要任务。这样我们也就理解了为什么格里芬要说："我们可以，而且应该抛弃现代性，事实上我们必须这样做，否则，我们及地球上的大多数生命都将难以逃脱毁灭的命运。"[22]

最后，它源于后现代主义与现代主义的既爱又恨的关系。后现代主义与现代主义（包括传统）的关系绝非一种"有他无我，有我无他"的对立关系，而是一种复杂的ambivalent（既爱又恨的）关系。后现代主义要否定的并不是现代主义的存在，而是它的霸权，不是它的优点而是它的局限。它欣赏现代化给人们带来的物质和精神方面的进步，同是又对现代化的负面影响深恶痛绝。这种"既爱又恨"的关系决定了后现代主义对现代主义的否定不是机械的否定，而是某种程度的"辩证否定"。也正是这种"辩证的否定"造就了后现代主义的内在生成力和积极的建设性。能不能找到第三条路：既实现现代化又有效地避免现代化的弊端？这就是后现代主义向我们提出的问题。显然，问题的难度是不小的。但后现代所推崇的英雄就是坚忍地"游刃于两种对立之间的人"[23]。

六

对于正在向现代化迈进的今日中国来说，谈后现代主义有什么意义呢？这是相当一部分人发出的疑问。我想格里芬主编在特意为中文版所写的序言中的一段话已经很好地回答了这一问题。他说：

> 我的出发点是：中国可以通过了解西方世界所做的错事，避免现代化带来的破坏性影响。这样做的话，中国实际是"后现代化了"。[24]

这可以说也是我们的出发点。毫无疑问，我们的时代需要这样一种建设性的后现代哲学。

正如后现代主义无意成为新的理论"霸主"一样（这与它的思想宗旨是相悖的），我们也无意推广什么。只希望人们能以一颗平常心看待后现代主义，给它一点生存的空间。作为另一种视角，如果它对于拓展我们思维的苍穹，对于改变你我的人生能有所助益的话，便是作为组织者的我们最为欣慰的事了。

参考文献

[1] R. TARNAS. The passion of the western mind [M]. New York：Ballantine, 1991：395.

[2]［7］S. BEST, D. KELLNER. Postmodern theory [M]. New York：Guilford Press, 1991：104, 208.

[3]［10］大卫·雷·格里芬. 后现代精神 [M]. 王成兵，译. 北京：中央编译出版社，2005：223, 21

[4] R. 罗蒂. 哲学和自然之镜 [M]. 李幼燕，译. 北京：生活·读书·新知三联书店，1987：415—416.

[5] R. C. NEVILLE. Behind the masks god [M]. New York：State University of New York Press, 1991：52.

[6] 于奇智. 后现代思想家G. 德勒兹 [J]. 国外社会科学，1996, 5：46-51.

[8] J. BASHLER. The metaphysics of natural complex [M]. New York：Columbia University Press, 1966：33.

[9] L. D. KRITZMAN, MICHEL FOUCAULT. Politics, philosophy, culture：interviews and other writings, 1977—1984 [M]. New York, London：Routledge, 1988：328.

[11] D. GRIFFIN. Founders of constructive postmodern philosophy [M]. New York：State University of New York, 1993：2.

[12] F. 费雷. 宗教世界的形成与后现代科学 [M] //大卫·格里芬. 后现代科学：科学魅力的再现. 马季方，译. 北京：中央编译出版社，1995：121

[13] 乔治·斯坦纳. 存在主义祖师爷：海德格尔 [M]. 阳仁生，译. 长沙：湖南人民出版社，1988：187

[14] 甫玉龙. 世纪大转换时期与政治哲学有关联的神学、哲学体系的转变 [J]. 国外社会科学，1996 (5)：61-65.

[15] G. B. MADISON. The logicog linrtyy [M]. New York：Greenwood Press, 1986：1.

[16]［17］［18］DAVID HOY, THOMAS Mc, CARTHY. Critical theory [M]. Oxford：Blackwell, 1994：

207，201，270.

[19] 朱德生．实践、异化和人性［M］.台北：森大图书有限公司，1991：29.

[20] IAN HACKING. The archaology of foucault［M］//DAVID HOY. Foucault：a critical reader. Hoboken：Blacksell Publishers，1992：14.

[21] M. 福柯．性史［M］.张廷琛，等译.上海：上海科学技术文献出版社，1989：163.

[22] ［24］大卫·格里芬．后现代科学：科学魅力的再现［M］.马季方，译.北京：中央编译出版社，2004：16，13.

[23] R. 罗蒂．海德格尔，昆德拉，狄更斯［J］.刘琦岩，译.国外社会科学，1995（10）：2-8.

[本文是王治河博士为大卫·格里芬主编的《后现代精神》一书写的序言，题目是新拟定的]

14. 作别离土教育，走向热土教育

Beyond Rootless Education, Toward a Hotland Education

王治河　樊美筠（Wang Zhihe, Fan Meijun）

一、现代教育在中国的困境

实现教育现代化或教育的现代化一直是百年来中国教育家的一个梦想，它也构成了当代中国教育改革的一个主要方向。尽管中国的有识之士一直在大声呼吁"现代化不是西方化，教育现代化不等于教育西方化"，[1]但中国的现实是，教育的现代化基本上等于教育西方化。正如国际著名比较教育学家许美德（Ruth Hayhoe）教授指出的那样，"自1911年以来，中国的领导人广泛尝试了至少两种不同形式的西方现代性——资本主义的现代性和社会主义的现代性"[2]。用钱穆先生的话说就是，"新学校兴起，则皆承西化而来。皆重知识传授，大学更然。一校之师，不下数百人。师不亲，亦不尊，则在校学生自亦不见尊。所尊仅在知识，不在人"[3]。可以说，从教育的理念到教学的方法，百年来的中国教育基本上因袭的是西方现代教育的模式。按照北京大学陈平原教授的说法，"20世纪中国思想文化潮流中，'西化'最为彻底的，当推教育——尤其是高等教育"[4]。

这种西式现代教育所取得的巨大成就无疑是不容抹杀的。按照教育部权威部门的报告："2008年，全国各级各类在校学生达到2.6亿，其中有近1.6亿学生正在接受九年义务教育；1900多万初中毕业生中，有85%以上升入高中阶段教育学校，其中一半以上进入中等职业学校；830多万普通高中毕业生中，有73%以上升入高等学校，其中一半以上进入高等职业学校；还有100多万硕士研究生和24万博士研究生正在进行学习和研究。"[5]毫无疑问，在普及教育、推动教育大众化方面，现代教育居功至伟。

但在我们庆贺教育现代化的丰功伟绩的同时，也不应该忽视教育现代化所带来的严重负面后果。这种负面后果的一个突出表征就是教育过剩或过度教育现象的产生。一方面，我们的大学每年"产出"的本科生就有将近700

万，就连研究生也有近 60 万，但另一方面，真正为社会所需要的，直接为社会共同体服务的人才却少之又少。也就是说，现代工业文明把不同的人当作机器一样"统一规格"地"批量化生产"出来的产品，供过于求，在根本上无法满足生态文明之所需。据统计，2013 年中国高校毕业生已经达到699 万，被称为"史上最难就业季"。而 2014 年在此基础上仍有增长，预计将突破 700 万人，成为 2013 年后的"更难就业季"。[6]由此引发的经济损失和社会危机是在情理之中的。用有些学者的话说就是，"当社会价值标得如此高，却没有相等的空间容纳如此多的想望时，整个社会所承载的失望与不满是相当沉重的"[7]。

这涉及教育现代化所带来的另一个严重的负面后果，就是厌学成风。"厌学"是现代社会普遍弥漫的现象。许多儿童已经失去了应有的天真活泼、欢笑、浪漫、灵气在他们身上已荡然无存。作业本前磨蹭，奥数班上瞌睡，钢琴课上发呆，现在的中小学生 1/3 以上厌学，很多人的脸上都写着焦虑和疲惫。花朵一样的季节却过早地进入身心疲惫的病态。难道我们的教育就是要在学校里培养一群考试的机器，然后出来成为一个工作的机器，老了成为一个等死的废物吗？有学者如此质问。"如果中国的教育再不改变，人种都会退化"[8]。也有资深学者如此大声疾呼。

这种情况不独大陆如此，我们的宝岛台湾也如是："每年受过义务教育的青年学子，在参加高中联考时就刷去一半，大学联考再刷去一半，就算放低联考的门槛，到了社会上一样要再刷洗一次，经得起层层考验固然可喜，但对那些必然要被刷下来的孩子，真的是很残酷的。更残忍的是，很多孩子因为升学主义，在他踏入义务教育的第二阶段时便放弃了，之后三年的放牛式教育，对他的人生不仅是浪费，更是社会资源的斲伤，人格发展期受到如此扭曲，青少年问题不产生才真是奇怪。"[9]也就是说，在"筛选培养精英"的借口下，绝大多数人的身心健全发展被残酷地牺牲掉了。"教育没有别的目的，就只是奔着升学去，而且现在的学校两极分化特别明显，如果进不了所谓的重点，其他的那些学校就变成了放羊的学校"[10]。

中小学生如此，大学生也不遑多让，"男生打游戏，女生看韩剧"是人们对大学生活的一个概括。网上流传的《一名大学毕业生的反思》或许为这种情景作了一个很好的注脚。

　　5 年前，我进入了全国重点名牌大学武汉大学读书。我抱着最理想的热情，以为从此走上了一条报效祖国、报效父母的人生坦途，以为我的人生即将要大展宏图!

　　一年半以前,我自以为已经看清了中国大学的本质,不愿意再继续自欺欺人地"学"下去,主动放弃了学校保研的名额,退出了用青春和热血换取一纸毫无真实内容和分量文凭的游戏,退出了中国虚伪可笑的"精英学历"社会。因为我不想用镀金的"文凭"和"文化"来糊弄我自己,也糊弄其他人。因为,中国真正缺的不是钱,我缺的也不是钱。中国缺文化,缺教育。我也一样!

　　显然中国缺的不是现代教育,因为上述问题在很大程度上就是现代教育造成的。

　　在我们看来,中国教育的问题在很大程度上在于对主流的西式现代教育的机械模仿。由于主流的西式现代教育在根底上是一种离土教育,它是与现代工业文明相适应的,也是为现代工业文明服务的。然而,随着现代工业文明的式微和生态文明的崛起,这种离土教育的不合时宜就成为一种必然。

二、现代教育是一种离土教育

　　没有人怀疑中国现代教育的推动者的善良初衷,但问题是,本该造福社会、提升生命的教育怎么演变成这样一种"百般害人"的教育呢?[11]

　　其中原因固然很多,在《第二次启蒙》一书里,我们把其归咎于现代工业文明所尊崇的"机械教育"。与此相联系,在本文中我们想从另一个角度探讨中国现代教育失败的原因,那就是盲目模仿西方,错误地踏上一条离土教育之路。而离土教育恰恰是现代西方主流的教育模式,也是现代性最糟糕的方面之一。遗憾的是,我们恰恰学习了这最糟糕的方面。

1. 何谓"离土教育"?

　　所谓"离土教育",就是以升学为手段、以现代都市培训职业人才为目的的片面强调书本知识的教育。离土教育将教育的目的等同于职业培训,从而使教育沦为经济的仆役。虽然离土教育许诺所获文凭会给你带来一份"不错的工作和钱途",但实质上是为工业文明的流水线服务的,是为全球经济服务的。用被评为百位人类有史以来的生态英雄斯普瑞特奈克的话说,离土教育是为争得(稀缺的)都市现代工作岗位做准备的,其目的是"为全球经济提供更多有竞争力的工人"[12]。

　　在离土教育的框架下,实践的智慧、本土的知识、传统的知识通通降低到"不值一提的地步"。唯一受到追捧的是书本知识、标准化知识和国际知识。这与第一次启蒙对乡村和农民的蔑视，对传统的虚无主义，对自然的帝国主义态度密不可分。在第一次启蒙的框架下，"地方"、脚下的这块"热土"是不重要的，它们仅仅作为跳板才有意义。地方和热土之所以受到鄙视，是因为"地方总是与限制联系在一起的""现代文学中的主人公无不是勇敢地逃离生他养他的热土，去投奔一片新的热望之地——城市"的英雄。[13]

1985 年，美国当代著名诗人、作家比尔·霍姆在其《音乐的失败》一书中写道："在我 15 岁的时候，我就可以很快界定失败了：那就是老死在明尼苏达的明尼奥达。"[14]明尼奥达是霍姆的农村老家。在那个时代，作为一个年轻人，如果你不能逃离你不幸所生长在其中的农村，那么你就是典型的失败者。按柯什曼的说法，这样一种视乡村为"失败之地""绝望之地"的观念，当时弥漫在整个美国文化中。[15]这也部分解释了美国农业人口从1870 年的 52%、1910 年的 32%锐减到 1990 年的 2%这一事实。[16]据温德尔·贝瑞的考察，时至 1934 年全美尚有大约 680 万个家庭农场，而到了1975 年，数字已骤减到 60%，仅剩 250 万个。

在西方如此，在中国也如此。仅仅在过去的 10 年间，我国的自然村就由 360 万个锐减到 270 万个。这意味着，每一天中国都有 80 个到 100 个村庄消失。[17]在这个过程中，许多农民已经变得不爱土地，甚至恨上了土地，因为被绑在土地上，是一种没出息的耻辱。这使得"离开农村"成为农村人共同的价值观，不管离开后干什么，总之剩下来就是一种耻辱。"抛弃农村，是必需的选择"，否则就会被视为"人口废品"。[18]有学者对云南某地居民的调查表明：本地的居民，一贯认为从乡下到城里，从小城到大城市，就是有本事。谁能够从乡镇调到县城就是很有面子和本事，如果去到市里面（曲靖市）就更强了；能够调动到省里面，简直就是"本事能耐超凡"；能够进京城的话，简直就是家乡人心中的偶像了。当然，把人硬性捆绑在农村是不人道的，但把人连根拔起，忽悠到城市去是否就人道？

基于这种文化背景的离土教育，是以忽视自然的价值、乡村的价值、本土文化和传统的价值以及个体独特而宝贵的感受和经验为前提的。在离土教育这里，教育完全沦为"经济的工具"[19]。对于今日的时代危机（包括生态危机、信仰危机和社会危机），这种离土教育显然负有不可推卸的责任，因为它在根蒂上是一种无根教育。

2. 离土教育是一种无根教育

所谓无根教育，是指与自然、社会、传统和实践相脱节的教育。在建设性后现代思想家看来，现代性或者说现代世界之所以出了差错，在很大程度上源于教育出了问题。这种教育以征服自然的名义将我们与生活疏离化。"其结果就是对环境的虐待，从而导致生态危机的加速"[20]。

无根教育是现代个人主义和人类中心主义的产物。现代个人主义迷信个体"独立自主"的神话，崇拜"孤独的牛仔"。受这种现代性主流意识形态的影响，在西方，人们错误地认为，"孤独的牛仔"可以独自存活。他与空气、水和事物不发生任何互动，"似乎他在分子水平上也与宇宙中的全部存在没有任何联系"[21]。这也是一种典型的人类中心主义立场。正是这种立场导致了"现代儿童在凌驾于自然至上的'玻璃盒'中长大成人"[22]。这种无根教育不仅削弱了"对地区周边联系、文化模式和生态系统的敏感性"，而且直接导致了我们与过去的决裂，与过去生命感的决裂，与周围共同体的疏离，与大自然的隔绝。

自然，这种无根教育也是疏离生活的。现代教育的课程设置就如克尔凯郭尔在批评黑格尔时指出的那样：黑格尔体系包罗万象，洋洋千万言，"但唯独没有涉及如何生活的问题"。我们有的是堆积如山的抽象知识，但活生生的具体经验，真正的问题，和我们生于斯长于斯的热土和地方共同体却在这知识体系之外。在这个意义上，现代哲学和现代教育是一种"乌托邦"。所谓"乌托邦"，按照奥尔的阐释，其字面意思是"不存在"或"无处托身"。这种无根的教育结果就是导致地方感、家园感和归属感的匮乏。我们变得无家可归，这就是为什么"乡愁"成为一种时代的流行，其代价就是"小的社区共同体的毁灭和社会生态的退化"[23]。我们成了无根之人。

离土教育的结果是无着无落的空寂感折磨着美国人。在《无根、无休止的美国》一文中，美国学者戈叶指出，无根问题是今日美国教育中的核心问题，"因为离开历史，离开牢固的教育根基，丝毫也不奇怪，我们成为不知道我们要去何处的人，因为我们不知道自己从哪里来"[24]。无根教育忽视了对学生精神价值的培养，对传统的认同，对自然的敬畏，从而在西方社会造就了一代无根之人，使学生的内在生命"大为缩减了"。[25]正如斯普瑞特奈克指出的那样，"真正的危机不是缺少数据或使用电脑的能力，而是缺少重视生命相互关联性的道德发展和精神发展"[26]。在她看来，这是一种归属感匮乏的危机。

一如无根之树无法存活一样，无根教育也是不可持续的。因为，无根之后，"除了深深的孤独感，我们还能合理地期待什么呢？"[27]今日中国，弥漫在青年中的人文精神的沦丧和崇高理想的失落就与这种无根教育密切相关。当然，对于不断增加的疏离、冷漠、校园暴力，人们也就不应该感到吃惊了。它们是无根教育的必然恶果，而且还只是冰山一角。

3. 离土教育是一种齐一化教育

离土教育极度强调标准知识和书本知识的重要性，走的是一条"死读书、读死书、读书死"的老路。它致使许多人走上"越学越傻"的"傻博士"道路。真正实现了"四体不勤，五谷不分"。由于这些齐一化的知识与沸腾的生活脱节，只好靠强行灌输和死记硬背，以至于连一些成绩优秀的孩子也呼喊："学习是一件多么痛苦的事情啊！"青少年儿童以及高校大学生自杀比率节节攀升与此不无关系。事实是，每年大学里自杀的大学生，往往不是"不用功"的"坏学生"，而是这种心理严重压抑、用功学习的"好学生"。有大学生曾这样袒露自己的内心挣扎："我在每天的专业学习之外内心十分彷徨，我不知道这个专业适不适合自己，不知道这个专业意味着什么，不知道这个专业的社会发展方向和主流是什么，也不明白这个专业培养的目的是什么样的人才要求，我不知道该怎样进行大学的学习，更不知道前面的路在哪里。我该怎样去一步步实现自己的理想？"

这种齐一化、无根的教育对当代中国教育的负面影响也是不容忽视的。

有学者通过调查发现，本该重视实践知识和特色知识的农民家长比谁都重视书本知识的学习。"农民家长把受教育和学习看作读书，因此对书本知识的学习十分重视。子女只要在读书，就可以不干农活"[28]。

这种注重书本知识的齐一化教育，严重脱离了生活。使得教师教得困难，学生学得困难，最重要的问题是学生不知道学这些知识干什么？全民学英文，不论是高考还是职考，一律考英文就是这种齐一化教育的典型特征。在小溪市乡中学，一位教了22年英语的历史系毕业生抱怨那套中美两家机构合作编写的《义务教育课程标准实验教科书——英语》严重脱离了农村学生的生活。"我越来越不知道怎么教了，"她不满地说。她现在教的是八年级英语，按照课程要求，学生们要参观博物馆、地下宫殿和迪士尼乐园。还有一道题目，请同学们讨论所见过的和理想中的机器人的模样与功能。学生们的反应如下："我连机器人都没见过，怎么想象？""老师，机器人和人是不是长一个模样？"或者要求学生们做沙拉，互相品尝。学生又问："沙拉是什么？"老师也没见过，她只好上电脑查询，再通过多媒体展示沙拉的制作过程。同学们看着，又好奇地问："好不好吃啊？"一个课时的任务量，通常用三四倍的时间也难以完成，"班上66名学生，多数人都是在看戏，还看不明白"。

当代中国发生的严重的重理轻文现象，也是这种齐一化教育的表现形式。"学好数理化，走遍天下都不怕"，这句曾经一度流行的口号，今天虽然表面上不再流行，其实已经落实到行动中了。因此，口说已经多余。

齐一化教育或许对考试有用，但对社会的改造、对人的全面发展毫无着力处。这就是为什么著名后现代生态教育家奥尔主张摒弃这种齐一化教育、"我的教改方案是：废除所有标准考试，把它们都从窗口扔出去。让热土教育进来掌控局面。"他说，"我真的不喜欢标准考试，如你所知，在柏拉图的学园里，是没有这类标准考试的。对于林肯这类人，没有任何考试是妥当的。我相信每个人都是自然的学习者。人类是天然的学习者，我们喜欢解决问题，喜欢创造。应试教育扼杀了美国人的许多创造性。现在美国年轻一代的创造力悲剧性地失落了。"他们仅仅在电子设计上小有才智，在实际的生活智慧上一窍不通。从我们的大学毕业生不会剥鸡蛋，当被问道"我们的食物从哪里来？"不少城市孩子毫不犹豫地回答"从超市中来"，无不折射出注重书本知识的齐一化教育的失败。

三、生态文明呼唤一种热土教育

机器是没根的，也不需要根，更不需要土。而生命之物则离根不活，离土不活。现代教育作为一种离土教育，在根底上是无根的，因为它割断了学生、学校和教育与自然、社会、传统和实践的血脉联系，使得我们教育出来的学生失去了厚重的责任感和深邃的归属感。用过程教育家奥林尔的话来说，"现代世界摧毁了对一个更大秩序的归属感。恢复这种归属感应该成为后现代世界的基础"[29]。而后现代的生态文明则又呼唤一种热土教育。

所谓"热土教育"，是指一种以地方共同体的共同福祉为旨归的有根教育。它是对现代离土教育的反驳，是标准化、单一化、市场化的现代全球教育的抵抗者，它旨在培养学生厚重的责任感和深邃的归属感。

1. 热土教育是一种有根的教育

热土教育是一种有根的教育。培养学生深邃的归属感，进而产生自愿服务于所在地方共同体的激情是这种有根教育的使命。"归属感"在这里一是指对大自然的认同，二是指对所在地方共同体的认同。有根的教育使学生意识到人并非一个由皮肤包裹起来脱离世界的自我，而是"共同体中人"，其存在应包括与他人及自然界的关系，自己只是自然生态系统的一个有机组成部分，我们的存在有赖于该系统的存在。在此基础之上，养成一种善待、尊重、敬畏自然的心态。如果我们的教育不教人们意识到我们的幸福与自然的福祉是紧密联系在一起的，用利奥波德的话说，"那教育何为呢？"[30]

因此之故，有根教育鼓励学生走向日月山川，亲近自然。用陶行知的话来说，鼓励学生"接触大自然的花草树木、青山绿水、日月星辰"，"自由地对宇宙发问，与万物为友"[31]。具有讽刺意味的是，现代教育热衷于学习自然科学，但对自然本身"兴趣了了"。学生们专注于分析物体的构成要素，"对活生生的植物、动物、星云、天气乃至整个自然世界，却缺乏真实的感受和经验"[32]。这不能不说是现代无根教育的失败。

在建设性后现代思想家看来，建立与大自然的亲密关系是克服现代人无根浮萍状态的根本之道。他们格外强调，教育"应该增强而不是割裂那种儿童感觉到了但又没有说出来的与世界的联系感"[33]。托马斯·柏励强调指出，我们需要一种新的教育体系，这种教育体系教儿童宇宙的故事，并让儿童从他们自己的直接经历中学习"自然的书"[34]。在建设性后现代思想家看来，"让孩子只生活在与水泥、钢铁、电线、车轮、机器、计算机和塑料的联系之中，几乎不让他们体验任何原初现实，甚至不教他们抬头观看夜晚的星星，这就是一种使他们丧失最深层人生体验的灵魂剥夺"[35]。诗人泰戈尔也曾谈道："童年是一个文明人一生中唯一可以在树权和客厅的椅子间做出选择的时期，难道因我已是成人不便这样做就该去剥夺孩子的这种权利吗……我知道，在这个世界上，鞋子是要穿的，道路是要铺设的，车子是要使用的。然而，在孩子受教育时期，难道不应该让他们懂得，世界并非客厅，而是一个诸如自然的东西，而他们的肢体之所以被造得如此美妙，正是对自然的一种回应。"土养根，根养树。离开自然，人就会变得窄小、贫薄和猥琐，最后踏上萎谢的不归路。而根系自然，才会产生"根深叶茂"的风景。

作为一种有根的教育，热土教育旨在从小就强化儿童与自然世界的联系感，而不是割裂它。因为正是脚下这片热土唤起我们内心深处的想象力，给我们的心灵提供终身的庇护和滋养。

2. 热土教育是一种服务社区的教育

热土教育强调教育应该服务于本土的需求，应该为地方共同体服务。

热土教育鼓励学校师生积极投身本土建设，充分运用所学知识为解决当地面临的社会问题和环境问题献计献策。由于立足本土，热土教育有助于我们发现最真实的问题，获得最真实的认识，找到最切实可行的解决办法。在此过程中，不仅社区共同体的品质得到提升，学生所学的知识也有了用武之地，自身也获得了成就感，避免了沦为空洞派。美国中部的一所中学对学校附近的一条小河的治理，就体现了这种社区服务意识。这条小河周围缺乏植被，不断受到侵蚀，而且已渐遭污染。在过去的 15 年中，该校的学生们不仅以持续不断地唤醒周围居民的环保意识，而且同当地政府和居民一道，亲手增加该地区的植被，改善水质，增加野生动物的种类，极大地改善了该河流的生态环境。在这个过程中，不仅学生们的知识找到了发挥的渠道，而且心灵也得到了净化，创新意识得以涌现。因为"一个人对环境的认识越深刻，他（或她）改善环境的欲望通常就越强，创新的可能性也更大。如果一个人对存在环境的视野越广，其做出的创新成果的意义也可能越大"[36]。

建设性后现代教育家，"全球绿色新千年领袖奖"得主奥尔教授在欧柏林城所做的努力，也可看作走向热土教育的一个尝试。奥尔计划打通学校与社会的间阂，把欧柏林这个俄亥俄北部的一个拥有 8000 居民和学生的城市，创建成一个后化石燃料时代的模范社区。城镇与大学将采用新式能源，整修的崭新建筑坐落在市中央。一条绿色农场将粮食、木材和原料送进城市；而大学和企业，如饭店和家具厂等的资金源源流向农场。大学的餐饮业将从该地区两万英亩的绿色带获取利益。当地职业学校的学生将利用所学的先进的烹饪课程在这些会议中心、宾馆和饭店工作。所有污水将排入一种动力机器，即一种利用植物和微生物清洁废水的系统装置。欧柏林的大学、社区学院、职业学校和中小学校将重新设计课程，以培养学生适应未来的生活环境，即石油短缺、气候异常、依赖于可持续资源、地区工业和地域知识。该城将成为一个新生活的实验室。他说："为什么不在城市的废水处理厂建一个污水消耗站来生成甲烷发电？"奥尔说："我希望欧柏林工程能够引领一个新思考，即把一切可利用的资源变成教育资源。"热土教育是一种全面教育，号召人们向职业学校的教师学习，向商人、园丁或退休的裁缝们学习，向有打铁知识的人学，向会做被子的人学，向会做番茄酱的人学。设想一下，这里的全体人民将全镇变成了课堂。[37]

3. 热土教育是一种特色教育

受第一次启蒙对传统的虚无主义态度的影响，现代教育基本上是一种拒绝传统的教育，在"唯新主义"的口号声中进行着"断根"教育，在"价值中立"的旗号下实施着"祛道除德"的教育。在这种氛围下，现代西方文化成为唯一合法的文化。一如美国当代著名社会学家罗伯特·贝拉指出的那样："不久前，根据与我们自己文化的相似度来对世界文化进行分等是一种普遍的现象。现代西方文化被看作是理性和进步的标准，其他文化都应向它靠拢。"[38]也就是说，只有"普世的"现代西方文化才是有价值的，其他文化因其特殊性的品质都是应该抛弃的。这也就为齐一化教育提供了哲学依据。

从尊重差异的立场出发，后现代的热土教育格外推崇特色教育。在它看来，每一个地方共同体都有其特色，都是独一无二的。它有自己的特殊的历史、特殊的自然风景、特殊的人文景观，因而是一座特殊的知识宝库，值得认真地学习和研究。在温德尔·贝瑞看来，不管真的还是假的，不适合地方的，不属于地方的，不能促进地方真正繁荣的，"就是错的"[39]。

由于每一个地方都有自己的传统，因此，传统教育构成了特色教育的重要内容。在生态危机、经济危机和社会危机日益加剧的今天，人们越发感到传统智慧的珍贵。从中国"敬天惜物，乐道尚和"的生态智慧和生存智慧，到孔子的仁者爱人；从"在明明德"的"大学之道"，到"一粥一饭当思来之不易"的《朱子治家格言》，无一不是有根教育的经典。这样，我们也就理解了世界比较教育学会会长克莱因·索迪安教授在题为《教育及其道德责任：和而不同的世界》的讲演中号召教育工作者充分领悟"教育"的全部含义，充分尊重"传统教育观"的缘由了。[40]因为它们是先民智慧的结晶，是一个民族的魂魄所系，是文明大树之根。

4. 热土教育是一种整合教育

与离土教育沉湎于分门别类的碎化教育不同，热土教育钟情"整合教育"，志在"消解外在共同体与教室之间人为的对立"，帮助人们重建这样一种强调学校、知识、自然界和生活本身的内在联系。

整合教育的第一层含义是视学生的身心为一个有机的整体，反对分裂学生的身心。

在怀特海那里，学生的身体既包含着肉体也包含着精神。我们面前的学生不是身心分离的，身是身，心是心，而是身心一体的，他们是"整合成一体的人的存在"[41]。因此之故，整合教育强调对学生身体的重视，强调学生身心愉悦对学习的重要性。因为人的身心之间是相互关联、相互影响的。在怀特海看来，"当教师进入课堂的时候，他首先要做的第一件事是使他的班级的学生高兴待在那儿"[42]。我国著名教育家陶行知先生也曾呼吁"把儿童健康当作幼稚园里的第一重要的事情"，强调教师应当做"健康之神"。[43]无法设想，一个身心分裂、身心不快乐的学生能"快乐地"学习，能长大成才。而整合教育则以学生的全面健康的发展为目的，以学生的幸福快乐为旨归。

整合教育的第二层含义是克服和超越盛行于现代教育中的传授知识和启迪智慧的对立、倡导自由和遵守纪律的对立、科技教育和人文教育的对立。

现代西方教育中的这种强调分离的碎化思维对我国当代教育的影响也是根深蒂固的。中国教育科学研究院（原中央教科所）的一项问卷调查结果表明：家长最关心孩子的求知（85.95%），求知在孩子的各类素质中排首位，而孩子的实践（40.86%）、创新（39.24%）、审美（36.80%）等素质却被忽视，排在最后；共青团云南省委、云南省少工委对该省129个县市区的未成年人的家长进行的调查也表明，父母最关心孩子是否学到了知识，他们评价孩子的首要标准是学习成绩。

从一种有机整合的后现代立场出发，怀特海颠覆了人们关于"知识"的神话。在他看来，"教育的全部目的就是使人具有活跃的思维"[44]。这是一个比传授知识更加伟大，因而也更有重要意义的目的。知识是智慧的基础，但知识不等于智慧。不掌握某些知识就不可能有智慧，但人们也可能很容易地获得知识，却仍没有智慧。何谓智慧？在怀特海看来，智慧就是对知识的掌握或掌握知识的方式。显然，智慧高于知识，是人可以获得的最本质的自由。现代教育把知识和智慧对立起来，只注重知识灌输，忽视智慧的启迪，必然导致大量的书呆子和空泛无益、琐碎无聊、缺乏创新的死知识，甚至根本无知识可言。他还进一步指出：知识和智慧并非总是呈正相关，"在某种意义上说，随着智慧增长，知识将减少"[45]。当我们摆脱了教科书、烧掉了笔记本、忘记了为了考试而背得滚瓜烂熟的细节知识的时候，换言之，当我们不是成为知识的奴隶，而学会了积极地创造知识和运用知识的时候，我们才最终拥有了智慧。

所谓拥有智慧，就是一种将知识融会贯通的能力，就是整体把握事物的能力。为此，一些后现代教育家追求一种"洞见—想象的教育"。所谓"洞见—想象的教育"，就是"寻求整体"的教育，[46]就是要既见树木也见森林。

在寻求智慧的过程中，协调好自由和纪律的关系至关重要。怀特海对此有一个辩证的思考。他一方面肯定自由在学习中的重要性，认为自由是通往智慧的必由之路，智慧只能在自由的氛围中产生，从而鼓励社会、学校和教师努力为学生营造一个自由探索的环境。另一方面，怀特海又强调纪律的必要性，因为自由在怀特海那里不是随心所欲的。要获取知识进而达致智慧，必须遵守相关的法则和方法，必须有条理，即有纪律，这是知识的精确性的必然要求。但像现代教育那样把自由和纪律对立起来，把分析和精确性当作唯一的方法，把大量充满活力的青年人培养成了头脑迟钝、缺乏智慧、想象力和创造力的"书呆子"，则是"人类的悲剧"[47]。而在整合教育中，自由与纪律处于和谐的互动中，相应地，人的好奇心和求知欲则像珍贵的幼苗一样受到呵护和培育。[48]

整合教育的第三层含义是视知识为一个有机的整体，反对学科之间画地为牢，反对学校与现实的脱节、知识与实践的分离。

以此为出发点，首先，整合教育强调科学教育、技术教育和人文教育这三种主要教育形式之间的内在联系，认为它们三者是相辅相成、缺一不可的。在怀特海那里，科学教育是训练观察自然的艺术，侧重于逻辑思维（用脑）；技术教育是训练生产物质产品的艺术，侧重于知识的运用（动手）。人文教育则是使学生通过语言、文学、历史、哲学等课程的学习，学会观察社会，进而学会生活的艺术。这三种本来是密不可分、相互联系、相互支持的教育形式，却被现代碎化教育进行了人为的割裂，它或是把科学教育和技术教育对立起来，或是把两者与人文教育对立起来，导致了狭隘的专门化。在怀特海眼里，这是一种"最糟糕的教育"[49]。中国现代教育中大量存在的"重理轻文"现象、重应知识教育轻素质教育现象，实际上也是这种"最糟糕的教育"的变相表达。其结果就是眼高手低、高分低能或是虽有一定的科技修养，但却缺乏社会责任感的学生大量涌现。这是这种现代碎化教育的必然结果。在怀特海看来，只进行一种教育必然会有失偏颇，但三者的机械混合同样难以通达真理（目前中国教育界素质教育和知识教育的关系就属于这种状况）。在后现代教育家看来，关键是把握三者的必要张力，实现其最佳平衡，这就需要呼唤一种整合的智慧。

其次，针对现代教育，特别是现代大学过度专业化，学科之间画地为牢的现象，后现代的整合教育强调打破学科之间的壁垒，大力发展跨学科研究和交叉学科研究，从而鼓励学生发展一种整合性视野，以应对"整个世界面对的问题"[50]。关于如何进行跨学科的整合研究以应对人类面临的紧迫问题，著名生态学家柏励开出的方子是用生态模式来组织大学。他说："大学所面临的困难，并不是简单地设立一门生态课程就可以解决的。"因为生态学既不是一门课程，也不是一个项目，它是所有课程和项目的基础，所有职业的基础。"因为生态就是一个功能性的宇宙"。他强调：大学必须做出决定，或者在衰败着的新生代里继续培训养家糊口的专业人员，或者为正在呈现出来的生态继而培育学生。[51]

著名建设性后现代思想家柯布博士在《怀特海式大学》中提供了一个更具体的关于整合教育的设想。按照他的设想，大学可以就地球和它的居民的健康生存这样重要的问题组织起来进行跨学科研究。由于该问题涉及资源消耗、能源、水资源、人口、全球秩序、有效的经济政策、道德价值、人类健康、政治和小区等一系列问题，教授们可以根据他们的兴趣和能力，运用各种方法进行整合性研究。那么，按照这种整合理念组织起来的怀特海式大学应该是怎样的呢？柯布博士的设想是：第一年可以这样度过：对生态—社会历史、文化—思想史做一个总的观察，了解我们如何发展到今天的状况，并且对我们面临的问题做一个调查。计划并实施这一年的工作需要的技术和想象力。虽然教授的指导和信息的交流是很重要的，但是学生的参与也是同样重要的。学生们在这一计划中可以以个人和小组的方式发挥他们的主观能动性，他们可以承担更多的责任。他们需要对当今世界面临的问题了如指掌，而不至于被问题的难度吓倒，或者失去希望。他们需要得到帮助，了解学科研究领域的宽广度，正如我们上面探讨的领域。从这些领域中，他们选择其中一个领域进行研究，他们对这个领域有充分准备，并且愿意献身这个领域的研究。

在第二年里，学生们将以六个人到十个人为一组进行工作，他们由一位教授带领，教授的兴趣与学生们的兴趣相同。在教授的指导下，他们花上几个星期的时间一起工作，首先把问题弄清楚，了解资源，展开研究的初步规划。在通常情况下，每一个学生首先在小组里承担自己的任务，承担了解相关的问题或者收集信息的责任。小组则是帮助每一个学生学习怎样变得更加有能力帮助别人，而他的帮助又是现实的。待到第二学期时，学生们对于更富于意义的任务有了充分的准备，他们的任务可以包括旅行。如果学生还不能阅读研究工作中需要的语言，或者对数学和统计学还不够了解，无法从事相关领域的研究工作，那么他们必须掌握这些工具。

在学年结束时，小组在一起工作，写出一个报告，说明他们如何了解问题、对找出解决问题的方法是如何充满希望、他们还需要进一步学习哪些课程。如果他们认为需要以小组的形式继续工作一年，他们也可以做出决定，继续对他们的研究对象进行探索。另外一个选择是，他们可以决定另选题目。

小组成员在一起，对一个题目或者两个题目工作两三年，有可能写出对社会有真正价值的报告。这样的课题就可能对人类的需要，如知识和远见的增长，做出直接的贡献。更重要的是，参加这一工作的研究生在分析和解决社会面临的复杂问题时，能够具有与其他人一起工作的能力。[52]

柯布的这些设想未必完善，但却为我们指明了高等教育改革的一个大方向，那就是重新调整学科研究方向和学科设置，以人类面临的重大问题为中心组织课题研究，通过帮助解决重大急迫问题来推动"人类文明的可持续发展"[53]。

四、热土教育与中国

后现代的热土教育在一定意义上可以说是对统治西方长达数百年的现代离土教育观的超越，代表了西方最新的教育理念，与生态文明息息相通；但另一方面，它又是一种最古老的理念，因为它在中国有着悠久的历史传统。这使得中国与热土教育的关系成为一个相当吸引人的话题。

一方面，对于中国当下的生态文明建设，热土教育具有重要的现实意义。

随着生态文明的提出，中国一改过去的高耗能、高污染的粗放式发展，开始走一条可持续发展之路，其经济开始从外向型向内向型转变，努力改变城乡二元经济结构，实现城乡一体化，重点解决三农问题，工业哺育农业，城市帮带农村等。一句话，新的发展模式旨在造福本土人民。这些都需要与外向型发展不同的知识，这就为热土教育的发展提供了极好的机遇，开辟了广阔的发展空间。反过来，这种后现代的热土教育也将为生态文明建设提供强大的教育支撑和人才储备。要实现十七大报告所提出的"建设生态文明，基本形成节约能源资源和保护生态环境的产业结构、增长方式、消费模式"这些目标，靠工业文明的离土教育培养的人才是难以胜任的。生态文明呼唤新的人才。要实现十八大报告所提出的"给自然留下更多修复空间，给农业留下更多良田，给子孙后代留下天蓝、地绿、水净的美好家园"的美好蓝图，离开热土教育是不行的。因为美好家园就是我们的热土。

实现生态文明不仅需要经济发展模式的变革，更需要教育观念的变革。需要用生态文明的理念指导教育改革，使教育的目的、教育的方法、课程的设置、课程的评估都围绕服务生态文明建设展开。在这方面，热土教育大有可为。

此外，因为对厚重责任感和深邃归属感的强调，热土教育对于我们的道德教育和爱国教育意义自不待言。

在走向生态文明的今天，这样一种热土教育提供了"面对全球化教育危机的另类解方"，[54]无疑应该成为新时代教育改革的一个努力方向。

另一方面，中国可以对世界范围的热土教育做出自己独特的贡献。这体现在如下两个方面。

其一，中国文化可以给热土教育提供强有力的理论支持和道德支撑。热土教育在中国文化深处有它自己的根。从中国源远流长的耕读传统到"修齐治平"的"大学之道"，无不对热土教育提供了强有力的理论支持和道德支撑。而西方则缺乏这个传统，因为西方教育连同西方文明一直是以城市为中心的。在西方语言体系中，"文明"一词系古希腊"城邦"的代称。所以，在西方文化中"文明"主要指的是"城市文明"。乡村和农村则是没有文明的。这也就是为什么在柏拉图的《斐多篇》中说：当苏格拉底跟着一个雅典市民朋友出了城门来到一片梧桐树林的时候，他对这个朋友说，他很少到这种地方来，因为自然不是他的老师。在苏格拉底眼里，"只有城里面的人的知识才有价值"[55]。这种判断也深深地影响了西方教育上千年。加之300年来以征服自然为特征的现代性在西方乃至全世界攻城拔寨、一路凯歌，要在西方社会深入开展热土教育和有根教育，其难度是不难想象的。而中国则没有这个包袱，中国历史上就是个农业大国，数千年的耕读传统和"天人合一"理念的深入人心，为热土教育提供了深厚的土壤。因此，热土教育与中国有一种天然的亲和性。这使她得以避免水土不服和昙花一现，从而在神州大地的沃土上，生根开花，结出硕果。

其二，由于受"价值中立"观念的掣肘，现代西方的热土教育缺少完成人格这一块。而中国自古就有"修齐治平"的悠久传统，孔子说，"古之学者为己，今之学者为人。"教育的最终目的是实现人格的提升，人性的转变，也就是帮助人成"人"（仁）。用斯蒂芬教授的话说就是，教育的重心是"人的转变"，而不是创造利润和信息与知识的灌输。[56]中国传统教育对"成人（仁）"教育的强调，无疑有助于丰富当代西方的热土教育。个体人格的转变和外在环境（热土）的转变是个双向互动的过程。对外在热土的净化有助于人心的净化，反过来，人心的净化又有助于环境的净化。在这个意义上说，热土教育实质上也是一种道德教育，它是道德教育的具体化、在地化，是道德教育的落地模式。由于接地气，它可以使我们得以避免假大空式的说教，收获润物细无声之效。

最后，当代13亿中国人波澜壮阔的生态文明实践，本身也将是一场史无前例的环境教育运动。它无疑将在深度和广度上丰富和发展热土教育。因此，热土教育在中国注定有一个璀璨的未来。

参考文献

[1] 顾明远. 教育现代化不是"西化"[N]. 人民日报，2009-12-09 (7).

[2] RUTH HAYHOE. Education and modernization：the Chinese experience [M]. Oxford：Pergamon Press，1992，xiii.

[3] 钱穆. 现代中国学术论衡 [M]. 长沙：岳麓书社，1986：168.

[4] 陈平原. 大学之道：传统书院与二十世纪中国高等教育 [J]. 岭南学报，1999 (10)：20.

[5] 中华人民共和国教育部. 新中国 60 年教育改革发展成就 [EB/OL]. (2009-09-11)[2013-09-21]. http：//www. moe. edu. cn/publicfiles/business/htmlfiles/moe/moe_ 2951/200909/40116. html.

[6] 中国教育在线. 2013 年全国各省高校毕业生就业率情况汇总 [EB/OL]. (2014-01-20)[2014-02-20]. http：//career. eol. cn/kuai_ xun_ 4343/20140120/t20140120_ 1066398. shtml.

[7][9] 朱天衣. 那个三十年后的你 [N]. 三湘都市报，2014-03-29.

[8][10] 钟刚. 资中筠：中国教育不改变，人种都会退化 [J]. 南都周刊，2012 (29)：24.

[11] 王治河，樊美筠. 第二次启蒙 [M]. 北京：北京大学出版社，2011：78.

[12][13][21][22][25][27][33][55] 斯普瑞特奈克. 真实之复兴：极度现代的世界中的身体、自然和地方 [M]. 张妮妮，译. 北京：中央编译出版社，2001：144-145，30，143，143，136，143，143，55.

[14] BILL HOLM. The music of failure [M]. Plains Press，1985：56.

[15] FRED L. KIRSCHENMANN. Cultivating an ecological conscience：essays from a farmer philosopher [M]. Lexington，Kentucky：University Press of Kentucky，2010：322.

[16] 张小琴. 美国农业迅速发展的启示 [J]. 安徽农业科学，2007 (14)：4357，4359.

[17] 符晓波. 村庄消失，城市能繁荣吗? [EB/OL]. (2012-11-04)[2014-02-03]. http：//news. xinhuanet. com/comments/2012-11/04/c_ 113598035. htm.

[18] 李淳风. 逃离村庄："离开农村"成为村民共同的价值观 [J]. 南风窗，2013 (11)：14.

[19][54] 洪如玉. 全球化时代教育改革与发展的另类思考：地方本位教育 [J]. 国立嘉义大学幼儿教育系，2010 (5)：73-82.

[20] Interview with David W. Orr：an ecology based education [J]. Super Consciousness，2008.

[23][29][30] DAVID W. ORR. Ecological literacy：education and the transition to a postmodern world [M]. Albany：State University of New York Press，1992：131，182，148.

[24] GEORGIE ANNE GEYER. Rootless，restless American [J]. Schenectady Gazette，1986 (7).

[26] CHET BOWERS. Ideology，educational computing，and the moral poverty of the information age [J]. Australian Educational Computing，1992 (7)：14-21.

[28] 张永. 农民家庭教育观探析 [J]. 当代教育论坛，2005 (1)：28-29.

[31][43] 陶行知. 陶行知文集 [M]. 南京：江苏教育出版社，2001：753，121.

[32] R. D. LAWRENCE. The study of life：a naturalist's view [M]. New York：Myrin Institute，1980：Introduction，7-11.

[34] 赫尔曼·F. 格林. 王治河. 托马斯·柏励和他的"生态纪"[J]. 求是学刊，2002，29 (3)：5-13.

[35] [51] 托马斯·贝里. 伟大的事业：人类未来之路 [M]. 曹静，译. 北京：生活·读书·新知三联书店，2005：96，98-99.

[36] 李培根. 从根基上认识高等教育 [J]. 高等教育研究，2009 (8)：33-37.

[37] ROBERTO MANGABEIRA UNGER. Chronicle of higher education [J]. Social Theory：Its situation and its task，2011 (6).

[38] ROBERT BELLAH. Cultural vision and the human future [J]. Teachers College Record，1981 (3) (Spring)：497.

[39] BOB WELLS. Our daily bread：a theology and practice of sustainable living [EB/OL]. http：// www. faithandleadership. com/programs/spe/articles/200712/2. html.

[40] 阚阅. 教育全球化：和谐·差异·共生——第三届世界比较教育论坛综述 [J]. 比较教育研究，2009 (2)：82-86.

[41] MALCOLM D. EVANS. Whitehead and philosophy of education [M]. Amsterdam - Atlanta，1998：34.

[42] ALFRED NORTH WHITEHEAD. Essays in science and philosophy [M]. New York：Philosophical Library，1947：171.

[44] [45] [47] [49] 阿尔弗雷德·诺思·怀特海. 教育的目的 [M]. 徐汝舟，译. 北京：生活·读书·新知三联书店，2002：66，66，138，138.

[46] DOUGLAS SLOAN. Insight-imagination：the emancipation of thought and the modern [M]. Greenwood Press，1983：192.

[48] 方明. 陶行知教育名篇 [M]. 北京：教育科学出版社，2005：231.

[50] 小约翰·柯布. 一个建设性后现代主义者对中国现代化的几点思考 [J]. 世界文化论坛，2007 (24).

[52] 约翰·柯布. 怀特海式大学 [J]. 世界文化论坛，2003 (7)：16.

[53] 大卫·雷·格里芬. 全球民主教育 [J]. 世界文化论坛，2003 (7)：20.

[56] STEPHEN ROW. Overcoming America/America overcoming：can we survive modernity [M]. Lanham，Md. Lexington Books，2012：110.

[本文最初发表于《深圳大学学报（人文社会科学版）》2014年第4期，此次发表有增减，这里特向深圳大学学报编辑部致谢！]

15. 建设性后现代生态教育观管窥

Constructive Postmodern Ecological Education

高淮微　　樊美筠（Gao Huaiwei, Fan Meijun）

【作者简介】高淮微（1983—　）教育学博士，浙江省城市治理研究中心、杭州国际城市学研究中心研究人员，浙江大学人文学院博士后。

基于我国国情，教育如何实现现代化同时又成功地避免现代化的弊端，这一问题值得思考与探讨。建设性后现代生态教育观以富有洞察力的创见，引领我们摆脱旧有思维框架的束缚，启迪我们反思现代教育的问题，重新审视教育空间中人与自然、人与人、人与自我的关系，由此开辟教育发展的可能方向与路径。

一、建设性后现代生态教育的基本内涵

建设性后现代（constructive postmodern）与否定性（解构性）后现代、简单化（迪士尼式）后现代，构成后现代哲学思想的主要阵营。就大体而言，三者享有共性——对现代性的否定，更进一步说，是"对现代主义的一元论、绝对基础、唯一视角、纯粹理性、唯一正确方法的否定，对现代个人主义、帝国主义、家长制以及西方文化中心主义的否定"[1]。就个别而言，否定性后现代对西方上千年来的传统思维方式进行激进地摧毁，"解构了理性、真理、自我、历史、物理世界等概念，连同其前提假设，强化了建构甚或持有一种世界观的不可能性"[2]。迪士尼式后现代则体现了反乌托邦、技术修补式、盲目乐观、否认独断的特征，认为未来毫无光明，只能依托技术发展和进步，放弃斗争态度而把暂时策略或片面主张作为正确出路。两者的批判程度让人耳目一新，然而并未提出可行性解决方案，导致虚无主义与相对主义的泛滥。与二者相比，建设性后现代主义不是简单的批判，而是"破"与"立"结合，更注重扬弃，保留现代哲学思想的合理部分，为

超越和转变思维方式提供指导性理念。建设性后现代主义以创造性和辩证否定的方法论，强调人与物、人与人之间的联系，提倡关心自然和他人，积极为人类发展寻找希望之路。"作为一种思维方式，建设性后现代主义是指一种建立在有机联系概念基础之上鼓励历险与创新，推崇多元和谐的整合性思维模式，它是传统、现代、后现代和当代现实的有机整合。"[3]

从思想渊源来看，建设性后现代主义内在蕴含生态取向。著名建设性后现代思想家大卫·雷·格里芬认为，建设性后现代主义"也可称为生态后现代主义"[4]。我国学者也明确指出，"如果说工业文明之后是生态文明，现代之后是后现代的话，那么，生态文明与后现代本来就应该是同一个话题"。凸显生态意蕴的建设性后现代主义，与我国社会倡导生态文明建设的趋势相适应，对我国避免重蹈西方覆辙，探索未来方向和路径具有重要意义。正如格里芬所言，"中国可以通过了解西方世界所做的错事，避免现代化带来的破坏性影响。这样做的话，中国实际是'后现代化了'"[5]。

我国学者指出，判断一种思想或实践是否是建设性后现代教育的标准主要有三个：第一，是否从现代性和现代文明的维度对教育的现代性进行反思、批判与超越；第二，是否具有建设更加美好的后现代教育文明的追求与措施；第三，是否与建设性后现代哲学具有学理上的一致性。[6]在建设性后现代生态理论体系指导下，我们自觉借鉴和运用其中的理念、观念、概念来反思和解决现代教育问题，通过理论演绎和实践运作逐步形成建设性后现代生态教育观。具体而言，建设性后现代生态教育观是从怀特海的有机哲学、格里芬与约翰·柯布为代表的建设性后现代生态思想和理论中获得的启示和新观念。我们尝试以这些新观念引领教育理念与实践创新，推进教育综合改革与社会变革，探索在我国传统文化和现实情况背景下教育全面、健康、可持续发展的道路，努力建构与后工业文明、信息化社会、知识性经济相适应的教育形态。

二、建设性后现代生态教育的基本理念

建设性后现代生态教育的基本理念包含相互关联的四个方面，如下图所示：第一，借鉴建设性后现代生态的"有机存在论"，形成有机教育观，为教育提供新理念；第二，形成"有根教育观"，强调回归中华文化、培养民族文化认同感的教育；第三，形成"热土教育观"，强调回归地方、培养具有归属感的教育；第四，形成"成人教育观"，强调学生的品格形成，培养

绿色生活的态度与行动实践。

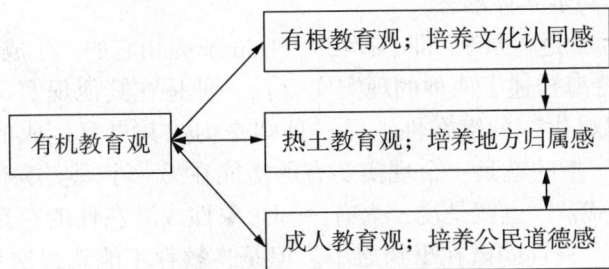

```
                      ┌─────────────────────────┐
                  ┌──→│ 有根教育观；培养文化认同感 │
                  │   └─────────────────────────┘
┌──────────┐      │   ┌─────────────────────────┐
│ 有机教育观 │←────┼──→│ 热土教育观；培养地方归属感 │
└──────────┘      │   └─────────────────────────┘
                  │   ┌─────────────────────────┐
                  └──→│ 成人教育观；培养公民道德感 │
                      └─────────────────────────┘
```

建设性后现代生态教育的基本理念框架

（一）建设性后现代生态"有机教育观"

格里芬指出，建设性后现代生态主义有三大特征：第一，"强调内在关系、强调个人与他人、他物的关系是内在的、本质的、构成性的"；第二，改变现代人的机械论世界观和习惯占有的心态，"现代人统治和占有的欲望在后现代被一种联合的快乐和顺其自然的愿望所替代"；第三，以一种新的时间观，关心和联系过去、当下、未来，恢复生活的意识和使人们重新回到团体之中。这三种特征归纳起来便是"关系性""共在性""过程性"，可用格里芬推崇的建设性后现代哲学奠基人怀特海的"有机哲学"进一步解释。

怀特海提出"相关性原理"，即存在（being）是每一"生成"的潜在性。[7]也就是说，实际实有或主体并不是孤立存在的，每一事物都与其他事物相关，过去发生的事件对当前事件有影响，而当前对将来事件同样有影响。由此可推知，教育是由各种事件、各种实际实有相互连接和包含而形成的有机系统，教育要倡导人与自然之间整体有机的和谐关系，改变随心所欲控制、利用、榨取自然的意识，改变人与人之间的恶性竞争心态，寻求个人利益与他人利益、群体利益的最佳结合点，形成和谐共通共融的教育形态。

怀特海认为，"共在"是"创造性""多""一""同一性"及"多样性"等概念的先决条件；创造的新实有既是它所发现的"多"的共在，又是它所离开的分离的"多"中的"一"[8]。也就是说，每个实际实有或主体具有二重性，它既体现了多样性，也体现了独特性；它既是创造者，同时也是奉献者。教育空间中的关系具有相互依存和相辅相成的特点，各个部分独立存在并承认其他部分的独立性与独特性，在此基础上形成"普遍性"共识与"和而不同"的状态,形成"我中有你,你中有我""我为人人,人人为我"的教育共生共存形态。

怀特海还提出过程原理,即"存在"(being)是由它的"生成"(becoming)构成的。[9]怀特海描述了两种的现实实有:一种是在其他现实实有生成的过程中它的"客观化"的潜在性;另一种则是构成其自身生成的过程。他认为,"客观化"指的就是一个现实实有的潜能在另一个现实实有中得以实现的那种特殊方式。[10]也就是说,人有一种想象性或潜在性的存在形式,由于其未实现或不可视性隐匿在事物之中。但是,教育不能忽视这种"开放性"和"可能性"。实际上,教育正是通过适当的方式把"创造性"的内在冲动,也就是每个学生内在蕴含的力量引导出来,促进学生的全面发展。学生是活生生的有血有肉的、多姿多彩的人,是具有多样性和创造性的人。当学生释放他们的潜能,实现他们的创造性之时,就进入联合状态的世界。当教育强制性地以一种标准去培养学生时,反而使创造性被扼杀在萌芽之中,减弱甚至中断了实有之间的联系,造成反效果。

"有机教育观"将改变我们的教育意识和行动等诸多方面。例如,由中国人民大学乡村建设中心、北京晏阳初平民教育发展中心和福建省正荣集团共同发起,于2012年正式实施的"爱故乡计划",[11]体现和贯穿了建设性后现代生态教育观。该计划致力于提升农村的精神文明和生态环境建设,"打破精英教育的围墙,在当地推行新型的平民教育方式",弥补社会现有体制下的教育缺失,在实验基地推行新型的平民教育方式。目前,该计划建立了多处实验基地,例如,福建连城培田社区大学、厦门马坳社区大学、江西南昌大湖社区大学、福州金山社区大学等。这些社区大学不仅具备教育的基本功能,也尝试促进乡村文教建设变革,并迅速推动地方文教甚至经济的发展。根据有机教育观及其实践案例,下面我们将从文化认同感、地方归属感、公民道德感三个方面进一步阐明"有根教育观""热土教育观""成人教育观",获得对建设性后现代生态教育思想的深入理解。

(二) 建设性后现代生态"有根教育观"

当前,教育面临的一个大问题是中华文化的消退和隐匿,"20世纪中国思想文化潮流中,'西化'最为彻底的,当推教育——尤其是高等教育"[12]。这种"西化"倾向与实践无疑切断了我们的存在联系,斩断存在之根,形成无根教育——缺乏对生命相互关联性的道德发展和精神发展的重视,使师生的内在生命力大大缩减,"我们成为不知道要去何处的人,因为我们不知道自己从哪里来"[13]。当教育日益走向国际化之时，此类问题情形越发凸显。

针对这一问题，我国著名教育家陶行知在 20 世纪就明确提出，"须创造合乎国情之中国式教育，须建立有根的教育"[14]。这一想法与建设性后现代教育观不谋而合。据前所述，建设性后现代生态思想认为，存在内在蕴含着联系，这是存在的本质特征。怀特海进一步指出，我们汇集点滴经验构成实有就是"联系"，如果一个联系的所有成员都分享一个共同的"定义特征"，那么它就可称为一个"群集"；如果一个群集中存在着支配性的经验，"它们对整个群集行使更大的权力，因而赋予整个群集一种针对其环境的统一的反应和行动能力"，这类群集就被称为"合成个体"。[15]据此可知，民族传统文化是以历史积淀下来的精神、制度、物质三方面的形式与内涵作为成员之间相互沟通的"密码"，是建立联系并形成共享的"定义特征"。建立这种认同，就是在不同的群体和个人之间建立一种联系。为此，教育需要重视与继承传统文化，恢复族类根本的文化意识，汲取丰富文化资源和养料，解决西方式生活行为与中国式情感表达之间的隔阂。在这一过程中，教育需对传统文化有所扬弃，进行创造性和创新性转化。正如伽达默尔所言，传统不是某种过去的东西，而是某种我们时时刻刻"参与"的现实。我国仁爱为本的道德本体论，"敬天惜物，乐道尚和"的生态智慧，"养亲、敬亲、亲亲"的孝道理念，强调"生生不息""苟日新，日日新，又日新"精神为特点的社会发展观和历史观，以"修己治人""厚德载物""和而不同"为目标的人生观和价值观，与其他文化相比，体现了真善美的共同追求，都可作为教育目制定的依据、课程内容的源泉。

(三) 建设性后现代生态"热土教育观"

当前，学生生活在"玻璃房"和"保护皿"中，日益丧失了对自然和社区的感知觉。这种"让孩子只生活在与水泥、钢铁、电线、车轮、机器、计算机和塑料的联系之中，而几乎不让他们体验任何原初现实，甚至不教他们抬头观看夜晚的星星，是一种使他们丧失最深层人生体验的灵魂剥夺"[16]。

针对这一问题，建设性后现代教育提出了"热土教育观"，建构以地方共同体的共同福祉为旨归的教育。热土教育有两层含义，一是重新建立与自然的紧密关系，养成尊重和敬畏自然的心态；二是消解城市与乡村的二元对立关系，摆脱物质占有和消费欲望带来的不安定感，重新建立家园感和共同体归属感。

建设性后现代生态思想认为，万物都处于运动中、处于一定的关系中，整个宇宙就是万物交织成的一个织体，人只是自然的一部分，不能凌驾于自然之上。[17]人与自然共存于生物圈，尽管人有心智和思考能力，然而身体仍旧属于自然。建设性后现代思想家约翰·柯布指出，我们同物理环境，尤其包括构成物理环境的生命体有着根深蒂固的联系；"土地"并不仅仅是表演历史剧的舞台，我们本身属于它，离开了它，我们便无法生存；对我们来说，生物圈是一个极为重要的社会。教育让学生亲近自然，让学生感觉到自然界细微的变化及其自身的微妙体验，促使学生意识到自然环境、气候、植物、动物与人之间的紧密关联。正如美国文化史学家托马斯·柏励强调，"新的教育体系要教给儿童宇宙的故事，并让儿童从他们自己的直接经历中学习'自然的书'"[18]。

热土教育观并非以二元对立的方式，抬高乡村贬低城市，或是以"乡愁"美化乡村，而是尝试化解城市与乡村的二元对立，从高能耗、高消费、高成本向自然和简朴的生活观回归，提倡无论城市或乡村都可以实行绿色低碳的生活方式，着力于培育共同体归属感。学生不需要逃离乡村，在城市扎根才算获得成功。在这一视角下，教室、学校、社区、地区都是师生共同学习和生活的家园。教育"应该增强而不是割裂那种儿童感觉到了但又没有说出来的与世界的联系感"，[19]把知识传递、能力培养、价值观形成和行为落实相融合，拆除学校与外部环境或情境的藩篱，探索与创新学校设施能源使用、课程体系设计、学生的体验学习和社会学习活动，建构绿色可持续发展学校。例如，美国强调环境教育是学生素质教育的主要内容和途径，环境教育进学校、环境教育终身化成为美国生态文明社会发展战略的主要组成部分。[20]总之，学校不是与社会隔离的"小世界"，而是积极参与社会重建、建立人与人之间友好联结的地方，让师生在当代浮躁社会中获得心灵舒展的空间。

（四）建设性后现代生态"成人教育观"

进入现代社会以来，教育以治理和控制自然的启蒙理念为特征，伴随着资本主义自由市场的崛起，教育注重的是如何大规模地开发自然资源以满足不断增长的消费欲望，这样的教育使公民远离和谐正义的理想，转到竞争和争夺政治权力。[21]

针对这一问题，建设性后现代生态教育提出"成人教育观"，强调培养自由、负责、和谐的社会公民。怀特海指出，教育的目的是激发和引导他们的自我发展之路。[22]与服务市场和学科知识建设的现代教育不同，建设性后现代生态教育以人为本，着重于提高人的素质，增进和发展人的自由。但是，这种自由并非片面的自由，而是负责的自由。也就是说，教育应该具有神圣性，培养受教育者的责任感和崇敬感。这种责任感把自然、他人纳入自我发展的统一体中，"认识到我们不可避免地成为社会存在，应在服务于社会的共同善中找到满足"，"去生活在一个创新、同情、参与、生态智慧和精神满足、无人掉队的生态文明中"。[23]建设性后现代生态教育提倡恢复关怀意识，倡导关心和感恩教育，把"原子式""单子式""大写的人"放回到社会关系中，不仅强调个体的自由、权利、利益，也强调个体负责、谦逊、感激的态度，着重培养学生关心的品质和技巧，努力让学生成为有道德感的人。怀特海认为，当它（实际实有）摄入或吸收其他实际实有时，作为主体存在；当被其他实际实有摄入或吸收时，作为客体存在；严格地说，它是一个超体（superject），世间万物就是由这样的实际实有构成的。[24]"超体"概念表明主体并非静态和割裂的存在，而是具有流动和联系的性质，"主体间性"蕴含于"主体"与"自我""自然"与"主体"的关系之中。正如格里芬指出的，"我们从他人那里接受创造性的奉献，这种接受性同许多接受性价值一起构成了我们本性的一个基本方面。但是，我们同时又是创造性的存在物，我们需要实现我们的潜能，依靠我们自己去获得某些东西。更进一步说，我们需要对他人做出贡献，这种动机和接受性需要与成就需要一样，也是人类本性的基本方面"[25]。

总之，在建设性后现代生态教育精神导向下，教育恢复学校与学生的活力，培养学生敬畏自然，热爱传统文化也尊重其他文化，发挥潜能和创造性，致力于解决社会问题，成为道德、审美、智力、身体和谐发展的人，践行一种绿色的生活方式。

三、结语

在21世纪之初，倡导建设性后现代生态教育观具有重要意义。从世界范围来看，生态文明超越现代文明，是人类社会发展的未来趋势，因此呼唤新型教育与培养新型人才。一方面，我国正逐步推进的经济和社会改革，为建设性后现代生态教育理念落实提供良好的机遇；另一方面，建设性后现代生态教育也为我国生态文明社会建设提供相匹配的高素质人才后备力量。针对我国现代学校教育存在的诸多问题，建设性后现代生态思想以"多元和谐的整合性思维范式""未来的建设性筹划""高远的整合精神""独特的实践品格"[26]为形成建设性后现代生态教育观提供可靠依据。在建设性后现代生态教育新视角下，我们把"教育看作自然有机的过程，看作生命鲜活展开的过程"[27]，形成"有机教育观""有根教育观""热土教育观""成人教育观"，力图从理念转变、文化认同、地方归属、品格形成四个方面，努力打破线性发展的思维模式，重新思考教育目的，提倡教育现代化与后现代发展取向并驾齐驱，最终实现教育的"绿色"发展和超越。

参考文献

[1] 王治河. 后现代主义辞典 [M]. 北京：中央编译出版社，2004：313.

[2] 大卫·雷·格里芬. 超越解构：建设性后现代哲学的奠基者 [M]. 鲍世斌，毛剑平，程丽媛，等，译. 北京：中央编译出版社，2002：5.

[3] [27] 王治河，樊美筠. 第二次启蒙 [M]. 北京：北京大学出版社，2011：55，92.

[4] 李惠斌，薛晓源，王治河. 生态文明与马克思主义 [M]. 北京：中央编译出版社，2008：7.

[5] 大卫·雷·格里芬. 后现代精神 [M]. 王成兵，译. 北京：中央编译出版社，2011：18

[6] 温恒福. 建设性后现代教育论 [J]. 教育研究，2012 (12)：23-28.

[7] A.N. 怀特海. 过程与实在 [M]. 周邦宪，译. 贵阳：贵州人民出版社，2006：30.

[8] [9] [10] [15] 阿尔弗雷德·诺思·怀特海. 过程与实在 [M]. 周邦宪，译. 修订版. 北京：北京联合出版公司，2014：31，33，34，6.

[11] 爱故乡 [EB/OL]. http://www.iguxiang.org/index.php_ m=mod_ static&_ a=view&sc_ id=2.

[12] 陈平原. 大学之道：传统书院与二十世纪中国高等教育 [EB/OL]. (2009-03-27) [2014-03-09]. http://www.aisixiang.com/data/25851.html.

[13] GEORGIE ANNE GEYER. Rootless, restless American [J]. Schenectady Gazette, 1986, 11 (7).

[14] 方明. 陶行知全集 [M]. 成都：四川教育出版社，2005：179.

[16] 托马斯·贝里. 伟大的事业：人类未来之路 [M]. 曹静，译. 北京：生活·读书·新知三联出版社，2005：96.

[17] [24] 大卫·雷·格里芬. 怀特海的另类后现代哲学 [M]. 周邦宪，译. 北京：北京大学出版社，2013：4，29.

[18] 赫尔曼·F. 格林，王治河. 托马斯·柏励和他的"生态纪" [J]. 求是学刊，2002，29 (3)：10-13.

[19] 斯普瑞特奈克. 真实之复兴：极度现代的世界中的身体、自然和地方 [M]. 张妮妮，译. 北京：中央编译出版社，2001：143.

[20] 袁东. 美国教育体系中的环境教育 [J]. 深圳大学学报（人文社会科学版），2014，31 (4)：26-30.

[21] 保罗·布伯. 培育为生态文明服务的公民 [J]. 深圳大学学报（人文社会科学版），2014，31 (4)：22-25.

［22］阿尔弗雷德·诺思·怀特海. 教育的目的［M］. 庄莲平, 王立中, 译. 上海: 文汇出版社, 2012: 6.

［23］MCDANIEL JAY. Thinking in a Whitehead an mode［EB/OL］.（2014-11-06）［2014-12-09］. http: // www. jesusjazzbuddhism. org/thinking-in-a-whiteheadian-mode. html.

［25］D. GRIFFIN. Peace and postmodern paradigms in spirituality and society: postmodern visions［M］. New York: State University of New York Press, 1988. 149.

［26］王治河. 中国式建设性后现代主义与生态文明的建构［J］. 马克思主义与现实, 2009（1）: 26-30.

［本文最初发表于《自然辩证法研究》2015 年第 5 期, 此次发表有增减, 这里特向《自然辩证法研究》编辑部致谢!］

16. 论怀特海对 17 世纪实体哲学的批判

Whitehead's Criticism of the Substance-Based Philosophy of 17th Century

杨 丽 温恒福（Yang Li, Wen Hengfu）

【作者简介】杨丽，教育学博士，哈尔滨师范大学教授，博士生导师，黑龙江省省级人才梯队课程与教学论学科带头人，主要研究方向为课程与教学论，现工作于哈尔滨师范大学教育科学学院，出版《教学理论发展的另一种可能》《现代课程思想教学改革与评价问题研究》《教师职业能力》等学术著作 5 部，在《教育研究》《教育学报》《求是学刊》等报刊发表学术论文近 30 篇，承担国家级课题 1 项、省部级及厅级课题 11 项，获国家教学成果二等奖 1 项、黑龙江省社会科学优秀成果论文一等奖 1 项、二等奖 2 项；获黑龙江省高等学校教学成果一等奖等 2 项。其主要社会兼职有全国课程与教学论专业委员会理事、全国普通教育评价专业委员会常务理事等。

"哲学史上有两种宇宙论，它们在不同时期统治了欧洲思想：一是柏拉图的《蒂迈欧篇》，另外就是 17 世纪的宇宙论，其主要作者为伽利略、笛卡尔、牛顿、洛克。"[1] 而怀特海有机哲学被菲利浦·罗斯认为是"自笛卡尔和牛顿以来，在哲学和科学中居支配地位的机械论宇宙观的一个新颖且更为精致的替代品"[2]。有机哲学就是在批判和修正 17 世纪的宇宙论，即实体哲学的基础上建立起来的，这些批判深刻而富有洞见，有助于我们对有机哲学的理解及对一些现实问题的思考。

一、实体哲学没有明确提出"简单位置"和"实体—属性"的理论假设

怀氏认为："当你批判一个时代的哲学时，主要注意力不应当放在当时

的解释者公开加以辩护的论点上。在某个时代，各种不同理论体系的信徒可能都同时不自觉地采取某些基本假定。"[3] "哲学正是对前提的探索"[4]，怀特海对 17 世纪实体哲学的批判，是从审视理论的前设开始的，同时他认为，牛顿的"《原理批注》在哲学上的不足所造成的后果便是，它一点也不提它在应用中的局限性。结果读者——牛顿本人几乎可以肯定也是如此——阐述该书的意义时坠入……'具体性误置谬误'。"[5] 这段话至少有两层含义，一是由于没有明确预设假定，潜意识中也就把该理论看成是普适的真理，把理论抽象等同于具体现实，不可避免地产生谬误——"具体性误置谬误"；二是牛顿本人"几乎可以肯定"也没有意识到这一假定的存在。这种无意识或许是因为，在一个时代，"这些假定看来十分明显，人们甚至不知道他们的假设是什么，因为他们从没想到过还有其他方法可以用来说明事物"[6]；再有，人们似乎能够很容易地获得与经验相一致的清晰而独特的各种前提。因此，他们比较疏忽于批判这些前提，而使自己投身于精心制作各种演绎体系之中。当然，人们没有审视牛顿体系的假设，或许也与牛顿的理论在解释天体机制方面的惊人成功密切相关，"因此，人们就把这种机械概念对整个宇宙给予最后解释的能力估计得过高了"[7]。"牛顿物理学是以每一小点物质的独立特征为基础的，每一块石头被设想为不需要参照物质的任何其他部分便可充分地被描述出来，它在宇宙中可以是孤单的，可以是均匀空间的唯一占有者，但它仍然可以是本来的那块石头。同样，充分地描述这块石头也无须参照过去和将来。它被看成是既整体地又完满而充分地被设立在目前这一时刻之内。"[8] 进而怀氏指出，17 世纪宇宙论是建立在"简单定位"和"实体与属性"这两个基本假设之上[9]。

二、实体哲学犯了"具体性误置的谬误"

这是实体哲学的根本性错误，也是人们批评比较多的地方。"具体性误置的谬误"含义有二[10]：一是以抽象解释具体，或以较抽象的解释较具体的；二是误把抽象的概念看作具体的实在，把假定当作真实经验，即把具体性置放错了地方。"简单位置"和"实体—属性"概念是"具体性误置的谬误"的两个例证[11]，如果我们说一个物质微粒有一个"简单位置"，意思是说在表达它的时空关系时，只要说它的位置就在它本身所在的地方，并说它在一个肯定有限的区域中和一段肯定有限的时间里存在就行了，完全不必涉及该物质微粒跟其他空间区域以及时间延续的关系；"实体—属性"指的是我们观察一个对象时，是把它当作一个具有某些特性的实有来看待的，同时，每一个别的实有也是通过它的特性来理解的。正是笛卡尔的主—谓形式的命题以及来自它的哲学传统"实体—属性"支配了他后来的形而上学思想的发展。怀特海认为："实体与属性以及简单位置等概念对人类来说都是再自然不过了，这就是我们思索事物的方式。没有这些思维方式，我们日常生活中的概念就没法安排了，这一点是没有疑问的。唯一的问题是：当我们在这种概念下来观察自然时，我们的思想到底具体到什么程度？据我看来，我们只是为自己提出实际事物的简化状态……我们只要粗略地把看来无关紧要的细节抛开不谈就得到这些概念。"[12]也就是说，这些概念是必要的，但一定要清楚，它们都是理论的抽象，不是具体现实。万万不可以为通过如此简化的理论而了解的自然就是自然的本来面貌，犯"具体性误置的谬误"。

三、宇宙中不存在不变的、孤立的、"具体"的实体

在以笛卡尔、牛顿等为代表的实体哲学中，实体是不变的、孤立的，"当我们设想一个实体时，我们只是设想这样一个存在物，为了存在，它只需要它自己而不需要任何其他事物"[13]。怀氏认为："这一定义确实是来自亚里士多德的定义：第一实体'既不能称之为一个主体，也不能被认为是居于一个主体'。"[14]而且，他指出，"广义相对论的原理直接否认了亚里士多德的名言：'一个实体不在一个主体之中。'相反，根据这一原理，一个现实实有确在其他现实实有之中……每一个现实实有都在每一个另外的现实实有之中"[15]。现代科学已推翻实体或物质这一常识概念，"根据现代概念，我们称为物质的缠绕群已融入环境中。分离的、自身包含的局部的存在是不可能有的。环境关系到每一事物的本性。在有一整套震动的自然界中，当这些震动通过变化的环境而受到推动时，某些因素可能保持稳定，但是这种稳定不过是一种一般的、平均的状况。这种平均事实说明我们为什么发现持续于若干时代，或者几个世纪，或者千百万年的同样的椅子、同样的岩石以及同样的植物"[16]。他认为："不存在那样的'除了自己以外不需要任何其他的东西便可存在'的实有，甚至连上帝也不行。"[17]"每一个实有在本质上都是群集性的（social），都需要依赖群集而存在。"[18]把抽象的"实体"认为是真实实在，是"具体性误置"。鉴于此，怀特海引入了具有生成性、联系性、能动性的"现实实有"以取代"实体"概念，"现实实有是唯一的理由"是有机哲学的本体论。

四、实体二元论对哲学发展具有灾难性影响

怀氏认为，17 世纪实体哲学"包含了一种根本的二元性：一边是物质，另一边是心灵。这两者之间又有生命、机体、功用、瞬间是在交互作用、自然秩序等概念，这些概念综合起来就构成了整个系统的致命弱点"[19]。实体二元论弊端及在哲学上的"灾难性"[20]影响至少有五方面。第一，它指导了之后的哲学思变，造成科学与哲学的分离。第二，科学与哲学的分离与对抗状态对双方的思想都产生了各种不幸的限制。[21]哲学不再要求其适当的一般性，自然科学也满足于其方法的狭隘的适合范围。第三，按照心灵和物质对问题做出表述的方法不妥。"它忽略了较低级的生命形式，如植物和低等动物。这些形式中的最高者接近人类精神，最低者接近无机界。"[22]此话也意味着，心和物之间并不存在不可逾越的鸿沟。第四，实体二元论难以解释心物及不同实体之间如何有交互作用。第五，身体实体是没有生存内涵的概念，缺乏一切解释性的认识。"笛卡尔告诉我们这些实体由上帝来维持存在，但不能给予为什么上帝要那样做的任何理由。我们对这种空洞的实体存在在概念上缺乏一切解释性的认识。"[23]有机哲学就是要消解这种二元对立，认为："如果我们不把自然界和生命融合在一起，当作'真正实在'的事物的结构中的根本因素，那二者一样是不可理解的。"[24]"笛卡尔的哲学立足于……身和心是因果联系中的两个实体。对于机体哲学来说，这个问题被转变了。一个现实根本上说来都是两极的，有物质极和精神极"[25]，这两个极在起源上是不可分的，精神来源于感觉经验，一切感觉经验都产生精神作用[26]。在此基础上建构了他的感受理论，使"机体哲学则由于混合物质感受的学说以及嬗变感受的学说而避免这一分离"[27]。

五、实体哲学以感性知觉为基础的认识论具有狭隘性

以洛克和休谟为代表的近代认识论纯粹是建立在对感性知觉的狭隘表述基础上的，怀特海在《思维方式》《观念的冒险》《过程与实在》等书中均有对此的阐释。他说："我与近代认识论的争执在于它因感性知觉提供关于自然界的材料而仅仅强调感性知觉"[28]，"力持官感知觉是供给自然'所与'的唯一来源"[29]，由此造成认识论的狭隘性。

第一，感官知觉所显现的自然事实有其肤浅性。"感性知觉在暴露事物

的本性上的全部实际作用是非常表面的。这个结论为永远依附于感性知觉之上的欺骗（虚幻）的性质所支撑。例如，我们关于在一些年以前毁灭了的星星的知觉，我们关于镜子中的影像或由折射作用所获得的影像的知觉，我们的双重视觉，我们在服用毒品作用下的视觉。"[30]

第二，感官知觉并不提供我们据以对其作解释的材料。[31]纯粹的感性知觉不提供解释它本身的材料，例如，"要是我们有记忆力，我们就能观察到颜色的转化"[32]。否则，你所看到的东西，不能说明什么，不能提供我们据以对其作解释的材料。

第三，感官知觉忽视了经验所具有的整体性。怀氏说："近几个世纪的著名的认识论之所以那样薄弱，原因正在这里。这种认识论把经验整体解释为仅仅是对感性材料的初始的清晰性的一种反应。结果把反应局限于感性材料所供给的材料之内。"[33]他认为这是一种把整体看作对于细节的一种反应，他说："应该把关系颠倒过来。细节是对于整体的一种反应，它们补充定义，它们推导出判断的力量。"[34]譬如，我们走进一个新装修房间的感觉，或许此房间装修富有个性，令我们眼前一亮，或许令我们有种压抑之感，先有整体经验，之后仔细品味房间里一切，卧室、窗帘、家具的形式等诸多细节，这些细节不断强化我们的感受，"补充定义"，"推导出判断的力量"。

第四，人类在感性经验方面并非特长。近代认识论"把经验整体解释为仅仅是对感性材料的初始的清晰性的一种反应"，但怀氏认为，从某些方面说，人类感觉的敏锐性逊于动物，例如在嗅觉上逊于某些狗；在清晰性上，专家的水平低于动物——猎狗的嗅觉、鹰的视觉。人类在感性经验方面并非特长，直接的、生动的清晰性一点也不占支配地位，致使实在的构成中所包含的无限的多样性模糊起来。[35]那么，"作为我们对细节的有意识的分析的基础，并给这种分析以意义的我们的基本经验是什么呢……我们对现实事物的享受是价值（善或恶）的一种实现。它是一种价值经验，它的基本表达是——注意……因为意识最初的闪光就是发现有某种重要的东西。这种经验引起了朦胧的甚至是下意识的注意。在'某种重要的东西'中，注意产生三重特征。整体性、外在性和内在性是'重要的东西'的基本特征。不要把它们看作是清晰的、分析的概念。经验通过这些预先作出的隐约的假定而苏醒，并由此支配它对细节的分析的日益增加的清晰性"[36]。

第五，毫无批判地相信思想高度集中的内省是认识论的基础。针对洛克与休谟所认为的考查经验的唯一方式就是意识的内省分析行动，怀氏言："这种把内省置于首位的学说在心理学领域业已遭到怀疑……内省这种方式……排除了那种出自身体亲密的衍生感觉，那却正是我们本能地将我们的身体等同于我们自身的理由。"[37]也就是说，这种内省方式所排除的"出自身体亲密的衍生感觉"是非常重要、不可忽视的，正是这种"感觉"是将"我们的身体等同于我们自身的理由"，或者说，它使我们有身体和精神统一的要求；同时，针对这种考察经验的"唯一方式"，怀氏认为："为了要发现一些重要的范畴……我们必须求助于与每一类事态有关系的证据。无论什么都不能省略。"[38]

怀氏认为："执意将感觉论的知觉作为一切经验活动的基础来依赖，其结果是，武断地将'精神'从'自然'中分离出来。这种分离是现代才有的，它始于笛卡尔的二元论。"[39]在有机哲学中，"知觉便是一种意识：它是根据为这一强调所选择的客体而被分析的。意识是强调的极致。"[40]知觉既有感官知觉，也有非感官知觉，进而引出他的哲学中两种基本的知觉方式——直接表象、因果效验。直接表象是与感觉相连的知觉模式，它为我们提供了支配我们知觉经验的广延的、空间的和共时的关系领域；因果效验这种知觉模式"是固定的过去在当前形成的过程中的那只手"[41]，是"持续的"，又是"模糊而飘忽的，不可驾驭"的[42]。"正是通过因果效验这种知觉模式，我们把世界经验为具有时间广延性的东西，因为我们所经验的就是过去到当前、再向将来的力量或推力。"[43]可以说，怀特海创立了不同于近代哲学的"认识论"。

六、实体哲学在方法论上具有局限性

"牛顿物理学的方法论是一个无与伦比的成就"[44]，但"每种方法论都有其自己的生命史"[45]。怀特海认为："一种方法论被耗尽枯竭的主要证据在于，其中的进展不再能够处理主要问题。若在一些次要的问题上争论不休，终结这种方法论的时代就到来了。"[46]实体哲学的方法论就面临这样的窘境，怀特海对 17 世纪实体哲学方法论的批评主要有四方面。

第一，受数学榜样的腐蚀，演绎成为哲学的基本方法。无论是笛卡尔，还是牛顿，都始终把数学方法作为哲学方法的典范。怀特海批评道："哲学的方法也一直受到数学这一榜样的腐蚀。数学的基本方法是演绎，哲学的基本方法却是描述性的归纳。但在数学的影响下，演绎法却被作为标准方法而硬塞进哲学里，而不是一种证明其一般概念范围的基本辅助证明手段。对哲学方法的这一误解一直使人看不到，哲学的巨大成功在于它提出了一般性概念，这使我们能够更顺利地理解经验事实。"[47]

第二，哲学家永不可能指望最终制定出形而上学的第一原理。针对笛卡尔通过普遍怀疑所寻找到的"十分确实、十分可靠的，怀疑派的任何一条最狂妄的假定都不能使它发生动摇的"[48]哲学第一原理"我思故我在"，怀特海认为，由于人的"洞察力的微弱和语言的贫乏"以及"想象力的不足"，而且，"在哲学的经验方面也有难处"[49]，"哲学家永不可能指望最终制定出这些形而上学的第一原理……只能造就出一种近似的原则体系，这一体系只能根据哲学家欲满足的理想来定义"[50]。或许如此，一个思辨体系应当是系统化的，但又向未来的修正或修改开放。"每一种哲学都会有失去作用的时候"[51]，但"哲学经由一位大哲学家的冲击后，再也不可能回到它原先的位置"[52]。虽然怀特海也言："富有成效的方法论的基础应当从某些清晰的假定出发"[53]，但同时他也告诫我们："对于一个理性主义体系的证实应当在其一般成就中，而不是在第一原理的独特确定性或原始清晰性中去寻求"[54]。

第三，证据片面，排除了终极因。怀特海认为："哲学的主要危险就是在选择证据方面的狭隘性"[55]，正是在此方面，实体哲学存在不足。尽管17世纪方法论取得了卓越的成功，但"在与他们成功的方法论有密切关系的那些观念的影响下，完全忽视了所有大量相反的证据"[56]，即目的、意图等终极因方面的证据，也就丢弃了与之相关的身体证据[57]，而把知觉局限于直接的表象，忽视了经验的两个基本来源——身体和先前的精神活动。[58]怀特海认为，身体派生情感的直接感受是我们的基本经验之一，每一种情感都至少会因派生于身体而受到限制，"一切感性知觉都不过是我们的感性经验对身体活动的依赖的一种结果"[59]；先前的精神活动，即先于我们当下的意识的经验不远的我们自己的经验状态，这种非感官知觉是我们的直接经验的另一个派生源泉。"正是身体的这个证据使身体成为我们认识周围世界的起点。我们在此处发现了我们对'因果效验'的直接认识……对于机体理论来说，最原始的知觉便是对'运行着的身体的感受'。这是对已往世界的感受；这是作为一种复杂感受而对世界所作的继承，也就是对诸派生感受的感受。"[60]这些思想与尼采、叔本华、福柯、梅洛庞蒂、布迪厄等人的身体哲学[61]是有着契合之处的。

第四，两大未解决的问题。怀特海认为17世纪遗留给我们两大未解决的问题[62]为"生命机体应当怎样解释"和"归纳法的理性根据"。从一般的观念来说，在17世纪及往后的两个世纪中，科学哲学便显然形成了物理学知识状况的说明，但这种概念是完全不适于生物学的。生命机体的"一些活动依赖于对于一个目的和达到目的意图的远见"[63]，这不是机械的物理学原理能解释了的；"归纳法比培根所预见的要复杂得多……认为只要在搜集例证时做到仔细，普遍规律就会自然显现出来。现在我们知道，这种说法对于导引出科学结论的过程说明得很不充分"[64]。要知道，当前事态如果不能对过去和未来提供一些知识，我们对记忆和归纳就会完全陷入怀疑主义之中，而恰恰在这一点上，17 世纪的"简单位置的观念对归纳法来说，将产生极大困难。因为物质位形在任何一段时间中的一个位置，如果和过去与未来的任何其他时间都没有关系，那么我们马上就可以这样推论，任何时期中的自然界都和其他时期中的自然界没有关系。因此，归纳法所根据的便不是通过观察可以确定为自然界固有的事物。"[65]

总之，17 世纪实体哲学的"方法论是排他的、偏狭的，而且也确属"[66]，倾向于"方法论的个人主义"[67]，这种方法论或许是人类深陷从军事战争到经济战争、从资源争夺到社会斗争、从国际冲突到文化对峙等各种冲突的根源。也或许如此，怀特海哲学的方法论提倡包容性、整体性、联系性、开放性，以改变人类的存在方式，此方法论似乎与"由儒家思想发展出来的'方法论的关系主义'"[68]有着一样的追求。

七、实体哲学给社会进步带来不利影响

根据怀特海的阐释，实体哲学会给社会进步带来的不利影响主要有以下几点。

第一，道德观念狭窄，会导致环境的恶化。由精神是独立实体的学说，不但直接引导出个人自有的经验世界，而且也引导出个人自有的道德世界。结果是道德原则强调了个别实有的内在价值，个人主义思潮兴起。"自尊心和尽量利用自己的机会这两个概念，就构成了这一时期工业界领袖人物的现实道德。现在西方世界还受着前三个时代狭窄的道德观念的危害。认为单纯的物质没有价值的假定，使人们对待自然和艺术的美缺乏尊敬……由此产生的两个恶果是：不顾每一个机体和环境的真正关系；不顾环境的内在价值。"[69]如此，势必会带来环境的恶化。

第二，追求知识专门化，会给个人及社会的发展带来极大危险。孤立的实体观也带来了人们对知识专门化、教育专业化的追求，对"专家训练法"[70]的热衷。现代社会的进步十分迅速，人的一生中便会有沧海桑田的变

化，"专人专职的做法在古老的社会中是一种天赐之福，但在未来的世界中则将对公众贻害无穷"[71]。个体的生存与发展将受到极大限制，面临生存挑战；对社会发展而言，社会的专化职能可以完成更好、进步更快，但它将产生出限于一隅的思想，知识界的领导人物失去了平衡，看到的只是这一种或那一种环境，而没有看到全部，会造成"理智的指导力减弱……使整体沉沦在某一局部之中"[72]，总的方向会发生迷乱，社会发展可能由于调度不当而产生危险。

第三，商业竞争排除终极价值，会产生特别严重的灾难。怀特海认为，科学和哲学的分离、事物和价值的对立，这种错误的强调和亚当·斯密政治经济学的抽象概念的结合，结果是"把工业中人的成分一笔勾销了"[73]，商业竞争中完全没有考虑人生价值，一切有关社会组织的思想都用物质的东西或资本来表明，终极的价值被排除了。这种精神、道义的缺失，会使社会处于衰败之中。

第四，忽视艺术和美学教育，会削弱整个精神领悟系统的力量。怀特海批评传统教育过于偏重知识的分析和求得公式化的材料，而没有注意培养一种习惯，即对于发生态价值充分发生交互影响的个别事实作具体的认识，"例如，你理解了太阳、大气层和地球运转的一切问题，你仍然可能遗漏了太阳落下时的光辉。对事物在其实际环境中的具体达成态的直接认识是没有任何东西可以代替的。我们需要的是具体事实，并且需要把它有价值的地方显示出来。我所说的是艺术和美学教育"[74]。艺术和审美的习惯就是享受现实价值的习惯，"艺术所顾及的并不只是日落。比如工厂、机器、工人群众……是表现各种现实价值的一个机体。我们所要训练的是理解这样一个机体的全面情况的习惯"[75]。他认为："在精神生活中，你忽视艺术这样重要的因素必然会蒙受损失……会削弱整个精神领悟系统的力量……历史向我们表明，艺术的繁荣昌盛是各民族迈向文明之路上的首要活动。"[76]

参考文献

[1] [5] [13] [14] [15] [20] [25] [26] [27] [47] [49] [50] [51] [52] [54] [55]
    [57] [60] A. N. WHITEHEAD. Process and reality [M]. New York：The Free Press, 1978：Preface,
    56, 50, 50, 50, 246, 108, 248, 246, 10, 4, 4, 7, 11, 8, 337, 81, 81.

[2] [43] 菲利浦·罗斯. 怀特海 [M]. 李超杰，译. 北京：中华书局，2002：4, 78.

[3] [6] [9] [11] [12] [19] [53] [62] [64] [65] [66] [69] [70] [71] [72] [73] [74]
    [75] A. N. 怀特海. 科学与近代世界 [M]. 何钦，译. 北京：商务印书馆，2009：56, 56,
    56 - 60, 60 - 61, 60 - 61, 66, 164, 48 - 50, 50, 59, 221, 216, 216, 216, 217, 221,

219，220.

[4]［16］［22］［24］［28］［30］［31］［32］［33］［34］［35］［36］［44］［58］［59］A. N. 怀特海 . 思维方式［M］. 刘放桐，译 . 北京：商务印书馆，2004：94，122，131，132，119，118，118，119，97，97，101，103，119，141，139.

[7] W. C. 丹皮尔 . 科学史及其与哲学和宗教的关系［M］. 李珩，译 . 北京：商务印书馆，1975：279.

[8]［37］［38］［39］［40］A. N. WHITEHEAD. Adventures of ideas［M］. New York：The Free Press，1961：156，225，226，210，180.

[10] 朱建民 . 现代形上学的祭酒：怀特海［M］. 台北：允晨文化实业股份有限公司，1982：49.

[17]［18］［41］［42］A. N. 怀特海 . 宗教的形成：符号的意义及效果［M］. 周邦宪，译 . 贵阳：贵州人民出版社，2007：36，38，86，83.

[21]［23］［45］［46］［56］［63］A. N. 怀特海 . 教育与科学理性的功能［M］. 黄铭，译 . 郑州：大象出版社，2010：158，144，138，138，137，137.

[29] A. N. 怀特海 . 自然与生命［M］. 傅统先，译 . 台北：台湾商务印书馆，1978：8.

[48] 笛卡尔 . 谈谈方法［M］. 王太庆，译 . 北京：商务印书馆，2001：27.

[61] 费多益 . 从"无身之心"到"寓心于身"——身体哲学的发展脉络与当代进路［J］. 哲学研究，2011（2）：78-84.

[67]［68］赵汀阳 . 深化启蒙：从方法论的个人主义到方法论的关系主义［J］. 哲学研究，2011（1）：90-93.

[76] 怀特海 . 教育的目的［M］. 徐汝舟，译 . 北京：生活·读书·新知三联书店，2002：72.

17. 我国怀特海有机哲学研究85年①

Whitehead's Philosophy of Organism Studies in China for 85 Years

杨 丽 温恒福（Yang Li, Wen Hengfu）

有机哲学是人类步入21世纪后，其影响不断扩大的一种哲学流派，日益成为世界哲学中的一门显学。它出现于20世纪20年代，其创始人是英国哲学家怀特海，他在代表性著作《过程与实在》中，全面、系统地阐释了有机哲学思想，此书被认为是"历来最为复杂并最富创见的哲学论著之一"[1]。有机哲学与中国文化有着亲缘性，本文以"读秀学术搜索""国家图书馆"和"中国知网"检索到的相关文献为基础，尝试对我国关于怀特海有机哲学的研究做一番梳理，为研究者提供一点可资参考的资料和线索。

一、怀特海及其有机哲学

在20世纪哲学家中，"怀特海是一个异数。这不仅因为他既是数学家、逻辑学家，也是科学哲学家、形而上学家，身兼数任并深具原创性；同时也因为他既不属于英美分析哲学，也不属欧陆现象学这现代哲学两大主流，而是卓然独立，无依无傍，自成体系；再加以他吸纳了东方哲学的神秘玄想，运思深远，另辟蹊径，开启慧源，从而令其哲思博大，奥妙无穷，为一代宗师"[2]。如此博学和异数，这在19世纪后半期至20世纪中叶的现代西方哲学家、思想家乃至科学家中都是极为少见的。也或许因他对数学、哲学、物理学、逻辑学、生态学、神学、文学、教育各领域都有深入研究，都有强烈的兴趣和敏锐性，对东西方文化都有了解，他才能超越人类文明所需要的"低级的一般观念"，去建构"高级的一般观念"[3]——有机哲学体系。霍金认为："在19—20世纪，科学变得对哲学家，或除了少数专家以外的任何人

---

① 后人又将怀特海的有机哲学称为过程哲学，由于怀特海本人将自己的哲学称为"有机哲学"（philosophy of organism），所以本文采用了这一术语。

而言，过于技术性和数学化了。哲学家如此地缩小他们的质疑范围，以至于连维特根斯坦——这位本世纪最著名的哲学家都写道'哲学余下的任务仅是语言分析'。这是从亚里士多德到康德以来哲学的伟大传统的何等堕落！[4]怀特海应属于"以外"的"少数专家"之一，面对哲学伟大传统的"堕落"窘境，怀特海明确写道："哲学的一个目的便是向构成科学的第一原理的那些半真理挑战，使知识体系化的工作不能在封闭状态下进行。"[5]他认为："思辨哲学就是要构建一个由诸一般概念构成的一致的、逻辑的且必然的体系，根据这一体系，我们经验中的每一成分都能得到解释。"[6]"机体哲学的目的在于表达一种首尾一贯一致的宇宙论。"[7]这或许就是他的雄心壮志所在，是他的机体哲学所追求的理想，是他重建人类理解模式欲达到的目标！这也使他成为 20 世纪最杰出的哲学家，使《过程与实在》一书成为哲学史上的丰碑。他的有机哲学思想对约翰·杜威（John Dewey）[8]、苏珊·朗格（Susanne K. Langer）[9]、W. C. 丹皮尔[10]、理查德·罗蒂（Richhard Rorty）[11]、欧文·拉兹洛（Eivin Lasalo）[12]、伊利亚·普里戈金（Llya Prigogine）[13]、雅罗斯拉夫·帕利坎（Jaroslav Pelikan）[14]等各领域的学者都产生了很深的影响。在美国加州克莱蒙有专为研究怀氏哲学所设的"过程研究中心"（Center for Process Studies）（1973），现改为"中美后现代发展研究院"，在中国、澳大利亚、英国、加拿大、日本、韩国、印度等国有许多分支学术机构和组织，且建立了国际过程网。[15]我国学界在瞿菊农、张东荪、方东美、谢扶雅、谢幼伟、程石泉、牟宗三、汤一介等前辈以及中美后现代发展研究院常务副院长王治河博士，还有杨富斌、周邦宪、曲跃厚、霍桂桓、欧阳康[16]、黄铭等学者的努力下，怀特海被越来越多的人了解、认识和欣赏。在丁立群和李小娟主编的推动下，《求是学刊》从 2007年第 4 期起专门开辟了一个"过程思想研究"专栏，推介和研究怀特海及其过程思想；在王治河等人的努力下，2010 年，"中国过程学会"[17]宣布成立，这一切都为今后的研究与交流提供了大的平台。有机哲学经历 20 世纪30—50 年代的查尔斯·哈茨霍恩（Charles Hartshorne 1897—2000）、芝加哥学派和 70 年代后期的小约翰·柯布（John B. Cobb, Jr）、大卫·格里芬（David Ray Griffin）和杰伊·麦克丹尼尔（Jay McDaniel）等人的发展，影响日益扩大，已逐渐成为世界哲学中的一门显学，正在应用到社会生活的各个领域，内化到人的当下生存之中，对人类文明的发展产生越来越大的作用。

二、我国关于怀特海有机哲学的图书文献数量统计概览

以"怀特海""怀德海""怀海德"和"怀黑德"为检索词在"读秀学术搜索"的"图书"类上进行"全部字段"检索，共有记录 420 条，剔除不符合要求和重复的，共 374 条记录，加上其他途径检索到的 29 本著作，共有记录 403 条。对此，我们做 4 种统计，如表 1 至表 4 所示。

表 1 以"怀特海"等为检索词进行"全部字段"检索到的图书年段数量的分布表

时间段	1920—1950	1951—1960	1961—1970	1971—1980	1981—1990	1991—2000	2001—2010	总计
数　量	9	2	9	13	71	119	180	403
构成比	2.2%	0.5%	2.2%	3.2%	17.6%	29.5%	44.8%	1

在这 403 本图书中，各种词典 56 本；译文集或名著选读 67 本，其中出现较多的译文依次是《教育的目的》（9 本）、《大学及其功能》（5 本）、《数学与善》（4 本）等；国内翻译的各类怀特海译著 24 本，涉及怀特海 12 部原著。其中，《科学与近代世界》（1925）有王光煦（1935）、何钦（2 本）和傅佩荣四个译本，《思维方式》（1938）也有谢幼伟（1976）、黄龙保等（1989）、韩东辉等（1999）和刘放桐（2004）四个译本，《理性的功能》（1929）有谢幼伟（1974）和黄铭（2010）两个译本，《教育的目的》有吴志宏（1994）和徐汝舟（2002）两个译本，《过程与实在》有杨富斌（2003）和周邦宪（2006）两个译本；1920—1950 年间的 9 本书是瞿菊农的《现代哲学》（1927）、谢扶雅的《宗教哲学》（1927）、张东荪的《现代哲学论丛》（1929）和《西洋哲学史 ABC》（1930）、高名凯的《现代哲学》（1935）、黄忏华的《西洋哲学史纲》（1937）、谢幼伟的《现代哲学名著述评》（1947）以及王光煦译的《科学与近代世界》（1935）、傅统先译的《自然与生命》（1937）；王光煦译的《科学与近代世界》可能是国内关于怀特海的最早译著；谢扶雅所著《宗教哲学》可能是国内最早的怀特海思想应用研究成果。

表 2　国内翻译的怀特海有机哲学著作列表

序号	著　作	出版时间	译者	译著出版时间	出版单位
1	《科学与近代世界》 (*Science and modern world*)	1925	王光煦	1935	商务印书馆
2	《自然与生命》 (*Nature and Life*)	1934	傅统先	1937	商务印书馆
3	《科学与近代世界》 (*Science and modern world*)	1925	何　钦	1959	商务印书馆
4	《思想之方式》 (*Modes of thought*)	1938	谢幼伟	1976	德华出版社
5	《理性的功能》 (*The Organisation of Thought*)	1929	谢幼伟	1976	德华出版社
6	《自然与生命》 (*Nature and Life*)	1934	傅统先	1978	台湾商务印书馆
7	《科学与现代世界》 (*Science and modern world*)	1925	傅佩荣	1981	黎明文化事业股份有限公司
8	《思维方式》 (*Modes of thought*)	1938	黄龙保 芦晓华 王晓林	1989	天津教育出版社
9	《教育的目的》 (*The aims of education*)	1929	吴志宏	1997	桂冠图书股份有限公司
10	《宗教的创生》 (*Religion in Making*)	1926	蔡坤鸿	1997	桂冠图书股份有限公司
11	《怀特海文录》		陈养正 王维贤 冯颖钦	1999	浙江文艺出版社
12	《科学家的辩白》		哈代、维纳、怀特海著 毛虹等译	1999	江苏人民出版社
13	《思想方式》 (*Modes of thought*)	1938	韩东晖 李　红	1999	华夏出版社
14	《观念的冒险》 (*Adventures of Ideas*)	1933	周邦宪	2000	贵州人民出版社

续表

序号	著　作	出版时间	译者	译著出版时间	出版单位
15	《自然的概念》(*The Concept of Nature*)	1920	张桂权	2002	中国城市出版社
16	《教育的目的》(*The Aid of Education*)	1929	徐汝舟	2002	生活·读书·新知三联书店
17	《过程与实在》(*Process and reality*)	1929	杨富斌	2003	中国城市出版社
18	《思维方式》(*Modes of thought*)	1938	刘放桐	2004	商务印书馆
19	《过程与实在》(*Process and reality*)	1929	周邦宪	2006	贵州人民出版社
20	《宗教的形成》(*Religion in Making*)	1926	周邦宪	2007	贵州人民出版社
21	《观念的冒险》(*Adventures of Ideas*)（再版）	1933	周邦宪	2007	贵州人民出版社
22	《科学与近代世界》(*Science and modern world*)	1925	何钦	2009	商务印书馆
23	《教育与科学》(*Educational and Scientific*)	1917	黄铭	2010	大象出版社
24	《理性功能》(*The Organisation of Thought*)	1929	黄铭	2010	大象出版社

表3　国内翻译的怀特海著作年段数量分布统计

时间段	1920—1950	1951—1960	1961—1970	1971—1980	1981—1990	1991—2000	2001—2010	总计
数　量	2	1	0	3	2	5	11	24
构成比	8.3%	4.2%	0	12.5%	8.3%	20.8%	45.8%	1

可以看出，近10年出版的怀特海译著最多；怀特海有机哲学的主要著作都有了中译本；早在30年代就有两本怀特海的译著。

在403本图书中，有27本怀特海哲学思想的研究著作，若将再次印刷或再版也统计在内有 31 本①，见表 4。

表 4 国内关于怀特海研究的著作统计表

序号	著　作	作　者	出版时间	出版单位
1	《怀黑德学述》	谢幼伟	1953	中央文物供应社
2	《怀海德对话录：一位大哲学家的智慧》	普莱士编 黎登鑫译	1970	志文出版社
3	《怀海德对话录：一位大哲学家的智慧》	普莱士编 黎登鑫译	1972	志文出版社
4	《怀黑德的哲学》	谢幼伟	1974	先知出版社
5	《怀特海——现代形而上学的祭酒》	朱建民编译	1982	允晨文化实业股份有限公司
6	《怀海德对话录》	普莱士编 黎登鑫译	1983	志文出版社
7	《怀海德哲学》	杨士毅	1987	东大图书股份有限公司
8	《怀特海哲学演化概论》	陈奎德	1988	上海人民出版社
9	《怀德海的价值哲学与教育》	赵一苇	1988	文源书局
10	《中国哲学与怀德海》	东海大学哲研所	1989	东大图书股份有限公司
11	《怀德海哲学、教育与宗教文集》	赵一苇	1989	文源书局
12	《周易与怀德海之间：场有哲学序论》	唐力权	1989	黎明文化事业公司
13	《周易与怀德海之间：场有哲学序论》	唐力权	1991	辽宁大学出版社
14	《怀特海》	陈奎德	1994	东大图书股份有限公司
15	《怀特海教育思想之研究》	黄国彦	1994	嘉新水泥文化基金会

---

① 包括翻译的国外学者的研究著作。

续表

序号	著　作	作　者	出版时间	出版单位
16	《爱智的趣味：亚里士多德·多玛斯·休谟·怀德海》	傅佩荣	1995	台北财团法人洪建全教育文化基金会
17	《周易与怀德海之间：场有哲学序论》（第2版）	唐力权	1997	辽宁大学出版社
18	《脉络与实在：怀德海机体哲学之批判的诠释》	唐力权著宋继杰译	1998	中国社会科学出版社
19	《怀德海哲学入门：超越现代与后现代》	杨士毅	2001	扬智文化事业有限公司
20	《怀海德自然哲学——机体哲学初探》	俞懿娴	2001	正中书局
21	《怀特海——有机哲学》	田中裕著包国光译	2001	河北教育出版社
22	《怀特海》	菲利浦·罗斯著李超杰译	2002	中华书局
23	《超越解构——建设性后现代哲学的奠基者》	大卫·格里芬等著鲍世斌等译	2002	中央编译出版社
24	《机体与力动——怀德海哲学研究对话》	吴汝钧	2004	台湾商务印书馆
25	《中国过程研究》（第一辑）	王治河霍桂桓谢文郁	2004	中国社会科学出版社
26	《怀特海与中国》	王治河	2005	德国 Ontos Verlag 出版社
27	《过程与拯救——怀特海哲学及其宗教文化意蕴》	黄　铭	2006	北京宗教文化出版社

续表

序号	著　作	作　者	出版时间	出版单位
28	《中国过程研究》（第二辑）	王治河 霍桂桓 任　平	2007	中国社会科学出版社
29	《过程−关系哲学——浅释怀特海》	罗伯特·梅斯勒著 周邦宪译	2009	贵州人民出版社
30	《第二次启蒙》	王治河 樊美筠	2010	北京大学出版社
31	《过程思想及其后现代效应》	黄　铭	2010	北京宗教文化出版社

表 5　国内关于怀特海有机哲学研究的 31 本译著、著作在各时间段的数量分布表

时间段	1920—1950	1951—1960	1961—1970	1971—1980	1981—1990	1991—2000	2001—2010	总计
数　量	0	1	1	2	8	6	13	31
构成比	0	3.2%	3.2%	6.5%	25.8%	22.6%	41.9%	1

　　由上文获知：谢幼伟的《怀黑德学术》（1953）可能是我国第一本怀特海哲学研究专著；20 世纪我国台湾学界更为关注研究怀特海，在 31 本著作中的 17 本是在台湾出版的，朱建民、杨士毅、赵一苇、唐力权、俞懿娴和吴汝钧等学者先后出版了研究专著；大陆只有陈奎德、王治河、黄铭三位学者出版了关于怀特海有机哲学研究的专著。

三、我国关于怀特海有机哲学研究的论文数量统计概览

　　以"怀特海""过程哲学""有机哲学""机体哲学""怀德海"和"怀海德"为"题名"检索词在中国知网上进行检索，检索记录共计 291 篇，剔除不符合要求和重复的，有记录 236 篇；其他途径查找到 67 篇期刊和会议论文以及 18 篇硕博论文，共有 321 篇，其中硕博论文共 35 篇，期刊、报纸和会议论文 286 篇，对此作 3 种统计，见表 6—表 8。

表6 321篇论文在各时间段的数量分布表

	怀特海	过程哲学	有机哲学	机体哲学	怀德海	怀海德	怀黑德等	总计篇数	构成比
1920—1950	3	0	0	0	1	0	11	15	4.7%
1951—1960	4	0	0	0	2	0	0	6	1.9%
1961—1970	3	0	0	0	0	1	0	4	1.3%
1971—1980	0	0	0	0	1	2	0	3	0.9%
1981—1990	7	3	0	0	0	2	0	12	3.7%
1991—2000	12	3	0	0	6	3	2	26	8.1%
2001—2010	153	60	2	1	0	39	0	255	79.4%
总　计	182	66	2	1	10	47	13	321	1

表7 1920—1950年间15篇论文情况统计表

序号	题　名	作　者	刊　名	年　卷　期
1	怀悌黑教授	瞿菊农	晨报副镌	1926年第61期
2	怀特海的哲学	周信铭	岭南学报	1930年第1卷第3期
3	怀悌黑之新形而上学	高名凯	哲学评论	1933年第5卷第2期
4	怀悌黑的教育哲学	张岱年	师大月刊	1934年第12期
5	怀特海的机体哲学	朱进之	新民	1935年第1卷第2期
6	怀德海的时空观	黄子通	哲学评论	1935年第6卷第1期
7	怀悌海论自然元素（译文）	牟宗三	北平晨报·思辨	1935年第16/17期
8	怀特海的多元实在论	朱宝昌	东方杂志	1936年第33卷第13号
9	怀黑特论哲学之正鹄（译文）	张荫麟	思想与时代	1942年第8期
10	思想之方式（书评）	谢幼伟	思想与时代	1942年第7期
11	怀黑德论教育	谢幼伟	思想与时代	1943年第22期
12	怀惕黑之哲学		图书季刊	1943年新第4卷1—2期
13	怀悌海论知觉二式	牟宗三	理想与文化	1944年第5期
14	真现实论与怀特海哲学	亚夫	海潮音	1944年第25卷第1期
15	怀黑德之生平与思想	谢幼伟	思想与时代	1948年第53期

可以看出：近 10 年关于怀特海有机哲学的研究论文激增；最早关于怀特海哲学研究论文可能为瞿菊农所写；图书和论文在 1991—2000 年间的构成比相差悬殊。此时间段的图书数占总数 29.5%，但论文的构成比仅为 8.1%，一般而言是先读书，而后有研究论文，这种情况应属正常，更何况怀特海主要著作近 10 年才有译本，势必限制了人们对之的关注和研究。

表 8　35 篇硕博论文各时间段数量分布表

	1920—1950	1951—1960	1961—1970	1971—1980	1981—1990	1991—2000	2000—2010	总计
硕士论文	0	0	1	3	2	2	18	26
博士论文	0	0	0	0	1	3	5	9
总　计	0	0	1	3	3	5	22	35
作　者			杨士毅	萧振邦 赵之振 林如心	陈奎德 吴志宏等	苏景星 吴金星 刘谨铭等	卢建筎 黄铭 但昭明等	

由表 8 知：最早的怀特海有机哲学研究的硕士论文可能是杨士毅所写（1968）；最早的怀特海有机哲学研究的博士论文可能是陈奎德所写（1985）。

四、我国怀特海有机哲学研究的主要内容

剔除怀特海原著及单篇译文，怀特海有机哲学的研究文献共有 632 个，概览和研读这些文献，就其研究内容来看，大致包括七个方面。

第一，怀特海有机哲学的介绍与论评。这类的文献最多，共 204 个，论文 35 篇，书 169 本，构成比是 32.3%。其呈现主要有四种形式：一是较为系统的研究专著。这类文献占少数，代表人物有谢幼伟、杨士毅、赵一苇、陈奎德、唐力权、俞懿娴、吴汝均等学者，见上文。二是西方哲学或哲学史等方面的著作。在 20 世纪 50 年代前，上面所提到的瞿菊农[18]、张东荪、高名凯、黄忏华、谢幼伟、傅统先[19]在其著作中都有对怀特海哲学的介绍，唐君毅《哲学概论》（下）（1961）以及张振东（1978）、刘碧（1979）、杜任之（1980）、全增嘏（1985）、侯鸿勋和姚介厚（1987）、李维（1989）、王守昌（1990）、涂纪亮（2000）、钱光华（2001）、王治河（2006）等学

者所著书中都有专章或专节介绍怀特海哲学。三是学术讲稿。其中最值得一提的是贺麟和牟宗三。1948 年，贺麟在北京大学现代西方哲学课程中作题名为《怀特海》的长篇讲演[20]，对怀特海哲学作了生动详细的述评，后收入张学智主编的《贺麟选集》（2005）；牟宗三 1954 年在台湾师范大学定期举行的"人文友会"的系列讲座中，有两讲专讲怀特海哲学："怀特海哲学大意"和"怀特海哲学之问题的入路"，后编入《人文讲习录》一书。四是期刊论文。20 世纪 50 年代前，瞿菊农、周信铭、高名凯、朱进之、朱宝昌、谢幼伟、牟宗三等学者就有对怀特海哲学的述评，之后的劳思光（1957[21]、1958[22]）、王守昌（1981）、罗大文（1985）等学者也有介绍，90 年代之后，这类文献更多，杨富斌、王治河、霍桂桓、曲跃厚等学者都有介绍。除上述四种形式以外，各种词典也有对怀特海哲学的介绍，多是作为一个词条。

第二，怀特海教育思想及有机哲学在教育领域的应用研究。在此方面，朱小曼[23]、裴娣娜[24]等学者可谓领军人物，是她们把有机哲学思想融进了我国课程与教学改革中，深深影响、改变着我国的教育。研究文献主要有两大方面：一是对怀特海教育思想的研究，二是在有机哲学视域下对教育问题的研究。这类文献共 139 个，论文 101 篇，书 38 本，构成比是 22%。怀特海的教育思想主要体现在《教育的目的》一书中，早在怀特海在世时，张岱年、谢幼伟就有对怀特海教育思想的关注。张岱年学士论文写的就是《论怀悌黑的教育哲学》（1933 年），其后，该论文于 1934 年在《师大月刊》第 12 期发表，后收入《张岱年文集》；作为怀特海研究专家的谢幼伟，对怀氏的教育思想有深入研究，除发表《怀黑德论教育》（1943）外，还有对《教育之目的论文集》（1947）述评[25]，认为："其言亦有切中今日教育之弊端者，更足警醒今日主持教育者之迷梦"[26]，并从教育目的、教育方法和大学教育三方面对怀氏教育思想进行评述。赵祥麟的弟子吴志宏的《怀特海教育思想述评》（1985），可能是最早研究怀特海教育思想的硕士论文了，后收入赵祥麟主编的《外国教育家评传》一书。在对怀特海教育思想研究的深入、细致的方面，赵一苇（1988）的著作及俞懿娴的文章值得关注，吕渭源（1989）、赵祥麟（1992）、滕大春和戴本博（1993）、刘传德（1993）、吴式颖（1997）、袁锐锷（1998）、李博（1999）、吴明海（2008）、舒志定（2009）以及付殿英、席新等学者在各自的著作或论文中都有对怀特海教育思想的述评。曲跃厚和王治河、张广斌、黄铭、张贤斌等学者也有对怀特海教育哲学思想的阐释。在研究中，怀特海的大学教育思想、教育目的观、过程教学理念、教育的节奏课程思想都是人们关注的焦点，这方面的论文较多，成长春、蔡宝来、李方、张晓瑜、梁卿、许峰华、杨丽等学者有相应论述。哲学与教育二者关系之密切，自不待言，有机哲学视域中的教育令人好奇，这种探险也是必要的，很多学者尝试着进行这方面的思考：卢建筠的"教育思维方式转向之透视研究"，这可能是最早以怀特海有机哲学为视角研究教育的博士论文了；朱小蔓"从过程哲学的角度透视当代中国的课程改革"及王治河和樊美筠对"有机教育"的论述令人受益匪浅；樊美筠和曲跃厚两位学者关于过程教育哲学的对话使我们明白，超越知识；拥有智慧是教育的追求；裴娣娜、杨丽的有机哲学方法论对教学论发展及教学理论构建的启示论文值得关注；赵鹤龄有对过程哲学视域下教育的思考，汪霞有感于怀特海的"内在关系"和"过程"理论，探讨课程观的转变；张香兰从过程哲学视角分析教育理论缘何脱离教育实践；陈荣波有对《学记》与怀特海的教育观联想；桑国元从过程哲学视角回答中国现代教育所面临的难题。他们的研究开阔了我们的视野，促进了我们的思考。

第三，对有机哲学基本理论的专题探究。杜威对怀特海哲学有这样的评价："怀特海先生的哲学包含十分广泛，我们可以从各种不同的观点去进行讨论。他曾经十分富于启发地研究过许多特别的题目，而人们可以就其中某一个专题进行思考。"[27] 从文献看，人们主要探讨了怀特海哲学的性质、方法论、对传统形而上学的批判、本体论、价值论、范畴理论、宇宙论、科学与宗教、道德哲学、文化哲学等，这类文献共 91 个，论文 70 篇，书 21 本，构成比是 14.4%。需要说明的是，有机哲学思想研究专著也应属此类，在此不重复统计。关于怀特海哲学性质的探讨，多是与其他问题混杂在一起分析和论述的。在 20 世纪上半叶，多数学者认为怀特海哲学属于"实在论"，如朱进之、朱宝昌、高名凯、黄忏华、张振东等学者；但瞿菊农例外，最初以为怀氏是实在论者，与怀氏交谈、听课之后，瞿菊农感慨："我渐渐觉得不能用任何陈腐的名词概括他的学说。他是为哲学开创新路的，我想 100 年后哲学界，看他一定和我们现在看康德哲学一样。"[28] 朱进之也言："今日哲学界之有怀特海犹如 18 世纪哲学界之有康德。"[29] 谢幼伟说："怀氏学无师承，其哲学之创见，多出自多年之默想。"[30] 随着后现代思潮的出现，人们发现怀氏哲学更具有后现代性，但不是解构而是建构，故称其为建设性后现代哲学，一种新的学派。对此，小约翰·柯布、王治河、杰伊·麦克丹尼尔都有分析论证，陈奎德[31]、傅佩荣[32] 也认为怀特海开创了新的学派。怀特海哲学的方法论也是人们关注的焦点，杜威认为它是怀特海"对现在和未来的哲学的创始的和永久的贡献"[33]，陈奎德、俞吾金等学者对此都有研究，陈奎德称其哲学方法是"飞机鸟瞰式"[34]，其特点是综合与分析并重、连贯性与符合性统一，方法论原则是相反相成，不走极端；浑然一体，圆通融洽，超越了门户之见。怀特海的有机哲学是建立在对实体哲学的批判之上的，周信铭、谢幼伟、张东荪、朱宝昌、贺麟、俞懿娴、元永浩等学者阐释了怀特海所反对的"空疏的实有""简单定位""自然的二分""具体性误置的谬误""狭隘的和简单的经验观"等实体哲学观念，这种观念及相应思维方式在当今的现实也是普遍的。唐君毅曾说："在怀氏整个哲学中，价值之观念，实为中心概念。其全幅思想之宗旨，可说即在成立价值之内在于自然，或世界之现实存在中之一义。"[35]怀特海的宇宙论是以价值论为轴心的，总结其一生哲学研究生涯的两篇论文——《数学与善》和《不朽》，其主题都是论述价值论的。唐君毅、陈奎德、赵一苇、朱葆伟、吴汝钧、王立志、董立河等都有对怀特海价值理论的深入研究，陈奎德的博士论文就是"怀特海哲学的转折和价值论"，他们的著作或论文会使我们对怀氏价值理论有一定的认识，感受怀氏的另类价值观，给人们带来对之探索的欲望。"现实实有是唯一的理由"[36]，这是怀特海有机哲学的本体论原理，是其哲学体系的基础，这一哲学基本原理自然是研究者极为关注的，陈奎德、黄铭、黄明华、李海峰与郑敏希、张建强对此都有分析和探究。怀特海整个思辨形而上学体系就是其范畴学说的运用及展开，谭鑫田、赵一苇、元永浩在各自著作有专章对怀特海的范畴理论进行了深入研究，元永浩主要是针对"现实实有"这一核心范畴的分析解读，朱进之、朱宝昌、霍桂桓、黄铭在其文章中也有阐释。牟宗三在"怀悌海论知觉两式"等多篇文章中，有对怀氏哲学的直接呈现式和因果效应式的深入分析，认为"知觉两式"是"其哲学系统（宇宙论系统）之问题的入路：一方批判休谟，一方批判康德"[37]；谢幼伟、唐君毅、俞懿娴也有对怀氏的摄受方式和知觉两式的阐释，吴汝钧在其著作中对怀特海的摄受理论进行了深入的探讨。赵一苇和朱建民在其著作中都用一章的篇幅探讨怀特海的文化哲学。怀特海有怎样的宗教观，科学与宗教的关系又是怎样，黄铭、俞懿娴、毛建儒、蔡仲、吴雁飞和侯志忠都有这方面的研究，黄铭的博士论文就是"怀特海的创造性哲学及其宗教文化意蕴"。针对实体哲学，怀特海称自己的哲学为有机哲学或机体哲学，"机体"是其哲学中的重要概念，从实体到机体是怎样的历史路径，但昭明、王成兵以及张晓瑜都有对怀特海的机体生成之道的阐释。黄子通论述了怀特海的时空观，程石泉对怀特海的"时间""事件"等理论也进行了深入细致的研究。

　　第四，怀特海有机哲学意义、启示及应用的研究。

　　这类文献共 85 个，论文 60 篇，书 25 本，构成比是 13.5%。关于怀特海有机哲学的理论价值，谢幼伟、陈奎德、王治河、俞懿娴、但昭明、黄铭、朱葆伟等学者都有阐述。怀氏学说不单是对传统形而上学的批判、解构，而且，更重要的是积极去建设一种新的形而上学——有机哲学，努力调和人类两种文化领域之间的差异，在逻辑理解与审美理解、科学与人文、理智与感情、事实与价值方面取得某种平衡，以建设视角为人类生存构筑精神大厦。裴勇的"为什么选择中国——中国之于建设性后现代运动的意义"告诉我们中国传统文化和宗教中具有丰富的建设性后现代资源，我们要努力开启中国现代化进程中的后现代转折，克服现代性不足，走向更美好的未来；唐逸的"过程神正论"使我们认识到，过程神正论是过程神学的一部分，其理论基础是怀特海的有机哲学。有机哲学在心理学领域的运用方面，高峰强等学者的研究值得关注，在其主编的《理性的消解：后现代心理学》一书中，专辟"建设性后现代心理学"一章，该理论的发展值得期待。怀特海说："要提高和保持文明，冒险是很重要的"[38]，韩震的"冒险的价值——我读怀特海"对此作了生动的诠释，会消解我们的诸多困惑和不解。吴兰丽、杰伊·麦克丹尼尔、费劳德、付洪泉、顾玉兰等人的研究，使我们体悟到有机哲学对全球化经济、社会和谐发展以及人类文明的重要意义。黄铭、董蕙、王新举、王茜和丁立群等学者针对某一问题的具体探索，使我们认识到有机哲学对观念创新、现代科学发展、跨学科研究、法律主体建构、生态文明等方面具有的启示。机体哲学要诉诸事实，关注现实是有机哲学的重要品格，人们在加强有机哲学基本理论研究的同时，更加注重对重大现实问题的研究，譬如针对生态危机、环境恶化，李世雁提出人类如何走向生态纪元，生态文明是建构后现代主义者的追求。

　　第五，怀特海有机哲学与中国哲学的比较研究。这类文献共有 73 个，论文 35 篇，书 38 本，构成比是 11.6%。其中，唐力权、成中英、俞懿娴对此有更多的研究。这种比较有四种形式：一是与中国传统哲学的比较。方东美首次从机体哲学的视角来比较怀特海与中国传统哲学，认为机体哲学在宇宙观上与《易经》、华严宗有契合之处；步其后尘，程石泉、沈青松、杨士毅、唐力权、成中英、俞懿娴、郑金川、蒋年丰、李焕明、陶秀璈等都有在《周易》与怀特海哲学之间进行比较研究。程石泉不负恩师方东美期待，对华严宗与机体哲学有更为细致的研究，从名相、概念、本体论、思想范畴上对二者进行了比较，提出了许多原创性的观点；程先生高足俞懿娴更是丰富了已有的研究成果。沈青松具体深入地探讨了怀特海的存在论原理和华严宗的"事"概念。成中英还研究了怀特海哲学与《老子》以及宋明儒学的类同与分野;"机体哲学与中国的天道观"是但昭明博士论文的一章,张廷国、但昭明认为,在"过程"之中,统摄事实与价值,是怀特海与中国道家在宇宙论构建上的契合之处;邬昆如撰文《道家与怀特海》;陶秀璈研究了朱熹与怀特海,张妮妮、陶清分别就自然观探究了孔子、庄子与怀特海有机哲学的相通之处。二是有机哲学与中国近现代哲学的比较。怀氏经典之作《过程与实在》出版3年之后的1932年,熊十力的《新唯识论》问世。当时,熟知怀氏哲学的张东荪、谢幼伟等人很快发现怀特海和熊十力哲学有相通之处,分别写信给他。熊十力复信给张东荪:"谓英人怀特海之哲学与弟子《新唯识论》颇有相通之点,瞩余生撰文相比较。余生于怀特海既未知所得如何,其余新论至多不过粗通文句……余生目前尚未了解新论,又何从比较耶?"[39]复谢幼伟信中也言:"大文有云:著者'体用不二'之说,西洋哲学亦非绝无所见……怀黑德教授《历程与实在》一书,亦明词此义云云。吾不能读西籍,向者张东荪尝谓新论意思与怀黑德氏是不谋而合处,未知果然否?"[40]前人的研究引起人们的关注,姜允明和王锟分别撰文《熊十力与怀特海的机体哲学》和《熊十力与怀特海本体论之比较》,分析了熊十力与怀特海这两位20世纪东西方最具有代表性形而上学家其学说主旨上的共通性。相信这种比较会将进行下去,前辈若有知会感欣慰。三是有机哲学对中国哲学家思想的影响。宛小平、罗嘉昌、王锟和王国兴、张学智等学者分别分析了怀特海哲学对方东美、贺麟、牟宗三和张岱年思想的影响。四是从某一视角审视怀特海哲学与中国哲学的相似之处。如樊美筠从美学视角探讨了怀氏哲学与中国传统文化的相关性,中国台湾比较哲学专家吴森从"宇宙的历程观、万有的相接论及强调当下体现的思想"[41]三方面分析论证,杨富斌从"过程视角"分析二者的契合处。无须讳言,这种比较是极富挑战性的,也是迷人的,在比较中,无论对中国哲学,还是对怀特海哲学,都会有更深刻的理解和认识,对促进东西方文化的融合,提升人类理解能力大有裨益。

第六,有机哲学与马克思等哲学的比较研究。主要集中在怀特海有机哲学与马克思哲学的比较,也有与黑格尔、海德格尔、康德、胡塞尔哲学的比较研究,这类文献共24个,论文19篇,书5本,构成比3.8%。有机哲学与我们的指导思想之间有怎样的关系,沈湘平在"过程哲学与科学发展观"一文,从过程论、有机论、整体论和创造论等方面阐释了过程哲学与科学发展观及其马克思主义哲学、中国传统哲学资源的契合之处；如王治河所言："国内一批有远见的新生代马克思主义理论家已注意到过程哲学和建设性后现代主义的巨大的潜在价值"[42]，二者的对话正在展开，衣俊卿教授与柯布博士的对谈，任平教授与柯布博士的对话，贺来教授与柯布博士的对话体现的都是这样一种可贵的努力。费劳德、陈奎德[43]、闫顺利、郭鹏、但昭明等学者对二者的契合都有论述。柯布认为在关注共同的福祉、力倡社会正义和关心弱势群体上二者是一致的。费劳德认为，二者都具有"强调动态的变化、和谐的关系、整体思维和对人类社会的前进性发展抱有深刻的乐观态度"[44]的特征。闫顺利和郭鹏认为，二者尽管体系不同，但都对过程思想进行了深入思考，都涉及三方面的内容："一是他们都试图对传统主客二元论加以超越；二是他们都视人的世界理解为一个内在关系的整体；三是他们都将世界理解为一个充满创造性的发展过程。"[45]但昭明以马克思哲学中劳动、自由概念为例，从有机哲学视角进行分析比较，阐释了马克思哲学中含有丰富的过程思想。怀特海说："至此，显而易见的是，与前言中提到的机体哲学与黑格尔学派的各种哲学观点的最终相似，绝不是偶然的。"[46]这引起了学者的关注和思考，陶秀璈、霍桂桓和张建强都有对黑格尔与怀特海哲学思想的相似之处的探究。王立志、闫顺利、沈丽平也撰文分析了怀特海与康德、海德格尔、胡塞尔在思想上的联系。

第七，其他研究。有 16 个文献很难归入以上六类，不妨归入"其他研究"，构成比是 2.5%。

表9　七方面研究内容的文献数量统计分布表

内　容	(1)	(2)	(3)	(4)	(5)	(6)	(7)	共计
数　量	204	139	91	85	73	24	16	632
构成比	32.3%	22%	14.4%	13.5%	11.5%	3.8%	2.5%	1

五、我国有机哲学研究的主要特点

概览上述统计表，研读怀特海有机哲学文献，我国有机哲学研究呈现出以下特点。

第一，20 世纪 20—40 年代是我国有机哲学研究的起始和重要时期。

此阶段中国学者与怀特海有机哲学初相识，是"第一次握手"[47]，说其重要，原因有三：一是这时期涌现了一批"怀迷"。王治河曾说："在20世纪的二三十年代的中国，思想界的一些风云人物如方东美、程石泉、唐君毅、张岱年、熊十力、贺麟、全增嘏等钟情怀特海。"[48]进一步研究发现，张东荪、黄子通、张君劢[49]、张申府、谢扶雅、谢幼伟、张荫麟、牟宗三、傅统先、瞿菊农、黄忏华、高名凯、王光煦、朱宝昌等思想家都读过怀特海的著作，且各自在文章或著作中介绍过怀特海哲学的思想，傅统先、王光煦还翻译过怀特海的著作。《过程与实在》刚出版，张申府对之就有简单的介绍，深致赞叹之词[50]；牟宗三痴迷怀氏，他言："怀特海的书我统统读过，读得很详细"[51]，"读之而叹，爱不释手"[52]。即便是公认最难读的《过程与实在》，牟宗三也言："倍感亲切，并无隐晦"[53]，还翻译怀氏《自然知识之原则》和《自然的概念》，只是译稿不幸丢失。[54]更值得一提的是谢幼伟，作为怀特海亲灸弟子[55]，曾针对当时学界不曾出版过一本较为详细讨论怀特海学说的著作，无限感慨："一代宗师不广为我国学人所认识，这不是怀氏的不幸，而是我国学界的不幸。"[56]他先后翻译了怀特海两本著作《思想之方式》和《理性的职能》[57]，出版研究专著1部《怀黑德学术》（1953），发表研究论文至少3篇，还对怀氏的《思维方式》和《教育的目的》两本著作进行专门的介绍和评述，为了避免我国学界之"不幸"，谢幼伟可谓不遗余力！尽管当时讨论怀氏学说的书不多，但"怀悌黑学社"很多[58]，从中能感受到"怀特海热"，这种"热"以下二事也可为证：当年在芝加哥大学留学的谢扶雅，"听到哈佛大学聘请了英国著名学者怀特海教授自然哲学，于是便转学到哈佛"[59]；瞿菊农更是从万里之外赶往哈佛，专为从师怀氏，并邀请怀氏来中国，怀氏应诺，可惜未能实现。[60]除谢幼伟、谢扶雅和瞿菊农外，贺麟[61]、全增嘏[62]、沈有鼎[63]和顾毓琇[64]等学者都有幸师从怀特海或听过他的课，他们中许多都是"怀迷"，怀特海哲学不同程度地影响了他们的思想。应该说，瞿菊农、方东美、谢扶雅、张东荪、谢幼伟、牟宗三是最早把怀特海哲学思想介绍到中国的人。产生这种"怀特海热"的原因可能有三：或许怀特海的有机哲学更为接近中国文化；也或许30年代的中国正处在西学东渐之时，思想界非常活跃，如张东荪所写"近年来中国可算得拼命输入西方思想了，即最新的学说也都有人介绍，哲学方面尤甚"[65]；当然，怀特海哲学自身的魅力也是至关重要的。二是有一批研究成果，目前能检索到的图书7本、期刊论文13篇，还有贺麟的讲稿，一定不止这些。瞿菊农、张东荪、谢幼伟、黄忏华、高名凯都在自己的书中用一章或一节的篇幅介绍和评述怀特海；瞿菊农、张岱年、谢幼伟、张荫麟、朱宝昌、周信铭、朱进之、亚夫等学者也都有撰文。需要进一步说明的是，谢扶雅的著作《宗教哲学》（1927）"是我国现代学者对宗教哲学进行专题研究的第一部具有重要价值的学术专著"[66]，书中写道："本书得力于槐特赫（A. N. Whitehead）之讲授与著述者甚多，合当志感。"[67]还需提到的是，方东美先后在南京中央大学、台湾大学、辅仁大学等，开设"怀特海哲学与《易经》课程"。前辈的研究给我们留下了宝贵的资料。三是他们对怀特海有机哲学在我国的发展产生了重要影响。目前，在怀特海有机哲学研究领域有影响的学者中许多都与他们有直接或间接的关系，如程石泉、唐君毅、邬昆如、成中英和傅佩荣是方东美的得意门生，怀特海研究专家台湾学者俞懿娴是程石泉先生的高足。俞懿娴对怀特海哲学的研究精细、深刻，研究专著一部，论文至少 38 篇[68]，值得我们研究、体悟。是程石泉"于七十七年会集国内学者邬昆如、沈青松、张正东、郭文夫、黎建球、傅佩荣、陈文团、张瑞良以及杨士毅诸先生，于东海大学举行'中国哲学与怀德海'学术会议，发表《〈易经〉哲学与怀德海机体主义》一文，提出易经哲学与怀海德哲学研究纲领"[69]。东海大学哲研所主编的《中国哲学与怀德海》于 1989 年出版，台湾哲学界关于怀特海研究成果的取得，与方东美、程石泉和牟宗三先生的努力是分不开的。陈奎德是全增嘏先生的高足，其博士论文是《怀特海哲学的转折和价值论》（1985），刘放桐翻译怀特海的《思维方式》也是受全增嘏先生的影响。[70]尽管怀特海有机哲学当时受到诸多学者青睐，而且全增嘏认为："今后中国需要一个有机哲学。"[71]张东荪也言："有机的哲学一词倘若是作类乎怀特海那样的解释，我亦未尝不可同意。"[72]但"当时中国学界正弥漫着打倒'玄学鬼'的科学主义，怀特海思想可说与之格格不入……得不到中国（恐怕在西方依然）主流思潮的重视"[73]。进入 20 世纪 50 年代，"怀特海热"渐退。

第二，20 世纪 50—80 年代是怀特海有机哲学研究的"低迷期"。

遗憾的是，前期"握手"的余温渐渐淡去，在这 40 年中，仅有 95 本图书涉及怀特海有机哲学，年均 2.4 本，50 年代仅有 2 本，与近 20 年年均 14.95 本相比少很多，但唯一可喜的是有一本怀特海有机哲学的研究专著，即谢幼伟的《怀黑德学术》（1953）；论文仅 25 篇，年均 0.6 篇，而近 20 年年均 14 篇，近 10 年更多，年均 25.5 篇。总的来看，这期间鲜有人研究怀特海，仅局限于个别从事研究哲学的学者，基于此，不妨把这个时期称之为"低迷期"。对怀特海哲学的忽视，原因可能有五：一是怀氏哲学深奥难懂。怀特海研究专家菲利浦·罗斯认为，怀特海的有机哲学，"大概属于

20 世纪最不被人们理解和欣赏的著作之列"[74]；瞿菊农临去哈佛时，林宰平曾建议他做一本关于怀特海哲学的书，但瞿菊农在见怀氏第一面就言："当时便觉着他的学问博大精深，不可捉摸……便知道这本书是做不出来的。"[75]或许如此，怀特海的代表作《过程与实在》即便是在"怀特海热"期间，对怀特海哲学欣赏有加的瞿菊农、张东荪、谢幼伟、谢扶雅等学者也都没有翻译；二是与政治有一定的关系；三是受"文化大革命"影响；四是怀特海有机哲学并非主流哲学；五是当时我国及世界所面临的生态和心灵危机并不像近 20 年这么严重，使人们对体现整体性、联系性、过程性的怀特海有机哲学缺乏关注。

第三，自 20 世纪 90 年代以来，对有机哲学的关注度迅速提升。

从图书和论文统计表中可发现一个明显特点，自 90 年代起，怀特海有机哲学方面的图书、论文的数量都快速增长，74.3%的图书和 87.5%的论文是近 20 年出版或发表的，而近 10 年数量更是跳跃式增加。人们对有机哲学可谓日益关注，怀特海有机哲学的研究充满了生机和活力，呈现出欣欣向荣的新局面，时隔 40 年有缘"第二次握手"[76]。这种关注，原因可能有五：一是人类面临的危机呼唤整体思维方式。当今人类灾祸丛生、危机四伏，人口、资源、环境压力日益加大，或许地球在警告我们它已不堪重负，"迫切需要一种令人确信的综合性洞察力———一种能够把诸多知识碎片整合为某种一般的、内在一致的统一体的思维方式"[77]，怀特海的哲学迎合了这种需要。二是怀特海有机哲学的洞见力和预察性。早在 20 世纪 20 年代，怀特海就说"社会正在衰变之中，必须找出挽救的办法"[78]，并告诫我们："切不要陷入将商业世界与社会其余部分分开来孤立思考的谬误。商业世界不过是这个社会的一个主要部分，而这个社会才是我们研究的题材。"[79]面对当今人类困境，有机哲学是一种"解药"。三是现行大学制度，特别是学科、专业学习的割裂使人们在应对异常复杂的问题时均显无力，为有机哲学思想提供了用武之地。四是具有历史担当和学术责任的学者组织、策划的各种学术会议的推动。近年来，中美后现代发展研究院与中共中央编译局、中国社会科学院、北京大学、湖南省委、海南省委、苏州市委、中国自然辩证法研究会、中国工程研究院、北京地球村等国内多家单位合作在世界范围举办 40 余个有关生态文明、过程哲学、教育改革和生态农业方面的大型国际会议，使更多的人有机会感受、研究怀特海。特别是 2002 年召开的北京国际怀特海大会——价值哲学与过程哲学：怀特海与中国新千年展望，这是第一次在中国召开的关于过程思想的大型国际会议，参会的中外学者 160 多位，袁贵仁、韩震、钟秉林、小约翰·柯布、大卫·格里芬、程石泉、沈宣仁、赵敦华、欧阳康等国内外知名学者都有参加。此次会议可谓一次"过程盛会"，开启了有机哲学研究的新局面。这一切，得益于王治河、袁贵仁[80]、韩震[81]、杨富斌[82]、刘孝廷[83]、成长春[84]等学者的执着追求与努力、精心准备与策划。五是与中美后现代发展研究院的努力密不可分。院长小约翰·柯布博士、王治河、大卫·格里芬、菲利普·克莱顿等副院长以及中国部主任樊美筠博士，为使大陆学者了解、研究怀特海哲学，他们可谓尽了一切努力。该院设有网站 http：//www.postmodernchina.org/cgi/index.html，而且专为中国学者设立了高级访问学者项目、联合培养博士项目以及博士后流动站，还设立了过程研究中心项目用以支持中国大陆的过程研究和建设性后现代研究，并为以此研究为主题申请学位论文的学生提供专项奖励；组织翻译出版了西方建设性后现代和过程思想的主要著作，同时主编有《世界文化论坛》《中国过程研究》和《后现代研究》等报刊；该院自 2006 年起，相继与中国大陆广西师范大学和中国自然辩证法研究会、鲁东大学、山西农业大学和中国自然辩证法研究会、华东理工大学、北京第二外国语学院合作分别在桂林、烟台、太谷、上海和北京成功举办了五期中美过程（后现代）哲学暑期高级研讨班，且设网易博客 http：//process.blog.163.com/。这一切极大地促进了怀特海哲学研究的发展。

第四，教育是有机哲学思想运用研究中最为活跃的领域。

这类文献 139 个，构成比是 22.4%，可见研究的活跃，其原因可能有五。一是怀特海有关于教育的论述，且具有现实性。二是教育、教学理论面临诸多困境和挑战，如理论追求的迷茫、教育规律理解和认识上的困惑等，促使人们寻求大的智慧，有机哲学迎合这一需要。三是教育实践呼唤整体性、联系性、生成性思维，具有这些特征的有机哲学引起人们关注。四是具有洞见的教育学者的引领。有机哲学吸引了诸多教育学者的眼光，使他们去探求、思索，寻求教育的未来之路，这与朱小曼、裴娣娜、王治河等学者的研究与引导密不可分，如怀特海所言"最初，一个一般观念闪现在隐蔽之处，只有很少的人隐隐约约地意识到它的一般意义"[85]，是少数的他们洞见到有机哲学对教育的意义。五是相关学术会议的影响，如"过程（后现代）思维与课程改革国际学术研讨会"[86]等学术会议，调动了人们研究的积极性。

第五，怀特海有机哲学与中国及其他哲学的比较研究正在展开。

这类文献共 96 个，其中 67 个是近 10 年的作品，怀氏哲学与其他哲学的比较研究正在展开。其原因可能有三：一是怀特海哲学与中国哲学的亲缘性。怀特海明确提到"机体哲学似乎更接近印度或中国的思想，而不同于西亚的思想或欧洲思想"[87]；也曾对拜访他的中国学者贺麟、沈有鼎和谢幼伟说，他的哲学著作"东方意味特别浓厚，也许中国人反而容易了解，容易欣赏……他的著作里面就蕴含有中国哲学及其美妙的天道观念"[88]。针对怀特海的这一表述，程石泉曾说："是则吾东方学者岂可含糊其言，而不从于追根究底之研究，以证怀氏之所言是耶，非耶！"[89]这种亲缘性，激起人们进行比较研究的欲望和学术责任。二是怀氏哲学是在前人研究基础上生成的。怀特海明确表示，"机体哲学是种种前康德思想方式中的一个反复出现的东西"[90]，这就为比较研究打开了想象的空间。三是对有机哲学基本内容的研究深入为进行比较研究提供了条件。

第六，有机哲学的应用研究日趋广泛。

说其广泛，含义有二：一是涉及地区的广泛。"中美后现代研究院"在北京、上海、武汉、西安、山东、杭州、苏州、桂林、天津、黑龙江、盐城、湛江等地建立了 20 多个"过程研究中心"，在地域上有极大的广泛性。二是应用领域的广泛性。就已有的文献看，怀特海有机哲学思想在教育、心理、法学、宗教以及生态文明、城市发展等方面都有运用，最近几年有机哲学或建构后现代主义在各领域应用的研讨会相继召开，也对有机哲学的运用起着推动作用。这一切预示着不远的将来，有机哲学在社会与生活的各个领域都会结出高营养的"有机果实"，我们期待着！

第七，缺少自然科学领域学者的参与。

从文献看，研究者多为哲学、教育和宗教领域学者，这也是我国怀特海有机哲学研究的一大特点，但非优点，而是不足。怀特海哲学涉及的领域众多，如数学、物理学、生物学、心理学、化学、逻辑学、符号论、哲学等，古今、东西的文化都有融合，是所有这些知识共生的"果实"，这也是造成怀特海著作难读的原因之一，以至于劳仑斯，库斯皮特认为："没有谁单凭个人能力就能够精通怀特海所熟练而创造性地涉猎的领域。"[91]对怀特海的研究需要各领域的知识，这是对个体和谐发展的挑战，也是对人类智慧的挑战，当然也需要各领域的研究者共同努力。研究所呈现的这一特点，深层原因或许是科学文化和人文文化的分裂所致。知识专门化是必要的，但存在极大危险——导致人类理解力变窄。著名科学家钱学森曾说，要把"自然科学和社会科学联系起来"[92]；他认为："创新的思想往往……从大跨度的联想中得到启迪"[93]；他还说"大的发现于跨学科"[94]，这或许是他的感受。

怀特海说:"哲学通过提供一般观念使得人们更易于认识孕育在自然中的那些无穷无尽的尚未实现的特别情况。"[95]我们不该忽视哲学的上述功能,或许能给我们带来"飞翔"的翅膀,增强我们的想象力,提升透视、解决具体问题的能力。

"至少人们尽量在做体系化的努力,而且到头来总是有所获。对这一努力的恰当检验不应该是看它是否取得了终极真理,而应该是看它是否取得进步。"[96]这也应是我们对待怀特海有机哲学的态度。希望 21 世纪也能产生怀特海似的大思想家,不断进行观念的冒险,给我们带来更多的智慧,提升扩大我们的理解力。作为地球上最为智慧的我们,有责任努力提高生活的艺术,尽最大可能地使万物和谐发展,守望好我们的地球,"更好地活着"[97],使人类在这个星球上能生活得更加幸福长久。

参考文献

[1] [9] 小约翰·B. 科布,大卫·R. 格里芬. 过程神学:一个引导性的说明 [M]. 曲跃厚,译. 北京:中央编译出版社,1999:177,179.

[2] [31] 陈奎德. 怀特海 [M]. 台北:东大图书股份有限公司,1994:序,2.

[3] [38] [79] [85] A. N. WHITEHEAD. Adventures of ideas [M]. New York:The Free Press, 1961:preface, preface, 98, 16.

[4] 史蒂芬·霍金. 时间简史(插图本)[M]. 许明贤,吴忠超,译. 长沙:湖南科学技术出版社,2001:233.

[5] [6] [7] [36] [87] [90] [95] [96] A. N. WHITEHEAD. Process and reality [M]. New York:The Free Press, 1978:10, 3, 128, 24, 9, preface, 17, 14.

[8] [27] [33] 约翰·杜威. 人的问题 [M]. 傅统先,邱椿,译. 上海:上海人民出版社,2006:363, 360, 363.

[10] W. C. 丹皮尔. 科学史及其与哲学和宗教的关系 [M]. 李珩,译. 北京:商务印书馆,2009:序.

[11] 理查德·罗蒂. 罗蒂自选集:哲学的场景 [M]. 王俊,陆月宏,译. 上海:上海译文出版社,2009:导言.

[12] 欧文·拉兹洛. 系统哲学引论 [M]. 钱兆华,熊继宁,刘俊生,译. 北京:商务印书馆,1998:前言.

[13] 伊·普里戈金,伊·斯唐热. 从混沌到有序:人与自然的新对话 [M]. 曾庆宏,沈小峰,译. 上海:上海译文出版社,1987:135-138.

[14] 雅罗斯拉夫·帕利坎. 大学理念重审 [M]. 杨德友,译. 北京:北京大学出版社,2008:41, 46, 47, 51, 52, 56, 109, 110, 189, 197.

[15] [16] 欧阳康. 建设性的后现代主义与全球化:访美国后现代思想家小约翰·科布 [J]. 世界哲学, 2002(3):69-75.

[17] 孙磊. 心灵生态:过程哲学研究的新进路 [N]. 光明日报, 2010-11-16(11).

[18] [57] 朱建民. 现代形而上学的祭酒：怀特海 [M]. 台北：允晨文化实业股份有限公司, 1982：240, 240.

[19] A. N. 怀特海. 自然与生命 [M]. 傅统先, 译. 台北：台湾商务印书馆, 1978：译者序.

[20] 罗嘉昌. 贺麟和怀特海研究 [M] // 岑庆祺. 濠江哲学文集. 保定：河北大学出版社, 2002：454.

[21] 思光. 怀德海哲学总说（一）、（二）[J]. 民主潮, 1957, 7（20, 21）.

[22] 思光. 怀特海哲学总说（三）至（五）[J]. 民主潮, 1958, 8（1, 2, 5）.

[23] 朱小蔓. 从过程哲学的角度透视当代中国的课程改革 [J]. 世界文化论坛, 2007：9-10.

[24] 裴娣娜. 现代教学论生成发展之思：怀特海过程哲学的方法论启示 [J]. 教育学报, 2005（3）：3-7.

[25] [26] 谢幼伟. 现代哲学名著述评 [M]. 台北：正中书局, 1947：159, 160.

[28] [60] [75] 瞿菊农. 怀悌黑教授 [N]. 晨报副镌, 1926-10-04（5）.

[29] 朱进之. 怀特海的机体哲学 [J]. 新民, 1935, 1（2）：36-61.

[30] 谢幼伟. 怀黑德之生平与思想 [J]. 思想与时代, 1948（53）：16-23.

[32] 傅佩荣. 西方哲学与人生（第二卷）[M]. 上海：上海三联书店, 2008：79.

[34] [43] 陈奎德. 怀特海哲学演化概论 [M]. 上海：上海人民出版社, 1988：226, 262.

[35] 唐君毅. 哲学概论（下）[M]. 北京：人民出版社, 1961：642.

[37] [50] [52] [53] 牟宗三. 五十自述 [M]. 新北：鹅湖月刊社, 1989：34, 32, 32, 32.

[39] 熊十力. 十力语要 [M]. 北京：中华书局, 1996：118.

[40] 熊十力. 新唯识论 [M]. 北京：中华书局, 1985：679.

[41] 吴森. 比较哲学与文化 [M]. 台北：东大图书股份有限公司, 1978：81.

[42] 王治河, 吴兰丽. 华山并非自古一条道：过程哲学和建设性后现代主义给我们的启迪 [J]. 华中科技大学学报（社会科学版）, 2008（5）：114-120.

[44] 费劳德. 马克思和怀特海：对中国和世界的意义 [J]. 王治河, 杨富斌, 译. 求是学刊, 2004（6）：12-19.

[45] 闫顺利, 敦鹏. 马克思与怀特海过程思想比较研究 [J]. 燕山大学学报（哲学社会科学版）, 2008（3）：12-15.

[46] 陶秀璈. 黑格尔与怀特海：从实体到过程 [M] // 王治河, 霍桂桓, 任平. 中国过程研究（第二辑）, 2007：49.

[47] [76] 温新红. 哲学与教育联姻才能开出结果实的花朵 [N]. 科学时报, 2007-08-21（3）.

[48] 王治河. 后现代哲学思潮研究 [M]. 增补本. 北京：北京大学出版社, 2007：增补本序言.

[49] 郑大华. 论张君劢对西学东传的贡献 [J]. 中国文化研究, 2009（2）：18-27.

[51] [54] 牟宗三. 周易哲学讲演录 [M]. 上海：华东师范大学出版社, 2004：10, 10.

[55] 黄见德. 西方哲学东渐史 [M]. 北京：人民出版社, 2006：921.

[56] 谢幼伟. 怀黑德学述 [M]. 台北：中央文物供应社, 1953：1.

[58] 高名凯. 现代哲学 [M]. 台北：正中书局, 1935：355.

[59] 唐晓峰. 谢扶雅先生小传 [EB/OL].（2007-08-01）[2010-10-21]. http://rjjdt.bokee.com/6397177.html.

[61] [88] 张学智. 贺麟选集 [M]. 长春：吉林人民出版社, 2005：290, 290.

[62] [70] A. N. 怀特海. 思维方式 [M]. 刘放桐, 译. 北京: 商务印书馆, 2004: 译者后记, 译者后记.

[63] 沈有鼎. 沈有鼎集 [M]. 北京: 中国社会科学出版社, 2006: 编者的话.

[64] 章诗依. 偶有云山来洗眼 [N]. 经济观察报, 2012-09-03 (37).

[65] 张东荪. 新哲学论丛 [M]. 上海: 商务印书馆, 1929: 69.

[66] [67] 谢扶雅. 宗教哲学 [M]. 济南: 山东人民出版社, 1998: 重版序言, 自序.

[68] 东海哲学·师资简介·俞懿娴 [EB/OL]. http://www2. thu. edu. tw/~philo/webpages/webpages_ ch/ch3_ 5. htm.

[69] 程石泉. 一代哲人 [EB/OL]. http://philo. nju. edu. cn/show. php? id=378.

[71] [72] 张东荪. 十年来之哲学界 [J]. 光华大学半月刊, 1935, 3 (9-10): 83-192.

[73] 小约翰·B. 柯布. 怀特海和谐回应东方 [N]. 社会科学报, 2002-08-15 (6).

[74] 菲利浦·罗斯. 怀特海 [M]. 李超杰, 译. 北京: 中华书局, 2003: 序.

[77] 小约翰·B. 柯布. 为什么选择怀特海? [G] //王治河, 霍桂桓, 任平. 中国过程研究 (第二辑). 北京: 中国社会科学出版社, 2007: 214.

[78] A. N. 怀特海. 科学与近代世界 [M]. 何钦, 译. 北京: 商务印书馆, 2009: 225-226.

[80] [81] 寇东亮, 郑伟. "价值哲学与过程哲学国际学术研讨会" 综述 [J]. 哲学动态, 2002 (8): 6-8.

[82] 杨富斌, 高咏. 建设性后现代主义与后现代法学国际学术研讨会综述 [J]. 哲学动态, 2010 (11): 109-110.

[83] 王天民. 后现代与启蒙学术研讨会综述 [J]. 自然辩证法研究, 2007 (5): 110.

[84] 成长春, 陈玉祥. "过程思维与高等教育改革" 国际学术研讨会综述 [J]. 盐城师范学院学报 (人文社会科学版), 2005 (2): 139-140.

[86] 董慧. 过程教育: 课程改革的新资源: "过程思维 (后现代) 与课程改革" 学术研讨会综述 [J]. 世界文化论坛, 2007: 9-10.

[89] 东海大学哲研所. 中国哲学与怀特海 [M]. 台北: 东大图书股份有限公司, 1989: 序言.

[91] 劳伦斯, 库斯皮特, 定扬. 《理解怀特海》《怀特海哲学论文集》评介 [J]. 现代外国哲学社会科学文摘, 1965 (2): 27-28.

[92] 钱学森. 哲学·建筑·民主: 钱学森会见鲍世行、顾孟潮、吴小亚时讲的一些意见 [J]. 华中建筑, 1996 (3): 17-18.

[93] 钱学森. 大学要有创新精神 [J]. 法制资讯, 2009 (11): 21-23.

[94] 钱学森. 钱学森关于思维科学与教育改革的研究通信 [J]. 淮南师范学院学报, 1997 (1): 4-6.

[97] A. N. 怀特海. 教育与科学 理性的功能 [M]. 黄铭, 译. 郑州: 大象出版社, 2010: 133.

18. 中国教育学发展的另一种可能

——基于怀特海"认识论"的思考

Another Alternative to Chinese Educational Research: Thoughts Based on Whitehead's Epistemology

杨　丽　温恒福（Yang Li, Wen Hengfu）

中国教育学发展面临诸多困境，教育学界的人们在思考、探索，希望寻求更大的智慧，突出重围，给迷惘的教育学带来生机和繁荣，使我们的教育理论能以更积极的姿态参与到教育改革进程中来。怀特海有机哲学的"认识论"既不同于本质主义认识论，也不同于反本质主义认识论，它所追求的是心灵与身体、守恒与变化、事实与价值的统一。怀特海有机哲学与中国传统文化具有亲缘关系，[1] 与马克思主义在强调整休性、动态性、联系性等方面也有契合之处。[2] 以此为主要理论基础思考教育问题、建构教育理论或许是中国教育学发展的理想选择。

一、本质主义、反本质主义与中国教育学研究

21 世纪以降，本质主义、反本质主义与中国教育学研究已成为中国教育界最为热点的话题之一，特别是石中英的《本质主义、反本质主义与中国教育学研究》的发表，更提升其研究的热度。此文给中国教育思想界以极大的震撼，一些学者纷纷响应，支持者与质疑者的声音都很强烈。与此相关的教育中现代性与后现代性、理性与反理性、确定性与不确定性、感觉经验与身体经验等问题也引起人们的热议。处在十字路口的中国教育学究竟何去何从？如何走出困境？这些问题确实考验着"中国教育学者的理智品格、学术责任、思想勇气与生存智慧"[3]。

本质主义知识观和认识论对我们来说更为亲切和熟知，这是我们从小所受教育内容的一部分，同时，我们也是伴随其在中国教育思想界生根、发

芽，长成大树的，我们太熟悉它了，它已渗入我们的血液，以至于不知道还有其他的认识方式。所以，反本质主义一提出，对我们心灵的震撼有多大也就可想而知了。一般认为，本质主义的源头可以追溯到理性主义者柏拉图，以牛顿、笛卡尔等人为代表的 17 世纪的实体理解模式使其更为完善，其影响一直持续到当代。它是一种信仰本质存在并致力于本质追求与表述的知识观和认识论路线，它所追求的是知识的确定性，还原主义、二元分立、绝对主义和一元中心是本质主义的思维特点。针对本质主义，以尼采、维特根斯坦、曼海姆、戴维森、艾耶尔、波普尔、德里达、波兰尼等为代表的反本质主义者给予了极为深刻的批判，逐渐引起更多人的共鸣，形成了反本质主义思潮。批判主要集中在"实体信仰、本质信念或假定、符合论的语言观以及本质主义的假设及其引起的学术与政治的后果上"[4]。石中英认为本质主义知识观和认识论在为中国教育学术研究带来表面生机和活力的同时，也带来了严重的历史后果：诱导中国教育学者把研究置于一个虚幻的根基之上，为教育学者提供了错误的知识信念和方法论认识；使中国教育学者忽视了研究过程中使用的方法、工具与语言的有限性，助长了教育研究过程中对于研究对象的自大狂和独断论的流行，阻碍了研究者对个人因素在研究活动中所起作用的反思和批判；阻碍了中国教育学者形成开放、谦虚和民主的学术态度和研究意识，将教育学研究引向封闭和孤立的状态；等等。[5]这些批判也得到学界更多人的认可与呼应，李燕（2005）、张向众（2006）、蔡灿新（2006）、魏宏聚（2007）、郝德永（2009）、刘旭东和吴原（2010）、王培峰（2011）等学者相继发表文章。

早在 1987 年，吴锦良在《本质主义到行动主义——两种逻辑起点的教学论体系比较》曾指出本质主义的困境与衰落，认为我们必须梦醒，对本质主义的思想作一清算。"把揭示本质作为科学的目的很容易导致理论与实践的脱节，对于像教学论这样以人类实践活动为研究对象的学科更是如此。"[6]之后，毛亚庆（1995）、石中英（1997）、陈向明（2000）、唐莹（2002）、熊和平和赵鹤龄（2003）等学者，"从不同的方面反思本质主义的知识观和认识路线，并着手探索教育学研究的新的认识论基础"[7]。2004 年石中英提出"反本质主义知识观和认识论"与中国教育学研究问题，2006 年进一步提出"教育实践的逻辑"。中国教育学界的反本质主义认识论就是这样萌芽和生成着，现已融进教育具体问题研究中，更为深入和细化。反本质主义是解构后现代主义的一个重要组成部分，其知识观和认识论路线概括起来就是：第一，我们言说的世界总是属于人的世界，我们言说的方式、规则、能力与偏好与我们意识中的世界是同时诞生的；我们言说中的世界是各种关系的交织，离开了纷繁复杂的关系，没有什么东西能够被感知、比较、理解与表达。第二，通过各种符号表达出来的知识并不是对实体世界本质关系的表述或转述，只不过是人类根据自己的趣味、需要、利益与能力，对关系世界的一种尝试性解释；由于根本没有"本质"这个"基础"，任何解释都不是终极的、绝对的，而是猜测性和相对的，因而也是永远向理性批判开放的。第三，人类对世界的认识，并不是"镜式的"反映，而是社会的建构；不是"全景式的"而是"视角主义的"；不是说明的，而是解释性的；不是价值无涉的，而是深刻的政治学的。第四，研究者必须成为语言学家，特别要成为语用学家，必须对自己所使用的学术语言进行深入的分析和研究，理解它们的历史性、社会性以及它们在思想表达方面的意向性和局限性，将"本质""真理""规律"坚决地从认识论领域中放逐。第五，去除我们内心的本质主义信念，在学术生活中真正理解多样交流与对话的必要性与可能性。[8]

这很快引起人们对反本质主义知识观和认识论的批评（张荣伟，2005；朱成科，2006；任丽娟，2007；唐安奎，2007；南纪稳，2007；倪荫林，2008；张正江，2009；等），这些批评也是深刻的：第一，反本质主义对本质主义的批判是深刻的，但否定有余，建设不足，缺少方法论上的指导，不能承担起中国教育学建设的任务。[9]第二，反本质主义提倡的叙事研究、质性研究方法可能会"使人淹没于冗长的篇幅和烦琐的细节而无所适从"[10]，陷入相对主义，甚至不可知论。第三，本质探究"是其所是"，本质问题不可消解。[11]第四，反本质主义主张去除教育的目的预设，但这是根本不符合实际的。[12]

这场争论中的第三种观点就是，中国教育学发展应该走二者融合之路（张天雪，2004；于伟，2004；许可峰，2009；周继良，2011；等），这也是本文的观点。该观点认为要放弃非此即彼的二元对立思维，"现代性"的确是犯了错误，所以它一直处于"后现代性"的批判之中，但现代性没有丧失其存在的合理性，现代性的教育观也没丧失其合理性，只是理性是有其限度的，现代教育观与后现代教育观要"走向和合"，[13]其主旨是讲新生。本质与非本质、确定与不确定在教育学研究中都要兼顾，"走本质主义与非本质主义相互依存，携手合作之路。"[14]但这种"合作"并非简单之事，这是守恒与变化、事实与价值、科学与人生、理智与感情、逻辑与直觉之间的"和合"或"合作"，它们依存于各自哲学的话语体系，需寻求"一种范围更宽广的合用假设，以使得二者相互调和"，[15] "需要去谨慎地寻找其共同的认识论标准"，[16]这恰是怀特海的有机哲学的追求与理想。怀特海研究专家陈奎德认为，20世纪"西方哲学中两种最主要的调解尝试：其一是实用主义运动的尝试，其二就是怀特海过程哲学了"[17]。

二、怀特海的有机哲学知识观、"认识论"路线

A. N. 怀特海是建设性后现代哲学的奠基者，他也有对现代性的批判，[18]但他对现代的批判不是彻底的解构与否定，而是积极的建构与取代。他言："杜威要求我在关于第一原理的'发生的——功能的'解释和'数学的——形式的'解释之间做出抉择。……但是我必须做出这个决定。哲学的美是很多方面的。我们现在的问题是融合两种解释。"[19]这是他的哲学追求，也是他的知识观、"认识论"追求。但他并没有单独探讨认识论问题，[20]而是通过本体论解决认识论问题的，[21]他的"认识论"是蕴含在摄入 (prehension) 理论之中的。不但如此，他希望自己所建构的体系足以表明事物任何可能相互联系的所有通用概念，而不必再讨论诸如时空、认识论、因果关系这些问题。怀特海有机哲学的知识论、"认识论"路线概括起来包括以下内容。

（一）世界是个有机体，知识具有整体性，哲学要追求一般观念

"现实世界是一个过程，该过程就是诸现实实有 (actual entity) 生成过程"，[22]在其生成过程中，"现实实有相互关涉，其原因是它们相互摄入"，[23] "考虑到可忽略不计的关联，我们则应该说，每一个现实实有都在每一另外现实实有之中。"[24]即在某种意义上意味着每一事件是另一其他事件性质中的一个因素，如此，现实世界是由组成它的所有"现实实有"或者"事件"不断编织的一个动态的、相互共生的网状体系，是有机的、联系的、过程的，事件之间是相互内在的，世界就是这样的一个有机体。宇宙的这种有机整体性与中国传统哲学的天人合一思想是契合的，也与当今一些中国哲学家的观点是一致的。李泽厚曾感慨："上世纪哲学的'语言学转向'统领了一切，气势极盛，把杜威、怀特海这样一些颇有见地的大哲学家也挤到了边缘。"能不能让中国哲学走出语言，"使当今人们能从对维特根斯坦、海德格尔以及福柯、德里达等的迷恋中脱身出来，吸取杜威、怀特海、皮亚杰等人的一些建设性构思，创造21世纪的新哲学"[25]。世界这个

有机体体现在知识上就是知识具有整体性和有机性，有着"活着"的特点，各类知识之间是相互联系、相互影响的，全体和局部融会贯通，彼此息息相关，牵其一即动其余，依存于体系而生长。所以，"知识体系化的工作不能在封闭状态下进行。所有的一般真理都是互为条件的，而且，脱离了由更广泛的基本概念建立的相互关系，也不能解释它们的应用范围"[26]。故形而上学的追求要体现宇宙的整体性，进行"宏大叙事"，"要构建一个由诸一般观念构成的一致的、逻辑的、且必然的体系，根据这一体系，我们经验中的每一成分都能得到解释"[27]。所以，怀特海与解构后现代哲学家不同，他肯定哲学的形上思辨功能，这种建构也是在为传统理性功能辩护。怀特海直言："尽管理性失败的次数太多，人们却并无根据做出这一歇斯底里的结论：它从不成功。理性可比之为万有引力，自然力量中最微弱的，但最终却是太阳和星系那些宇宙中巨大群集的创造者。"[28]

（二）"宏大叙事"对宇宙阐释是近似的，体系要有开放性

"牛顿物理学命运警告我们，科学的第一原理是发展的"，[29]哲学家也"不可能指望最终制定出这些形而上学的第一原理。洞察力的微弱和语言的贫乏就是阻止达到这一目的的顽强障碍……在哲学的经验方面也有难处"，[30]"单是想象力的不足也障碍了人们取得任何形式的进步，而只能造就出一种近似的原则体系，这一体系只能根据哲学家欲满足的理想来定义"[31]。体系建立是必要的，但不要夸大其作用，怀特海批评了以往哲学所犯的两种夸大错误：[32]一种形式就是"具体性误置的谬误"，即把本是抽象的东西看成是具体的了，用马克思的话说，"将逻辑的事物错当成事物的逻辑"。[33]他认为，以牛顿、笛卡尔等为代表的17世纪实体哲学所犯的错误就是"具体性误置的谬误"，由于他们一点也不提"实体""简单位置"是一种抽象，结果人们普遍把它们当成具体的了，认为其哲学是普遍真理，夸大了哲学的作用。或许如此，基于实体信仰之上的"现代性""本质主义"遭到了解构后现代的猛烈批判。如针对"实体"，尼采说，"问'自在'之物是什么样子的，根本不问我感官的感受性和理智的能动性，因此我们应该这样来回答上述提问：我们怎么知道有这样的事物呢？'物性'乃是我们首先创造的"[34]。怀特海也认为，"实体"确实不是"具体"的，而是一种抽象，但与尼采不同的是，他认为，"第一原理"就是抽象，不可能具体，所以它是发展的，"我们必须清楚地懂得，我们不是从明确的前提出发来论证的。哲学正是对前提的探索"[35]。或许如此，他言，体系必须开放，人们要

不断扩大理解，要进行"观念的冒险"！理性是有限的，怀特海认为尼采犯了一种教条主义谬误，"这种谬见相信：哲学的合用假设的原则都是清楚明白的而不可改良的。于是，从这一谬见出发，哲学滑向了另一极端，那便是抛弃方法。哲学家们自负地声称，他们不拥护任何体系。……于是他们推论道：理智在本质上是与错误的虚构联系在一起的"[36]。当这种教条主义观点占上风时，"无论是物理学理论或笛卡尔的理论，其有效性均遭到误解"[37]。哲学所犯的第二种夸大错误就是，"在肯定性和前提方面错误地估计了逻辑程序。不幸的是哲学中一直都有这样一种看法：哲学方法就是要执着地说明各自清晰、分明而确定的诸前提，然后在这些前提下建立起一个思想的演绎体系。但是，精确地表达终极一般概念，这是哲学讨论的目的，而不是其起因。……检验一个理性主义的体系，应该是看它的第一原理是否有普遍意义的成功，而不在于它们在特有事物上是明确的，或最初的时候是清晰的"[38]。他感慨道，"困扰哲学家的过失是：仅仅是人，他们却努力从上帝的观点去观察宇宙"[39]。这大概也是他的另类后现代哲学的体现吧！

（三）"是其所是，在其所在"都要认识，守恒和变化都要坚守

在怀特海哲学中，事物的"是其所是"是重要的，是要认识的，但把认识仅局限于此，他并不赞同：一是"主词和谓词、实体和质量、殊相和共相"不足以描述世界，这种描述忽视甚至违背了"我们在行动、希望、同情中所表达的，以及我们虽鲜能用文字分析却确实享有的直接经验"；[40]二是"现象与实在这一两分法并未覆盖全部的经验。它只涉及正在被谈论的直接事态的客观内容，而略去了它的主体形式"，[41]如情绪、评价、目的、反感、厌恶、意识等。[42]而且，"现象与实在"在意识中的优越统治地位，使形而上学家们的研究从更表面的特征开始，进而"执意将感觉论的知觉作为一切经验活动的基础来依赖。其结果是，武断地将'精神'从'自然'中分离出来"[43]；三是现象并不都是派生的性质。[44]他认为，广义相对论的原理直接否认了亚里士多德的名言："一个实体不在一个主体之中"，"相反，根据这一原理，……每一个现实实有都在每一个另外的现实实有之中。"[45]这一认识对有机体哲学来说太重要了，他说，"正因为如此，我才采用了'摄入'一词，来表达一个现实实有借以造成它自身对它物凝聚的那种活动"，[46]也正因如此，他言："一个现实实有不能被共相所描述，甚至不充分地描述也不行；因为其他的现实实有确实能描述任何一个现实实有。"[47]"一个持续的实体，维持着持久的性质，无论是本质的或偶然的，

这样一个简单的观念表达了为了许多生活目的而作的一种重要抽象。但是每当我们打算将它作为对事物性质的基本表述时，它却被证明是错误的。……其错误并不在于使用了‘实体’一词，而在于使用了这样一个关于现实实有的概念，该现实实有被它的本质性质所描述，在偶性关系和偶性变化中，仍在数量上保持为一。"[48]也就是说，怀特海认为，"实体"也好，"现实实有"也罢，并不为"持久的性质""在数量上保持为一"的本质所描述，在对现实实有的描述中，"本质"是需要的，但"描述"是不充分的，不能说认识事物就是认识其本质，这远不够。怀特海所指现实实有的"抽象本质"，不是建立在"实体"之上，似乎是建立在"持续体"上，基于"个体同一性"。

有机哲学认为，"现实实有，凭借着它之所是，也就有了它之所在。它确实在某处，因为它是某个有着与它相互关联的现实世界的现实物。"[49]可以说，一个现实实有是结合了自身同一性和自身多样性的，既有其"确定性"（definiteness），又有其"位置"（position），[50]有机哲学认为，对现实实有的描述，或说"认识"都是对诸摄入的分析，包括"是其所是，在其所在"（what it is and it is where it is[51]），即抽象本质和实在本质两方面。[52]（1）一种是分析构成其自身生成的过程，它关注的是现实实有的"是其所是"，是"抽象本质"的分析，是确定的、形式的方面，属于"数学的-形式的"的解释，表现为一个复杂的永恒客体，是关于"事实"的认识。"一个现实实有是如何生成的，这决定该现实实有是什么"，由此可以说，"对一个现实实有的两种描述并非是相互独立的"，[53]它的‘存在’是由它的‘生成’构成的，这就是非常重要的"过程的原理"。一个现实实有是一个过程，这个过程本身就是现实实有构成的过程，用笛卡尔的话来说，所谓过程就是现实实有自身之所是，是现实实有‘formaliter’（形成）的东西。[54]怀特海认为，在一个现实实有生成过程中，当它根据自身在行使作用时，它便在自我构成的过程中发挥若干作用，同时又不失去自身的同一性。这种"自身同一性"就蕴含着它的"是其所是"，他用"抽象本质"或"实在内在组织"来表示"事物的可见性质所依赖的、可被称之为其‘本质’的东西"，[55]它"是一个复杂的永恒客体。许多现实实有有着同样的抽象本质，……但却只能有一个具有同样实在本质的现实实有。因为实在本质要标明该实有在‘何处’，也就是说，要标明它在实在世界中的地位，而抽象的本质则不标明具体的地位"[56]。这种抽象本质是我们在教育研究和实践中最为关注的，一直纠结于此，深陷其中。（2）另一种是分析在其他现实实有生成过程中它的"客观化"的潜在性，它关注的是现实实有的"在其所在"，是"实在本质"的分析，是含有变化的方面，属于"发生的—功能的"的解释，是关于"价值"的认识。所谓"客观化"，指的就是一个现实实有的潜能在另一个现实实有中得以实现的那种特殊方式。[57] 由于每一事件都是另一其他事件性质中的一个因素，"任何一种存在物都只有根据它与宇宙的其他存在物相互交织的方式才能得到理解"，[58] 根据它的形成与消亡来理解，此分析就是这方面的追求。它将现实实有"分析成它的最具体的诸成分，揭示出它是诸摄入的合生；诸摄入来源于它的生成过程中。"[59] 由于摄入一词是用来表达一个现实实有借以造成它自身对他物凝聚的那种活动，所以，这种分析"其意便是对形成有关现实实有的那些现实实有的关系及相互关系进行全面分析"，"要标明该实有在'何处'，也就是说，要标明它在实在世界中的地位"，[60] 是"发生的—功能的"分析，属于"实在本质"[61] 的分析，关注的是现实实有的"在其所在"。但特别要注意的是，"在其所在"不是三维空间的位置，而是四维宇宙中的位置及与其他现实实有的相互关系，是"现实实有流"或说"事件流"，体现着"现实实有的'能力'"，有着它的"实践的逻辑"，怀特海说这是"现实实有在自身之外之所是"！[62] "一个现实实有的诸'作用'，就是它介入合生诸过程而不是它自己的过程的诸活动。"[63] 这是一种对现实实有动态的、过程的、关系的分析。这种分析方式"是把事物看作是一个统一体，并获得关于它对其环境起作用的能力的证据"[64]。这种分析恰是近代认识论所忽视的，也是我国教育学界在教育研究中所忽视的，正是对它的忽视使我们的研究陷入诸多困境之中，引起了人们对教学认识论的批判。当我们强调认识事物就是认识其抽象本质时，就蕴含着在讨论现在的事实时，撇开了与过去、并存的现在以及未来的关系。

"在任何意义上存在的任何事物都有两个方面，即它个别的自身以及它在宇宙中的意义。同时，这两个方面的任何一方面都是对方的一个因素。"[65] 而关于事物的后一种意义，即实在本质在我们对事物的本质探究中被遮蔽了，我们应该清楚"不能把存在（不管就它的何种意义来说）从'过程'中抽象出来。……'过程'和'存在'这两个概念是互为前提的。……关于过程的'点'这个概念是谬误的。在这里，'点'这个概念意味着可以将过程分析为没有过程的最后实在的结构。……过程和个体性相辅相成。在分离中一切意义都消散了。……个别事物也只有根据它们所包含于其中的过程才能被理解"[66]。这也是有机思维的整体性、联系性、过程性的具体表现。认识事物就是认识其本质，且本质是唯一的观点，就是将过程分析为没有过程的最后实在的结构，抛弃了过程，空谈本质！把抽象当具体，会犯"具体性误置的谬误"！"在事物的本质中，具有两种原则。不论探讨哪一个领域，它们都可能以某种特殊形式体现出来。其中一个是变化的原则，另一个是守恒的原则。任何实在的东西都不可能缺少这两个原则。只有变化没有守恒，便是从无到无的过程，最后汇集时，只能得到一种转瞬即逝的'不存在的实有'。光有守恒没有变化也没法守恒。"[67]就这样，怀特海坚守了"本质""统计规律""真理"等事物的"确定性"的一面，同时把不确定性、差异性、多样性融入了他的本质观，体现了他的哲学的积极建设性。

（四）"认识"包含三个因素：主体、资料和主观形式

怀特海认为，"每一种摄入都包含三个因素：（1）进行摄入的'主体'，也就是说那个现实实有，在其中该摄入是一个具体成分；（2）被摄入的'资料'；（3）'主观形式'，它表明该主体是如何摄入该资料的。……存在着多种主观形式，诸如情绪、评价、目的、反感、厌恶、意识，等等"[68]。被摄入的资料，也称为客体，[69]它可能是现实的，如现实实有，也可能是潜在的，如永恒客体。每一个现实实有都可以是主体，不一定就是人。如此，怀特海保留了主体和客体的区分，但同时拒斥了相伴随的各种认识论的和形而上学的二元论。在他看来，意识是经验之冠，但并非经验的必然基础[70]，经验的基础是情感性的[71]，是主体形式，所有（现实的）客体都曾经是主体，而且所有的主体都成了客体[72]。如此也就避免了主客二分的对象化思维，即把世界分为主体和客体，主体是那些其经验正在被考察的人，客体的东西仍然永远是客体。这种主体—客体二元论一直是近代认识论的出发点，也是人们批评较多的地方，这种对象化思维方式不但遮蔽了对"主体"本身领悟的可能性，而且塑造了现代社会的占有性个人主体性，人们习惯把自己之外的一切都客体化、对象化，把它们视为征服、掠夺的对象，希望占有。这种思维也反映了、更加强了一种普遍的权力关系，其中主体宰制着客体。这种权力关系也是工具合理性的盲目扩张在理论上的一种反映。这种主客二分的对象化思维也渗透于教育、教学过程中，使学生自主性缺失、师生关系扭曲、教育与生活脱离，等等。

对于主观形式，怀特海也称之为"感情的调子"，它决定摄入"在经验的那一事态中的效应。经验如何构成自身取决于经验中的诸种主观形式的错

综构成"[73]。似乎正是因为在"认识"中，引入了"主观形式"概念，才使经验深处发挥着主导作用的因果效验知觉（非感官知觉）被发现，进而怀特海提出符号指称，使"世界"与"意义"、"事实"与"价值"之间建立联系，走向了统一。正是对意义的追求上，李泽厚认为，中国哲学是"后哲学"，中国哲学和后现代哲学是可以接头的，中国思想的特点就是讲情感。[74]以往"认识论中所流行的传统的抽象观念，离经验的具体事实是很遥远的"，[75]它略去了至关重要的"主观形式"，结果造成了对通过内在情感获得宇宙信息的轻视甚至遗漏、对身体经验的忽视，因为认识中没有情绪、目的等主观形式，认识中也就没有意义和享受，没有审美经验和艺术。

　　缺少"主观形式"的认识论，在教育理论上产生的诸多难题，如使"形象、感受、情感体验、非理性等"[76]因素在教育理论中难有"合法"地位，它们的介入似乎"名不正言不顺"，不知"理"在何处。再如，由于"身份意识""意图""习性"这些与"主观形式"密切相连的"因果效验经验"被排除在认识论之外，而追求确定性的教育理论无法解释由此带来的教育实践中的不确定，使教育理论研究陷入困境；在教育实践中，人们对认识中至关重要的"主观形式"没有给予足够的重视，师生的"心""情"有点荒芜，有点麻木和冷漠，这绝不是一个世界公民所应具有的情感世界，教育是有情、有爱和有美的。怀特海的"认识论"使主观形式、身体经验、因果效验经验逻辑地成为我们教育理论研究的内容，也使教育伦理、教育艺术等内容在教育理论中有了"合法"地位，教育学不再是"目中无人"了，教育理论可能会从对确定性的"科学"追求中走向更开阔的视野。

　　（五）因果效验、直接表象、符号指称是"认识"的三个阶段

　　怀特海发现，知觉并非只有感官知觉，还有与身体证据密切关联的另一种知觉模式——非感官知觉，即"因果效验"，它是具体的、沉重的、原初的身体知觉。如此，他把人们称为"感官知觉"的叫作"直接表象"，而把直接表象和因果效验两种方式之间的相互作用称为"符号指称"，这样，知觉理论的整个框架发生了变化，颠覆了近代认识论。在近代认识论中，人们一直都以一种完全颠倒的方式来解释经验，这种颠倒在中世纪的前辈——洛克、笛卡尔以及康德和休谟的思想中都有表现，[77]把直接表象和因果效验混为一谈，不加区别，都等同于感官知觉，如此带来了认识论的狭隘性，[78]如否定了终极因。怀特海认为，因果效验、直接表象和符号指称是"认识"

的三个阶段。

"认识"的初级阶段就是因果效验的反应阶段，所知觉到的是经验中的原始要素，直接过去作为一种残存物让人在现实重新经历，是因果效验知觉的最佳例子。所谓"因果效验"知觉方式，是对直接过去的直接知觉，直接过去是那样一个或一组事态，它进入经验，而在它与眼前的事实之间却没有任何可感知的媒介插入。这些"原始经验是情感性的感受，在它与一个彼岸的关联中被感受到。该感受是盲目的，该关联也是模糊的。……这种原始的感受是'矢量感受'，也就是说，它来自遥远而明确的过去，指向遥远而待定的将来。但是，该感受主观地根植于当前事态的直接性中：它就是该事态亲自感受到的东西，它来自过去而融入将来"[79]。"情感性的感受"就是指"继承"或"遗传"而来的"感觉调子"，"感觉调子"（即主观形式）至关重要，"该世界是由它的诸感觉调子组成的，因为那些感觉调子，它因而也是具有效验的"[80]。在认识论的研究中，我国学者已意识到我们的主要问题是认识"主体的空白化"，[81]或者说，没有因果效验知觉，认为伽达默尔的前见概念为此问题解决提供了一种可行办法，欲重建认识论，自己认为怀特海的"认识论"已实现这个愿望。因果效验方式知觉的对象有着与直接表象相反的特征，它们"是模糊的、不能控制的，有很重要的情感色彩。它产生这样一个感觉：……一种情感，它属于过去的自我，通向现在的自我，又从现在的自我通向将来的自我；感到一种影响的流入，它来自过去的其他模糊存在物，被定位了但却避开了位置的界定，这一影响对我们接收、统一、享有和传送的感觉之流进行修正、提高、抑制、转移。这是我们普遍的存在感，感到自己作为它物中的一员，存在于一个有效验的现实世界。"[82]这可谓对"因果效验"的生动描述了！或许如已有的价值观、习惯、信念及惯例等因果效验经验，是模糊的、飘忽的、不可驾驭的、固执任性的，怀特海有这样的感慨：我们受制于执拗的事实，[83]"通过转移注意力我们可以不让它进入意识，但是，无论是不是在头脑里被分析过，它仍然是一个给定的不受控制的基础。根据它，我们的性格编织自身。"[84]或许正是我们教学认识论中少了因果效验知觉，人类经验中剔除了此类经验，面对"教育实践的逻辑"，教育理论陷入了困境。

"直接表象"就是通常被称为"感官知觉"的东西，是我们通过感官对当前世界的直接知觉，[85]是一种复杂类型的物质性感受。[86]"表象直接性的纯粹方式并不提供关于过去或将来的信息。它只呈现那个被表现的持续体的一个被演示的部分。它借此而定义了宇宙的一个剖面，但却并未以它自身说明过去处于哪一面，将来又处于哪一面。"[87] 所以，表象直接性方式知觉的对象 "是分明的、确定的、可控制的，易于直接享有的，而且最少参照过去或将来"[88]；"这类经验是生动的，它所展示的空间区域和当前世界内的诸关系尤其分明"[89]。如果说，因果效验是 "认识" 的最初形式，直接表象就是认识的补充阶段。这两种知觉方式是被一种盲目的符号指称统一在一起的，通过这一符号指称，来自强烈而模糊的效验方式的补充感觉被突然抛到被直接方式演示的那些分明的地区。[90]

"当人心经验中的某些成分，鉴于其他成分而引起了意识、情感及习惯，这时人心便是以符号在进行活动。前一组成分是 '符号'，后一组则构成了这些符号的 '意义'。造成从符号向意义过渡的那一机体功能活动将被称为 '符号指称'。"[91] 此处的 "意义" 是指 "符号" 引起的 "意识、情感及习惯" 等。如，我抬眼看见面前的一个有颜色的形状，于是我说有一张椅子，但我看见的只是一个有颜色的形状。从将某物视为一个有色形状，转换到将其视为某种有多种用途的东西，这一活动就是 "符号指称"，"有色形状" 是符号，"椅子" 是意义。"符号指称所始自的那一类知觉对象称为 '符号类别'，而符号指称所终于的那一类知觉对象则称之为 '意义类别'。"[92] 但关于一对紧密相关的物类，要决定哪一类是作为 '符号' 在起作用，哪一类是作为 '意义' 在起作用，这取决于知觉主体的结构组织，也即符号和意义是能相互转化的。如，"如果你是一位诗人，想写一首关于树的抒情诗，你会走进树林，以便树会暗示一些词语。因此，对于那位处于创作的狂喜中（也许是极度痛苦中）的诗人，树便是符号，词语便是意义。他集中精力于树，以便获得词语。……对于我们来说，诗的词语是符号，它们使我们体会到诗人在树林中的那种狂喜。诗人是那样一种人，对于他来说，有形的景象、声音以及情感经验是指代词语的符号。诗人的读者则是另一种人，对于他们来说，诗人的词语是指代他所想唤起的景象、声音和情感的符号"[93]。符号指称 "属于经验后期诸创造性阶段之一"，它是在向一个更高阶段的经验过渡过程中所出现的一种合生，在该合生中，以直接表象和因果效验方式进行的摄入被结合成一个感受的统一体。[94] "符号指称" 是直接表象和因果效验两种知觉方式 "借以融为一种知觉的那一合成活动"，[95] 是两种方式之间的相互作用；"是知觉者的天性所提供的那种活跃的综合要素"[96]。所以，"就意识判断而言，所谓符号指称便是，将直接方式的知觉对象的证据作为对效验方式的模糊知觉对象进行定位和区分的证据来接受"。"符号指称虽然在复杂的人类经验中是同时以这两种方式发挥作用的，它却主要被看成是：通过知觉对象以表象直接性的方式所进行的起伏不定的介入，而以因果效验的方式对知觉对象所进行的阐释。"[97] 在合生中，"表象直接性的知觉方式出现于合生过程的稍后的、创造性、整合性阶段，而因果效验的知觉方式则可追溯到具体的知觉实体的那一资料的组织中去。……表象直接性是从被因果效验植入的复杂资料中产生出来的，但是，由于表象直接性补充阶段中的那种创造力，原本在因果效验中模糊、定义不清、几乎无关联的东西在表现直接性中却变得清晰、定义清楚且具有明确的关联性。"[98] 怀特海还言，人类认识中的"错误主要是符号指称的产物"，真理和错误之所以存在于世界是由于合成，符号指称就是合成活动中的一种原初形式。[99] 符号指称这一混合的知觉方式意义重大有三点原因。一是由于人类经验，"几乎总是指'以混合形式的参照符号所进行的知觉'"而获得的。[100] 二是"形而上学之所以有一些困难，其中一个原因便是它没有适当重视符号指称，结果把'意义'这个概念归为一种神秘的东西了"[101]。一直以来，思想家们一直饱受"自然的分叉"的折磨。在此背景下，你可以选择冰冷无情的客观主义，但必须忍受"意义的失落"；你也可以选择含情脉脉的主观主义，但必须忍受'世界的失落'。无疑，"意义"是重要的，"世界"也是重要的，怀特海有机哲学就是想二者兼而有之，走的是第三条路，是一条艰难的路，"符号指称"是"意义"实现的途径。三是符号转移有赖于构成生命的理性创造力的闪现。[102]

托马斯·E. 希尔对怀特海认识论有这样的评述，有机哲学"对认识论的研究是最大胆、最具综合性的。它从所有的自然科学，从生物学、心理学的各个分支，从艺术、文学和美学，从人类学、历史、社会和政治理论，以及从宗教学和神学中汲取材料。几乎人类感兴趣的每一个有意义的领域都有涉猎，几乎所有能从其他的认识论中连贯结合进来的内容都包容其中。……怀特海竭诚地致力于解决已经导致的认识论的分裂的那些核心冲突问题，他力图通过重新思考认识论的范畴和把整个问题置于新的和扩大了的视野之中来做到这一点"[103]。无疑，与本质、反本质主义认识论相比，这是一种更加现实、包容、过程、整体的认识之路，本质主义与反本质主义的问题、规律、教育实践的逻辑、确定性与不确定性、身体经验、个体知识等似乎都可以在怀特海的认识论中得到"解"，这一切给教育学研究带来了新的希望，我们的研究需要这样开阔的视野。

三、未来中国教育学发展之思考

基于怀特海知识论和"认识论"，中国教育学发展要在以下五方面做出努力。

（一）在理论建构上，追求开放的"宏大叙事"，强调理解的整体性

或许受解构后现代思潮的影响，在教育界有反对"宏大叙事"、轻视教育理论体系建构的倾向，认为没有放之四海而皆准的真理。怀特海也认为，一切都是过程，理论也如此，但这并不意味着不探究教育生成的一般观念。根据怀特海宇宙论和知识论，我们知道世上并无自我支持的事实漂浮在虚无中，任何一种存在物都只有根据它与宇宙的其他存在物相互交织的方式才能得到理解。认识的真正可能性应取决于事物的相互交织在一起的性质，这种内在关系的理解只能诉诸"联系"的理论体系，为此我们要寻求对教育解释、预测的一般观念，要建立教育理论体系，这应是我们教育学者的使命，但体系必须开放。对教育理论体系的轻视，或许也与我们对理论体系的重要性缺乏深刻的认知有关。体系是重要的，它能赋予人们偶然经验以意义，譬如，千百万人曾看到苹果从树上掉下，但牛顿在头脑中有动力学关系的数学体系；千百万人曾看到动物相互捕食、植物彼此阻塞、人群忍受饥渴，但查尔斯·达尔文在头脑中则有马尔萨斯的体系；倘若没有笛卡尔所缔造的哲学体系，后来的伽利略以及牛顿等人或许不会将现代科学推向胜利之路。[104]进步的秘密是对于形态学抽象体系的思辨兴趣。"倘若没有这些体系来努力作协调，孤立的思想只会在任意时刻偶然闪现，启发一下某阶段的思考，然后便枯萎夭折而被遗忘。一种直觉知识的范围，只有靠它与其他具有同样普遍性的诸概念协调的程度来界定。"[105]"体系阐明思想，建议观察，解释事实"，[106]其价值无法衡量。

审视中国百年教育学，关于体系的建构，我们是薄弱的，"亚洲没有那种抽象思维的巨大体系"，[107]我们也"缺少遵循严格逻辑的抽象思辨"，[108]没有抽象和体系思维的习惯，刚刚有所意识，随之又放弃了对体系建构的追求，根本谈不上教育研究过度追求理性。自20世纪90年代以降，"回归生活世界""反本质主义"等教育思潮使我们认识到教育研究要回归到真实的教育现象世界，教育学要走出困境，需要聚焦教育实践，将触角延伸到人们

生活其中的、熟视无睹的丰富多彩的生活世界，要采用"描述的与写实的""体验""对话"等质的研究方法以求回归到"真实世界"，这种诉诸事实的研究也是怀特海有机哲学的追求。但没有理论支撑的"聚焦"很可能是盲目的、琐碎的、肤浅的、表面的、急功近利的，遗憾的是"着地"的同时，我们拒绝了思辨，拒绝"理论建构"，不再"飞行"；"真实"意指什么？我们能"真实"或者说能"具体"到什么程度？假如你的眼睛是"显微镜"或"放大镜"，你看到的真实或具体会是怎样？还有，"部分地认识真实便是对宇宙的歪曲。举例来说，一个只能数到10的野蛮人会极大地夸张一些小数字的重要性。……如果当初牛顿的想象中充满了由现代观察所揭示出的开普勒行星运行定律中的错误，恐怕我们这个世界现在还在等待万有引力定律"[109]。理论是必要的、抽象思辨也是必要的，不进行抽象就不能分析教育现实。只是抽象必有遗漏，理论解释、预测教育现象是有限的，我们不要犯"具体性误置的谬误"，把理论呈现的教育世界当成是教育世界的本来面貌。

（二）在认识上，"是其所是"与"在其所在"都要研究，重视生成的意义性

怀海特"认识论"告诉我们，教育的本质是要探究的，要知道教育的"是其所是"，但不必纠结于此，这种认识太有限了，更要了解教育的"在其所在"，即"实在本质"。前者相对稳定，后者是动态的、流变的，但在变化之中存有秩序，也存在无序，在研究中守恒与变化都要坚守。现实世界是个过程，是现实实有的生成过程，教育在生成之中，教育的"在其所在"分析的就是过程中的教育，是动态的"教育流"，是各种"具体"的、生动的、鲜活的教育，如它在"四维"宇宙的"何处"，它与社会的政治、经济、文化、国家、地区、集体、个人、自然、它的前一刻等所有的一切是如何摄入在一起的，是怎样的一种合生，在所在地区、所属国家乃至世界中有着怎样的地位与作用。这种分析告诫我们教育不是孤立的，而是处在各种联系、生成和过程之中，体现了教育的有机性。该分析凸显了世界的联系性、整体性、过程性、多样性、差异性，是"发生的—功能的"分析，要用整体的、联系的、多元的、过程的、有机的思维方式。在此分析中，我们能感受到教育受到它过去的内在性限制，或者说，感受到教育的因果效验、那些"执拗"的事实，感受教育的文化品格，用布迪厄的话说，即教育的"实践感"，也能从中发现教育的规律，有序与无序、确定和不确定的东西都在这

种生成中呈现出来。或许正是对 "在其所在" 的强调，怀特海言："通过直接经验获得的知识是智慧生活的首要基础。……学术世界所提供的往往是少量间接的知识，用以说明从其他间接知识得来的思想。学术世界的这种间接性正是它的平庸所在。"[110] 这大概是他提倡 "首创精神" 和 "接触学习" 的一个原因吧。

对教育 "在其所在" 的认识，使我们明白，中国的教育理论建构要扎根于中国教育的现实，要关注、研究中国的政治、经济、文化，要研究中国的学生、教师、学校、教育实践、课堂教学，要有 "实践情结"，要走向学校、课堂去感受、去体悟，发现及研究问题，当然这种感受以理论体系以及丰富的知识素养为基础，同时要在知识面前保持自由，进而或完善已有的教育理论或重建教育理论。在以往教育理论的建构中，我们更多的是研究教育的 "是其所是"，探究教育本质及规律，忽视了对教育 "在其所在" 的研究，或许正是这种忽视及中国教育学的身世，促使中国教育研究习惯向西方看齐，而对中国教育的 "在其所在" 缺少研究，使教育学中鲜有 "中国" 元素，使教育理论有 "水土不服" 的病症；还有，使教育研究习惯关注城市教育，对农村教育的 "在其所在" 的研究不够，对农村的实际情况缺乏全面、深刻的认识，使新课程改革中的课程有 "贵族化" 倾向，一定程度上加剧了教育不公平；也正是这种忽视，使教育研究习惯于关注学生的共性，而对学生的 "在其所在" 缺少研究，如学生生活在怎样的环境之中、处在怎样的关联之中，我们的教育没有使学生意识到我们是与万物为友的，是在与宇宙万物相互摄入中而生长的。当然，教育理论不可能囊括对所有学生、教师、学校等的研究，许多问题有待于我们进一步思考，但教育理论一定使人们明白，每一事件都有其 "在其所在"。"是其所是" 与 "在其所在" 并非相互独立，教育如何生成的，决定教育是什么，存在是由生成构成的。

（三）在价值取向上，追求事实与意义的统一，重视经验的全面性

以往我国教育理论建构主要是在现代性的实体理解模式视域下，以 "实体" 宇宙论 "本质主义" 认识论为基础，以孤立存在的 "实体" 和 "感官知觉" 为基础，剔除了认识的 "主观形式" 和 "因果效验"，不重视 "符号指称"，忽视了意义的生成，追求 "科学化"。由于这些先天缺陷，造成教育理论研究中经验证据的片面，人们质疑这种理论建构的路线所描述的

"教育实践"究竟在多大程度上与实践着的教育实践相符合？这种理论逻辑所产生的"教育（实践）理论"的解释力和预测力又究竟如何？证据不全面是理论面临的最大危险。教育理论中经验证据的片面性表现在：只关注直接表象经验，而忽视了经验的两个基本来源——身体和先前的精神活动，[111]忽视了"符号指称"。需说明的是，与其他后现代哲学家一样，在怀特海哲学中，身体有着重要的意义，它是由相互表达和感受的实有所构成的，表达是散播在环境中的感受的材料，感受或领悟是对表达的接受。[112]个体之显示出表达一个人的内心的感受（情感的和有目的的）活动，是出于个体性的表达和接受。他认为身体派生情感的直接感受是我们的基本经验之一，每一种情感都至少会因派生于身体而受到限制，"一切感性知觉都不过是我们的感性经验对身体活动的依赖的一种结果"[113]；"正是身体的这个证据使身体成为我们认识周围世界的起点。我们在此处发现了我们对'因果效验'的直接认识。……对于机体理论来说，最原始的知觉便是对'运行着的身体的感受'。这是对已往世界的感受；这是作为一种复杂感受而对世界所作的继承；也就是对诸派生感受的感受"[114]。这些思想与尼采、叔本华、福柯、梅洛-庞蒂、布迪厄等人的身体哲学[115]是有着契合之处的。身体哲学对我国教育界的影响在提升，有关论文很多，但有学者研究认为，[116]晚期梅洛-庞蒂的存在论转向与当代科学论远离社会建构论属于同一种运动，它们不约而同地聚合于怀特海的形而上学。

这种对"身体和先前的精神活动"的忽视，在教育研究中具体表现在只重视稳定的、分明的、确定的、可控制的直接表象方面的经验，如"本质""规律"和"真理"等，追求教育学的科学化，忽视了通过内在情感获得的宇宙信息，忽视了由主观形式所带来的模糊的、飘忽的、不可驾驭的、固执任性的因果效验方面的经验，如习惯、意图、价值观等，忽视了人性。"把经验等同于清晰的知识是与证据相反的"[117]；只注重心灵经验，忽视身体经验，无视身体的感受和表达；只注重事实，注重科学，而不重价值，剔除了终极因，缺少了"人"味，少有人文关怀，这些可谓现代教育理论研究的极大缺陷了。本质、规律具有无偏性，不能作为人的行为的唯一解释者。"现在事实的世界不只是一个感觉呈现之流。我们发觉自己带着情感、意志、想象、概念和判断。进入意识中的元素没有一个是独立自主的或能孤立地存在。"[118]或许正是教育理论研究的这些缺陷，促使了我们的教育不是重在"立人"、重在心灵的滋养，不是"仰望星空"，而是喜欢在"地面游荡"，急功近利，学生、教师、学校往往深陷各种评价之中，特别是中考、高考中，令师生身心疲惫，幸福感难觅；也促使了这些年来我们的教育从幼儿园、小学、中学一路走来，实用主义、功利主义、市侩精神可谓如影随形，畅达无阻；使人们面对现实，只有跟随，而没有超越。没有"乌托邦"的理想，很可能使我们的教育不是在"地面"，而是在"地下"，很可能使我们培养的人比较缺乏对他人和社会的高度责任感，比较缺乏对人民和人类的热爱，缺乏同情心和良知，甚至是一种"精致的利己主义者"。经验具有清晰和模糊、秩序和无秩序、善和恶三对对立的分类原则，它们是对我们经验的基本特征的描述，[119]教育本质与规律要研究，教育目的、教育伦理、教育艺术、身体经验、教育习俗、教育智慧等也要研究。"对于促进新事物发展来说，将经验中的模糊的和无秩序的因素结合起来的力量是特别重要的"，[120]正是这种不确定性，才使人们那么渴望追求、探险、创造，在其中充满享受。

（四）在研究方法上，质的研究与量的研究并重，体现世界的复杂性

教育世界是丰富的、多样的、复杂的、过程的、有机的和整体的，"是其所是"与"在其所在"都要认识，因果效验、直接表象和符号指称三方面经验都要研究，这就意味着教育中，既要用"叙事""口述史""写实""体验""实验"等反本质主义教学理论所信奉的质的研究方法，也要运用本质主义教学理论所追求的实验、观察、检验等量的研究方法。面对复杂的教学世界，这些研究方法都需要，也是必要的，教育理论建构就是从这些现实的经验"基地"起飞的，它们是教育理论建构的基础，只是要处理好整体与部分的关系。

需明确的是，教育理论建构方法不同于具体的研究方法。"方法是处理资料、处理证据的方式"，[121]理论建构应用什么方法，这要看理论的追求是什么，证据的相关性取决于理论，可以说，理论支配方法。[122]我国教育理论的建构追求什么？这是不可回避的问题，笔者曾撰文探讨此问题，认为教育理论建构要有五个追求：要做好前期的收集工作，要预设教育理论的逻辑起点，内在一致性和逻辑上完满应是教育理论的理性理想，解释性和预测性是我国教育理论的现实追求，教育理论体系的开放性是教育理论不断完善或重建的必要条件。当然，这不是简单的五个要求，而是一种理想，我们是基于这样的信念："至少人们尽量在作体系化的努力，而且到头来总是有所收获。对这一努力的恰当检验不应该是看它是否取得了终极真理，而应该是看

它是否取得了进步。"[123] 毋庸置疑,这种对教育的一般观念的追求,应以描述归纳法为主的,但理论不只是描述,也不是对基于现实概括、归纳出的概念和一般命题的简单罗列,而是以此和逻辑起点为基础,在思辨演绎中进行想象性构建,将理论体系的概念范畴编织在一起,通过演绎逻辑的建构力量容许派生性的扩充,努力实现"五个追求"。一个体系的产生是思辨理性的主要成就,当然,这是基于思辨演绎能产生新的知识的认识,怀特海以"二乘三"为例说明,"二乘三是六"这个短语不是重言式,这句话所考虑的是过程及其结果。[124] 描述归纳与思辨演绎是理论体系建构的主要方法。

(五) 在未来发展上,进行观念的冒险,不断扩大理解

冒险是文明的特征,更是学科生命的特征。在教育理论研究与建构中,冒险精神是不可缺少的,所谓冒险精神就是对新完善的追求。任何理论体系对生成的、动态的、多样的世界的阐释都是近似的,是不完善的,没有哪一个完善是一切完善的极致,教育理论也不例外。没有终极真理,任何一种教育理论都要保持开放性,这也要求我们的研究要在"观念的冒险"中前行,不断扩大理解。各学科内容是相互交织在一起的整体,相互依存与生成,教育理论体系的建构不能在封闭状态下进行,人文学科要研究,自然学科也要关注,我们需要开阔视野,需要"观念的冒险",提升理解力是我们努力的方向。教育理论研究内容的丰富性挑战我们的智慧,只能进行不断"观念的冒险",扩大理解。对教育理论建构大背景的认知,如社会的政治、经济、文化等也挑战我们的智慧,需要冒险的品质,扩大理解。在追求扩大理解的途中,中国教育学的发展、理论建构要汲取各方面营养,要有开阔的视野,既要深入到学校、课堂中去,感受、体验充满生机的教育实践,研究中国教育的现实及面临的诸多问题,这是教育理论建构"起飞"的基地;也要静待在书斋之中,学习、研究古今中外与教育有较大相关的各种理论,哲学、心理学、人类学、社会学等,这是教育理论建构"飞翔的翅膀"。东西方文化都要予以关注和研究,特别是对拥有五千年历史的中国文化、中国教育思想更要深入研究,这是中国教育的"在其所在",是中国教育学的生成之根,中国及她的教育就是这样走来的。所有的过去都客观地存在于现在,而现在又超越自身存在于将来。或许与中国教育学的身世、与中国教育追求现代性有关,也或许与忽视因果效验经验的认识论有关。以往的教育理论对本国文化及教育思想重视不够,与中国传统文化割裂,有很浓的"移植"味道,处在一种"殖民化"状态之中。我们已意识到自己研究中的不足,

在中国教育学发展百年之后的 21 世纪，中国教育学者正在努力创建中国教育学，期望为教育学的发展做出世界性贡献，但在这条艰辛的路上，要谨慎前行，避免另一种倾向，那就是认为中国教育学只能、只需在中国文化和思想的土壤中生成，而轻视东西方文化的互动与合生，这也不该是我们的态度。教育学的"中国"味体现在对中国教育实践问题的解决、教育现实的阐释、教育发展的预测等方面，体现在"立人与兴国"之中，体现在与人及中国的政治、经济、文化等各方面的和谐发展之中，而这样的教育学自然会带有中国的文化、伦理和民族精神。

百岁的中国教育学正在面临自己以及人类生存与发展的挑战，无论是本质主义还是反本质主义都很难拯救陷入困境的中国教育学，宇宙及教育世界的联系性、复杂性、多样性迫切需要一种令人确信的综合性的洞察力，一种能够把诸多知识碎片整合为某种一般的、内在一致的统一体的思维方式，怀特海的有机哲学迎合了这种需要。追求心灵与身体、事实与价值、守恒与变化统一的怀特海的"认识论"与中国文化的结合会给中国教育学发展带来新的思维。中国教育学发展既应有大胆的思辨，也应在逻辑和事实面前全然谦卑，这应该是中国教育学的生存之道。

参考文献

[1] 杨丽，温恒福. 我国怀特海有机哲学研究 85 年 [C] //后现代哲学与生态文明国际学术研讨会论文集，2011.

[2] 费劳德，王治河，杨富斌. 马克思与怀特海：对中国和世界的意义 [J]. 求是学刊，2004 (6)：12-19.

[3] [4] [5] [7] [8] 石中英. 本质主义、反本质主义与中国教育学研究 [J]. 教育研究，2004 (1)：11-20.

[6] 吴锦良. 从本质主义到行动主义：两种逻辑起点的教学论体系比较 [J]. 教育理论与实践，1987 (6)：43-44.

[9] 张天雪. 也谈反本质主义与中国教育学研究 [J]. 教育理论与实践，2004 (19)：10-12.

[10] [11] [14] 许可峰. 中国教育学研究中的本质主义与反本质主义：从分歧到融合 [J]. 当代教育与文化，2009 (5)：62-68.

[12] 倪荫林. 论教育的组织与自组织：兼论反本质主义教育观的反教育性 [J]. 理论导刊，2008 (12)：24-27.

[13] 于伟，胡娇. 现代性的教育观的危机与出路 [J]. 教育科学，2004 (4)：1-5.

[15] [36] [41] [43] [44] [69] [71] [72] [73] [75] [105] [109] [121] [122] A. N. WHITEHEAD. Adventures of ideas [M]. New York：The Free Press, 1961：223, 223, 209, 210, 212, 176, 176, 176, 176, 233, 144, 243, 223, 220.

[16] 左璜，黄甫全，体认教育研究的限度：论当代教育学学科危机的第三条出路 [J]，现代大学

教育，2011（2）：7-12.

[17] 陈奎德. 怀特海 [M]. 台北：东大图书股份有限公司，1994：7.

[18] [78] [111] 杨丽，温恒福. 怀特海对十七世纪实体哲学的批判 [J]. 北方论丛，2011（5）：126-130.

[19] [39] A. N. 怀特海. 怀特海文录 [M]. 陈养正，王维贤，冯颖钦，译. 杭州：浙江文艺出版社，1999：72，271.

[20] [21] [22] [23] [24] [26] [27] [29] [30] [31] [32] [37] [38] [40] [42] [45] [46] [47] [48] [49] [50] [51] [52] [53] [54] [55] [56] [57] [59] [60] [61] [62] [63] [68] [70] [77] [79] [80] [82] [83] [84] [86] [87] [88] [90] [92] [94] [97] [98] [100] [101] [102] [114] [123] A. N. WHITEHEAD. Process and reality [M]. New York：The Free Press，1978：Preface，189，22，20，50，10，3，10，4，4，7，14，8，49，24，50，52，48，79，99，25，73，23，23，219，25，60，23，23，60，80，219，220，23-24，267，173，163，120，178，129，178，311，168，179，181，181，168，178-179，172，168，168，178，114，14.

[25] 李泽厚，刘绪源. 能不能让哲学"走出语言"[J]. 东吴学术，2012（3）：5-15.

[28] [85] [89] [91] [93] [95] [96] [99] A. N. 怀特海. 宗教的形成：符号的意义及效果 [M]. 周邦宪，译. 贵阳：贵州人民出版社，2007：95，73，69，66，68，71，66，71-72.

[33] 皮埃尔·布迪厄，华康德. 实践与反思：反思社会学导引 [M]. 李猛，李康，译. 北京：中央编译出版社，2004：102.

[34] 尼采. 权力意志：重估一切价值的尝试 [M]. 张念东，凌素心，译. 北京：商务印书馆，1991：525，191.

[35] [64] [65] [66] [112] [113] [119] [120] [124] A. N. 怀特海. 思维方式 [M]. 刘放桐，译. 北京：商务印书馆，2004：94，42，99，86-87，25，139，70，71，81.

[58] A. N. 怀特海. 论不朽 [J]. 霍桂桓，译. 社会科学论坛，2010（17）：4-18.

[67] A. N. 怀特海. 科学与近代世界 [M]. 何钦，译. 北京：商务印书馆，2009：221.

[74] [108] 李泽厚，刘绪源. 该中国哲学登场了？李泽厚2010年谈话录 [M]. 上海：上海译文出版社，2011：7-9，7.

[76] 王策三. 教学认识论 [M]. 修订本. 北京：北京师范大学出版社，2002：7.

[81] 潘中伟. 前见与认识论的重建 [J]. 南京社会科学，2003（2）：18-24.

[103] 托马斯·E. 希尔. 现代知识论 [M]. 刘大椿，等，译. 北京：中国人民大学出版社，1989：357.

[104] [106] [107] [117] [118] A. N. 怀特海. 教育与科学 理性的功能 [M]. 黄铭，译. 郑州：大象出版社，2010：163，165，164，166，85.

[110] 怀特海. 教育的目的 [M]. 徐汝舟，译. 北京：生活·读书·新知三联书店，2002：90.

[115] 费多益. "从无身之心"到"寓心于身"：身体哲学的发展脉络与当代进路 [J]. 哲学研究，2011（2）：78-84.

[116] 孟强. 梅洛-庞蒂、怀特海与当代科学论 [J]. 现代哲学，2011（4）：72-77.

19. 怀特海大学教育思想对我国大学改革的启示

Inspirations of Whitehead University Education Thought to University Reform in China

杨　丽　温恒福（Yang Li, Wen Hengfu）

A. N. 怀特海（A. N. Whitehead 1861—1947）是 20 世纪最杰出的哲学家、数学家，也是有极大影响力的教育家，一生致力于教育教学工作，在剑桥、哈佛等多所知名大学任教。他的《教育的目的》一书被认为是"在纽曼之后，关于大学的思考最为深刻的著作之一"[1]，他的大学教育思想主要集中于此书中，在他的其他一些著作中也有论述，只是相对较少。作为观念冒险家的怀特海，有着非同寻常的洞见力，他的大学教育思想独到而深邃，对我国大学改革具有重要启示。

一、大学要在知识和追求生命的热情之间架起桥梁

怀特海认为："大学是实施教育的机构，也是进行研究的机构……单就传授知识这个作用来说，自从 15 世纪印刷术普及以来，可以说大学已经没有任何存在的理由……大学存在的理由是，它使青年和老年人融为一体，对学术进行充满想象力的探索，从而在知识和追求生命的热情之间架起桥梁。……一所大学若不能发挥这种作用，它便失去了存在的价值。"[2]在网络已普及的 21 世纪，大学的这种"桥梁"作用更显重要。对学术的真正探索来自精神深处，来自内心，需要各种形式的疑惑、好奇、尊敬或崇拜，以及各种形式的强烈愿望。大学必须要创设和营造敬畏知识、崇尚科学的氛围，必须提升学术地位，架起知识和追求生命的热情之间的桥梁，点燃起师生求知的欲望，对真理的热爱，使之锲而不舍、心无杂念、充满想象力地去探索，让师生享受到知识创新的激情和快乐，陶醉在这美好的学术伊甸园中！在这种氛围中，师生才有可能迸发出无穷的智慧火花，大学才会产生难

以估量的能量。这可以从那些世界一流大学的发展历程中得到印证，这些大学都曾对人类文明做出极大贡献。怀特海是这样评述牛津大学的："牛津大学可能在许多方面犯过错误，尽管她有很多不足，在悠悠岁月中，她始终保持着一种至高无上的荣誉，相比之下，那些细小的失败就微不足道了。这个至高无上的荣誉便是：牛津大学自诞生之日起，几百年来造就了一批批的学者，他们对学术知识进行充满想象力的探索。仅凭这一点，凡热爱文化的人想起牛津大学，无不对她满怀着深深的感情。"[3]作为清教徒运动时期的代表性大学——哈佛大学，她所"奉献的礼物是那古老的想象力，那代代相传的光明的火炬"[4]；而剑桥大学总是能令人想到培根、牛顿、拜伦、达尔文、凯恩斯、怀特海、罗素、霍金，想起1860年世界科学史上最著名的大辩论之一——牛津大学进化论辩论，想起徐志摩满怀深情的话语："我的眼是康桥教我睁得的，我的求知欲是康桥给我拨动的，我的自我意识是康桥给我胚胎的。"[5]我国教育史上的神话——诞生于中国抗日战争时期的西南联合大学，前后历时9年，大师云集，人才辈出。我们所熟知的大师闻一多、陈寅恪、冯友兰、汤用彤、张奚若、潘光旦、金岳霖、吴有训、叶企孙、吴大猷、华罗庚、曾昭抡、赵忠尧、周培源、赵九章、陈岱孙等都是西南联大的教师，培养出的学生也可谓光芒万丈，杨振宁、李政道、邓稼先、殷海光、汪曾祺、何兆武、钱伟长、宋平、彭佩云等，"培养出2位诺贝尔奖获得者、78位中科院院士、12位工程院院士和一大批著名的文学家、哲学家、社会科学家、政治家和科技工作者"[6]。艰难困苦中的西南联大何以取得如此辉煌的成绩，培养出这么多大师？或许如联大的学生所言："它用一种学术的光辉和一种智慧，非常大的智慧，来吸引你"[7]。《西南联大启示录》总编导、撰稿人、制片人张曼菱也说：西南联大的师生具有"作为一个知识分子，一个真正知识分子，求知的那种穿透力。他可以穿透战争、穿越战火、穿越国界、穿越生死，去求知、求知、再求知"[8]。有多少人凭借这种追求生命的热情，进行着思想和行动的探险。面对当今社会的飞速发展、新旧职业的更替和变换以及各种职业的专业化的现实，无论你从事什么工作，享受怎样的生活，这种追求生命的热情都是不可或缺的。这种"桥梁"是大学的灵魂所在，直接影响人才的品质，是万万不可没有的！良好的学术氛围、人文环境是大学最为贵重的无形资产，是绝对不可用金钱衡量的！我国大学发展有规模和速度，而鲜有灵魂，如诸多学者所批评的，我国大学普遍存在官场化、资源分配行政化、学术造假普遍化、学术权利市场化，学生也变得越来越世故化。这些可谓大学的"毒瘤"了，直接挑战教师对学术的热情和对学术充满想象力的探索，挑战教师的学术责任。本来就缺少的、鲜有的科学精神，爱智慧的品质，在不断蔓延的大学官场化、行政化和学术造假中渐渐被吞噬！虽然知识的星空是那样寥廓而深邃、庄严而圣洁，但内心的敬畏和求索被弱化了，仰望星空的人寥若晨星。这些现象如果不改变，就难以建设高水平大学。

钱学森在给钱学敏的信中写道："5月11日上午，您提到要开研讨会进行社会科学、哲学与自然科学技术的交流，而我当即反应出不热情支持，原因是过去五六年的经验教训，两方各说各的，没有真正的交流。结果会开了，也上报了，好像很热情，而其实还是老样子！我想要解决问题就得向恩格斯学习：社会科学哲学家下功夫学自然科学技术，自然科学技术家下功夫学社会科学哲学。除此之外没有捷径。"

二、大学各学科、专业的课程设置及学术研究面临专门化带来的危险

怀特海说："文明的思想发展所必要的专门化在上一世纪对于学者的哲学见解、对于促进学术工作的机构的发展，发生了不幸的影响。大学的各个系都自此强调各自的独立性。一个大学所获得的声望，也与它的这种专门化的扩大成正比。随着科学的发展，人们的理解力变窄了。"[9]这段话至少有两层含义：其一，知识的专门化是文明思想发展所必要的。"每一门科学都以某一片段的论据为限，并根据这一片段所提出的概念来建立自己的理论。由于人类的能力有限，这样的做法是必要的。"[10]而且，正是由于依靠某些适当的抽象以及这种抽象中思维的发展，导致了人类理解的进步，也正是由于这种方法的发现，最近三千年间产生了作为现代文明的进步的科学。所以，教育不能排斥专门化，"在教育中只要你排斥专门化，你就是在破坏生活，"[11]而且，他认为，作为专业化学习结果的风格，"是智者的最高德性，"[12]是专门化研究对文化做出的特有贡献。其二，封闭的知识专门化会导致人类理解力变窄。怀特海认为："知识体系化[13]的工作不能在封闭状态下进行。所有的一般真理都是互为条件的，而且，脱离了由更广泛的基本概念建立的相互关系，也不能充分解释它们的应用范围。要批判原理，主要应弄明白，我们赋予各种科学的那些基本概念，当我们研究它们的相互地位时，它们本身的意义是什么。要确定它们彼此间的这种地位，便需要超越任何专题的一般概念。"[14]他的机体哲学所研究的就是这样的"一般概念"。

怀特海所说的就是，知识是一个整体，科学文化和人文文化之间、学科之间、专业之间、各门知识之间并不是孤立的、不相关的，相反，借约翰·亨利·纽曼（John Henry Newman）的话来说："因为知识的题材本身是密切关联的……构成知识的各门科学之间有着千丝万缕的联系。它们内部统一协调，并且允许甚至是需要比较和调整。它们相互补充，相互纠正，相互平衡。"[15]譬如，没有牛顿物理学就不可能产生影响深远的 17 世纪宇宙论；如果达尔文不是无意中读到了英国政治经济学家马尔萨斯的《人口学原理》，使他在脑海里突然闪现一道灵光，"将《人口学原理》运用于生物界的话……进化论原理便能够迎刃而解了"[16]，那震惊世界的《物种起源》就不知何时问世；没有达尔文的进化论，就不可能引发意识形态的革命，并为许多科学领域的研究开辟了道路；在爱因斯坦相对论等近代科学直接挑战 17 世纪宇宙论的前提下，如果怀特海不是在数学、物理学、逻辑学、生态学、神学、哲学、文学等领域都有深入的研究，都有其强烈的兴趣及敏锐性，或许就不会写出《过程与实在》这部形而上学的鸿篇巨制，进而为我们理解这个宇宙提供了更开阔的视野。"一门科学被视为整体的一部分所产生的意义，与一门孤立的科学在没有其他科学的保障（如果可以称其为保障的话）的情况下所产生的意义是不可同日而语的。"[17]人类文明的发展需要有"对于各种各样的兴趣、各种各样的潜在的东西都有敏锐的认识的学者"[18]，如柏拉图、亚里士多德、培根、笛卡尔、洛克、莱布尼兹、休谟、黑格尔、康德、马克思等，他们的研究能使人类对宇宙有更深层、更一般的理解。但是，人们在享受知识专门化给人类带来巨大发展的同时，很少意识到专门化所隐伏的危险，很少意识到大学中各个院、系的学术研究及课程设置各自独立、封闭所产生的不良后果，那就是："它将产生限于一隅的思想。每项专业都在进步，却只能在自己的那个角落里进步。在思想上限于一隅，在一生中便只会思考某一套抽象的概念。这个角落将成为人们跨越原野的障碍。……当然，任何人都不会仅仅只是一个律师或数学家。人们在自己的专业以外都有其他的活动。但问题是真正的思想家被局限在一个角落里，生活的其余部分，只是由一个专业中引申出来的不完整的思想范畴来作浮面处理。"[19]知识界的领袖人物失去了平衡，他们看到的只是这一种或那一种环境，而不曾看到全部。这种专业化趋势所产生的危险更进一步说，就是理智的指导力量减弱了、人类的理解力变窄了，整体沉没于某一局部之中，从而使人们对人类文明的总的方向产生迷惑，细节上的进步只能增加由于协调不当而产生的危险。

怀特海所说的导致人类理解力变窄的现象在我国大学很普遍，主要有两种表现：第一，各学科、专业的课程割裂、封闭。大学中各学科、专业的课程各自封闭，都在划定自己的疆域，都在坚定地、执着地在属于自己的领域中学习、研究，知识被割裂了，各自向纵深发展，专业越分越细，似乎这才是知识专门化的最大体现，似乎只有这样才能给技术进步带来无限前程！"隔行如隔山"成为多数人的一种信念。特别是科学文化和人文文化的割裂尤为突出，从高中的文理分科到大学的专业学习，这种割裂越来越大。第二，各学科、专业的学术研究封闭化。各学院、系、学科、专业之间的横向交流进行学术研究的现象很少，潜意识中似乎都有这样的认同，彼此之间没有多大联系，专业性太强，不是业内人士很难合作研究。还有一些人秉承"精力有限，能在自己专业甚至专业中的某一方向有所成绩，就不错了"的信念，对非自己学科，甚至非自己专业、研究方向领域都缺乏敏感性，造成了学术资源的极大浪费。人们局限于某一狭窄的领域学习、研究和工作，"随着他的行动范围的不断缩小，他的思维能力及智力习惯也会相应萎缩……就会低估一切与我们无关事情的重要性，就会把我们的偏见带入它们根本不适用的地方"[20]，我们的理解力就这样在不知不觉中变窄了，在浑然不知中我们成为孔子典故中的"三季人"[21]。

理解力变窄反过来会阻碍专业学习和科学研究，进而使人类的理解力渐趋窄化，人们的理智在扭曲。目前，人类所面临的人口膨胀、生态环境恶化、全球变暖、物种灭绝和资源短缺等诸多问题，不能说与人类理智的指导力的减弱无关，这或许是人类理解力变窄所带来的最大危险。"部分地认识真实便是对宇宙的歪曲"[22]，必须扩大理解力，提升指导力量，使我们的地球成为万物生灵的美丽家园，和谐共在。怀特海告诫我们："智慧是平衡发展的结果。教育所要达到的，正是这种个性的平衡发展。对不久的未来而言，最有用的发现，就是能增进这一目的而不妨碍必要知识专门化的发展。"[23] "科学必须避免的最大危险是那些从事科学的人的片面发展"[24]。

为此，大学至少应在以下几方面做出努力：第一，为不同学科、专业的教师提供学术交流的平台。第二，鼓励教师和学生跨方向、专业、学科进行合作研究。第三，拓宽专业设置口径，改变系所设置比较分散的现象。北京师范大学教育学部的成立及其发展值得我们关注、研究，或许能为我们在此方面的改革提供启示。第四，在学科及专业的课程设置上处理好文理交融、通才教育与专业教育的平衡问题。第五，加强美学和艺术教育，改变"人们对自然美与艺术美缺乏尊敬"[25]的现象。促进"人的自我和谐"[26]发展，增强人类的理解力，这应是大学不可推卸的责任。

三、教学要以充满想象力的方式传授知识

怀特海说："大学确实传授知识，但它以充满想象力的方式传授知识。"[27]他认为用充满想象力的方式掌握知识，有助于使人们保持探索生命的热情，是大学的恰当作用，"一所大学是充满想象力的，否则它便什么也不是——至少毫无用处"[28]。充满想象力的教学不是脱离事实的胡思乱想，它是"阐明事实、使事实多彩的一种方式"，[29]这种教学旨在"引导适用于种种存在的事实的普遍原理，然后对符合这些普遍原理的各种供选择的可能性进行理智思考。它能使人们面对一个新世界时建构起一幅知识图景，并通过展现令人满意的效果而使人们保持探索生命的热情"[30]。这种教学体现了人们对知识的积极掌握和应用，由于与具体事实相结合，概念、公式、命题及原理变得鲜活起来，不再是死板的知识了，知识成为人的智慧。

为此，怀特海对大学教师教学有如下建议。第一，展示自己真实的特质。如何使学生的思维不是麻木的，而是生动活跃、充满想象力的呢？教师不妨"像一个无知的人那样思考，那样积极地利用他那一点有限的知识"[31]，如同自己在探索新的知识、运用原理那样，充满好奇、渴望、尊敬和想象，不要遮蔽自己，不是在"教"学生，而是师生融为一体去揣摩、研究、探险，这样的结果很可能使学生的思维随你一同去遨游。日复一日地影响、熏陶，"把一个孩子的知识转变为成人的力量"[32]的目标就可能实现。第二，起到两个作用。他认为智力发展的根本动力来自内部，所以教师要起到两个作用："以自己的人格和个性激起学生的热情，同时创造具有更广泛的知识和更坚定的目的环境。"[33]第三，切忌延长精确阶段学习。怀特海把人类智力的发展分为浪漫、精确和综合运用三个阶段，这三个阶段构成三重节奏循环，教育的全过程受这种三重节奏的支配。精确阶段学生的智力特征是对精确的知识细节的关注。他认为，"不适当地延长这个十分必要的发展阶段，其结果是培养了大量书呆子"[34]，学了许多死板的知识，而不会运用。第四，把引领自由、专注运用、促进首创作为教学的核心策略。就其智力发展的大循环周期看，怀特海认为，大学属于综合运用阶段，这时学生已养成学习的悟性，对原理有了深刻的认识与理解，喜欢浪漫，渴望运用知识，产生效果，所以，教师要以"引领自由、专注运用、促进首创"[35]为核心策略，以充满想象力的方式教学。

　　之所以强调以充满想象力的方式教学，主要是基于以下几方面的原因：第一，由智力发展的节奏性所决定。智力发展处于综合运用阶段的大学生，不应再一直伏案专心于自己的课业，他们应该站立起来并环顾四周，"他们应该从一般概念开始，进而研究如何将这些概念应用于具体场合……应该对具体的事实进行研究，让它们说明一般概念"[36]，也就是说要进行想象思维，使知识生成智慧。第二，此种教学能令师生产生探索的内在动力。"想象具有感染力而且能够迅速地蔓延"[37]，以充满想象力的方式传授知识，教师的想象力会慢慢地滋养学生，进而会产生一种令师生愉快的、兴奋的环境氛围，生动活跃的思维习惯会从中产生，这时，"知识在这种环境氛围中会发生变化，某一个事实不再是简单的事实，它具有了所有的各种可能性，它不再是记忆的一个负担，它充满活力，像诗人一样激发我们的梦想，像设计师一样为我们制定目标"[38]。也就是说，在此氛围中，简单的事实可能引起师生的无限遐想，产生各种可能的知识，而这种结果又会令你快乐、陶醉，整个生命焕发出勃勃的生机，智慧的想象把你的思维引向深远，进而享受学习、享受探险。第三，使青年人富有想象的活力保持终生。怀特海担心学习及工作中的训练会使想象力变得怠惰，因为教育总是"面临这种两难选择：首创精神和训练缺一不可，但训练又往往会扼杀首创精神"[39]。技巧需要重复，而想象的热情却含有冲动，他希望经过大学这种锤炼，这种氛围的熏陶，使青年人充满学问和想象力的生活成为一种生存方式，把具体事实与普遍原理相结合成为一种思维习惯，在看似简单、单调的工作中，品味出隐藏在其中的深层次的普遍原理，能阐明事实、使事实多彩。避免出现"那些富有想象力的人缺少经验，而那些有经验的人则想象力贫乏"[40]的人类悲剧。第四，能使所传授的知识有某种创新。使知识充满活力，"这是一切教育的核心问题"[41]，以充满想象力的方式传授知识必有某种创新。

　　从上述可知，以充满想象力的方式传授知识的教学不是简单地把各门学科内容作为一套现成的知识和技能来教，而是考虑到知识实际进入人生的状态，把具体事实与普遍原理相结合，在方法上提供了有效的明智行动的榜样。如果说，"智慧是掌握知识的方式"[42]，那么，有想象力的教学乃是智慧提升之根本；如果说，"教育是教人们掌握如何运用知识的艺术"[43]，那么，有想象力的教学乃是教育艺术之所在。

　　在 21 世纪的今天，面对瞬息万变的世界，生存与发展、思想与行动的探险都更需要对未来具有洞察力，需要充满想象力的思维，"想象的视野是具备控制力和指导能力的先决条件"[44]。毋庸置疑，大学教师必须在学生的想象力培养上有所作为，在知识和追求生命的热情之间架起桥梁，以充满想象力的方式传授知识，促进师生智慧的提高。但在我国大学课堂中，我们的教学还存在明显不足：第一，学术生态环境不够理想，师生整体对学术探险的动力不足；第二，一些教师责任意识淡薄，课堂教学质量有待提高；第三，教师过于狭窄的专业知识面，无助于想象力的发挥；第四，教师教学任务繁重，无暇汲取想象的养料；第五，班额过大，限制了以充满想象力传授知识的教学方法的发挥。但无论怎样，我们要记住："大学的重要不在于它所教的东西，而在于它怎样教和怎样学的精神。"[45]

四、拥有高素质教师队伍是组织建设一所大学的全部艺术所在

针对当时大学在校生数量、学校规模以及内部组织的复杂性方面所暴露出的某种危险，"由于对大学服务于国家时应起的主要作用缺乏广泛的了解，大学的基本作用可能会遭到破坏"[46]。怀特海不无忧虑地说："组织建设一所大学的全部艺术就是拥有这样一支教师队伍，他们的学术知识为想象之光所照亮。这是大学教育中最关键的问题。如果我们不加以注意，错误地处理这个问题……就不会产生正确的结果。"[47]怀特海认为，"一所大学的教育，它的核心问题是使青年学子们在知识和智力发展方面受一批充满想象力的学者们的影响。"[48]以充满想象力的方式传授知识，成为充满想象力的学者，这是怀特海对教师的期待。对已有知识的理解与运用、对思想和行动的探险，都离不开人类理智的想象。

我国大学目前在学生数量、学校规模及各种活动方面可谓发展迅速，与怀特海所言情况极其相似，但在教师队伍建设这一大学教育中最关键的问题上我们并没处理好。具体有以下几方面问题：第一，大学管理重行政化，学术地位偏低，影响了教师对学术的热情和追求。第二，人才评价偏商业化，忽视学术发展的特点，易催生不合格教师。对教师评价往往量化为具体的指标，如在几年内要发表多少论文、出版多少著作、申请多少课题等。要求是应该有的，只是缺少了应有的弹性，这势必造成有些教师为完成指标而做学术，会产生学术泡沫、学术垃圾乃至学术腐败。这样做"危险在于很容易产生完全不合格的教师——那些效率高的学究和蠢人"[49]。怀特海以哈佛大学当时新产生的商学院为例告诫我们："牢记不可用管理普通商业公司的条例和政策来管理大学……大学教育体制中的商业学校也不能违背这个规律。"[50]第三，教师被太多琐细的制度、规定、活动所捆绑，时间被抽用，

不利于教师开展学术研究。如教师时常被要求填各种检查表、评估表、申报表、申请表、评审表，以及各种计划与总结，占用了大量时间。上述问题都是造成我国高校教师高层次创造性人才匮乏、学术大师数量很少以及教师队伍整体素质偏低的重要原因。

我们深知，在大学，卓越是通过个人传递的，缺乏想象力和学术热情的低素质教师，很难培养出高素质的学生，也很难有高水平、高质量的科研成果。可以说，教师就是大学中最有成效的成分，是大学卓著的源泉。如何打造具有充满想象力、高素质的教师队伍，使得教师集体成为更生动、有力、进取的一股力量，这是组织建设一所大学的全部艺术所在。无论各大学如何进行改革，必须明确的是，要尊重学术、尊重教师，"教师的意见以及对大学办学目标的共同热情是办好大学的唯一有效的保证"[51]。

五、大学教师评价要体现人类生产精神产品方式的个性

怀特海说："人类生产精神产品的方式正如它的思想内容一样富于个性……在任何一个教师群体中，你都会发现一些杰出的教师不属于那些发表论文专著的人之列。他们创造性的思想须通过讲演或个别讨论的形式，在与学生的直接交流中得到阐发。"[52]譬如苏格拉底和孔子就属此例。苏格拉底是西方哲学的奠基者，与柏拉图、亚里士多德并称希腊三贤，他一生没留下任何著作，但却流芳百世，有关他的思想和学说资料主要见于其弟子柏拉图的几篇对话和色诺芬的《回忆录》。作为我国伟大思想家、教育家，儒家学派的创始人孔子的情况与苏格拉底极其相似，他的思想主要体现在由他的弟子及其再传弟子所编撰的、儒家学派的经典著作《论语》一书中，他的思想影响世界。20 世纪也有这样的大师，那就是美国实用主义和当代社会心理学的创始人之一的乔治·赫伯特·米德（George Herbert Mead 1863—1931），其教学声望卓著，但著述不多，他的主要著作有《当代哲学》（1932）、《心灵、自我与社会》（1934）、《19 世纪思想运动》（1936）、《行动研究》（1938），这些书基本上是由他生前给学生讲课时的记录整理出来的，他没有发表多少文字，也没有专著，何以称为大师？很简单，那就是他有自己的思想，芝加哥大学成就了他。

博学的怀特海以苏格拉底为例告诫我们："我们绝不能认为，大学以创新思想的形式生产的产品只能通过发表署有作者姓名的论文和著作来衡量。……根据署名发表的作品来评价一位教师的价值是极其错误的……我们

必须坚决反对权威管理机构那种有损效率和对无私的热情采取不公正的态度。"[53] 当然，苏格拉底和孔子二位先贤是幸运的，他们生活在 2000 多年前，身边有其跟随的弟子，能体悟其思想的精髓与价值，对其学说加以整理，留给了后人，这也是人类的幸运！乔治·赫伯特·米德也是幸运的，能在学术如此自由的芝加哥大学任教，有芝加哥学派对其思想的整理，给我们留下了宝贵的思想财富。

按照我国大学的教师评价标准来看，如果上述三位先贤生在当今我国，会是怎样呢？很可能是落聘或不合格。就如上海交通大学学子们最欣赏、最喜爱、最崇拜的教师宴才宏一样，尽管他把原本枯燥的电路课讲得生动丰富，被学生誉为"魔电"；尽管在学生评教活动中他以罕见的满分居学校榜首；尽管他痴迷课堂，诲人不倦，但由于没有发表论文或专著，57 岁的他至死也只是一位讲师。这令舆论哗然，令热爱他、敬重他、深受他影响的学子们深感不平。网络上追忆他的帖子成百上千，一个学生在网络上写道："我不禁要问：究竟如何才是一位真正的好老师？我们常常会发现，一些教授只是把授课当作副业，并未具备足够的认真程度，又或是讲得过于深奥难懂，使得学生们不知所措。"如何评价教师，这确实令人深思！宴老师真的没有科研成果吗？是不是我们对科研成果的理解有偏狭？对那些每时每刻都在琢磨把每一节课上好的教师来说，每一堂课是不是教师的一个作品、一项科研成果呢？面对诸多大学生不安心于学习、厌学，甚至逃课，宴老师何以能激起年轻学子那久在功利化环境中浸润的心？拨动学子们的求知欲望？没有一定的"内功"或许难有如此吸引力！

"宴才宏之死"引起了人们的广泛关注，同时人们也发现这并不是个案，而是如怀特海所言的有"一些"，这不能不说我国大学教师评价制度存在缺陷，那就是，忽视了人类生产精神产品方式的个性特征。当然，"对教师群体总效率的一种恰当的评估方法是，从总体上看它以论文专著形式所体现的在思想方面的贡献。这种贡献应以对思想的价值而不是以字数来衡量"[54]。但以论文、著作、课题、获奖情况为主要指标来评价大学所有教师；"科研"好，一切都好，这是不公正的，如此评价制度不知埋没了多少像宴才宏这样的优秀教师。值得庆幸的是一些大学开始对教师的职称评价制度进行了改革，如江西理工大学[55]、武汉大学[56]、同济大学[57]、天津师大[58]、浙江大学[59]等都特设"教学型教授"岗位，以鼓励那些教学成绩突出的教师。我们期待着更多的大学努力探索教师评价制度的改革，改变那种"有损效率和对无私的热情采取不公正的态度"的现象，让那些深深地热爱教育、有着浓浓的教育兴趣的教师迸发出更多的热情和能量。

怀特海的大学教育思想是其机体哲学思想的具体体现，他反对对大学作用的狭隘理解[60]，他是以整个人类文明的发展为前提，以不断增强、扩大人类的理解力为目标，以生成性、整体性与关系性的思维方式来阐释他的大学理想，提出了不同于纽曼、洪堡、克拉克·克尔等人的大学思想，为我们思考今天的大学改革提供了一种新的思路与角度。

参考文献

[1] 雅罗斯拉夫·帕利坎. 大学理念重审：与纽曼对话 [M]. 杨德友，译. 北京：北京大学出版社，2008：109.

[2] [3] [4] [11] [12] [27] [28] [29] [30] [31] [32] [33] [34] [36] [37] [38] [39] [40] [41] [42] [43] [44] [46] [47] [48] [49] [50] [51] [52] [53] [54] [60] 怀特海. 教育的目的 [M]. 徐汝舟，译. 北京：生活·读书·新知三联书店，2002：137，150，152，18，22，137，144，138，138，66，49，66，71，47，144，137，63，138，9，54，8，103，134，144，150，149，149，148，149，147，148，174.

[5] [13] 徐志摩. 吸烟与文化 [M] //徐志摩. 徐志摩经典作品选. 北京：当代世界出版社，2007：35-36.

[6] 史轩. [校央连载之八] 刚毅坚卓的西南联合大学 （二）[EB/OL]. （2007-10-25）[2010-09-23]. http：//www. tsinghua. org. cn/publish/alumni/4000382/10008980. html.

[7] 西南联大启示录 [第三集] 天地课堂 [OL]. （2010-07-28）[2010-09-23]. http：//www. tudou. com/programs/view/zCW-u3nTWXo/.

[8] 张曼菱. 西南联大与我们 [EB/OL]. （2007-08-28）[2010-09-23]. http：//bbs. swnu. edu. cn/show. php？area=139&aid=687.

[9] [10] [18] 怀特海. 思维方式 [M]. 刘放桐，译. 北京：商务印书馆，2004：41，116，41.

[14] A. N. WHITEHEAD. Process and reality [M]. New York：The Free Press，1978：10.

[15] [17] 约翰·亨利·纽曼. 大学的理想 [M]. 徐辉，顾建新，何曙荣，译. 杭州：浙江教育出版社，2001：20，21.

[16] 达尔文——自然之子 （四）：物种谜题 [OL]. （2009-12-02）[2010-09-23]. http：//www. tudou. com/programs/view/34yzSzqoEjU/.

[19] [20] [23] [25] A. N. WHITEHEAD. Adventures of ideas [M]. New York：The Free Press，1967：215，88，216，214.

[21] 曾仕强. 易经中的管理智慧 [DR]. 西安：陕西师范大学电子音像出版社，2009：40.

[22] A. N. 怀特海. 观念的冒险 [M]. 周邦宪，译. 贵阳：贵州人民出版社，2000：225.

[24] 托·亨·赫胥黎. 科学与教育 [M]. 单中惠，平波，译. 北京：人民教育出版社，2005：译者序.

[26] 温家宝. 教育大计，教师为本 [EB/OL]. （2009-10-11）[2010-09-23]. http：//www. gov. cn/ldhd/2009-10/11/content_ 1436183. htm.

[35] 杨丽，李长吉. 论怀特海的课程思想 [J]. 教育探索，2010（1）：12-15.

[45] 杜威.大学与民治国舆论的重要 [M] //杨东平.大学二十讲.天津：天津人民出版社，2009：67.

[55] 杜金存.教师职称评定破坚冰　课讲得好也能当教授 [N].江西日报，2009-04-16 （C02）.

[56] 甘丽华.武汉大学为教学能手特设"教学型"教授岗位 [EB/OL].中国在线，（2005-10-13）[2013-09-23].http：//zqb.cyol.com/content/2005-10/13/content_ 1187282.htm.

[57] 李雪林，吴为民.享受与"科研型教授"同样待遇　同济将聘任"教学型教授" [EB/OL]. （2005-04-19）[2013-09-23].http：//news.tongji.edu.cn/classid-18-newsid-1354-t-show.html.

[58] 于浩.天津师大评职出新招　3人当选教学型教授 [EB/OL].（2006-11-29）[2013-09-23].http：//news.enorth.com.cn/system/2006/11/29/001475718.shtml.

[59] 李婧.提高教学质量　让教得好的大学老师评上教授 [EB/OL].（2010-07-05）[2013-09-23].http：//politics.people.com.cn/GB/12057120.html.

20. 论怀特海的课程思想

Research on Whiteheads' Curriculum Ideology

杨 丽 李长吉

（Yang Li，Li Changji）

阿尔弗雷德·诺思·怀特海是英国著名哲学家和数学家，是欧洲 19—20 世纪杰出的思想家，过程哲学的创始人。日本怀特海研究专家田中裕称其为"七张面孔的思想家"，其中包括"教育家立场的文明批评家"[1]。作为教育家的怀特海，其课程思想主要涉及课程理论基础、课程总目标、学校课程结构、课程设置原则和课程实施策略五大方面。

一、智力发展节奏性的课程理论基础

怀特海把人类智力的发展分为浪漫、精确和综合运用三个阶段，这三个阶段构成三重节奏循环，每个这样的循环是一个单独的细胞，而智力发展的整个过程是由众多个这种细胞构成的有机体组织。他认为"教育的全过程受这种三重节奏的支配"[2]。怀特海的整个课程思想就是以他智力发展的节奏性理论为基础的，此理论主要包括以下三方面内容。

（一）智力发展是由浪漫、精确和综合运用构成的三重节奏循环

怀特海认为生命本质上是周期性的，生命中有一些更微妙的涉及智力发展的周期，他用浪漫阶段、精确阶段和综合运用阶段来描述智力发展过程。这一划分深受黑格尔把发展分成命题、反题与综合三个阶段的启发，只是他觉得将黑格尔的术语用在教育理论时不能很恰当地引起人们联想。需要说明的是，由浪漫、精确和综合运用所构成的三重节奏循环（怀特海有时也称之为自由—纪律—自由的三重节奏循环），后一种表达是针对三个阶段中教育所呈现的特征而言。怀特海对人类智力的这种自然渴望的节奏进行了仔细考察。

"浪漫阶段是开始领悟的阶段。"[3]人的大脑在众多杂乱的概念和经验中进行某种推论活动，"这是一个发现的过程，一个逐渐习惯于奇特想法的过程，想出问题并寻找答案的过程，设计新体验的过程，注意新的探险活动会引起什么结果的过程"[4]。在这个阶段，学生直接认识事实，知识不受系统程序支配，情感常处于兴奋状态，会产生浪漫的遐想，思想活跃而纷乱，对新奇、探险充满渴望。经过浪漫阶段的学习，渴望渐渐得到满足，学生具有了以客观事实和理论为基础的一般知识，已经能够在直接经验中进行独立的漫游，包括思想和行动方面的探险，缺乏经验的新鲜感已逐渐消失，取而代之的是另一种新的渴望，那就是对精确的知识细节的关注，从此智力发展进入了精确阶段。"精确阶段也代表一种知识的增加和补充。……这也是文法规则阶段。所谓文法，是指语言的文法和科学的基本原理。"[5]也就是学生一点一点地接受一种特定的分析事实的方法阶段。经过精确阶段后，"学生已了解了一些确切的知识，已养成了学习的悟性，已清楚地理解了对一般规则和原理的系统阐述和详细例证"[6]。这时，学生会有一种对浪漫的反动，产生了新的渴望，那就是"想使用他掌握的新武器。他是一个有效的个体，他想产生的是效果"[7]。他重新回到浪漫阶段那种散漫的探险中，不同的是，此时他的大脑好像是一个训练有素的团队，而非乌合之众，智力发展开始进入综合运用阶段。"综合运用阶段是摆脱知识细节而积极运用原理阶段，这时细节退回潜意识的习惯中。我们不用在脑子里清晰地记住二加二等于四，尽管我们曾经不得不牢记它。……但是，这个阶段的本质是，脱离那种被训练得比较被动的状态，进入主动应用知识的自由状态。"[8]怀特海关于人的智力发展所构成的三重节奏的循环，在运行中有其自身特点。

（二）智力发展三重节奏循环的特点

怀特海对智力发展的三重循环进行了细致的分析，可以概括为以下四点。第一，智力发展的三重节奏循环具有包含性。智力发展的节奏"包含一种交织在一起的若干循环周期，而整个过程作为发展中的小旋涡，又受一个具有相同特点的更重要的循环周期的控制"[9]。具体来讲，从婴儿到成年的整个发展时期形成一个大循环周期。0岁到13岁或14岁是浪漫阶段，从14岁到18岁是精确阶段，18岁到22岁是综合运用阶段。在各个发展阶段，每天、每周、每个学期都有若干较小的旋涡，他们本身又包含着三重循环。譬如，学生大体上理解某个模糊的题目，掌握相关的细节，最后按照相关的知识将整个科目归纳在一起，这就是学生的智力从浪漫到精确再到综合运用的一个循环。每天、每节课都有这样的循环。第二，智力发展的三个阶段具有非独立性。各个阶段不是界限分明的，只是各阶段的侧重点不同、主要特质不同，浪漫、精确和综合运用自始至终存在着。他认为"占主导地位的阶段交替出现，正是这种交替构成了各个循环周期"[10]。第三，智力发展的三个阶段在各个科目上的表现有差异性。就是说，人的智力发展的三个阶段在不同的科目上所开始的时间是不一样的。譬如，"语言学习的浪漫阶段始于婴儿时期的学话阶段，因此较早进入精确阶段；相比而言，科学学习阶段的发展则较为滞后"[11]。第四，智力发展的三个阶段具有依存性。"浪漫阶段是精确阶段的背景"[12]，没有浪漫阶段，精确阶段是无结果的，精确阶段是对"浪漫阶段的一般内容做出揭示和分析"[13]，综合运用是"精确性训练始终追寻的目标"[14]，"补充了分类概念和有关技能后重又回归浪漫"[15]。怀特海认为，智力发展的三重节奏循环得以运行的基础就在于生命有机体的内部发展动力，靠的是自我发展的冲动而成长。

（三）智力发展的根本动力

怀特海关于人类智力发展的根本动力的观点主要包括两个方面。第一，智力发展的创造性来自内部，为个体所独有。生命有机体的能量与一种机械结构的能量不同，人们在生产一种机械结构时，结构的能量来自外部，它将互不关联的独立部分加在一起。但是，对作为生命有机体的人来说，"他是靠自我发展的冲动而成长。……尽管你可以激发和引导这种冲动，但智力发展的创造性来自内部，而且完全为个体所特有"[16]。第二，智力发展的根本动力是对价值的鉴赏和对重要性的认识。怀特海很明确地提到，智力发展的"根本动力是对价值的鉴赏，是对重要性的认识"[17]，他认为"使个性与超越自我的东西融合，需要各种形式的疑惑、好奇、尊敬或崇拜，以及各种形式的强烈愿望"[18]。快乐是刺激生命有机体合适的自我发展的自然方式。可见，对价值的鉴赏、对重要性的认识是整个精神领悟系统的动力所在。

怀特海仔细考察了人类智力发展的三个阶段及每个阶段所产生的自然渴望，提出了教育的节奏原则，即"不同的科目和不同的学习方式应该在学生智力发育达到适当的阶段时采用"[19]，教育的全过程要建立在这三重节奏之上。其根本思想就是教育要满足学生智力发展的动力需求，踏准学生所产生的疑惑、好奇、尊敬、崇拜，以及各种形式的强烈愿望的节奏，也就是"人类智力的这种自然渴望的节奏"[20]，"这种节奏显示出某些可确定的普遍规律，这些规律对大部分学生来说都是合理的"[21]，这是发展的根本动力，教育必须呵护、激发和引导这种冲动。整个教育的过程必须"着重于生命充满活力的有节奏的跃动"[22]，这样才能更好地促进学生的发展，教育也就充满了生机和活力。他告诫人们，不要"为教育确定一种不现实的遥远的目标。如果教师在满足学生有节奏的渴望方面恰到好处地起激励作用，学生一定会不断地为某种成就而欢喜，不断地重新开始"[23]。"过去许多令人沮丧的失败都是由于忽略了这种节奏的重要意义"[24]，他对旧教育及当时的英国教育都进行了批评，认为旧教育科目单一、无明显特征、无节奏专注；现代教育科目虽不单一，但知识琐碎，同样没有节奏。总之，新旧教育都没有掌握教育的节奏。他建议"改进教育的质量，使教育适应学生在这个发展节奏中已经达到的阶段。课程问题不完全是一系列的科目……真正重要的顺序，是教育应该采用的设计质量的顺序"[25]。所以，他呼吁："我们应把对学生直观理解来说各有其内在价值的不同的教学内容，调整到各个从属的循环周期中，通过这样的努力，使学生在大脑中形成一幅和谐的图案。"[26]这就是他的课程理想。

二、既有文化又掌握专业知识的课程总目标

怀特海关于课程目标的表述主要有三种：第一，"要造就的是既有文化又掌握专门知识的人才。专业知识为他们奠定起步的基础，而文化则像哲学和艺术一样将他们引向深奥高远之境"[27]。第二，"教育的全部目的就是使人具有活跃的智慧"[28]。第三，"教育应该培养出这样的学生，既能很好地掌握某些知识，又能出色地做某些事情"[29]。欲把握这三种表述的准确含义，需要进一步了解怀特海话语体系中智慧、文化和专业知识的内涵。

"文化是思想活动，是对美和高尚情感的接受。支离破碎的信息或知识与文化毫不相干。"[30]文化不是知识，甚至与支离破碎的知识毫不相干；文化也不是"呆滞的思想"，呆滞的思想"仅为大脑所接受却不加以利用，或不进行检验，或没有与其他新颖的思想有机地融为一体"[31]。怀特海认为，除了在知识蓬勃发展的少数时期外，过去的教育完全受这种呆滞的思想影响。一个人仅仅见多识广，他不过是这个世界上最无用而令人讨厌的人。有文化的人是不具有"呆滞的思想"的人，在生活中，他能利用思想概念，"将它与一连串复杂的感性知觉、情感、希望、欲望以及调节思维的精神活动联系在一起"[32]；他能通过实验或逻辑等方法证明某一思想主题的真实性，评价其重要程度；他能将某一思想概念与其他新颖的思想有机地融为一

体；他有对美和高尚情感的鉴赏能力。专门知识不是指纯粹的和抽象的知识，掌握专业知识的人，是一个能"领会一般思想的准确阐述，领会这些思想被阐述时它们相互之间的关系，领会这些思想对理解生活的作用"[33]的人，是一个有预见能力的人。这样的人，才有望形成自己的风格，掌握专业知识是形成风格的基础，风格永远是专业化学习的结果。"风格"是怀特海所追求的理想目标，认为这是"受教育的文化人最后学到的东西；也是最有用的东西。……风格是智者的最高德性"[34]。由于"人类天性是一个适应并局限于一定生存模式的专门化物种"[35]，拥有专业知识往往是他们生活的基础。可以说，既有文化又有专门知识的人，有一种指向生活的综合而具体的精神人格，是能学以致用、不被知识所束缚的人，是有鉴赏力的人，是在掌握某种固定化的工作时具有多种才艺的人，是一个有预见能力的人。"智慧是掌握知识的方式。它涉及知识的处理，确定有关问题时知识的选择，以及运用知识使我们的直觉经验更有价值。这种对知识的掌握便是智慧，是可以获得的最本质的自由。"[36]这就是怀特海的智慧观。智慧不同于知识，知识是智慧的基础、前提、条件，智慧是高于知识的，你不掌握某些基本知识就不可能聪明，但你可以很容易地获得知识却仍然没有智慧。知识的价值完全取决于谁掌握了知识以及他用知识做什么。"通往智慧的唯一道路是在知识面前享有自由"[37]，有智慧的人也就是能抛开知识细节，在知识面前享有自由，能恰当地、自由地处理、选择和运用知识的人，这也是具有创新精神的人。

综上所述，可以认为"既有文化又有专门知识的人"更能准确而全面地体现怀特海的课程目标。这一判断有两个理由：一是它的含义更宽泛、内涵更丰富。根据以上分析，既有文化又有专门知识的人，一定是具有活跃智慧的人，当然，这种人既能很好地掌握某些知识，又能出色地做某些事情。但是，具有活跃智慧的人，未必是既有文化又有专门知识的人，如怀特海所言，没受过教育的妇女，也会很聪慧。二是从二者所出现的语境分析，"既有文化又有专门知识的人"是在《教育的目的》这篇论文中明确提出的，而"教育的全部目的就是使人具有活跃的智慧"是在论文《自由与纪律的节奏》中，讨论智力发展节奏的循环周期中第三个阶段，即综合运用阶段时阐述这一观点的。所以，那种仅把"使人具有活跃的智慧"作为怀特海的课程目标的判断是不准确的。怀特海只是深感教育受"呆滞的思想"浸染，以及由对人类的心理特点茫然无知所导致的教育制度自身形成的僵化思想对人类的束缚，特别重视、强调教育要使人具有活跃的智慧。

怀特海的课程目标主要是对人的质量方面的要求，既强调使人具有活跃的智慧，也重视人的精神层面——对美和高尚情感的鉴赏，希望文化像哲学和艺术一样把人们引向深奥高远之境。他直言："我们面对的是一个科学时代里成长起来的聚居在都市里的人民。我毫不怀疑，假如我们不能用新的方法去迎接新的时代，为我们的人民保留精神生活，那么，无法实现的渴望迟早狂暴地发作。"[38]

三、文科、科学和技术课程并重，普通课程和专业课程兼顾的学校课程结构

怀特海关于课程结构的思想主要包括两点，一是文科、科学和技术三类课程并重；二是普通课程和专业课程兼顾。

（一）文科、科学和技术课程并重

怀特海认为，有三种途径去努力追求智力与性格的最佳平衡，这就是文学的修养、科学的修养和技术修养。为此，他说："在一个国家的教育系统中须有三种主要的方式，即文科课程、科学课程和技术课程。"[39]这是他关于学校课程结构的基本观点。基于他的课程目标和智力发展的节奏性理论，怀特海针对这三类课程的学习目标、内容、安排都提出了自己独特的看法。

关于文科课程，怀特海认为，"文科课程的教育途径是学习研究语言，即学习我们向别人转达思想时最常用的手段和方法"[40]。学习目标包括掌握言语表达的技能，具有研究语言的结构以及分析语言与语言所表达思想之间关系的能力，具有敏锐的审美鉴赏力。其中，使学生具有敏锐的审美鉴赏力是他非常强调的学习目标，这体现在他对相应课程的评价中，如他认为历史和地理课程"在教育中的价值取决于他们对智力的激励作用。绝不能用科学的奇迹来夸大它们，它们必须提供一种广阔的视野"[41]。还有，他说："文学知识本身并不特别重要，唯一重要的是这种知识是如何学习的。……文学之王国。……学生们知道什么，这无关紧要，而从文学欣赏中得到愉悦却是极其重要的。"[42]文学鉴赏能产生创造的愉悦，但对大多数人来说"文学还是一种消遣。……艺术对于生活也具有与文学相同的作用"[43]。怀特海认为正常的娱乐消遣应该相当于某种活动转换，它满足本能的迫切需要。从这一点上说，文学和艺术在生活中起十分重要的作用，"它们给经济生产带来的益处将仅次于睡眠或饮食所带来的益处"[44]，在物质世界里，艺术就好像阳光

一样。当然，艺术和文学赋予生命的活力并不只是一种间接影响，"它还直接给予我们充满想象力的视野……想象的视野是具备控制力和指导能力的先决条件"[45]。文科类课程主要包括语言、文学、艺术、历史和地理等课程。

关于科学课程，怀特海认为，"科学教育主要是一种训练观察自然现象的艺术，以及训练知识和训练对涉及一系列自然现象的法则进行演绎推理"[46]。学习目标主要有学生能形成思维的艺术、有科学阐述的能力以及掌握科学方法。思维的一般艺术主要包括适用于直接经验的清晰思维的艺术、凭直觉领悟一般真理的艺术、检验先见能力的艺术以及将普遍真理推广运用于具有某种特殊重要性的特定情况的艺术等。具有科学阐述的能力，才能够对重点给予应有的重视，从一团混乱的思想中清晰地梳理出有关的问题。关于方法，他认为掌握一般方法非常重要，他认为科学教育也受时间少的限制，"有许多种类型的自然现象，每类自然现象都有与之相应的科学，这种科学有其独特的观察方式，也有其独特的思维方式用以演绎种种法则。在教育中泛泛地学习科学是不可能的，所能够做的是学习两三门密切相关的科学"[47]。但这样做会有"狭隘专门化"的危险，那就是只向学生灌输这些特定学科的狭隘的成果，学生只了解自己所学的学科，把它作为这种学科特有的一套固定程序。如果这样的话，怀特海认为，"他实际上不懂那门科学。他缺乏丰富的思维，不能很快领悟完全不同的思想概念的含义。他将无所发现，在实际运用所学的知识时也将反应迟钝"[48]。他认为，教学时，对方法的通用性、对思维的一般艺术要给予应有的关注，这样做"在纠正科学的专门化方面就取得了很大的进展"[49]。他说："重要的是，必须不断地发现方法的通用性，并将这种通用性与某一特定应用的特殊性进行对照。"[50]科学类课程主要有"力学、物理学、化学、代数学和几何学"[51]等课程。

关于技术课程，怀特海认为，"技术教育大体上是训练这样一种艺术：运用知识生产物质产品。这种训练注重于手工技能，眼和手的协调动作，以及在控制构造过程中的判断"[52]。这种艺术的关键在于不断地发现理论的通用性，并将它与其实际应用的特殊性进行对照，在特殊中显示一般。当然，在这一过程中包含富有智慧的想象力和特定的审美能力。学习目标主要有掌握比较宽泛的手工技能和形成对技术热爱的情感等。他说："如果我们把技术教育看成向孩子传授一门高度专门化的手工技能，那么技术教育注定要失败。"[53]现代社会，劳动力流动性很大，技术教育要使"受教育者接受训练的范围应该比他最后掌握的专业更广泛"[54]，即学生要掌握比较宽泛的手工技能，尽量使学生获得适应于各种不同需要的能力。怀特海借助萧伯纳著作中的一句话来表达他对技术教育的理想之看法，那就是"那是一个国家，其中工作就是娱乐，娱乐就是生活"[55]，其实质就是要培养喜爱自己工作的人，使工作成为一种乐趣。怀特海按涉及的主要科学门类把技术学习分为几何技术、机械技术、物理技术、化学技术、生物技术及商业和社会服务技术。

关于文科课程、科学课程和技术课程这三类课程的设置及编排，怀特海提出了自己独到的见解，其基本思想包括三方面。第一，在时间上，要有侧重性。"教育要关注的问题是保持主要的侧重点，无论是侧重文学、科学还是技术"[56]。也就是说，各时期要有主要的侧重点，侧重的依据是学生的智力发展在不同学科内容上的节奏性。如他认为 12 岁到 15 岁这三年，是语言的精确阶段，时间应该主要用在语言上；15 岁到 16 岁半这段时间，属于科学精确阶段，学习应该集中于科学，大大减少语言学习方面的课程；从 13 岁开始接受技能型的手工训练，课业活动应逐年增加。第二，在内容上，要有融合性。"在不损失协调的情况下，在每一种教育中融入其他两种教育的内容。"[57]具体地说就是每一种课程都应该包括其他两种课程内容。"每种形式的教育都应该向学生传授技术、科学、各种一般的知识以及审美鉴赏力；学生在每一方面所受的训练，都应该有其他两方面的训练补充而相得益彰。"[58]第三，在学习上，要有协调性。他认为这三种课程不要随机地、简单地、机械地混合在一起，这样做只能使"零碎的知识永远互不关联或得不到应用"[59]。"在考察课程的知识性时，我们必须遵循各学科间的学习互相协调的原则。"[60]

总之，怀特海认为精神与躯体、思想和行动是统一的，而不是对立的，要记住这一教育原则："在教学中，你一旦忘记了你的学生有躯体，那么你将遭到失败。"[61]他认为文艺复兴以后柏拉图式的课程的错误就在于此，片面地关注精神与思想，课程远离生活实践而具有间接性。不能忽视技术教育是理想人完美发展的一个组成部分，不能把技术教育与文科或科学教育对立起来，这三种主要方式的课程是有机的一体，既各有各的功能和作用，之间又有其内在的联系性、互动性、共生性，"仅仅进行一种教育必然导致智力活动和性格方面的巨大损失"[62]。各科目之间那种致命的分离状态，会扼杀现代课程的生命力。

（二）普通课程和专业课程兼顾

怀特海认为，在为一种广博的文化而设计的课程中必须为专业化留出余地，人类天生是一个专门化的物种，专业知识为他们奠定起步的基础，"在教育中只要你排斥专门化，你就是在破坏生活"[63]。但一定要清楚，这两类课程不是对立的，是相互交融、浑然一体的。"在普通的文化课程中，学生会对特殊的问题产生兴趣；同样，在专业学习中，学科外在的联系使学生的思想驰骋于专业领域之外更广阔的空间。"[64]此外，"在学习中不存在一种课程仅仅传授普通的文化知识，而另一种课程传授特殊的专业知识"[65]的情况。何况，促进普通脑力活动的一种方法是培养一种特殊的专注。应该说，普通课程和专业课程兼顾，是培养"既有文化又有专门知识的人"这一课程目标在课程设置上的具体反映。

关于专业课程，他认为，"对学生来说，专业学习通常是一种具有特殊兴趣的学习"[66]，换句话说，专业学习是建立在学生的兴趣之上，要根据学生的兴趣需要开设相应的专业课程。同时，怀特海也谈到专门化的训练"应该出现在学生课程的更高级的阶段"[67]，这暗示着专业课程要以不同于普通课程的形式出现。但他也感慨英国所有学校都受到限制性考试的束缚，没有一个校长能够按照学校面临的机遇，自由地发展普通教育或专业学习。为此，他建议，教育改革的首要条件是，"学校作为一个独立的单位，应有经过批准的课程，而这些课程是由本校教师根据学校自身的需要而设计制定的"[68]。从中我们能感受到，怀特海希望学校能根据学生的兴趣自己决定专业课程的开设，这蕴涵着选修课的思想。

四、专注集中、必要优先的课程设置原则

怀特海关于课程设置的思想，主要体现在他的专注集中和必要优先两个原则上。

（一）专注集中原则

"专注集中"是基于他对婴儿能成功地学会说话的一种认识。他说："专注集中是与婴儿的发展明显地联系在一起。婴儿的全身心都专注于他的循环周期的训练，没有任何其他东西能转移他的智力发展。在这方面，这个自然循环周期与随后学生阶段的发展之间存在着明显的区别。"[69]在学生阶段，一些教学任务不能完成，失败的原因在于，"这些任务是以一种非自然的方式指派给他们的，没有节奏，没有中间阶段成功所带来的刺激，也没有专注集中"[70]。进而，他提出："考虑到了这个事实。我们为随后的每个循

环期保留一定的专注是明智的。我们尤其应该在循环期的同一阶段中要避免各种不同科目间的竞争。"[71]我们不妨把这一要求称为课程设置的"专注集中原则"。他提出科目设置"专注集中"的要求，旨在改变先前课程中那种无节奏性和平衡性，"把不同的教学内容，调整到各个从属的循环周期中，通过这样的努力，使学生在大脑中形成一幅和谐的图画"[72]。进而使我们的教育以某种这样的方式进行："学生自始至终具备这样的有利条件，即专注集中，而且充满活力。"[73]

怀特海所谈的"专注集中"原则有两层含义，其一，某方面的课程内容处于学生智力发展的精确时期时，一定要专注于这一内容的学习，不要错过发展节奏，否则欲速则不达。如12岁至15岁这段时间，是语言的精确时期，那么，这时的学习就要专注集中语言，其他科目在这个时间表中占一个次要位置，以免分散注意力，不利于学生在此方面高质量、快速度地发展。15岁至高中毕业这段时间，是科学上的精确时期，那么这时的学习应该集中于科学课程，大大减少语言学习方面的课程。其二，在智力发展的每个浪漫、精确和综合运用循环期都有各自专注的重点，课程设置要体现出这种专注的重点。浪漫阶段偏重自由，专注领悟；精确阶段偏重纪律，专注精确的知识细节；综合运用阶段偏重自由，专注于知识的综合运用。例如，就智力发展的大循环来说，小学、中学、大学专注的重点是不同的，小学强调的是领悟，中学重视的是精确知识，在大学教育中，综合运用则应占主导地位。正如怀特海所言："我们应当改进教育质量，使教育适应学生在这个发展节奏中已经达到的阶段；课程问题不完全是一系列的科目；因为所有科目基本上都应该在智力发育的启蒙时期开始。真正重要的顺序，是教育应该采用的涉及质量的顺序。"[74]也就是说，课程设置要与学生的智力发展节奏协调起来，这种协调是质量的保证。

（二）必要优先原则

必要优先原则指的是在科目设置和教学中，先易后难并不总是正确的，有些科目或知识应必要优先。先易后难、由浅入深，是我们在科目设置上和具体知识的教学中常常遵循的一条基本原则。怀特海认为，"这种观点并不对。相反，有些最难学的东西必须先学，因为人的先天秉性规定如此，也因为这些本领对生活来说是非常重要的"[75]。婴儿掌握口语、书面语就是如此，口语需要把意思和声音联系起来，书面语需要把声音和字形联系起来，这是多么艰难的任务，但婴儿奇迹般地成功了！"同样，数学中最难的部分是代数原理，可是代数却必须安排在比较容易的微分学之前。"[76]所以他说：
"在复杂的教育实践中，把难点放在后面并不是解决问题的可靠线索。"[77]
进而他提出"有关科目顺序的可供选择的原则是：必要优先原则"[78]。

五、凸显教育节奏的课程实施策略

在课程实施中，怀特海非常强调教育的节奏性，要依据不同的节奏采取
不同的策略，具体表现为三个方面。

（一）在浪漫阶段，教学要侧重自由、适当引导、凸显领悟

在浪漫阶段，学生对事物充满好奇，有发现的冲动、探险的渴望。教学
如何尊重、满足这种渴望呢？怀特海明确指出："这个最初的浪漫阶段需要
另一种方式的引导。……适当地指出重要事实，指出简化的概念，指出普通
常见的名词，确实会加强学生固有的动力。……但是在浪漫阶段，必须永远
侧重于自由，让儿童独自去领会，独自去行动。"[79]这里的自由主要是指学
生思维的自由，浪漫是通过学生思维的自由得以体现的，教师不要细致地讲
解每一科目的基本细节、主要的准确的推论等。他认为"浪漫阶段的自然
发展尚未结束时就对精确性进行训导，必然会妨碍他对概念的吸收"[80]。当
然，也要有纪律，不能随便让学生在人类知识的迷宫里游荡，教师要进行引
导，适当地指出重要事实、概念、名词等。同时，必须细心选择大脑活动的
环境，此环境必须适合孩子的成长阶段、必须适应个人的需要。这一要求尽
管苛刻，但无疑是必要的。"必须记住，教育绝不是往行李箱里装物品的过
程。"[81]所以，侧重自由、适当引导、凸显领悟是这个阶段教学的特点。他
认为蒙台梭利教育法在一定程度上对所有的浪漫阶段都是必不可少的，"以
往教育之所以如此失败，就是因为没有对浪漫应有的地位进行认真的研究。
没有浪漫的冒险，至多你只能得到缺乏创新的死板知识，而最坏的情况则是
你轻视概念——根本无知识可言"[82]。浪漫需要冒险，无视人类智力的这种
自然渴望的节奏，势必付出代价。

（二）在精确阶段，教学要强调纪律、注重精确、专注集中

在精确阶段，儿童缺乏经验的新鲜感已逐渐消失，取而代之的是另一种
新的渴望，那就是对精确的知识细节的关注。所以，怀特海说："精确阶段
是通过掌握精确的知识细节进而领悟原理的阶段。"[83]无疑，注重精确的知

识细节是此阶段的教学重点，但"通往知识的唯一途径是在获取有条理的事实时保持纪律"[84]，也就是说，保持纪律是此阶段的关键。正因如此，怀特海也把此阶段称为纪律阶段，此时教学中不可能像在浪漫阶段那样让学生的思维、想象自由驰骋，而是有了更多的约束、更多的限制，教师要进行更多地指导，学生要专注集中地进行大量的精确的知识细节方面的训练，如语法规则、文法结构、公式、定理等，进而去领悟原理的实质。因此，此阶段的教学可以用强调纪律、注重精确、专注集中来概括。

但是，此阶段的教学中，学生专注集中地进行大量的精确知识方面的训练，学生的思维基本锁定在此方面，这势必或多或少地削弱学生的兴趣，更会影响甚至会扼杀学生的首创精神。怀特海直言："我们面临这种两难的选择：首创精神和训练缺一不可，但训练往往会扼杀首创精神。"[85]为此，在此阶段要注意两点：第一，纪律应该满足对智慧的一种自然的渴望。他告诫我们："正是对知识的这种活动性而言，在教育中过分强调纪律是十分有害的，那种生动活跃的思维习惯只能在恰当的自由氛围中产生。不加区别的纪律使大脑变得麻木不仁，因而无法达到实行纪律的目的。"[86]他建议在实行纪律时，纪律应该满足对智慧的一种自然的渴望，因为智慧可以使单纯的经验具有价值。第二，要培养学生的浪漫。浪漫是精确阶段的背景，但浪漫不是无生命的，它是这样一种艺术：教人们如何在专注于指定的工作中培养浪漫。"因为浪漫毕竟是我们要得到的那种和谐的智慧中一个必要的组成部分。但是还有另一个原因：如果生命有机体的领悟力不能通过浪漫而保持新鲜的活力，它就不能吸收工作的果实。"[87]教师要使他的学生保持充满活力的浪漫。

怀特海批评传统教育，认为"无论是中学还是大学，在传统的教育计划中，精确阶段都是唯一的学习阶段"[88]。忽视了浪漫和综合运用阶段，无节奏，如此不适当地延长这个十分必要的发展阶段，其结果是培养了大量的书呆子。教师想教给学生多一点的事实和准确的理论，这是可以理解的，怀特海告诫我们，不要忘了在成年男子的教育中，我们只起次要的作用；不要忘了学生在他们自己愉快的时光里，在他们以后的生活中，他们将要独立学习。

（三）在综合运用阶段，教学要引领自由、专注运用、促进首创

"综合运用阶段是摆脱知识细节而积极运用原理的阶段"[89]，在此阶段，学生已养成了学习的悟性，对原理有了深刻的认识与理解，渴望运用知

识，产生效果。针对这种渴望如何开展教学呢？怀特海认为："通往智慧的唯一的道路是在知识面前享有自由"[90]，所以，在教学中，教师要给学生更多的自由，激发学生的首创精神。"教育如果不以激发首创精神开始，不以促进这种精神而结束，那必然是错误的教育。因为教育的全部目的就是使人具有活跃的智慧。"[91]也就是说，此阶段，教师要引领学生进入对知识那种自由的、下意识的、创造性的运用状态中，这时知识充满了活力和生机，体现为智慧，此刻，"完全渗透你身心的原理与其说是一种正式规范的陈述，不如说是一种智力活动的习惯"[92]。所以，他说："直到你摆脱教科书、烧掉了你的听课笔记，忘记了你为考试而背熟的细节，这时你学到的知识才有价值。"[93]此时的你在知识面前真正享有了自由，"脱离了那种被训练的比较被动的状态，进入主动应用知识的自由状态"[94]。所以，可以看出，引领自由、专注运用、促进首创是此阶段对教学的具体要求。

课程实施的这三个策略是针对智力发展的三重节奏循环而言的，而智力发展的三重循环既可能是大的周期，如从小学到大学，也可能小至一节课或一道题上，对此要有明确的认识。

以上五方面是怀特海课程思想的主要部分，除此之外，他对学生的学习方式、教材的编写、课程的权利以及课程中自由与纪律、规模和速度、知识和智慧、技术课程和文科课程、技术课程和科学课程的关系等都有论述。如关于学习的活动方式，他认为"进入任何一门学科都是通过接触进行学习的过程"[95]，"他们通过接触来学习。这句话的重要意义涉及真正的教育实践的核心问题。它必须从特定的、对个人理解来说是具体而明确的事实开始，它必须逐步发展成为一般的思想概念"[96]。关于教材的编写，他认为每一科目让学生掌握的精确知识一定要明确，课程要展现生活的主题，要重视概念的应用性等，这都是很有价值的观点，但囿于篇幅此文就不再阐述。

总之，如英国著名教育家林塞在《教育的目的》再版序言中所写，"酒好客自来"，历经80多年的酝酿，怀特海那深刻而富有创见性的课程思想，正随着他的过程哲学思想散发出迷人的芳香，也正在引起人们的关注，必将产生重大而深远的影响。

参考文献

[1] 田中裕. 怀特海有机哲学 [M]. 包国光，译. 石家庄：河北教育出版社，2001：3.
[2] [3] [4] [5] [6] [7] [8] [9] [10] [11] [12] [13] [14] [15] [16] [17] [18] [19] [20] [21] [22] [23] [24] [25] [26] [27] [28] [29] [30] [31] [32] [33]

［34］［35］［36］［37］［38］［39］［40］［41］［42］［43］［44］［45］［46］［47］［48］
［49］［50］［51］［52］［53］［54］［55］［56］［57］［58］［59］［60］［61］［62］［63］
［64］［65］［66］［67］［68］［69］［70］［71］［72］［73］［74］［75］［76］［77］［78］
［79］［80］［81］［82］［83］［84］［85］［86］［87］［88］［89］［90］［91］［92］［93］
［94］［95］［96］怀特海.教育的目的［M］.徐汝舟，译.北京：生活·读书·新知三联书
店，2002：67，32，58，34，65，65，67，50，51，67，61，34，34，35，69，71，71，28，
58，50，45，35，55，51，38，1，66，85，1，2，6，21，22，18，54，54，74，85，86，99，
100，101，102，103，87，87，93，92，93，44，87，97，97，76，96，96，85，96，97，88，
96，18，21，21，20，20，24，38，37，38，38，45，51，28，29，29，29，59，59，59，60，
66，54，63，57，62，60，66，54，66，49，48，67，114，110.

21. 我国现代教学理论建构应有的五个追求

——学习怀特海有机哲学方法论的启示

The Five Proper Pursuits of Modern Teaching Theory Construction in China: The Inspirations from Whitehead's Methodology about Philosophy of Organism

杨　丽（Yang Li）

理论是"透视"现实的桥梁，如果没有理论，我们就不能"透视"现实，欲提高教学论学科的地位与作用，必须加强教学理论建设。几十年来，教学理论研究工作者为此做出了不懈的努力，但效果仍然不尽如人意。20世纪英国著名哲学家怀特海有机哲学方法论给理想教学理论的建构提供了开阔的视野和全新的思路。

一、教学理论建构要做好前期的收集工作

怀特海说："在建立体系的工作以前，先要完成一项任务，如果我们要避免一切有限的体系所固有的狭隘性，那这是一项非常重要的任务。……哲学不能排除任何东西，因此它决不应从建立体系开始。它的起始阶段可以称之为'收集'。"[1] 也就是说，怀特海把"收集"工作作为任何哲学体系建立的起始阶段，以避免研究的偏狭。他认为柏拉图、亚里士多德、莱布尼兹和威廉·詹姆士四位伟大思想家对于文明思想的贡献主要在于哲学收集所取得的成就。全面、细致的收集工作对教学理论的建构也是必要的，杜威的实用主义教学理论批判继承了古希腊以来几乎全部教育家的理论，对柏拉图、亚里士多德、洛克、卢梭、康德、赫尔巴特和福禄贝尔等都做了许多批判性评论，其中特别继承和发展了卢梭的教育思想；布鲁纳在《教育过程》（1977年再版）前言中提到其结构课程理论来源于结构主义者列维·斯特劳斯、皮亚杰、乔姆斯基的思想，自己是采用结构主义概念、方法、模式阐释

他的知识观，研究认识过程[2]；凯洛夫的教学理论是建立在马克思主义哲学、列宁的认识论基础上，既有对夸美纽斯到乌申斯基教学论思想的批判继承，又有对苏联20世纪二三十年代教学经验的总结。这些理论各成流派，影响极其深远，与前期的收集工作密不可分。

当今教学理论的建构亟须做好以下几方面收集工作：第一，要充分收集历史上的各种教学理论成果，并进行分类研究。过去客观地存在于现在，而现在又超越自身存在于将来，文献保存了人类智慧，智慧养料的汲取离不开书斋式的"文本"研究，对各教学理论的逻辑起点、产生的时代背景、思想基础、内在一致性、特点与局限性、现实意义等都要仔细研究分析，有清晰、充分的认识，这些工作直接关系到所建构的教学理论的品质。第二，要下功夫在实践中收集丰富的第一手材料。教学理论建构不是凭空的想象和推演，是在教学实践中生成的，描述性概括是其主要方法，丰富的第一手资料至关重要。第三，及时收集相关学科的最新研究成果。对哲学、心理学、社会学、人类学等领域的最新发展动态和成果给予高度的关注，扩大对教学理论的研究视域，提升并丰富教学理论的价值。

审视我国教学论学科发展历程不难发现，理论建构的前期，我们在收集工作方面存在明显不足，这也是我国至今没有产生那种结构严谨、对教学现象有较强的解释性和预测性、影响深远的教学理论的原因之一。其不足主要有三个方面：一是没有处理好文本研究和现实研究之间的关系。20世纪80年代以来的一段时间内，我国教学理论研究多是书斋式，借鉴、移植国外教学理论，关注教学理论的一些基本问题，对教学实践重视不够。经过一段时间的"清理"与"反思"，教学论研究转而关注教学实践，田野式研究、叙事研究、行动研究等为人们所热衷，弱化了对已有各种教学理论及基本问题的研究，甚至有学者提出"远离书斋而迷于田野"，没有处理好二者的关系。二是热衷国外教学理论研究，缺乏对本土教学思想的探究、梳理。研究国外教学理论似乎是一种时尚，新理论、新思想、新概念不断涌现，而对我国丰富的教学思想挖掘不够。三是对心理学、社会学、人类学等领域的研究成果关注不够，限制了教学理论研究的视域。总之，收集工作既要有书斋式的"文本式"研究，也要有"田野式"的现场观察，不要远离"书斋"，不要沉迷"田野"，两方面都要既能"走进"，也能"走出"，而不是陷入其中不能自拔。仅靠文本式研究或田野式研究都不可能产生理想的教学理论。因此，在进行收集工作时要做到：第二手资料和第一手资料的研究要并重，国外教学理论和国内教学理论的研究并重，对各种相关学科理论都要关注。这些前期收集工作直接影响教学理论预设的合理性、内在的一致性和对教学实践的解释性以及能否形成一种理论范式。没有这些前期的收集准备工作，建构理想的教学理论几乎是不可能的，即便产生也是一颗流星，没有任何生命力。

二、要预设教学理论的逻辑起点

"为了进行讨论，人们当然必须从某个地方开始。……哲学家从他的前提出发来议论……科学家也致力于扩大知识。他从确定他的科学范围的一组原始观念以及这些观念之间的原始关系着手。例如牛顿动力学肯定了欧几里德几何、重物质、运动、张力与压力以及更一般的力的概念，科学就是在假定这些观念适用的条件下演绎出结论。"[3]怀特海明确地指出："一切体系化的思想都必须从一些预先做出的假定出发。"[4]黑格尔也有类似的表述："必须用什么做科学的开端。"[5]例如"点""线""面"是欧几里德几何的原始概念，而"两点决定一条直线"，"不在同一直线上的三点决定一个平面"等是其公理，欧几里德几何就是在此基础上建构的。"偏好"是微观经济学消费者理论的原始概念，而"人是自利的""消费者的偏好满足完备性、自反性和传递性"等是其公理，微观经济学消费者理论就是在此基础上建构的。[6]如此，教学理论也应该从"某个地方开始"，20多年前我国教育学者瞿葆奎曾明确提到这一观点："每一门科学都有特定的理论体系，每一种体系都有各自的逻辑起点。"[7]教学理论要预设逻辑起点。

在对逻辑起点的认识上需要强调以下几点。第一，逻辑起点是一种形象的比喻，是指理论开始的地方，是建构整个理论大厦不可缺少的原始根基。第二，逻辑起点的形式多是一组原始概念以及这些概念之间的关系。如欧几里德几何、牛顿动力学、怀特海有机哲学的逻辑起点就是如此。第三，逻辑起点预设不是凭空产生的，源于人们对人类所感兴趣的话题中具体因素的归纳概括。怀特海认为："这种建构必定在关于具体因素的概括中有其来源，而那些具体因素是在人类所感兴趣的具体话题中所洞悉的；例如，在物理学、生理学、心理学、美学、伦理信念或社会学中，或者在被认为人类经验之宝库的语言学中。"[8]也就是说，"人类所感兴趣的具体话题"是预设得以产生的基础，如欧几里德几何是牛顿动力学的预设基础、怀特海有机哲学的预设与现代物理科学成果密切相关，不但如此，审视教育史上有影响的教学理论，各理论的逻辑起点都与各时代、各社会制度下人类所感兴趣的具体话题有关，譬如，西方教育史上第一部体系完整的教育学著作——夸美纽斯的《大教学论》，其逻辑起点是"一切人的平等"[9]，这一预设与17世纪资产阶级革命提倡民主主义思想有密切关联。科学教育学的经典之作赫尔巴特的《普通教育学》，其逻辑起点是"学生的可塑性"，他在《教育学讲授纲要》的绪论中明确提到"教育学的基本概念就是学生的可塑性"，此预设来源于他自己的实践哲学[10]；赞科夫的《教学与发展》理论是在肯定了维果茨基的"最近发展区"理论及"教学能促进学生的一般发展"的基础上展开的。这些都说明教学理论起点的预设来源于人类对所感兴趣的话题的具体因素的概括。第四，逻辑起点是否恰当合理不能撇开以此为基础的理论本身单独判断。近二十多年来，关于教育和教学理论的逻辑起点问题时有探讨，但分析论证较多，而真正以某逻辑起点去建构理论者较少。为确定教学理论的逻辑起点而冥思苦想、分析论证是正常的，但不要囿于其中，或许在以此为开端的理论推演中更能体会什么样的起点是恰当的，或许在付出艰辛而构建出新的教学理论体系后，才能显示出逻辑起点的强大生命力和本来的理论价值。譬如，马克思花了近40年建构他的政治经济学理论体系，撰写《资本论》，作为其逻辑起点的"商品"鲜有人去质疑，显示出强大的生命力。逻辑起点是知识回溯必然涉及的，逻辑起点的确定是要使所建构的知识体系做到"持之有故，言之有理"，以使任何一个观念、概念、原理都不是随意的判断与推测，而是有着坚实的基础和牢固的支撑，这样的教学理论才可能有较大的理论和实践价值。

三、内在一致性和逻辑上完满应是教学理论的理性理想

理论的建构始于逻辑起点的预设，但恰当的预设只是理论建构得以成功的条件之一，"理论建构取得成功的第二个条件是，坚定地寻求两种理性的理想，即内在一致性和逻辑上完满"[11]。理论的建构需要洞察力和自由想象，但自由想象是由内在一致性和逻辑上完满的要求所控制的。所谓内在一致性，是指理论"据以发展起来的那些基本观念彼此互为前提，因而在孤立状态下它们都是无意义的。这种要求并不是说它们可以相互定义，而是指任何不能在这种概念当中加以界定的概念，均不能从它与其他概念的相关性中抽象出来"[12]。也就是说，这些概念彼此既互为前提、互相支持、互相依赖，又相对独立，从而形成一个紧密相连的有一定秩序或结构的理论体系，而不是一个拼凑的、杂乱无章、自相矛盾的概念堆积。这种内在一致性也蕴

涵着应该让理论中的每个概念发挥到它所能达到的极致，谨慎运用每一个概念，遵循思维经济原则。逻辑上完满意指"合乎逻辑"，"包含'逻辑的'一致性或不包含矛盾，根据逻辑术语建构各种定义，普遍的逻辑概念在个别实例中的具体表现，以及推理的各种规则"[13]。也就是说合乎逻辑是指理论内容各部分之间不存在矛盾、按逻辑要求建构各种定义以及按逻辑规则进行推理等。合乎逻辑的理论未必具有内在一致性，合乎逻辑强调的是不矛盾性，很可能各部分内容彼此毫不相干，而理论的内在一致性强调的是基本概念之间有实质性关系，强调的是内容各部分之间的连贯。毋庸置疑，理论的这两种理性理想，也应成为教学理论的不懈追求。二者的作用体现在两个方面：一是确保该理论能够正确地阐明宗旨，而且做到使每一个研究该理论的人的理解都准确无误，这样才有可能被人接受和认可，形成新的理论范式；二是它们是教学理论得以应用于实际教学，实现其现实追求的必要条件。一个前后矛盾、不一致的理论不可能指导教学实践，也不能解决教学问题、预测教学未来。

目前，我国的教学理论在内在一致性与合乎逻辑上差强人意，主要表现有三：一是概念界定逻辑性不强。二是概念之间缺乏内在联系，过于追求新概念。有学者感慨："我们从译著那里得来一大堆名词，如'生活世界''生活体验''后现代'……，这些名词、语句、概念当然也很好，能给人某种启发。但是，这些名词、语句、概念是如何被论述的，又是如何与中国实践结合的？我们没有论证，没有研究，也不讲理论……"[14]三是教学理论中各部分内容之间缺少相关性。我国有些教学理论专著，在其教学目的、教学过程原理、教学方法手段、教学组织形式与教学评价等具体内容之间缺少相关性，似乎你无论从哪一章开始阅读，都不会因为前面没读而造成理解上的障碍。教学理论建构不同于教学论教材的编写，教学理论各部分之间都是密切联系、不可分割的，具有较高的相关性，这也是理论的内在一致性及逻辑上完满的具体体现。夸美纽斯、赫尔巴特、赞科夫、布鲁纳、杜威等人的教学理论之所以影响深远，与其理论自身的严谨、一致密不可分。随意拼凑的"学说"只能算是一项科研成果，而不能称之为真正的理论体系。

四、解释性和预测性是教学理论的现实追求

怀特海对所建构的形而上学有明确的期盼："思辨哲学致力于构成某种内在一致的、合乎逻辑的和具有必然性的普遍的观念体系，以便使我们经验

中的每个要素都能得到解释。"[15]著名经济学家、诺贝尔奖获得者弗里德曼对经济学理论也有明确的现实追求："就是要发展这样一种'理论'或'假说'，使之能够对尚未观察到的现象做出合理的、有意义的（而不是老生常谈的）预测。"[16]教学论属于社会科学，不同于自然科学。自然科学理论可以是纯形式的，其理论建构可能是在纯粹的想象力下发展起来，并不考虑其是否具有现实意义，如数学中许多重大理论都是出于数学家们对于纯数学美的追求和好奇心而发展起来的，譬如数论、非欧几何、圆锥切面理论等。教学理论不可能不关注教学现实。我国教学理论专家王策三曾说："毫无疑问，教学理论要以实践经验为基础，研究和解决教学问题……不然的话，教学理论就没有存在和发展的必要和可能。"[17]教学理论专家叶澜教授也指出："真正的理论是带有普遍性的，我们要使整个理论体系显示出更强的解释能力和预测能力。"[18]教学理论指导教学实践是人们对教学理论的普遍期待，如此，解释性和预测性应成为教学理论的现实追求。但要清楚这种现实追求的实现不是教学理论内在一致性和逻辑上完满的副产品，更确切地说，不是说教学理论满足了两种理性要求就必然有对教学现实的解释性和预测性功能。这种追求的实现注定是融于理论建构之中，以预设为起点的教学理论建构，一定要有想象、要有演绎。但合乎逻辑的推演绝不是漫无目的的，不是类似科幻的教学幻想，其取向是指向教学现实的，如怀特海所言"阐明这种直接经验是任何思想的唯一正当理由；并且思想的出发点就是对这种经验的构成要素作分析性的观察"[19]。描述性的概括是主要方法。理论的每一点推进都要把是否能解释教学现象、解决教学问题放在首位，不断接受教学实践的检验，不断建构、修正、完善理论，关注教学现实、深入教学实践是教学理论建构中贯串始终的主题，能指导实践是教学理论的灵魂所在。教学论研究不存在转向问题，由建构理论体系转向关注教学实践，这种提法有待探究。要摒弃以下两种观点：一是视理论建构如闭门造车，车造好了，再拿出来试用，看车的质量。有学者称其为"体系意识"，遗忘了研究对象的"生活世界"性质，为建构体系而建构体系[20]。二是视理论建构如盖房子，需事先准备好充足的砖石，也就是说把教学现实中各个专业问题都研究了，再去建构教学理论大厦。教学理论是在教学实践中生成的，或者说它们是共生的，教学实践研究与教学理论建构不是对立的、矛盾的，而是一致的。

特别需要说明的是，教学理论不可能是完全"现实主义的"。教学理论尽管是在教学实践中生成的，要指导教学实践，但不可能把教学现实的各种现象、各种具体问题都囊括其中，成为完全"现实主义的"。为达到这样一种"真实"而过分努力，都只会使该理论失去真实的作用。借用著名经济学家弗里德曼的话说，"完全现实的理论这一想法不过是个稻草人"[21]。另外，教学理论的运用可能会有滞后性。即便我们严格地按照条件去建构理论，此教学理论也未必很快被人们接受，并解决教学实践面临的问题。如怀特海所言，"最初，一个一般观念闪现在隐蔽之处，只有很少的人隐隐约约地意识到它的一般意义——或者说，它也许永不能有说服力地表现为一个完整的通行形式"[22]，这是观念史上的一个重要法则。弗里德曼的经济学理论在问世后的一段时间里也曾受到冷遇，他的思想一度被视为荒诞不经，像杜克大学这样的名校图书馆甚至连弗里德曼的著作都不摆放在书架上。数十年后，历史终于向这位伟人低头，承认他与凯恩斯齐名，是 20 世纪最具影响力的经济学家之一。1806 年出版的赫尔巴特《普特教育学》，其境遇远不及弗里德曼的经济学理论，"赫尔巴特生前与死后的那段时期，他的教育学说没有得到充分重视"[23]。美国课程论专家威廉·F. 派纳也说："生前他的学说几乎没什么影响。当赫尔巴特的著作开始被其他人纳入自己的著作中时，就逐渐有影响起来。"[24]但那已是他去世 20 多年后的事了。在 1819 年赫尔巴特自己也认识到这一点，他写道："我早知道，无论是我还是我的学说都不符合这个时代精神。我也不想要小手腕去迎合这种精神。"[25]教学理论运用的滞后性还表现在理论本身被大多数人内化为自己的知识，进而在国家的教学改革、教学实践中发挥指导作用，也需要较长的时间。

五、理论体系的开放性是教学理论不断完善或重建的必要条件

怀特海说："我们必须有体系，但我们应当使我们的体系保持开放。换言之，我们对它们的局限性应当有所敏感。它在细节方面总会存在有待加以洞察的模糊的'在此之外'。"[26]也就是说，理论体系的开放性是指每一种理论都不是万能的，都是建立在预设之上的，都有它的局限性，人们对此要保持敏感性，不要把自己框在体系之内去理解、去认识，而忽视了理论所不能解释的"在此之外"的细节。我们常常不自觉地把思维局限在已有的模式中，如局限在牛顿理论的范围里、局限在欧几里德几何范围里、局限在熟知的教学理论中，我们习惯在既定模式和已有的范式中思考，对"在此之外"的细节缺乏敏感性，容易把它们当作不相关的东西而忽视。恰恰是因为有牛顿理论、欧几里德几何所不能解释的"在此之外"，并有人们对此的关注，才有了爱因斯坦的相对论、非欧几何的出现。所以，理论体系必须开

放，"封闭的体系就是活的理解的死亡"[27]。理论体系的开放性观点与怀特海的人类理解理论是密切相关的，他认为："如果文明需要存在下去，那扩大理解是头等重要的事情。"[28]而"理解的推进方式有两种。一种是把细节集合于既定模式之内，一种是发现强调新细节的新模式"[29]。把怀特海所言的人类理解的两种推进模式与托马斯·库恩的范式理论比较，会发现既定模式与常规科学、新模式与科学革命之间有些神似，似乎前者内涵更为丰富，后者更为具体、细致。既定模式是已存在的理解模式，它的作用是使日益增加的各种各样的细节协调起来，不断完善其不足之处，提升人类的理解力。怀特海认为这种人类理解的推进方式是平平稳稳的上进，会把宇宙中的无限性当作不相关的东西而予以忽视。然而历史揭示了进步的另一种类型，那就是将新模式引入概念经验中，新模式关注的是被忽视的细节，即"在此之外"，是将它们上升为协调的经验，认为这是关于伟大的未知世界的一种新见解。所以，理论体系的开放性是扩大人类理解所必需的，是教学理论不断完善或重建的必要条件。为了获得知识，我们首先必须使自己不受知识的束缚。

每一教学理论流派的共同体，都不要过于孤芳自赏，强调自己理论的重要性，要对其理论成立的前提和条件、其局限性有清醒的认识，要对有待加以洞察的模糊的'在此之外'的细节保持高度的警觉，对此不要轻言对与错，"轻率地使用'对或错'的概念是理解取得进步的主要障碍之一"[30]。它或许显示出该理论的需要完善之处，它或许是新一种教学理论得以产生的重要线索，也或许是其他教学理论研究的主要内容。怀特海有这样的感慨："思想上的长足进步往往是那些侥幸的错误结果。"[31]弗兰西斯·培根也说："真理从错误中比从混乱中更容易出现。"[32]从这个角度看，教学专家对各种教学理论、各种学术观点要有敏感性。但在教学理论中，同样存在美国课程专家威廉·F.派纳所说的现象："课程学术领域被分解为彼此割裂的领域或部分，除偶尔的批评外，课程领域通常彼此忽视。……许多课程专家——包括最著名的课程专家——都深陷于他们个人的学术观点而不能自拔，以至于感觉到没有义务呈现他们并不赞同的其他人的观点。"[33]这种割裂、封闭成为教学理论完善和重建的极大障碍。为了扩大理解、为了发展，理论体系必须开放。

以上五个方面的追求，既是教学理论建构的方向，也是提高教学理论科学性的主要途径。只要我们在做好教学理论收集工作的基础上，努力追求教学理论的逻辑起点、内在一致性和逻辑上完满，努力提高教学理论对现实的解释与预测，并保持教学理论本身的开放性，直面中国本土的教学实践问题和国际教育理论的成果，建构具有中国特色的教学理论体系就一定会取得突破性成就。

参考文献

[1] [3] [4] [26] [27] [28] [29] [30] [31] A. N. 怀特海. 思维方式 [M]. 刘放桐，译. 北京：商务印书馆，2004：4，150，3，7，74，42，52，12，15.

[2] 布鲁纳. 教育过程 [M]. 邵瑞珍，译. 北京：文化教育出版社，1982：4.

[5] 黑格尔. 逻辑学（上卷）[M]. 杨一之，译. 北京：商务印书馆，1980：51.

[6] 谢作诗，李平. 弗里德曼的《实证经济学方法论》：缘起、内容及再解读 [J]. 世界经济. 2007（12）：63-74.

[7] 瞿葆奎，喻立森. 教育学逻辑起点的历史考察 [J]. 教育研究，1986（11）：37-43.

[8] [11] [12] [13] [15] [19] A. N. 怀特海. 过程与实在 [M]. 杨富斌，译. 北京：中国城市出版社，2003：7，9，4，4，3，6.

[9] [10] [23] [25] 赫尔巴特. 普通教育学教育学讲授纲要 [M]. 李其龙，译. 杭州：浙江教育出版社，2002：407，406，24，24.

[14] 郭华. 教学论研究患上了"没感觉"的症状 [J]. 教育科学研究，2004（7）：17-19.

[16] 米尔顿·弗里德曼. 弗里德曼文萃 [M]. 高榕，范恒山，译. 北京：北京经济学院出版社，1991：195.

[17] 王策三. 教学论稿 [M]. 北京：人民教育出版社，1985：57.

[18] 叶澜. 关于加强教育科学"自我意识"的思考 [J]. 华东师范大学学报，1987（3）：11.

[20] 王兆璟. 20 世纪 90 年代以来教学理论研究的问题清理 [J]. 西北师大学报（社会科学版），2006（6）：25-30.

[21] 朱成全，王智莉. 经济学理论与现实：兼论经济学家的作用 [J]. 财经问题研究，2013（4）：3-10.

[22] A. N. 怀特海. 观念的冒险 [M]. 周邦宪，译. 2 版. 贵阳：贵州人民出版社，2007：15.

[24] [33] 威廉·F. 派纳，威廉·M. 雷诺兹，帕特里克·斯莱特里，等. 理解课程 [M]. 张华，等，译. 北京：教育科学出版社，2003：78，5.

[32] 托马斯·库恩. 科学革命的结构 [M]. 金吾伦，胡新和，译. 北京：北京大学出版社，2003：17.

22. 我国教学理论研究 30 年

30 Years' Researches of Teaching Theory in China

杨　丽　温恒福

（Yang Li，Wen Hengfu）

"'存在'是由它的'生成'构成的"[1]，过去客观地存在于现在，而现在又超越自身存在于将来。1980—2010 年的 30 年来，人们围绕"教学理论"不断思考、研究，30 年的历史路径给了我们什么启迪，怎样走好教学理论发展的未来之路，本文尝试以"教学理论"为"题名"检索词对在中国知网《中国学术文献网络出版总库》中所检索到的文献进行分析与探究、回顾与反思，以期获得启迪，明晰努力方向。

一、近 30 年教学理论文献的数量统计概览

我们以"教学理论"为"题名"检索词，从 1915 年到 2010 年 10 月 29 日在中国知网上《中国学术文献网络出版总库》中进行检索，检索记录共有 1593 条，剔除不符合要求的 9 条记录，还剩 1584 条。其中博士论文 7 篇、硕士论文 160 篇，期刊学术论文 1417 篇。根据中国知网所提供的信息进行了三种数据统计：各时间段文献数分布统计、文献数排序的前十位学科类别统计和文献被引频次统计。我们以 5 年为一个时间段对所检索到的 1584 篇文献进行统计，在各时间段内所发表的相应文献数的具体情况分布如表 1 所示。

表 1　以"教学理论"为"题名"检索词检索到的文献数在各时间段的分布

时间	1915—1980	1981—1985	1986—1990	1991—1995	1996—2000	2001—2005	2006—2010	总计（篇）
篇数	5	17	48	104	173	418	819	1584
构成比	0.3%	1.1%	3%	6.7%	10.9%	26.4%	51.6%	1
后/前		2.82	2.17	1.66	2.42	1.96		

　　说明："构成比"是指相应五年内的文献总数和30年所发文献总数（1584）之比；"后/前"是指相继的后前的两个五年内文献总数比，如表中的2.82是指1986—1990年五年间的文献数是1981—1985年五年间文献数的2.82倍。表1有两个明显特征，其一是所发表的题名中含有"教学理论"文献数每隔5年就至少涨一倍以上；其二是近五年所发表的文献占30年总数一半以上。即便研究生扩招导致研究队伍壮大以及新刊物增多等因素会使"题名"中含有"教学理论"的文献数呈递增趋势，但基于以上两个特征，仍可以认为，人们开始越来越重视对"教学理论"的研究，毕竟学校的核心工作是教学。我们把中国知网已有的这些文献所属学科类别文献数排序前十位列为表2。

表2　中国知网上1584篇文献所属学科类别文献数排序前十位

序号	1	2	3	4	5	6	7	8	9	10	总计（篇数）
类别	教育理论与管理	外国语言文字	中等教育	高等教育	体育	中国语言文字	计算机应用	音乐舞蹈	初等教育	职业教育	
篇数	489	279	186	118	118	103	48	46	37	32	1456
构成比	31%	18%	12%	7%	7%	6.5%	3%	3%	2%	2%	92%

　　此处的"构成比"是指"题名"中含有"教学理论"的文献在该类别的篇数与总篇数1584的比。从表2中可以看出，第一，"教育理论与教育管理"方面的文献有489篇，占总数1584的近三分之一。第二，教学理论研究主要集中在表中所示的10个学科类别中。1584篇文献分布在共64个学科类别中，而前10位的学科类别文献数为1456，占总数的比例是92%，只有8%的文献，即128篇分布在余下的54个类别中。第三，分布在其他学科类别中的文献主要以教学理论的应用研究为主。如《问题教学理论在生物教学中的应用》《关于保险学课程案例教学理论与实践的思考》《论模块教学理论在档案学专业素质教育中的实践与运用》等。

　　考虑到时间因素，当年文献被引用的概率极小，故剔除2010年所发表的111篇论文，对余下的1473篇文献的被引频次统计如下。

表 3 1473 篇文献被引频次统计表

被引频次	0	1~5	6~10	11~15	16~20	21~25	26~30	30 以上
文献数	781	520	88	21	14	12	12	25
构成比	53%	35.3%	5.9%	1.4%	0.9%	0.8%	0.8%	1.7%

此处"构成比"是指"题名"中含有"教学理论"的文献在该引用频次内的文献数与总篇数 1473 的比。1473 篇文献中有 692 篇文献被应用,引用率为 692/1473＝47%,也就是说,100 篇中有 47 篇被引用。其中 7 篇博士论文被引用的频次分别为 34、11、7、4、2、1、0,引用率为 6/7＝86%,远高于平均水平;155 篇硕士论文中,有 41 篇被引用,频次超过 10 的有两篇,引用率为 41/155＝26%,远低于平均水平,看来研究生学位论文的质量有待提高。整体看文献的引用率不高,原因可能有四:论文本身的质量不高;论文所探讨的不是热点问题,缺乏关注度;文献的学术性很高,有超前性和洞见性,其价值不被一般人所认识和体悟;还有一种可能是,由于各专业、各方向研究的割裂性,人们对非自己研究领域的论文不太关注,限制了文献的引用。

二、近 30 年教学理论研究的主要内容及文献分布

以上我们描述了 1584 篇文献在各时间段以及学科类别数量分布,概览、研读这些资料,就其所呈现的主要研究内容看,大致可包括以下几方面。

(1) 体育、语文、外语等中小学具体学科教学理论的探索及运用研究。如《试论我国体育教学理论研究的发展》[2]《融合与创新:探索具有中国特色的英语教学理论体系》[3] 等都属于此类文献,此类文献最多,共有 370 篇,占总数的 23.4%。各学科教学理论发展并不均衡,最充满生机活力的是外语教学理论和体育教学理论,题名中有"外语教学理论"的文献最多,有 45 篇,"体育教学理论"的文献 44 篇,其次为数学学科的尝试教学理论 14 篇、语文教学理论 11 篇。而外语教学的任务型教学理论(19 篇)、交际(法)教学理论(10 条)以及整体语言教学理论(6 篇)是外语教学中最受关注的三种教学理论。其他学科教学理论的文献较少,研究对象也较分散。

(2) 一般教学理论在各学科、各阶段教学中的具体应用研究。在此"一般教学理论"是相对于具体学科教学理论、分段教学理论而言的。这类

文献如《建构主义教学理论指导下的人机结合的外语教学模式》[4]《结构主义教学理论与化学教学》[5]等，共有 368 篇，占总数的 23.2%。运用最多的当属建构主义教学理论，有 100 篇文献是探讨它的具体应用，其中 80% 的论文是近 5 年发表的。可以说，建构主义教学理论是近 5 年中人们关注的最大热点，对我国的教学实践影响很大。除此外，以下几种教学理论也受到人们的较高关注：有效教学理论（18 篇）、反思性教学理论（14 篇）、范例教学理论（12 篇）、分层教学理论（12 篇）、人本主义教学理论（11 篇）、情境教学理论（11）、微格教学理论（10 篇）、发展性教学理论（10 篇）、结构主义教学理论（10 篇）等。

（3）学前、小学、中学、大学、特殊教育及成人教育的教学理论的探索及应用研究。如《谈中专教学理论联系实际的重要性》[6]《关于大学教学理论研究的几个问题》[7]等都属此类，这类文献共有 283 篇，占总数的 17.9%。在统计中凡是和上文（一）方面的内容有交叉的论文在此不作统计。尽管已产生分段教学论（学前教学论、小学教学论、中学教学论、大学教学论、成人教学论），但从这类文献看，理论研究相对滞后，以"学前教学理论""小学教学理论"等为"题名"检索词进行检索，共有论文 9 篇，其中 6 篇是"大学教学理论"方面的。与学科教学理论研究的活跃相比，人们对分段教学理论的研究似乎缺乏热情。这类文献多属于大学、职业、中专某一学科的教学研究，如大学的"两课"教学、美术创作教学、大学英语教学、高师钢琴教学等。

（4）教学理论本体与价值问题研究。教学理论的性质和特征、教学理论的构成要素、教学理论的可行性、教学理论与实践的关系、影响教学理论建设的内外部因素、教学理论建构的方法论、教学理论的应用等问题的探讨都属此类，如《教学理论与教学实践"两张皮"现象剖析》[8]《试论教学理论应用》[9]等。这类文献共有 244 篇，占总数的 15.4%。

（5）对国外教学理论的介绍、评述、发展趋势及对我们启示的研究。这类文献共有 177 篇，占总数的 11.2%。从检索到的文献看，人们所关注的教学理论有凯洛夫、布鲁纳、赫尔巴特、洛扎诺夫、奥苏贝尔、布鲁姆、赞科夫、皮亚杰、波里亚、巴班斯基、达维多夫、瓦根舍因、斯金纳、罗杰斯、杜威、比格斯、布迪厄、卢梭、克拉夫基伦等人的教学理论，以及建构主义教学理论、后结构主义教学理论、整体情境教学理论、交互性教学理论、范例教学理论，还有一些学科教学理论，如克拉申外语教学理论、丽莉·雷曼声乐教学理论、乌申斯基语言教学理论、全语言教学理论、整体语言教学理论等。

（6）具体教学理论的建构。这类文献主要是指关于教学理论具体建构的研究和探索以及对新教学理论著作方面的介绍或评价，如《实践教学论：回归课堂生活的研究》[10]《合作教学理论研究及其实践——评王坦新作〈合作教学导论〉》[11]《生命化教学的理论构建与实践样态》[12]《达成教学理论与教学实践间的默契——评〈教学论〉导论》[13]等文献都属此类，共有59篇，占总篇数的3.7%。

（7）对我国传统教学思想、理论的研究。这方面的文献很少，仅有37篇，占总数的2.3%，涉及的教育家有朱熹的阅读教学理论、孔子的教学思想、朱自清的阅读教学理论、叶圣陶的单元和作文教学理论、陶行知的生活教学理论、颜远的教学思想、王筠的蒙学语文教学理论，还有儒、墨、道教学传统的比较研究等。

不归属上述7类的文献有46篇，占总数的2.9%。这8方面的研究文献数分布如表4所示。

表4① 各时间段内发表的教学理论8个方面研究内容的文献篇数及总篇数

	（1）	（2）	（3）	（4）	（5）	（6）	（7）	其他	总篇数	构成比（%）
1915-1980	0	0	0	1	4	0	0	0	5	0.3
1981-1985	2	0	3	4	8	0	0	0	17	1.1
1986-1990	9	2	10	11	14	0	2	0	48	3
1991-1995	22	15	19	19	19	4	6	0	104	6.7
1996-2000	49	16	39	38	20	5	3	3	173	10.9
2001-2005	108	78	64	86	39	23	7	13	418	26.4
2006-2010	180	257	148	85	73	27	19	30	819	51.6
总篇数	370	368	283	244	177	59	37	46	1584	100
关注度（%）	23.4	23.2	17.9	15.4	11.2	3.7	2.3	2.9		1

---

① 表4中的（1）至（7）分别代表以上所述的（1）至（7）方面的研究内容。

三、近 30 年教学理论研究的主要特点

基于对这些文献的研究以及表 4 所显示的信息，关于"教学理论"的研究呈现以下几方面特点。

第一，20 世纪 80 年代是国外教学理论研究的活跃期。从表 4 中我们看到，在这期间，国外教学理论的介绍、评述、发展趋势及对我们启示的研究方面的文献最多，共 22 篇，占 20 世纪 80 年代文献总数的 34%，而且前后两个五年的此方面文献也是最多，分别为 8 篇和 14 篇，远高于其他几方面研究的文献数。所介绍的理论包括赞科夫、凯洛夫、波里亚、布鲁纳、洛扎诺夫、奥苏贝尔、巴班斯基、布鲁姆、赫尔巴特、皮亚杰的教学理论，除此外还有《国外情感教学理论》《列宁的反映论与教学理论》《乌索娃和苏联学前教学理论》《西方教学理论流派述评》和《西方关于教学理论研究的新动向》，涉及的国家主要有苏联、美国、德国、瑞士、保加利亚、匈牙利。应该说，主要的国外教育家的理论在这十年当中都有介绍，但多是译介、述评或启示。我们也能想象得到改革开放初期人们那种研究的欲望和激情，很想了解国外教学理论的发展，这或许就是这一时期研究者的追求了。但遗憾的是此后关注度逐渐下降，由 20 世纪 80 年代的 34% 到 20 世纪 90 年代的 22%，再到近 10 年的 9%。

第二，20 世纪 90 年代研究的重点是学科教学理论的建构与应用。在 20 世纪 90 年代，这类文献最多，共有 71 篇，占 20 世纪 90 年代文献总数的 26%。在体育、外语、语文、数学、物理等学科领域人们都在积极地探索理论建构，能感受到人们进行观念探险的热情，涉及的教学理论主要有邱学华的"尝试教学理论"、[14] 张熊飞的"诱思探究教学理论"、[15] 崔粲的"历史教学理论"和[16] 体育教学理论[17]、江涌的"片段教学理论的实践探究"、[18] 曾祥芹的语文"双快"教学理论[19] 和黎世法的"异步教学"理论[20] 等，这些多是教学改革实验的成果，这或许与 20 世纪 80 年代中期以来重视教学实验研究是密不可分的。

第三，21 世纪前 10 年研究的最大热点是建构主义教学理论。2000—2010 年，关于建构主义教学理论的文献最多，"题名"中含有"建构主义教学理论"的文献共有 115 篇（其中 100 篇是其具体应用研究），远远超过任何一种教学理论。不能不说，建构主义教学理论是这十年研究的最大热点。这种关注，原因可能有四：已有教学理论面临困境和挑战，需要完善或重

建，建构主义教学理论的出现引起了人们的极大兴趣；把建构主义教学理论看成新课程改革的理论基础，这恐怕是人们关注此理论的最重要的理由了；建构主义教学理论的建构性、开放性、生成性和多元性等特点引起研究者的共鸣，唤起人们的研究热情；建构主义教学理论如此之热，恐怕也与有些人做研究喜欢跟着热点的节奏走，什么"热"研究什么、写什么密切相关，人们对热点的追逐也提升了其热度。

第四，教学理论的应用研究呈现上升趋势。从表4可以看出，一般学科教学理论在各级各类教学中的具体应用研究文献有368篇，关注度从20世纪80年代的3%到20世纪90年代的11%，再到21世纪10年代的27%，可谓直线上升；同时，表4中的（1）和（3）两方面的文献也多属于学科和分段教学理论的应用研究。教学理论的应用研究急剧升温，或许与近年来一直强调研究要关注具体问题的倡导有一定关系。这种"着地"研究反映人们对教学理论的实践功能的认可和期待，有助于教学理论价值的实现。解释、预测和指导教学实践，也是教学理论的终极追求，其研究取向值得肯定。

第五，对我国古代及近现代的教学理论研究缺乏热情。相对于我国所拥有的五千年的文明史而言，37篇研究我国古代与近代教学理论的文献无疑是太少太少了，构成比仅为2.3%，而且，20世纪80、90年代以及21世纪10年代中对传统教学理论研究的关注度依次为3%、3%和2%。但需补充说明的是，如果以"教学思想"为"题名"检索词进行检索，共有1062条记录，其中关于我国教学思想研究的记录有342篇，占总数的32%，与对"教学理论"研究的冷漠形成较大反差，或许人们的潜意识中更倾向称之为是"教学思想"，而不是"教学理论"，因为在我们看来，思想可以是琐碎的，而"理论"更强调体系性。但无论怎样，对我国的教学理论疏于整理，多是零散的思想研究，特别对蕴含在其中的方法论思想研究不够。

第六，教学理论的本体研究和建构相对薄弱。具体教学理论的建构方面的成果较少，与其他6个方面研究内容相比，在各时间段都居后。涉及的具体教学理论有实践教学理论[21]、差异教学理论[22]、有效教学理论[23]、主体性教学理论[24]、交往教学理论[25]、情趣教学理论[26]、合作学习教学理论[27]、生成性教学理论[28]等。如果分别以"差异教学""有效教学""主体性教学""交往教学"、"情趣教学""合作教学"以及"生成（性）教学"为"题名"检索词在中国知网上进一步检索，所得记录依次为267、1673、71、91、52、421、152，可以说，在这几种教学理论中，对我国教学实践影响较大的当属有效教学理论了，已形成了较大的学术共同体。进行教学理论建构，不可能不去思考教学理论是什么、教学理论的有何特点与追求等问题，教学理论的本体与价值问题是教学理论建构中不可回避的，是理论建构的基础，直接影响教学理论的品质。遗憾的是我国对教学理论的本体与价值的研究日趋减弱，关注度由 20 世纪 80 年代的 23% 到 20 世纪 90 年代的 21%，然后快速降到 21 世纪 10 年代的 14%。能否建构出某种教学理论体系应该是一个国家教学理论研究的最高水平之体现，是属于原创性较高的研究，也是学科得以立足之本。教学理论的建构如同自然科学领域的基础科学研究，是科学大厦之根基，绝不可忽视。

四、对我国教学理论研究现状的思考

1980—2010 年，我国教学理论研究所取得的成绩有目共睹，研究队伍的专业化程度及研究能力都明显增强，研究氛围和条件有了较大改善，研究成果在数量和质量上都在不断提高，也提出了一些有价值的教学理论，为各级各类教学改革提供了理论支持，对我国教学实践的发展产生了深刻的影响，这些都是教学论学人不断努力探索的结果。但针对我国教学理论研究的现状也有几点需要注意。

第一，研究者要提升、扩大自己的理解力。研究队伍的专业化程度提高值得肯定，但同时不要只限于本专业领域中，而对其他学科、专业及研究方向缺乏敏感性，甚至造成盲区，这会成为我们超越自己的障碍。知识是相互联系的整体，"任何局部的震动都会动摇整个宇宙"[29]，某一知识领域的重大突破，都可能改变我们对世界的认识；同时，也一定要清楚，有些看似教学的问题，如教学理论与实践、教学研究中的归纳与演绎的关系与认识，是哲学、方法论、知识论等方面的问题，仅仅囿于教育、教学领域内的思考，可能是"无解"的，或许需要把问题悬置，改变求解的思路，拓宽自己的视野，提升自己的理解力。从教育家的生平简介中，我们也发现，大多数教育家如夸美纽斯、洛克、卢梭、裴斯泰洛齐、赫尔巴特、第斯多惠、斯宾塞、赫胥黎、蒙台梭利、杜威等都博学多才，在许多领域都有深入研究，包括自然科学，甚至有专著。或许正因如此，他们具有非同寻常的洞见力。我们应时时告诫自己："科学必须避免的最大危险是那些从事科学的人的片面发展。"[30]

第二，要克服教学理论研究中的无"根"现象。在研究中，我们习惯于把眼光投向异国，通向前方，这无可厚非，是必要的。但我们也要看自己，要"回头看"，知道自己是谁，从何而来，又走向何处。不要割断历史而孤立地研究现今中国教学。五千年的历史，蕴含着丰富的教育传统思想，需要我们认真研究、挖掘。"无根"研究还表现在研究者缺少一种内在的精神追求、学术责任和坚定学术信念，进行研究只是为了出成果，跟着政策与要求走，犹如水中浮萍，随浪漂动。还有，教学理论研究与建构有忽视本体与价值问题的倾向，它们是理论大厦之根基，直接影响理论的品质，也要加以重视和强调。

第三，对国外教学理论的研究要有持续性、开阔性和整体性。对国外教学理论关注度的下降令我们深思，无论怎样，不能弱化对国外教学理论的研究。我们应汲取历史上的教训，对国外教学理论研究要有持续性，这面镜子不可或缺，否则又如何全面、深刻地认识自己、发展自己。另外，从文献来看，我们常常把眼光聚焦在美国、日本、英国等一些国家，而对其他国家关注不够，每个国家的教学实践、理论及其教育教学哲学必然都各具特色，都会有彼此成长需要的"养料"。还有，要清楚教育与经济的发展并非完全同步，夸美纽斯并不是出现在当时英国、法国、荷兰、西班牙等发达国家，裴斯泰洛齐也不是。所以，我们研究的视野要开阔，要扩大理解。同时，对国外教学理论的研究不能把它从其生存的背景中择出来，不能进行孤立地、简单地分析，我们要进行整体的、联系地分析，既要分析理论的构成因素、逻辑结构、理论基础、成立的条件和局限性，也要进行背景分析，分析它生成的文化、历史和现实条件等，前者属于内在理解，后者属于外在理解。有机哲学的创始人怀特海认为，外在理解必不可少，"只要与过程的关系未弄清楚，任何事物最后都未理解"[31]。我们应该明白："任何一个事实都不仅仅是它本身"[32]，怀特海的理解模式理论值得我们学习与探究。进行整体研究，才有可能把握该理论的魂魄，在领悟中产生智慧，获得借鉴和启迪。

第四，教学理论研究要有容他性和整合性。在我国教学理论这个大家庭中，除了各种教学理论流派外，还有分段教学理论、学科教学理论和一些交叉学科理论，在这30年中教学理论确实得到了繁荣和发展。但是，有些现象不可忽视：那就是学术研究条块分割、知识碎化比较严重。具体表现就是教学论的众多"子孙"都渴望长大成"人"，希望另立门户，"五官"安好后就"独立"发展了，而作为母体的教学论似乎也生完"孩子"就了事，很少再去"问津"。可是知识具有整体性，所有这些教学理论本应是相互交织在一起而前行，相互影响、相互依存，在不断修正、调整中完善、重建。

为此，我们应提倡容他性和整合性研究。容他性是指对各流派和各学科教学理论、分段教学理论要有敏感性，要开放，关注其发展，并进行研究，而不是不理不睬，各自都封闭在自己狭隘的研究领域中，独自陶醉、欣赏，忽视彼此之间的有机联系，如此，教学理论的发展就会失去生机和活力。要进行整合研究，这种整合不只是加强横向学科及相关学科的融合，如教学文化学、教学生态学、教学伦理学等，意在新交叉学科的产生，更主要的是在研究分化出的各种教学理论过程中，进行超越，进行观念的探险，建构包容性、解释性、指导力更强的教学理论。

第五，具体研究方法要克服观察归纳和思辨演绎的割裂现象。如有的学者所言："关于教学论方法论问题争论的根本分歧点在于：是以立足于教学实践、面向生活实践的经验的归纳和提升为主，还是以演绎的、思辨的理论思考为主。"[33]这一问题一直困扰着我们。从一些文献看，人们对思辨演绎的方法似乎有抵触，有脱离实践的嫌疑，能否产生新知识也令人质疑，更欣赏和提倡行动研究法、案例法等实证研究方法。潜意识中，人们似乎认为二者是对立的，演绎的、思辨的理性思考不是立足于教学实践、面向生活实践的。怀特海的观点或许有助于我们对演绎和归纳有更深层次的认识，他在《过程与实在》一书中开宗明义："它的首要任务是要为'思辨哲学'定义，并把它作为一种能产生重要知识的方法而为之辩护。"[34]也就是说，思辨演绎也是产生知识的重要方法。同时，怀特海在谈到以观察为基础的归纳与逻辑演绎的关系时认为："在信仰归纳的人与信守演绎的人之间有一个对立的传统。在我看来，这就像一条蚯蚓的两头彼此争吵那么可笑。归纳和演绎或观察和推论对于掌握任何有价值的知识都是必要的。"[35]也就是说，两种方法不是二选一的过程，而是"掌握任何有价值的知识"都离不开的。尽管在以往的研究中，我们的思辨演绎有脱离教学实践的倾向，但不能因此废弃思辨演绎，低估它的重要性。"一个体系的产生是思辨理性的一种主要成就。它涉及远远超过直接观察的想象力。"[36]而"体系的价值是无法衡量的。体系阐明思想，建议观察，解释事实。……抽象的思辨是对世界的拯救——思辨制造了体系然后超越了体系，思辨冒险至抽象的最大限度。限制思辨是对未来的反叛"[37]。但这种思辨演绎是基于观察的，怀特海认为："真正的发现方法，宛如飞机的飞行，它开始于具体的观察基地；继而飞行于想象的普遍性之稀薄空气中；最后，重新降落在由理性解释所严格地提供的那种被更新了的观察基地之上。"[38]教学理论研究中的思辨演绎方法应避免哲学方法论简单套用、移植到教学领域就行了，而要顾及教学实践的具体情况和问题，要清楚这种想象、思辨和演绎不是随意展开的，而是要"始于具体的观察基地"，借助方法论的"羽翼""飞行于想象的普遍性之稀薄空气中"，最后，还要飞回基地，以期能解释、预测、指导教学实践，给人以解决教学具体问题的智慧。同样，归纳也离不开演绎，归纳研究之所以能出现和进行，是由于有演绎知识的前导，由于有理论思维的推导为线索。"离开了归纳为基础的演绎，是抽象的、空洞的演绎；离开了演绎为导向的归纳，是盲目肤浅的归纳。"[39]在教学理论研究中，两种方法彼此是交织在一起的，相互支撑、不可割裂。

尽管我们总是在说，不要孤立地、片面地、割裂地、线性地、二元地看问题，但是不能不说，以牛顿、笛卡尔为代表的 17 世纪的实体思维方式和理解模式对我们来说太根深蒂固了，以至于我们总是下意识的、不自觉地把此模式融进我们的研究中。进行观念的冒险，探索新的理解模式，扩大、提升人类的理解力应是我们不变的追求，教学理论研究也该如此。与此模式对应的、与中国文化接近的怀特海有机理解模式值得我们学习和研究，或许能给我们带来意外的惊喜。

参考文献

[1][34] A.N. 怀特海. 过程与实在 [M]. 周邦宪，译. 贵阳：贵州人民出版社，2006：31，3.

[2] 章岚，顾丽燕. 试论我国体育教学理论研究的发展 [J]. 内蒙古科技与经济，1999（S1）：180-181.

[3] 崔刚. 融合与创新：探索具有中国特色的英语教学理论体系 [J]. 中国外语，2007（1）：57-61.

[4] 刘秀杰，林丽华. 建构主义教学理论指导下的人机结合的外语教学模式 [J]. 北方经贸，2006（6）：130-132.

[5] 周长杰. 结构主义教学理论与化学教学 [J]. 新课程研究（基础教育），2006（2）：16-17.

[6] 申鸿华. 谈中专教学理论联系实际的重要性 [J]. 高教战线，1982（5）：34-35.

[7] 林毓锜. 关于大学教学理论研究的几个问题 [J]. 高等教育研究，1988（4）：110-111.

[8] 李秉德. 教学理论与教学实践"两张皮"现象剖析 [J]. 教育研究，1997（7）：32-33.

[9] 徐继存. 试论教学理论应用 [J]. 教育研究，2000（10）：54-57.

[10] 王鉴. 实践教学论：回归课堂生活的研究 [J]. 教育理论与实践，2003（10）：42-45.

[11][27] 陈培瑞. 合作教学理论研究及其实践：评王坦新作《合作教学导论》[J]. 当代教育科学，2007（24）：63-64.

[12] 陈旭远，孟丽波. 生命化教学的理论构建与实践样态 [J]. 教育研究，2004（4）：69-72.

[13] 李长吉. 达成教学理论与教学实践间的默契：评《教学论导论》[J]. 中国图书评论，2002（12）：18-19.

[14] 邱学华. 尝试教学理论的实质与教学模式 [J]. 中国教育学刊，1997（6）：54-56.

[15] 刘新科. 具有中国特色的教学理论——《诱思探究教学导论》评介 [J]. 陕西师范大学学报（哲学社会科学版），1996（2）：172-173.

[16] 白月桥. 历史教学理论研究的新角度：读《历史教学论纲要》[J]. 首都师范大学学报（社会科学版），1993（2）：103-104.

[17] 陈琦. 关于我国体育教学理论创新的思考 [J]. 体育学刊，2000（5）：24-28.

[18] 江涌. 片段教学理论的实践再探 [J]. 教学与管理，2000（10）：53-54.

[19] 杨小玉. 论曾祥芹先生"双快"教学理论的时代意义 [J]. 河北师范大学学报（教育科学版），1998（4）：308-311.

[20] 赵复查. 异步教学理论依据浅探 [J]. 韩山师范学院学报，1998（1）：90-95.

[21] 王鉴. 实践教学论纲 [J]. 学科教育，2004（7）：1-8.

[22] 姜智. 差异教学理论的哲学思考 [J]. 集美大学学报（哲学社会科学版），2005（4）：98-102.

[23] 肖刚. 有效性教学理论之研究 [D]. 上海：华东师范大学，2001.

[24] 靳玉乐. 教学理论研究的新视点：评和学新博士的《主体性教学研究》[J]. 天津市教科院学报，2001（4）：63-64.

[25] 李轶芳. 交往教学理论探讨：从本体论视界出发 [D]. 武汉：华中科技大学，2004.

[26] 薛小丽. 西方近代兴趣教学思想研究：兼论当代教学论重建 [D]. 重庆：西南大学，2008.

[28] 隗峰，王辉. 生成性教学理论及其应用要求 [J]. 伊犁师范学院学报（社会科学版），2007（2）：117-119.

[29][31][32] A. N. 怀特海. 思维方式 [M]. 刘放桐，译. 北京：商务印书馆，2004：122，42，10.

[30] 托·亨·赫胥黎. 科学与教育 [M]. 单中惠，平波，译. 北京：人民教育出版社，2005：译者序.

[33] 王鉴，安富海. 教学论学科建设 30 年 [J]. 当代教育与文化，2010（1）：79-85.

[35][36][37] A. N. 怀特海. 教育与科学理性的功能 [M]. 黄铭，译. 郑州：大象出版社，2010：72，163，165.

[38] A. N. WHITEHEAD. Process and reality [M]. New York：The Free Press，1978：5.

[39] 陈昌曙. 试论归纳和演绎的辩证统一 [J]. 哲学研究，1962（2）：15-23.

23. 中国梦的建设性后现代向度

Postmodern Dimension of the Chinese Dream

温恒福（Wen Hengfu）

【作者简介】教育学博士，哈尔滨师范大学教授，博士生导师，龙江学者，黑龙江省高等学校教学名师。现任哈尔滨师范大学教育科学学院院长，教育学博士一级学科带头人，主持研究国家级、省部级及其他教育科研项目 15 项，在《教育研究》等国内外学术期刊上发表《建设性后现代教育论》等学术论文 100 多篇，出版学术著作与教材 15 部；获得国家教学成果二等奖一项，黑龙江省教学成果一等奖一项、二等奖两项，获黑龙江省哲学社会科学研究成果一等奖二项、全国教育规划优秀教育科研成果三等奖一项、其他奖项 5 项。

以国家富强、民族复兴、人民幸福、社会和谐与生态良好为主要内容的中国梦是我们的繁荣发展梦、美好生活梦和开拓创新梦，是我们追求先进文明的澎湃激情与深刻理性的结晶。在释梦、追梦和圆梦的过程中，我们既要继承与发扬优秀的民族传统，又要借鉴发达国家现代化的宝贵经验，同时更要积极主动地吸收后现代文明的丰富营养。

一、中国梦是现代梦，也是后现代梦

从整体上讲，我国将长期处于社会主义初级阶段，实现现代化将是社会发展的重要主题，正如党的十八大报告所说："我国仍处于并将长期处于社会主义初级阶段的基本国情没有变，人民日益增长的物质文化需要同落后的社会生产之间的矛盾这一社会主要矛盾没有变，我国是世界最大发展中国家的国际地位没有变。在任何情况下都要牢牢把握社会主义初级阶段这个最大国情，推进任何方面的改革发展都要牢牢立足社会主义初级阶段这个最大实际。"[1]在社会主义初级阶段的国情下提高国家的现代化水平是编织和实现中国梦的合理选择。但是现代化不是西方现代性在中国的重复上演，而是一个追求现代先进文明的过程。在这一过程中，立足于中国社会主义初级阶段实际，批判和超越西方现代性，积极主动地研究和吸收以最新科学成果、信息技术和生态理念为知识与技术基础的后现代文明是实现中国梦的重要保证。正如北京大学著名哲学家汤一介先生所说："在中国已经发生广泛影响的'国学热'和建构性的后现代主义这两股思潮的有机结合如果能在中国社会中深入开展，并得到新的发展，也许中国可以比较顺利地完成'第一次启蒙'的任务，实现现代化，而且会较快地进入以'第二次启蒙'为标志的后现代社会。如果真能如此，当前中华民族文化的复兴所取得的成果，在人类社会发展史上将是意义重大的"[2]。从目标与手段的角度讲，以和平的方式实现"国家富强、民族复兴、人民幸福、社会和谐与生态良好"的中国梦与"后现代是人与人，人与自然和谐相处的时代。这个时代将保留现代性中某些积极性的东西，但超越其二元论、人类中心主义、男权主义，以建构一个所有生命共同福祉（for the common good）都得到重视和关心的后现代世界"[3]的目标是一致的。从这个角度讲，建设性后现代不是现代化的反对者，而是现代化的升级版。从中国文化中蕴含着许多建设性后现代文化要素的角度讲，如果注重整体、和谐、中庸和共同责任等后现代理念的中国实现了大发展，也会进一步证明建设性后现代思想的生命力，所以，中国梦里也蕴含着建设性后现代的期待。从最根本的科学技术基础与生产力发展的角度上讲，以量子力学、相对论、复杂理论和计算机技术、电子技术、通信技术、航空航天技术、海洋技术以及新材料、新能源、新生产方式等智能化信息技术与生态技术为基础，顺应了全球化、信息化、生态化、个性化大趋势与人类和谐共存持续发展愿望的建设性后现代性的增长与发展是历史的大趋势，不管是将后现代理解为对现代的否定与超越，还是理解为一种"超级现代"和"后现代的现代主义"[4]，也不管人们承认不承认它的存在，现代性日益被后现代性取代都是必然发生的事情。中国梦是发展梦、是先进梦，是对未来社会的畅想，是依靠先进生产力与文化力量实现的壮丽蓝图，在这一过程中，必然伴随着后现代智慧与力量的壮大与发展。

二、建设性后现代主义是实现中国梦的正能量

由于在如何对待现代性这一根本问题上产生了严重的分歧，所以出现了

两种不同的后现代流派：一种是以利奥塔（Lyotard）、德里达（Derrida）、博德里拉（Baudrillard）、德勒兹（Gilles Deleuze）、福柯（Foucault）等为代表的否定性后现代，也称激进后现代或解构性后现代；另一种是以怀特海（Whitehead）、哈茨霍恩（Charles Hartshorne）、小约翰·柯布（John B. Cobb）、格里芬（Griffin）、杰伊·麦克丹尼尔（Jay McDaniel）、菲利普·克莱顿（Philip Clayton）和王治河等为代表的建设性后现代，也称肯定性后现代。这两种后现代在对待现代性的基本态度、方式方法与根本目的上具有明显的不同。否定性后现代对现代性是全面否定的态度，以对立、批判和摧毁为手段，以"破"和"终结"为目的，其基本特点是全面与绝对的否定、彻底的批判与决裂。为了"怕自己在批判对手的同时又重犯对手的错误"[5]，丝毫不给自己留后路，大有同归于尽的气概。这种绝对否定的做法虽然能够引起人们的高度重视，但与事实不符，是一种只破不立、偏激倾向明显的不完整的后现代主义。建设性后现代不仅反思与批判现代性的缺点与局限，更注意吸收现代性的积极因素，不是为了破坏而批判，而是为了超越而深刻反思，其宗旨是超越现代性主导的现代文明，建设一种更加先进的由后现代性主导的后现代文明，建设性后现代主义相对于否定性后现代主义来说是一种中肯的、有魅力的、完整的后现代主义。由于否定性后现代的极端性和不完整性，它虽然具有让人警醒的重要价值，但不足以代表真正的后现代思想与追求，后现代的生命力与希望在于建设性后现代主义，对中国梦具有重要积极作用的后现代资源也是建设性后现代主义。

第一，建设性后现代主义蕴含着积极进取的精神能量。建设性后现代主义认为："精神能量的首要性是第一原则。所有社会能量——经济的、政治的和文化的能量——都是以精神性为基础的。精神能量和社会组织形式构成了一个独立的整体。精神能量是使一个社会合法化或变革一个社会的最深刻的根源。"[6]建设性后现代本身具有的建设性、创造性、批判性、开放性、积极性、关系性、过程性、生成性、辩证性、整体性、多元性、时代性、生态性，以及对世界的关心与爱护和对人类未来的担心等情怀与精神，都是促进社会发展的重要精神能量。

第二，建设性后现代主义与中国文化具有天然的亲近感。它反对二元对立信奉有机论、反对理性霸权，主张理性与情感和意义并重，反对走极端，倡导积极的中庸与和谐关系等特征，与中国传统的"天人合一""和为贵""道中庸"和"情本体"具有一定的相似性，中国人学习起来比较容易。正因如此，建设性后现代思想更有可能成为中国圆梦的积极力量。

第三，建设性后现代主义有助于中国特色社会主义理论的丰富与创新。如果说工业化与资本主义天然地绑在了一起，那么后工业社会、信息社会与生态文明是否与社会主义更亲近？至少存在这种可能性，中国特色社会主义在继承传统、借鉴现代资本主义发展经验的基础上，如果能够在防止现代性危害和发展后现代性方面取得成绩，将会为社会主义事业做出重大贡献。

第四，建设性后现代有助于调动最广泛的建设与发展力量。中国梦是传统基因的生长壮大，是传统之花的美丽绽放；中国梦是现代化的结晶，离不开现代力量的支撑；中国梦更是与时俱进地运用新思想、新科学、新技术于经济建设、政治建设、文化建设、社会建设和生态文明建设，创建和谐社会与持续发展新世界的新探索少不了后现代力量的参与和保障。中国建设性后现代主义主张将三者有机地统一于中国梦的追求与实现过程中。

三、建设性后现代主义为实现中国梦增添智慧

克利福德·科布（Clifford Cobb）在接受王治河先生的访谈时曾说："后现代思维方式提供了一个思考中国社会未来的思路。"[7]这句话用在中国梦的实现上，可以具体化为，建设性后现代主义可以增加我们的圆梦智慧。

第一，建设性后现代明确提出的建设后现代社会的目标为我们打开了另一扇窗，拓展了我们的想象力。我国自从1964年提出实现工业、农业、科学技术和国防四个现代化的奋斗目标至今，一直在为实现现代化而奋斗，可是我们现代化的榜样——西方发达国家早就开始了新的"后现代"历程。如果我们在现代化进程中对西方的后现代性置之不理，那么，就会对发达国家近期的许多宝贵经验与成果视而不见，学不到真正先进的内容；如果我们只关注国外的后现代发展，而没有自己的后现代意识与发展策略，那么就难以充分利用信息化、生态化、全球化、智能化等新的发展机遇。所以，"建设性后现代社会"这一发展目标拓宽了我们的视野，提高了我们思考中国梦的想象力，为我们打开了一扇看世界、望未来的新窗。

第二，建设性后现代主义对中国特色社会主义文化建设具有难得的参考价值。后现代理论虽然发源于西方的资本主义，但它的基础与生产力并不是必然地与资本主义结合在一起，它对西方中心主义的批判、对社会主义的开放性态度、对世界发展多元化及对他者的尊重、对和谐世界的追求，特别是将创造性作为世界的终极本性等观点与做法都对中国特色社会主义文化建设具有宝贵的支持价值。从另一个角度讲，作为实现中国梦必要内容的中国特

色社会主义文化，如果忽视了对已经成为时代发展潮流的后现代问题的研究与重视，也是不应该的，甚至是不可能的。实际上中国特色的社会主义理论已经做出了许多与建设性后现代思想相一致的选择与决策，凝结着亿万中国人美好愿望的中国梦本身，与过去的宏大叙述相比就已经很后现代了。

第三，建设性后现代的主要理论基础——怀特海的过程哲学（又称有机体哲学）对我们进一步解放思想具有重要启示，并为我们提供了可供选择的有价值的方法论。怀特海哲学是 20 世纪少有的极其珍贵的形而上学体系，它具有广泛的解释性、深刻的启发性与先进的方法论意义。过程哲学"致力于构建某种内在一致的、合乎逻辑的且具有必然性的普遍观念体系，根据这一体系，我们经验中的每个要素都能得到解释"[8]。它的过程思维、有机思维、整体思维、事件思维、深度生态观和"真实的东西都要经过经验与理性的检验"[9] 等许多范畴与观点都有助于我们理解和把握实现中国梦过程中纷繁复杂的现象与问题。特别是它的机体存在论、过程本体论、创造本性论、整体效能论、积极中庸论、有机整合改革论与和谐共生论等方法论对实现中国梦具有较大的启发与指导价值。

第四，建设性后现代主义倡导的"第二次启蒙"激发了我们的思考，拓展了梦想的空间，并为我们筑梦指出了新的目标、途径与策略。中国建设性后现代主义认为，以倡导现代性为主要内容的"第一次启蒙"在中国历史上取得了卓越成就，但随着时代的发展和现代性问题的日益严重，应该超越"第一次启蒙"，与时俱进地开展以建设性后现代性为主要内容的"第二次启蒙"[10]。不仅要民主，而且要追求"道义民主"；不仅要科学，而且要"厚道科学"；不仅要自由，而且要追求负责任的"深度自由"；不仅要法制，而且要建设更人道的"有情法"；不仅要提高正当的竞争能力，更要修炼"尊重他者，尊重差别""包容性发展"的品德；不仅要关心自己和人类，还要体谅和关心他者、整体、自然和整个地球，使人性更加完善更加美好，使社会与世界更加进步、和谐与文明。[11]

第五，返魅的新科学与新技术将催生出实现中国梦的大量新策略与新方法。建设性后现代是与时俱进的思想，它紧紧地将自己的根扎在被经验和理性检验的先进科学与技术的成就基础之上，致力于纠正现代性对科学的偏见。以有机论和泛经验论为基础的后现代科学与技术认为科学不仅研究"实在事物的物质的客观的方面"，也可以处理主观问题；不仅要研究物质的构成、结构与性质，更要研究机体"事件"的生成、变化与意义，还要深入研究事物之间的内在联系；科学结论的验证不仅可以通过实证检验方法来完成，也可以用反复的经验和理性来加以证明。建设性后现代的科学观不仅扩大了我们的科学理解，而且为科学技术的研发提供了新的思路与灵感。

四、现代化与后现代化和谐共进能够更圆满地实现中国梦

"人类在 20 世纪犯过许多错误，其中一个重大错误就是对这个世纪发生的巨大变革缺乏预见与思想准备。"[12]在 21 世纪实现中国梦的重要历史时期，为了不犯在 20 世纪对现代性的预见与准备不足的"重大错误"，我们应该及早地提高现代化进程中的后现代意识，让现代性与后现代性共同为中国梦的实现贡献力量。其实，我们目前的社会是一个集工业化和信息化与生态化等后工业化于一体的复合型社会，要解决的问题既有建设高质量工业及其相关社会与人的素质问题，也有推进全球化、网络化、智能化、生态化与社会和人的持续发展与幸福问题，这些问题主要是后现代化的问题。特别要解决由机械的现代化造成的资源告急，环境污染严重，生态遭到严重破坏，战争与恐怖袭击时常发生，人类的生存、发展和幸福全面受到威胁的重大问题。所有这些问题，如果局限在现代性的范围内是不可能得到解决的，必须超越机械的现代性，寻求有机的后现代性思维、模式、策略与方法。例如，建设性后现代认为人与社会、人与自然如同人的自身一样，都是一个不可分割的有机整体，反对"人类中心论"等观点为我们开展"生态文明建设"、建设和谐社会提供了必不可少的哲学基础。又如，建设性后现代主义对创造性的崇尚、对过程与关系的强调、对多样性的鼓励与包容、对霸权的鄙视与对和平发展的信仰、对自然与科学魅力的发现，以及对各方利益的兼顾与重视等即是中国梦中的积极价值观与有效的实现策略。总的来讲，后现代性中具有培育和编织中国梦的宝贵资源与丰富营养，后现代意识是实现中国梦的先进意识，后现代力量是实现中国梦的正能量，后现代性与后现代化将极大地拓展我们的梦想空间，将为中国梦增添更加丰富、美丽与幸福的意境与品味。

参考文献

[1] 胡锦涛. 坚定不移沿着中国特色社会主义道路前进，为全面建成小康社会而奋斗 [R]. 中国共产党第十八次代表大会报告，2012-11-08.
[2] 汤一介. 启蒙在中国的艰难历程 [J]. 北京大学学报（哲学社会科学版），2012（2）：5-11.
[3] 王治河，樊美筠. 第二次启蒙 [M]. 北京：北京大学出版社，2011：4.
[4] [9] 大卫·雷·格里芬. 怀特海的另类后现代哲学 [M]. 周邦宪，译. 北京：北京大学出版

社，2013：19，40.

[5] 大卫·雷·格里芬. 后现代科学：科学魅力的再现 [M]. 马季方，译. 北京：中央编译出版社，1995：2.

[6] 大卫·雷·格里芬. 后现代精神 [M]. 王成兵，译. 北京：中央编译出版社，2011：82.

[7] 王治河. 后现代主义的实践意义：克利福德·柯布访谈录 [J]. 马克思主义与现实，2005（2）：97-102.

[8] 怀特海. 过程与实在：宇宙论研究 [M]. 杨富斌，译. 北京：中国人民大学出版社，2012：3.

[10][11] 王治河，樊美筠. 第二次启蒙 [M]. 北京：北京大学出版社，2011：14.

[12] 罗荣渠. 现代化新论：世界与中国的现代化进程 [M]. 增订版. 北京：商务印书馆，2004：431.

24. 进一步深化教育改革的建设性后现代方略

The Constructive Postmodern Approach to Deepen Education Reform

温恒福（Wen Hengfu）

如果从 1902 年废学堂建学校算起，我国的现代教育体系确立已有一百多年的历史，对国家和民族的发展做出了巨大贡献。甚至可以说没有现代教育就没有中国今日如此的繁荣和人民的智慧与幸福。但是，现代教育由于其固有的现代哲学基础与工业机械化思维方式，存在先天不足，为其自身发展埋下了隐患，其问题日渐明显与严重，不仅不能"完全适应国家经济社会发展和人民群众接受良好教育的要求"[1]，而且会影响到中华民族素质的进一步提升与伟大中国梦的实现。进一步深化教育改革需要突破西方现代哲学与工业机械化教育思维的局限，从民族自觉和后现代的高度开展反思与创新。

一、进一步深化教育改革需要从根本上突破西方现代思维方式的限制

从建设性后现代有机哲学的立场出发反思我国的现代教育，其问题主要有四类：一是不良教育传统与习惯，特别是封建教育残余的不良影响，例如，呆读死记、唯书唯师至上、求同思维、应试倾向等；二是西方现代性在教育活动中的主宰、异化与错位，例如，教师与学生的二元对立、教师主体性的膨胀、工具理性泛滥、分数 GDP 盛行等；三是政治对教育的领导管理、经济和社会对教育的支撑服务问题，例如，行政化和长官意志对教育规律的藐视与亵渎、经济对教育的支持力度不够，致使教育长期营养不良，却必须无条件地匆匆忙忙地为社会提供即时性的难以胜任的服务；四是教育自主办

学的体制机制与自身建设和持续发展问题，例如，教育缺乏应有的独立性和科学性，教育自身的发展逻辑与规律得不到应有尊重，非专业领导与管理，教育内容单调，教学方式简单机械，功利性过强，科学先进的教育价值观、质量观和发展观难以真正实施等。这四者相互作用，逐渐生成了以完成任务为目标，以现代工具理性主宰，以功利化、简单化、机械化、规模化、短平快为主要特征的现代工业化机械教育，这种教育虽然在生产力发展水平较低的工业化初期具有显著的高效率，表面上看教育与政治经济和社会发展的联系密切，人才培养的数量多，但从根本上讲，并不能保证教育的质量，也难以为政治、经济和社会发展提供高水平的服务，是低水平的教育模式。更大的危险是这种教育放大了现代性与工业化思维、机械思维固有的问题与弊端，从更深层次危害着教育的健康，抑制着教育服务能力的增长，进而会影响到经济建设的"转型升级"和创新型国家建设与民族复兴的进程。

第一，受现代性二元对立与主体性膨胀的影响，现代工业化教育中充满了"物化改造意识"，教育者以改造主体自居，受教育者被当成了"等待加工的零件"，教师成了"塑造学生灵魂的工程师"，教师不恰当的主体意识与妄为压制了学生的主体性，吞噬了学习的主动性，使培养人的教育缺失了真正的对人的尊重。

第二，理性霸权强暴了情感与信仰，情感、意志、兴趣、爱好与人格等非理性因素没有得到应有的重视，甚至受到了忽视与压制，工具理性膨胀，教育真谛、人生的意义与价值等成了奢谈。

第三，强化统一管理与追求规模、产量、达标和效率的工业化思维，导致了人们对教育的片面理解与实践，造成了教育的急功近利，并通过大师生比和简便易行的知识传授来全力应试，甚至不惜采用粗暴手段制造高指标的"分数 GDP"。

第四，现代性中的自由竞争与扩张意识表现为赤裸裸的"学历军备竞赛"[2]和规模扩张，不管有无用处，也不管能否教得了，个人追求高学历，学校追求高分数和大规模，真正的质量意识淡漠，保障全面质量的能力与措施严重缺失。

第五，学校与班级成了批量生产社会所需人才与劳动力的工厂与车间，整齐划一、统一行动、机械有序、单调枯燥、千校一面，人的真正理性、个性、创造性、丰富性得不到应有的培养。

第六，工业化手段的高效率遮蔽了人们关于公平的优质教育的科学思考，一些看似科学的决策与做法，其实只是运用工业化思维、机械思维解决教育问题的懒惰行为与未尽全力的应付措施。如果换一种观念和思路，可能就是一片新的天地与景象。

第七，过于追求看得见的分数、知识与评价指标，忽视了那些虽然看不见却更加重要的品德、想象力、责任感、爱心与人道精神等宝贵素质的培养，特别是在人生最重要的青少年阶段不但没有很好地打下终身持续发展的基础，还损害了学生的发展后劲。表面上看是赢在了起跑线上，实质上是损害了终身持续发展的生命力与整个人生意义。现代工业化教育的以上顽症久治不愈，就好像教育的机体中得了"工业机械癌"一样，难以在固化了的现代工业化机械思维中获得解决。突破这种二元对立、简单化、工业化、机械化、工具理性泛滥、线性思考、急功近利、分数GDP崇拜、把人当物品加工塑造的现代工业化教育思维，进一步解放思想，向后现代思想开放，探索建设性后现代教育改革的新路径已经成为时代的应然选择。

二、解决深层次教育问题需有完整正确的后现代意识与观念

后现代始终与现代并立同行，有现代就有后现代，现代发展了升级了，后现代也会发展与升级，后现代性总是在现代性的不足与问题中生长壮大，批判现代性、改进现代性、替代现代性始终是后现代的目标与愿景。由于后现代思想的复杂性与当初翻译介绍的不全面，致使许多国人对后现代思想缺乏全面的认识与了解，一见到"后现代"这个词汇，马上联想到的就是"解构""怎么都行""去中心"与"摧毁"等。其实这是一种误解，至少是片面的理解，急需补充完善。

第一，后现代主义哲学不仅有以"怀疑""否定""对立"和"解构"为主要特征，以利奥塔、德里达、福柯、鲍德里拉等为代表人物的解构性后现代哲学（Deconstructive Postmodern Philosophy），还有以"肯定""整体""有机""过程"和"建设"为主要特征，以怀特海、哈茨霍恩、科布、格里芬等为代表人物的建设性后现代哲学（Constructive Postmodern Philosophy）。前者是后现代主义的初始形态，是初级的后现代主义，由于其观点前卫、批判犀利、深刻而彻底，振聋发聩，所以影响较大；后者不仅吸收了前者的经验教训，而且能够更加有效地解释和解决"现代哲学所造成的那些问题"[3]，是后现代思想的后继形态，是一种高级的后现代主义。[4]其生命力比前者更加健康旺盛，其指导与启示更加适当完整，更加中肯有效，更具创造性和建设性。我们不仅要学习解构性后现代主义，更要认真研

究并努力运用建设性后现代思维来思考问题。

第二，后现代不仅具有"现代之后"的时间意义，更主要是一种哲学、一种世界观与方法论、一种思维方式，甚至是一种"知识状况"[5]、一种"对现代不满的情绪"、一种"反现代的态度"[6]。这种以批判现代性、更新现代性、超越现代性为前提，以增进更加先进、更加美好的后现代性，建设更加友好、和谐、生态，更加美丽、幸福、持续发展的新时代为宗旨的建设性后现代哲学；这种不同于现代二元对立、非此即彼、机械僵化的新的世界观与方法论；这种超越了实体主义、机械主义、整齐划一、主体霸权和简单粗暴的新的思维方式，是发现与解决现代疑难问题、建设具有中国特色社会主义的宝贵财富。正如北京大学教授汤一介所言："在中国已经发生广泛影响的国学热和建构性的后现代主义这两股思潮的有机结合，如果能在中国社会中深入开展，并得到新的发展，也许中国可以比较顺利地完成第一次启蒙的任务，实现现代化，而且会较快地进入以第二次启蒙为标志的后现代社会。如果真能如此，当前中华民族文化的复兴所取得的成果，在人类社会发展史上将是意义重大的。"[7]

第三，后现代思想是开放的、发展的、不断生成与创新的知识体系，它扎根于现代性的局限与问题之中，并随着现代问题的不断显现而成长壮大。如果现代化可以划分为第一次现代化、第二次现代化、第三次现代化，那么后现代化也可以作相应的分次或分级，而且，发达国家的经验已经证明，我们眼中"现代化程度越高"的国家，其后现代性越明显。[8]随着我国现代化进程的加快与深入化，遇到的问题也将日益严峻，并且更加复杂。拓宽我们的视野，换一种角度来思考，更新陈旧的现代教育观念，自觉地树立建设性后现代有机教育观，或许会有新的发现与提升。因为"这是'现代性'和'后现代性'相互交接，'现代性'通过'后现代性'进行深刻反思，'后现代性'正在不断吞噬和超越'现代性'的时代。"[9]

三、推进教育创新应高度重视后现代思想的积极意义与启发价值

传统性、现代性与后现代性或多或少地存在于任何一个当代的社会中，三者之间的融合、斗争与重构是社会变化发展的矛盾与动力。就像200多年前发生的工业革命使现代性超越传统性不可阻挡一样，当今世界在信息革命与生态革命等力量的推动下，后现代性正以不可阻挡之势在全世界扩散开来，并逐渐在各个领域补充、修正和取代现代性。以美国为代表的发达国家

已从 20 世纪 70 年代开始进入后现代社会，社会的后现代化已经取代了以工业化为主要内容的现代化。[10]后工业社会与知识经济、信息文明与全球化趋势、学习化社会与生态文明、后物质主义价值观与对多样化、创造性、有机性和生命意义的追求等都是后现代社会的表现形态与重要特征。这些新的社会特征在中国社会也正在静悄悄地生成并发展着，作为为未来社会培养人的教育应该积极主动地研究和发掘后现代性和后现代化对教育的呼唤与挑战，借鉴后现代思想的积极价值，顺势适时地推进我国的教育改革。

第一，后现代思想能够在世界观与方法论上提升我们对现代性与现代化过程的反思能力，深刻地认识失误，改正现代工业化教育中的错误。不论是解构性后现代主义，还是建设性后现代主义，都从根基和前提假设上对现代性进行了深刻的批判，给人以深刻的启示。利奥塔把后现代直接定义为对元叙事的怀疑，德里达则采取"同居"的方式从内部对现代性的"二元结构""等级结构""逻各斯中心论""本质""本性"与"真理"等宏达叙述与现代知识实施解构，其根本目的则是"弄塌整个西方形而上学的大厦"。[11]后现代思想中的反本质主义明确地反对现代知识的核心内容——确定性、真理与规律的存在，认为应该将"本质""真理""规律"这类尼采和罗蒂所谓的"大词"坚决地从认识论领域中放逐，将由此类概念陈述的问题全部判定为假问题而予以放弃，也不用这些"金字招牌"来掩饰自己任何有限的和可借鉴的认识经验，主张"通过深刻的反省去除我们内心的本质主义信念，在学术生活中真正理解多样交流与对话的必要性与可能性，将政治生活中的民主理念与制度引到学术生活之中，反对形形色色的'学阀''学霸'，解构他们所实践的知识霸权"，"呼吁人们走向一条更加现实、谦逊、民主和多元的认识之路"。[12]这种落地有声的精辟论述对于解放被现代权威性、一致性和机械性僵化了的头脑，思考新的可能具有醍醐灌顶式的冲击力。以怀特海过程哲学为基础的建设性后现代主义更是引导人们从宇宙和世界本体的过程性、内在关系性、有机性以及人性假设和教育目的等根基性问题对现代教育进行反思与批判，使人们能够深刻地洞察到现代工业化机械教育的弊病与严重后果。

第二，后现代科学技术能够在后现代价值观的指导下更好地发挥应有的作用。建设性后现代哲学非常重视把思想观点建立在科学技术的基础上。怀特海本人是伟大的数学家、逻辑学家、理论物理学家和生态学家[13]，相对论与量子力学等现代科学是其过程哲学，又是有机哲学的重要基础。杨富斌先生明确地指出"过程哲学是一种建立在现代科学基础之上的思辨哲学"[14]。格里芬呼唤"科学魅力的再现",积极倡导在后现代价值观指导下返魅的后现代科学,[15]也就是"一种富有人文情怀的后现代科学",即"厚道的科学"[16]。建设性后现代哲学不仅依靠科学,而且能够指导科学与技术的发展与运用。诸如,信息科学与技术、生态科学与技术如果局限在现代机械主义、工业模式、人与自然二元对立、整齐划一的现代教育体制中,其功能就不能充分发挥。反过来,在后现代精神与价值观的指导启发下,信息科学与技术、生态科学与方法就能够在终身教育、整体教育、开放教育、个性教育、因材施教、教育生态构建、学校内涵建设、教育方法与模式改革、学校与家庭和社会教育体系建设等方面带来革命性的突破。从这个角度讲,建设性后现代思维能够更加充分地发挥信息化和生态化科学与技术的独特作用。

第三,后现代思想能够提升我国教育改革的先进性与有效性。后现代思想诞生于对现代性的反思,建基于最新的科学技术,直面的是时代发展的最新挑战与呼唤,解决的是事关人类生存发展与个人幸福和生命意义的大问题,后现代教育思想至少能够在三个方面提高教育改革的先进性。首先,后现代教育思想能够扩大教育改革者的眼界,增进其理解力,使人们不仅关注教育现代化的理论与经验,而且有意识地学习发达国家后现代化的思想与经验。如果缺少后现代觉悟与思想准备,对"对话教学""理解课程""个性与创造性培养""建构主义教育"等先进教育经验与思想就难以真正理解和把握,更难以科学实施。其次,建设性后现代扎根于传统和实际生活需求,有助于在改革中继承中华优秀教育传统。例如,中国传统"道生于情""礼生于情"的"情本体"思想[17]和"启发教学""因材施教""教学相长"等教育理念在后现代教育中具有更加重要的地位与价值,这些传统教育思想魅力的再现将有助于解决现代教育造成的"唯智教育""无趣学习""千师一法""万生一面"体制与机制机械僵化等教育问题。

第四,后现代思想有助于解决中国教育的"钱学森之问"。伟大的爱国者、著名科学家钱学森对他自己在弥留之际提出的"为什么我们的学校总是培养不出杰出人才"的"钱学森之问"是有答案的,那就是2005年7月30日,钱学森曾向温家宝同志进言:"现在中国没有完全发展起来,一个重要原因是没有一所大学能够按照培养科学技术发明创造人才的模式去办学,没有自己独特的创新的东西,老是'冒'不出杰出人才。这是很大的问题。"其核心是中国教育的创新人才培养问题。建设性后现代不仅将创造性当作人的本性来爱护与弘扬,而且特别强调"尊重他者,尊重差异""挑战划一思维，欣赏多元之美"和"审美智慧""创新教育"[18]等，在这种思想与体制中，教师和学生的创造性都将极大地得到激发与呵护。怀特海说："首创精神与训练缺一不可，但训练又往往会扼杀首创精神。"[19]"教育如果不以激发首创精神开始，不以促进这种精神而结束，那么它一定是错误的。因为教育的全部目的——就是使人具有活跃的智慧。"[20]更为重要的是在建设性后现代教育中，培养人的首创精神和创造性不是作为工具性的培训，而是人之所以为人、教育之所以为教育的固有之意。

第五，后现代思想有助于我国教育理论的开拓创新。中国教育在理论创新方面一直作为不大，其根本原因不是中国的教育学者不努力，也不是现有的教育知识不够用，而是中国的教育实践太单调，教育思维太僵化，多年来一直在重复着几乎相同的现代工业化机械教育，如果能够像建设性后现代教育倡导的那样，鼓励多样化、个性化办学，尊重学生个性与教师的各种教育风格，进一步解放思想，推进教育民主，围绕着现代与后现代优秀素质培养，依据实际情况采取有机融合的方法论，在思想、体制机制和方式方法各个层次与方面开展教育改革与创新，不仅能够增进中国素质教育的内涵，还会在教育理论创新方面取得突破。

第六，后现代思想有助于我们继承和弘扬中华优秀教育传统，有助于生成中国教育的风格。建设性后现代主义不仅对未来开放，而且向传统与现实开放，它反对现代性与传统割裂的做法，主张传统文化和现实生活是建设性后现代思想的根，要不断地从优秀传统与生动的教育实践中汲取营养。风格是在有信仰的自我坚持中生成的，后现代教育价值观的确立与对优秀教育传统的信仰，以及实事求是的教育改革实践必将催生出带有中国特色社会主义初级阶段特色的教育风格来。小约翰·柯布先生说得好："倘若真如怀特海所认为的，科学进一步发展所需之基本世界观与其说接近第一次启蒙之世界观，不如说更接近于古典的中国思维，那么，让大多数中国古典思想获得新生，此其时也。"[21]

第七，后现代思想有助于我们建设具有世界水平的先进教育体系。由现代走向后现代是时代发展的趋势，如果不能站在时代的前列，不能站在后现代的高度研究现代化与后现代化，就不能及时提炼出先进的经验与思想，就不能建立起完善的具有世界先进水平的教育体系。甚至可以说，后现代思想不是学不学、用不用的问题，后现代化也不是我们主观上想不想的问题，而是早学早用早受益和必须走好的发展路径。正如格里芬所说："中国可以通过了解西方世界所做的错事，避免现代化带来的破坏性影响，这样的话，中国实际上是'后现代化了'。"[22]

四、在现代化与后现代化的融合中创建先进教育文明

在发达国家已经开始后现代化的时代背景下，随着全球化进程的演进，中国社会的后现代性也在自然而然地生成与成长着，中国教育的后现代性正在成为一种改革与创新的力量，积极培育与提高教育中的建设性后现代品格是深化教育改革促进我国教育转型升级的希望之路。

第一，应在中国特色社会主义理论指导下推进"第二次启蒙"与教育后现代化。中国特色社会主义本身就是反对"西方中心主义"的产物，是不同国家发展文化与道路多元化的具体结晶，其中充满了建设性后现代精神与价值观和方法论。在中国特色社会主义理论的指导下，积极开展"第二次启蒙"并积极推进教育的后现代进程，是中国教育改革与发展的希望之路。有一种观点认为，我国的"第一次启蒙"还没有完成，现代化正在路上，不能搞什么"第二次启蒙"和后现代化。其实社会的发展不是"段段清"模式，而是复合式的发展模式。在以现代化为主基调的当今中国社会，不仅存在着现代性和传统性，也存在着大量的后现代性，而且后现代性正在与日俱增，正在向取代现代性主导地位的方向发展。这个过程可能很长，但其发展趋势是不以人的意志为转移的。依据格里芬的解释：所谓后现代化就是保存现代概念中的精华，同时克服其消极影响。[23]后现代化过程就是解决经济发展与环境污染、弘扬理性与对情感的宰制、倡导现代性与传统的虚无主义、尊重科学与迷信科学、倡导民主自由与防止无政府主义、工具理性盛行与价值理性遭忽视等"现代困境"，并实现信息化生态文明的过程。至少可以说，建设性后现代主义在这些方面有更加全面、更加先进的思想与办法。后现代化进程呼唤在"第一次启蒙"的基础上，开展后现代的"第二次启蒙"。王治河先生将"第二次启蒙"的核心内容概括为七个方面：①超越人类中心主义，高扬生态意识；②超越西方中心主义，推崇文化互补意识；③挑战划一思维，欣赏多元之美；④拒绝抽象自由观，走向有责任的深度自由；⑤抛弃均质民主，走向道义民主；⑥挑战霸道科学，走向厚道科学；⑦超越纯粹理性，呼唤审美智慧。[24]作为为未来培养人的教育，更应该具有高度的后现代觉悟，积极推进教育后现代化进程，努力开展建设性后现代教育理论研究，旗帜鲜明、名正言顺地推进后现代教育实践。

第二，要主动学习运用建设性后现代的方法论推进教育改革。建设性后

现代主义作为一种哲学给我们的指引与启示是价值观与方法论层次上的，将怀特海的有机哲学与建设性后现代精神和价值观运用于教育改革，我们能够得到机体存在论、过程本体论、创造本性论、整体效能论、积极中庸论、有机整合改革论与和谐共生论等认识教育与改革现代教育的方法论。[25]①机体存在论是指教育是一个富有生命力的有机体，教师、学生、课程、教学方式方法、教育教学资源以及传统教育、现代教育和后现代教育思想等，都是彼此紧密联系、相互影响、相互作用的关系性存在，用怀特海的话说就是"相互内在"地存在着，当今世界上找不到纯粹的传统教育、现代教育与后现代教育，所有的都是复合性存在，其区别主要是成分的多少，以及哪种因素占主导地位。②过程本体论认为教育是由它的生成构成的，教育过程中的每一个瞬间都是真实的、都具有价值，正是一个个教育事件构成了教育。教育既有确定性的一面，也有其不确定性的一面，教育规律在一定范围内是存在的，但更多的是不断生成与变化的本性，教育改革既要遵循确定的规律，又要善于利用和顺应变动不居的时代性与个别性。③创造本性论是指创造性是人的本性，也是教育的本性，运用创造理念与方式方法激发人的生命力和创造性是教育的本分，这也是中国教育改革最重要、最迫切的任务。④整体效能论强调教育组织与系统的整体性，认为整体价值与个人价值都很重要，应该兼顾；在教育实践中努力追求个体没有而只有整体才具有的整体涌现性和 1 加 1 大于 2 的效果，强调扩大视野，从整体的角度考虑问题，用整体的方式方法处理和解决问题；不仅重视学生、教师、课程、教育方法与教育条件等教育要素的质量与品质提升，更重视彼此之间的连接与整个教育系统的运作与效能。⑤积极中庸论和有机整合改革论密切相连。积极中庸论主张在正与反、现代与后现代之间、肯定与否定之间、重点与全面之间等相互对立的事物与力量中寻求第三种可能，努力做到兼顾与融合。其宗旨是既发挥现代化的积极力量，又避免现代化的缺欠与灾难；既吸收否定性后现代的合理意见，又不走向极端。积极中庸论运用在改革上，不仅表现为两点之间的中庸，而且进一步追求整体结构的中庸，使整体中的要素与关系各安其位、相互支持、不断融合、共存共生、和谐发展，达到整体效能最大化。积极倡导有机整合改革论，也就是通过教育事物中各要素的品质、位置、关系和运作机制的结构性调整与再造，改进教育事物的品性、功能与文化，大力推进教育创新。⑥和谐共生论是生态理念下的生存、发展与改革智慧，反对非此即彼、有你没我的斗争，倡导学会节制，尊重各种存在，努力在沟通、协调中和谐共生、协同发展，努力把优秀教育传统和现代教育精华都整合到建设性后现代教育的体系之中，创建更先进的后现代教育文明。

第三，要积极推进后现代有机教育的研究与实践。有机教育是王治河先生首先提出来的一个后现代教育概念，他认为："如果说机械教育是现代工业文明的产物的话，那么有机教育则是后现代生态文明的诉求。从机械教育到有机教育的转变可以看作人类教育史上的一次重大变革。"[26]他和樊美筠教授在《第二次启蒙》中剖析了现代教育作为机械教育、应试教育、碎化教育、竞争教育和无根教育的弊端，并认为"走向一种后现代的有机教育"[27]是教育改革发展的方向。有机教育的核心思想主要是反思与批判现代机械教育的弊端，用有机教育观统领教育思想，指导教育实践，强调宇宙、世界、社会、学校、教育、教学、知识、班级、学习过程与学习小组、学生的生命与教育组织、各种教育措施、教育事件等都是一个具有层次性、内在联系性和整体涌现性的有机体，教育要立足于学生生命和教育组织的整体发展，以及各个层次、各种目标与措施的整合协调。有机教育积极倡导生命教育、有根的教育、整合教育、和谐教育、容他教育、创新教育、生态教育和审美教育等新的教育内容。[28]

第四，大力推进现代工业化机械教育向中国式后现代信息化生态教育转变。在中国特色社会主义理论指导下，坚定不移地走中国特色的教育改革道路，针对我国教育的实际问题，积极推进融合优秀教育传统、现代教育精华和后现代思想的建设性后现代教育改革，其重要途径之一就是积极推进现代工业化教育模式向中国式建设性后现代信息化生态教育模式转变。如果说牛顿的经典力学和机械化、工厂化是工业革命和支撑现代性的代表性技术，那么，以相对论、量子力学和信息科学与技术、计算机和互联网技术、生态科学与技术为代表的信息化、智能化、生态化等新科学与技术就是后现代性的主要支撑与发展力量。其中信息化和生态化对教育发展的影响最大，最有代表性和革命性。（1）要积极推进教育信息化进程，用教育信息化推动教育的后现代化。当今时代，后现代的现代化才是真正先进的现代化，缺少后现代意识和思维方式地重复西方经典现代化之路的现代化已经成为落后的现代化。后现代信息技术为后现代教育思想实施提供了技术支撑，使许多过去不可能或不能很好实施的后现代教育理念的实施成为可能，甚至是很容易地开展起来。例如，教学内容的丰富性、多元性和可选择性在教育信息化背景下已经不是一件难事；又如，后现代教育非常强调个性培养和我们的优秀教育传统"因材施教"在教育信息化环境中很容易地变成了现实。早在20世纪90年代，经济合作与发展组织国家学校的信息化经验就已经证明："信息与通信技术可以支持不同的学生在同一间教室里进行不同的活动。利用软件，教师可以为各个小组创建相应难度的活动，在剩下的时间里，教师还可以让其他学生单独学习材料，丰富了学生们自己制作的富有创造性的作品。它的价值已经超越了单纯的多媒体教学，它有助于不同的学习风格彼此兼收并蓄。"[29]另外，近年来教育信息化催生的"数字化素养"已经与传统的"读写能力"相平行，成为当代人生存与发展的基本技能。"反转课堂"[30]和"MOOCS课程"[31]正在有力地推进着教育的后现代变革。（2）加快教育生态化进程，把生态理念、原理与技术运用到教育环境的营造、学校建设和教育教学的各个方面。后现代在本性上是生态的，生态化是后现代化的重要内容，教育生态化是建设性后现代教育的主要追求之一。教育生态化包括开展生态教育，改造人与自然的"二元对立"和"人类中心主义"等现代世界观的内涵，同时更加强调将生态学原理运用于教育领导与管理、课程与教学、教育评价和学校建设等各个层次的各个方面，创建生态化的教育新文明。①要坚持"优先发展教育"的方针，努力为教育发展营造良好的教育生态。现代工业化办学模式是最简单节省的，后现代信息化生态化教育相对来讲需要更多的关心、重视与投资，离开了社会的关心支持与政府的投入，后现代信息化生态化教育模式是难以成功的。②建设生态化校园。学校是学生学习成长的地方，本身就应该是一个良好的生态园，但是现代机械化工厂化办学理念没有做到这一点，学校成了"学习工厂"，单调而乏味，后现代信息化生态化学校应该是以高科技为基础的丰富多彩的能够满足学生个性化需求的人性化的学习与生活乐园。③努力开展生态式教育管理。生态式教育管理反对机械化统一标准控制式的僵硬管理，倡导更加民主化、人性化、多元化、柔性化的领导与管理，倡导环境营造式、设备与手段提供式、帮助式、引导式、启发式、协助式、劝导式、愿景引导式、商量式、服务式等管理理念与方法。④开展生态式教学。生态式教学以"人是自我生长的""学习可助不可替"为基本假设，反对现代机械化工厂化的"教师讲学生听"一统天下的教学模式与方法，认为学校的文化、课程与教师的教学都是学生学习与成长的外部生态，学生的学习与成长不仅取决于外部生态，更取决于学生自身的内部生态，教师不仅要积极营造丰富的有营养的外部生态，更要尊重、关心、引导和培育学生的内部生态，爱护学生的生命力，要努力催生学生内在的生长力量，要努力唤起学生的自我主动学习，然后因势利导地加以帮助，要改正过于功利化和为了暂时利益而牺牲学生发展后劲的"过度培训"行为，要为了学生完整而持续的发展而教，倡导对话式、研究式、启发式、商量式、体验式、讨论式、辅导式，集中与分散相结合开展个性化、有针对性的贴心式教育服务与帮助。（3）要在教育的各个方面与全过程加强后现代世界观、价值观与方法论的培养。要彻底改变将后现代等同于"解构一切""走极端""怎么都行"等错误认识，确立起后现代是"先进的现代"、是更高级的人类文明的正确认识，努力在教育教学的各个层次、各个方面贯彻落实有机与过程、民主与尊重、理解与包容、多元与个性、生态与可持续发展、信息化生存、个性化成长、知识社会、学习型社会、内在联系、整体价值观、和平互助、和谐共生、协同共进、融合创新等后现代价值观，只有在这样的价值观指导下，中国式后现代信息化生态化教育才能逐渐生成。

总之，建设性后现代教育文明是更加先进的教育文明，提高教育改革中的后现代意识，提升中国教育的后现代性、促进中国教育的后现代化是时代发展的需要，是教育内在逻辑的自然演进，是中国教育担起提高民族素质、促进民族复兴和人民幸福、办人民满意教育重任的理想选择。其实，中国教育后现代化的大幕已经拉开，萌芽于20世纪末，正式开始于21世纪初年的声势浩大的第八次基础教育课程改革已经在全国教育界播下了后现代思想的种子[32]，更加先进的后现代教育文明正在现代化与后现代化的融合中孕育生长，一场事关中国教育转型升级和品质提升的教育变革正在静悄悄地发生，正视它、研究它、爱护它、培育它、促进其成长，是我国教育改革的新希望。

参考文献

[1]《教育规划纲要》工作小组办公室.教育规划纲要辅导读本［M］.北京：教育科学出版社，2010：7.

[2] 郑也夫.吾国教育病理［M］.北京：中信出版社，2013：Ⅷ.

[3][4] 大卫·雷·格里芬.怀特海的另类后现代哲学［M］.周邦宪，译.北京：北京大学出版社，2013：7.

[5] 让-弗朗索瓦·利奥塔尔.后现代状态［M］.车槿山，译.南京：南京大学出版社，2011：3.

[6][11] 王治河.后现代哲学思潮研究［M］.增补本.北京：北京大学出版社，2006：6，144.

[7] 汤一介.启蒙在中国的艰难历程［J］.北京大学学报（哲学社会科学版），2012（3）：5-11.

[8][10] 罗纳德·英格尔哈特.现代化与后现代化：43个国家的文化、经济与政治变迁［M］.严挺，译.北京：社会科学文献出版社，2013：4.

[9] 高宣扬.后现代论［M］.北京：中国人民大学出版社，2005：2.

[12] 石中英.本质主义、反本质主义与中国教育学研究［J］.教育研究，2004（1）：18.

[13] 田中裕.怀特海有机哲学［M］.包国光，译.石家庄：河北教育出版社，2001：8-18.

［14］怀特海．过程与实在：宇宙论研究（修订版）［M］．杨富斌，译．北京：中国人民大学出版社，2013：13．

［15］［22］大卫·格里芬．后现代科学：科学魅力的再现［M］．马季方，译．北京：中央编译出版社，2004．

［16］［18］［21］［23］［24］［26］［27］［29］［30］［31］王治河，樊美筠．第二次启蒙［M］．北京：北京大学出版社，2011：34，305-312，5，28，106，10，3，23-38，92，91，93．

［17］李泽厚，刘绪源．该中国哲学登场了：李泽原2010年谈话录［M］．上海：上海译文出版社，2011：9．

［19］怀特海．教育的目的［M］．徐汝州，译．北京：生活·读书·新知三联书店，2002：63．

［20］怀特海．教育的目的［M］．庄莲平，王立中，译．北京：文汇出版社，2012：49．

［25］［28］温恒福．建设性后现代教育论［J］．教育研究，2012（12）：23-28．

［32］经济合作与发展组织．学会变革：学校中的信息与通讯技术［M］．王晓华，彭欣光，译．北京：教育科学出版社，2008：23-24．

25. 建设性后现代教育论

On Constructive Postmodern Education

温恒福（Wen Hengfu）

后现代的"幽灵"不安于天上的盘旋，在人们不经意时来到人间，在现代性的缺失与断裂处渗入文化中，影响着人们的思想与行动。特别是建设性后现代主义以其积极乐观的开放情怀和富有生命力的建设性洞见赢得了更多的人心，正在发挥着越来越大的影响力。系统学习研究这一新颖思想，对增进教育反思，促进教育改革具有重要的价值。

一、建设性后现代教育的内涵与判断标准

在纷繁复杂的后现代哲学中，主要有两大流派，或称之为两个主要的研究向度，一个是解构性后现代哲学（deconstructive postmodern philosophy），一个是建设性后现代哲学（constructive postmodern philosophy），前者又被称为"后现代主义的解构性向度""否定性后现代主义""激进后现代主义"，后者还被称为"修正的后现代主义""后现代主义的建设性向度""肯定后现代主义"和"重构性后现代（reconstrucive postmodern）"，不过自从王治河先生等人开始将建设性后现代思想引入国内后就一直使用"建设性的后现代哲学"和"后现代主义的建设性向度"这一概念，而没有使用"重构性"这样的定语。[1]按大卫·雷·格里芬（David Ray Griffin）所说："这两种类型的后现代哲学的区别不在于必须解构那些对现代（而且有时是前现代的）世界观来说至关重要的概念，而在于建构一种新的宇宙论（它可能成为未来几代人的世界观）的必要性和可能性"[2]。也就是说，同是后现代哲学，这两种流派都具有对现代性反思与解构的本质特点，所不同的是解构性后现代为解构而解构，以批判和摧毁为手段，以"破"和"终结"为目的，其基本特点是全面与根本性的否定、彻底的批判与决裂。为了"怕自己在批判对手的同时又重犯对手的错误"，[3]丝毫不给自己留后路，大有同

归于尽的气概。当然，在达到了让人警醒的效果的同时，解构性后现代哲学也遭到了激烈的讽刺与批判。建设性后现代主义不仅吸取了解构性后现代主义的教训，而且更加辩证与积极。它反思和批评现代性的缺点与局限，但不否定现代性的价值与意义，不是为了破坏而批判，而是为了建设而反思。作为一种思维方式，建设性后现代主义是一种建立在有机联系概念基础之上，鼓励历险与创新，推崇多元和谐的整合性思维模式，它是传统、现代、后现代和当代现实的有机整合。其主要思想和特征可以概括为以下几个方面：一是在世界观上主张整体有机论，认为宇宙是一个有生命的整体，处于流变的过程中，并且相互联系。世界的发展是一个开放的体系，是一个不断演化的过程。二是在人与人的关系上，摈弃激进的个人主义，主张通过倡导"主体间性"（intersubjectivity）和"共同体中的自我"（self in community）来消除人我之间的对立。三是在人与自然的关系上，主张人与自然之间是一种动态的平衡关系，人与自然应该和谐共处，主张生态主义。四是在方法论上推崇高远的整合精神，反对非此即彼的二元对立思维。五是在不同文化和宗教之间鼓励对话和互补。六是对现代性的态度不是简单地否定，而是既克服又保留。七是在经济上，它所谋求的是为了人类与自然共同福祉的可持续发展，所寻求的是一个"既是可持续的，又是可生活的社会"。八是在生活方式上欣赏与自然和谐和身心和谐的"创意的存在"和"诗意的存在"。[4]

建设性后现代教育作为一个概念，是建设性后现代教育思想与建设性后现代教育实践的统称，是建设性后现代主义哲学在教育领域中的运用，是运用建设性后现代哲学研究教育问题的结晶。具体地说，建设性后现代教育是从人类文明发展与更替的维度，以怀特海的机体哲学和小约翰·科布和大卫·格里芬等人创建的建设性后现代哲学以及其他先进哲学为方法论，反思现代性和工业文明影响下的教育弊端与问题，积极探索和建设与后现代性、后工业社会和生态文明等更先进文明相一致的教育形态，努力创造更加先进的教育文明的教育思想与实践。正像后现代文化早就存在于现代文化的反思之中一样，建设性后现代教育不论在西方还是在东方，早就存在于对现代教育的反思与改革中，并随着现代教育弊病的暴露和教育改革的深入与推广日益受到人们的关注。就像凡是关心现代性的人一定关注后现代性一样，凡是注重教育现代化变革的人都会对建设性后现代教育感兴趣，都会有意无意地接受建设性后现代教育思想的影响。判断一种思想或实践是否是建设性后现代教育的标准主要有三个：第一，是否从现代性和现代文明的维度对教育的现代性进行反思、批判与超越；第二，是否具有建设一个更加美好的后现代教育世界的追求与措施；第三，是否与建设性后现代哲学具有学理上的一致性。格里芬明确地告诉我们："如果说后现代主义这一词汇在使用时可以从不同方面找到共同之处的话，那就是，它是指一种广泛的情绪而不是任何共同的教条——即一种认为人类可以而且必须超越现代性的情绪。"[5]标准一是建设性后现代教育的性质；标准二则是建设性后现代教育与解构性后现代教育的主要区别；标准三则反映了建设性后现代教育与建设性后现代哲学在学术范式上的一致性，以及建设性后现代教育主动寻求建设性后现代哲学的指导，并努力在教育哲学层次上开展研究和积极在教育实践中提炼建设性后现代思想与哲学的发展特征和路径。

二、建设性后现代教育的研究路径与目的

第一，建设性后现代教育的建构与发展，要遵循建设性后现代哲学的基本原则与方法，要运用其基本精神、基本原理和基本方法分析研究教育问题，提炼教育理念与观点，设计相应的课程与教学，建构建设性后现代教育理论体系，离开这一点就不是也不可能建构建设性后现代教育，至少不是本文所指的建设性后现代教育。第二，要以建设性后现代主义代表人物的教育思想和公开声称自己建设性后现代立场的教育专家的教育观点为重要支点与核心材料，开展建设性后现代教育思想与理论研究。例如，怀特海教育思想就是建设性后现代教育的宝贵资源。第三，要广泛吸收历史上符合建设性后现代理念与原则的教育思想与教育经验作为营养。第四，要处理好建设性后现代哲学和建设性后现代教育的中国化问题，依据中国的文化环境、时代背景和具体问题开展研究。第五，要从建设性后现代的立场出发对教育发展与改革实践中的经验与问题进行深入系统的解剖分析，及时发现和倡导建设性后现代的教育实践，建设性后现代教育研究深深地扎根于具有中国特色的社会主义教育改革的实践之中。第六，开展建设性后现代视野下的教育优秀传统研究，重新发现教育传统中的精华，特别是中华优秀教育传统的再发现，走出一条格里芬先生倡导的现代真理和价值观与前现代真理和价值观的创造性相结合的建设性后现代真理探索之路。

建设性后现代教育研究的目的是从文明发展与更替的维度揭示现代教育的问题与危害，批判其弊端与错误，汲取前现代和现代教育的精华，提出建设性后现代教育的观点与思想，建构建设性后现代教育理论，促进教育改革，推进建设性后现代教育实践的开展，建设更加科学、更加高效、更加人

性化、更加先进的当代教育体系。简言之，就是创建建设性后现代教育理论，促进后现代教育改革与实践，建设更加美好的后现代教育世界。第一，坚信以现代性为精神内核的现代教育理论已经不能完全适应社会变化和指导教育改革与实践的需求，应该及早开展教育思想中的观念冒险，探索和创建后现代教育理论。第二，对现代教育实践中的现代性危害应该给予高度的重视，并努力避免和革除，逐渐增加教育的后现代性，积极推进后现代教育改革与创新。第三，后现代教育世界是一个以后现代性为主导价值观，融前现代、现代与后现代性为一体的更加公平、更加人性化、更加科学、更加有效、更加先进、更加美好的教育世界。这个教育世界与信息化、全球化、人性化、多元化和可持续发展的社会需求，以及后工业社会和生态文明是相互适应与促进的，是先进生产力、先进文化和先进政治理念对教育的新要求，是当代先进教育思想与教育实践发展的应有愿景。对我国来说，增加教育中的后现代性，推进融合优秀教育传统和现代教育精华与后现代教育思想的后现代教育改革，是继承传统、借鉴教育现代化和社会现代化经验与教训，超越西方教育现代化，建设具有中国特色社会主义先进教育的另一种思路与表达。

三、建设性后现代教育的方法论

建设性后现代主义信奉怀特海的"有机哲学"（the philosophy of organism），也称为"机体哲学"和"过程哲学"，把它作为批判现代性的武器和建构后现代理论的世界观与方法论。大卫·格里芬明确地表达了这一事实，他在建设性后现代丛书中说："本丛书所阐述的后现代有机论的主要倡导者是科学家出身的哲学家阿尔弗雷德·诺斯·怀特海。本书以及后面几卷中的文章都阐释和运用了有机论的不同特征。"[6] 有机哲学作为建设性后现代教育的方法论，主要表现为机体存在论、过程本体论、整体效能论、积极中庸论、有机整合改革论与和谐共生论。

1. 建设性后现代教育的机体存在论

作为生理科学的"机体"概念，最早是由法国著名哲学家亨利·柏格森（1859—1941）引入哲学中的，怀特海深受柏格森影响，以机体假说为哲学基础，构建了一个庞大的有机哲学体系。他在其代表作《过程与实在》开篇就明确表明，"这些演讲力求阐明的哲学体系称为有机哲学"，"所有原初的个体都是有机体，都具有哪怕是些许的目的"[7]"世界是由机体组成的一个共同体"[8]，不仅人和动物是有机体，"只要是有一定规律的有序结构体都是有机体"，[9]整个世界是有机体，社会组织是有机体，分子和原子也是有机体。他旗帜鲜明地批判"现代机械论"，认为世界上不存在能够不依赖任何其他事物的独立实体，机体之间不仅存在着外部影响，而且具有"内在的联系"，事物之间是实质性的相互包含的。人与事物都是关系的存在，关系先于性质，性质影响关系，关系决定性质，关系是世界的本质。在人与自然之间，有机论认为人是自然界的组成部分，而不是自然的主人，其他生命不再是达成我们目的的手段，而是当成它们自身的目的。建设性后现代非常重视生态学，倡导对他人、对动物、对自然和环境的尊重与爱护，把对人的福祉的特别关注与对生态的考虑融为一体。王治河先生认为："所谓信奉有机论，意味着改变现代人的机械论世界观，改变现代人习惯占有的心态。现代人统治和占有的欲望在后现代被一种联合的快乐和顺其自然的愿望所代替。"[10]在人与人的关系上，后现代主义则摈弃现代激进的个人主义，主张通过倡导主体间性来消除人我之间的对立。在后现代思想家看来，个人主义已成为现代社会中各种问题的根源。对"自我"的坚持往往是以歪曲、蔑视、贬低他人为条件的，其结果是导致人我的对立。后现代主义不是将人看作一种实体的存在，而是关系的存在，每个人都不可能单独生活，他永远是处在与他人的关系之中的关系网络中的一个交会点。在这方面，有机论与生态论的观点一致："个人都彼此内在地联系着；因而每个人都内在地由他与其他人的关系以及他所做出的反应所构成。"[11]

建设性后现代教育不仅在课程中渗透和宣传这样的观念，积极营造传授机体文化，而且将有机论原理应用于教育问题的思考，建构机体教育思想，并以此指导教育教学行为。有机论视野下的教育系统是一个富有生命力的有机体，教师、学生、课程、教学方式方法、教育教学资源以及教育思想等都是彼此紧密联系、相互影响、相互制约的关系性存在，用怀特海的话说就是"相互内在"地存在着，学生的成长是伴随性成长，教师的发展是伴随性发展，离开了其他一方，另一方也就不存在了。"教师中心说""学生中心说"和"课程中心说"都是实体主义的表现，都是偏激的观点。机体教育论倡导教育系统各要素的彼此适应与互相配合，倡导建设有生命力的教育系统，特别是坚持将师生关系作为不可分割的教育世界的基石，以此为基点描绘和构建教育世界的美丽图景与大厦。

2. 建设性后现代教育的过程本体论

怀特海的有机哲学又称为过程哲学，强调过程原则，认为一个现实实有如何生成便构成该现实实有本身。它的生成构成它的存在。[12]有机体每时每刻都在生成转化过程中，"现实世界是一个过程，过程就是现实实有的生成"，[13]世界是有机的，也是过程的。事物的存在与发展是许多潜在性不断实现的合生过程。据杨富斌教授的研究，虽然恩格斯也说过"世界不是事物的集合体，而是过程的集合体"[14]，但恩格斯不是在本体论意义上谈论世界的过程实在性[15]，而将过程看作世界的本体正是怀特海过程观的彻底性和高明所在。现实实有作为经验之滴，是转瞬即变的，人不仅不能两次踏入同一条河流，而且不能两次思考同一个问题。人生的每一个过程都是真的人生，教育就是人们利用爱心和人类优秀文化陪伴和帮助学生学习与成长的过程，每一个或长或短的陪伴与帮助过程都是教育的真谛。不能脱离每一天的学习和生活过程去寻求什么其他的意义。真正的教育就是要忠实于每一个教育过程，把握住了教育过程就等于坚持了教育的真理，就是在从事真正的教育。过于追求教育过程之外的目的，反而会有悖于教育的本意，导致教育的异化。后现代的过程观不反对预期的目的，但更重视生成；不反对知识的讲解，但更重视学生的亲身经历；不反对为明天做准备，但更重视今天的感受、体验与进步。在建设性后现代教育看来，明天就是昨天与今天的融合与创生，把握住了今天的愉快体验与进步，就会赢得将来。

3. 建设性后现代教育的整体效能论

建设性后现代反对"还原论"和"片段式思维"，倡导生态学的整体思维方式，认为整体是第一位的，部分是第二位的，要"从整体出发"[16]。就像全息摄影的整体信息都包含在它的每一部分之中一样，事物的整体包含于每一部分之中，部分被展开成为整体。有机体的一部分一旦离开了整体，就如同人的"手"一旦离开了身体，就不再是"手"一样，部分的性质与功能决定于整体。万物都是通过相互的包含而彼此具有内在联系的，在人与自然的关系上，人是自然的一部分，人与自然是一个整体，"我们将不再只满足于为了自己的利益而机械地操纵世界，而会对它怀有发自内心的爱。我们将像对待我们至爱之人一样呵护它，使它包含在我们之中，成为我们不可分割的一部分"[17]。从宇宙的角度讲就是"天人合一"。组织中的任何一个人不仅要尊重他人，更重视整体的利益和整体效能。

整体效能论强调教育组织与系统的整体性，认为整体价值与个人价值都很重要，应该兼顾。在教育实践中努力追求个人没有而只有整体才具有的整体涌现性和1加1大于2的效果，强调扩大视野，从整体的角度考虑问题，用整体的方式方法处理和解决问题。不仅重视学生、教师、课程、教育方法与教育条件等教育要素的质量与品质提升，更重视彼此之间的连接与整个教育系统的运作与效能；不仅重视每个教师的作用，更强调教师团队的整体影响力；不仅重视各个阶段的教育质量与服务能力，更强调幼儿教育、基础教育、高中教育、职业教育、大学教育、继续教育构成的终身教育系统的整体效能与社会服务能力。在教育目的方面，建设性后现代教育反对片面发展的人和单向度的人，主张培养感性、理性与灵性兼容、身心和谐、健康积极的完整人。在课程与教学上主张建立丰富多彩的完整的课程体系，重视以整体为重的全身心教学法，用整个身心教，用整个身心学，增加身体经验，承认直觉，鼓励整体性顿悟和基于系统思考的洞见。

4. 建设性后现代教育的积极中庸论和有机整合改革论

建设性后现代反对非此即彼的二元论对立和我胜我败、你死我活的斗争论，极力倡导尊重万物的生存权，尊重各种各样的多元存在，在正反之间、左右之间、现代与后现代之间、肯定与否定之间、主动与被动之间、重点与全面之间等相互对立的事物与力量中寻求第三种可能，努力做到兼顾与融合。其宗旨是既发挥现代化的积极力量，又避免现代化的欠缺与灾难，既吸收否定性后现代的合理意见，又不走向极端。用中国传统智慧来解释，建设性后现代就是一种中庸之道，不过这种中庸不是消极的，而是旨在建设的积极的中庸之道。用马克思对立统一规律来解释，就是寻求一种适度的"统一点"或"度"。推而广之，也就是要在现实与理想之间寻找可行的"实践操作点"。在这个意义上说，建设性后现代不仅是一种形而上学，也是一种实践哲学。格里芬说："我已表明，建设性的后现代哲学既不是基础主义的，也不是激进的反基础主义的。现在，我将说明在这两个极端之间所持的立场。"[20]王治河认为，"真正的后现代思想家既不是乐观主义者也不是悲观主义者。因为他（她）知道，眼泪和傻笑都会模糊人们的视线，妨碍人们直面人生"。"后现代所崇拜的英雄就是游刃于两种对立之间的人"。[21]

建设性后现代的积极中庸论运用在教育改革上，不仅表现为两点之间的中庸，而且进一步追求整体结构的中庸，使整体中的要素与关系各安其位、相互支持、不断融合、共存共生、和谐发展，整体效能最大化，积极倡导有机整合改革论。也就是通过教育事物中各要素的品质、位置、关系和运作机制的结构性调整与再造，改进教育事物的品性、功能与文化，创建新的教育文明。教师与学生的作用发挥、分科教育与综合教学、东方传统与西方精神、接受教学与发现教学、旧系统诸要素的整体改造、教育质量与效能的提高等问题的解决，都可以通过这种位置调整、重新划分比例、重新确定重点、重新分配权利、重建运作机制与重新分配资源等改变结构方法来完成。

5. 建设性后现代教育的和谐共生论

"共在"与"合生"是机体哲学描述自然状态的基本概念，共在是现实，合生是权利、发展方式与应有状态。建设性后现代教育欣赏与倡导生态理念，强调事物的关系性存在和生态在人的生存与发展中的作用；主张尊重各种存在，发挥各自的作用，通过自然进化、转化、相互选择和积极的整合、融合达到和谐共生、持续发展的状态。和谐共生是一种新的人生观和世界观，他要求对他者与自然的尊重，并且学会自我节制。后现代文明既是一种充分发挥人的创造性、重视个性价值的文明，也是倡导节制性生存的文明。因为人的潜能无穷，科学的力量无边，但地球是有限的，资源是有限的，在关乎环境、地球与他人生存和发展等问题上，要学会限制自己，否则，人将在无限制的狂妄中毁掉自身。后现代社会中的每一个文明人都要学会约束和节制自己、理解与尊重他者，加强沟通协调、宽容与合作。没有什么人天生高贵，也不存在什么人具有天生的优先发展权。在教育中，各类地区、每一名教师、每一名学生都具有同样的权利，都需要同样的关爱。学生只有个性的不同，没有优劣好坏之分，包容各种各样的个性与自然状况是教育爱的本性，与各种类型的教师合作使教育整体效能最大化，既体现教师的工作能力，也体现教师的职业道德。

四、中国建设性后现代教育的主要观点与内容

王治河先生提出的"中国式建设性后现代主义"概念，对建设性后现代思想在中国的发展具有重要作用。他认为："所谓中国式的建设性后现代主义（Chinese constructive postmodernism）指的是一种建立在有机联系概念基础之上的推崇多元和谐的整合性的思维方式，它是传统、现代、后现代和中国现实的有机结合，是对现代世界观和现代思维方式的超越，是建设性后现代主义的中国化。"[22] 中国建设性后现代教育正是中国化了的建设性后现代思想在教育领域的运用，是为建设中国特色社会主义教育文明服务的。其观点与内容是建设性后现代教育方法论在解决中国教育实际问题的具体成果。

1. 教育学是科学，是有道德、有感情、有魅力的复杂科学

建设性后现代教育反对极端狭隘的实证主义，反对以自然科学标准衡量评价教育学等人文社会科学的做法，但不反对科学，而是要进一步完善和发

展科学。认为"科学即是面对反复的核实，通过证明而确立真理的尝试"[23]，后现代科学是发现和确立后现代真理的途径与手段。"反复核实"的手段不仅是数据与实验，理性也不是科学的唯一品性，叙事、故事、形象、行动、描述和隐喻也能完成核实的任务，感性、情感、直觉、目的等也是科学的必要成分。教育学就是这样的有道德、有感情、有魅力的科学，是与自然科学不一样的科学，是与其他人文社会科学具有同样重要价值的科学。后现代教育学不仅寻找确定性的规律，也研究不确定性的变化；不仅关注统一性，更强调多样性；不仅坚持必要的标准，更重视多元与个性发展；不仅关注过程与体验，也重视价值与目的；不仅注重质量，更强调追求正确质量；不仅探索高效率与好效果的关系，更重视提高教育组织的效能，实现教育的持续发展；不仅研究教师、学生、课程等要素，更关注人与组织的整体与部分的生态；不仅求真，亦求善求美，注重探索教育善与教育美。建设性后现代教育学是教育中真善美的统一，是拥有自在逻辑与本性、有着强大生命力的厚道科学。

2. 现代教育需要反思与超越

批判现代性、超越现代性是一切建设性后现代思想的共同特征。建设性后现代教育认为现代教育取得了卓越的成就，但其危害也很严重，需要用后现代教育思想加以改造。这里的现代教育特指在现代性作用下的教育现象与机制。而"现代性"主要是现代社会存在的实体哲学思想、理性主义、科学主义、机械世界观、工业主义、欧洲中心主义、资本主义制度下的市场经济机制、个人主义、消费主义、狭隘民族主义、极端自由主义和非此即彼的二元对立思维方式。这些现代性在教育中主要表现为教育工厂化、理性扩大化、标准化、功利化、片面化、学科化、机械化、二元对立、庸俗化等现代特性。这些特性的相互作用造成了现代教育的五大问题。

第一，人的单向度、片面、不和谐、不持续发展问题。人性被工具理性霸占，信仰、情感、意志等非理性品质被虐待和排斥，丰富、复杂、灵气、高尚的人变成了呆板的牟利工具，个性不和谐、缺乏持续发展能力。

第二，课程与教学的单调性、过于理性算计与工厂化的问题。分科的实用知识与技能统治课程，应答性考试与技能传授称霸教学，理性算计成了教学的主要动力，工厂化生产方式主导着学校的课程与教学，为了效率与成绩牺牲了教育本真的耐心、期待、引导、研讨、滋润与快乐和幸福。人生的意义与价值，学生的兴趣与爱好、创造性与个性、真实体验与生活美感，当下的幸福与未来的潜能，以及丰富多彩的青少年人生过程等都得不到应有的重视与培养。

第三，教育要素不和谐、整体效能不高的问题。师生关系在"学生中心"与"教师中心"之间摇摆。良好的富有教育价值的稳定的师生关系始终未能普遍形成，师生关系在教育世界中的地位也没有得到应有的重视和建设，甚至出现了教育世界的"无人"现象。教师、学生、课程、教育理念、教育方法、教育技术等教育要素的相互配合与适应不够，教育系统中的整体涌现性和整体效能没有得到应有的体现与发挥。

第四，教育自主发展不够、与社会其他系统互动力量不足的问题。在教育科学得不到重视和教育处于被动服务地位的情境下，教育逻辑与规律得不到应有的重视，教育整体处于亚健康状态，教育的生命力得不到很好的呵护，教育的持续发展难以实现。可以说，教育的投入问题、自主发展问题、服务意识与能力问题、文化传承与创新不够问题、教育公平与效率问题都与现代性密切相关。

第五，道德教育的效果不令人满意的问题。过于强调竞争、自由主义、个人主义引发了自我中心和个人的私利性，忽视了人的责任、义务、劳动和人生的意义与幸福，再加上产品加工式的机械方法和空洞的说教，用生硬的方法加工人的心灵，使德育本身的道德性成了问题，其效果自然难以让人满意。

3. 建设性后现代教育的人性假设

建设性后现代教育反对用还原论的抽象方式看待人性，认为将性动机、经济动机或两者的结合当作人性的做法是片面的。人从根本上说是创造性存在物，受各种各样价值的驱动，既受接受性价值和成就价值或自我实现价值的驱动，也受奉献价值的驱动。"我们从他人那里接受创造性的奉献，这种接受性同许许多多接受性价值（例如食物、水、空气、审美和性快感等）一起构成了我们本性的一个基本方面。但是，我们同时又是创造性的存在物，我们需要实现我们的潜能，依靠我们自己去获得某些东西。更进一步说，我们需要对他人做出贡献。这种动机同接受性需要及成就需要一样，也是人类本性的基本方面。"[24] 除此以外，建设性后现代教育认为人还具有关系本质和发展的周期性。格里芬认为："每个人都内在地由他与其他人的关系以及他所做出的反应所构成。"[25] 怀特海的人性假设主要有两个：一是"人类天生是一个适应并局限于一定生存模式的专门化的物种"[26] 这一假设蕴含着人受生存模式局限，并能够逐渐适应环境的含义，并倡导专门化课程的教育观念。二是"生命本质上是周期性的。它包括日的周期，如工作和娱乐的交替，活动和睡眠的交替；季节的周期，它规定了学校的学期和假期；此外，还包括四季分明的年的周期。这是一些任何人都不能忽视的十分明显的周期"[27]。建设性后现代教育的这些人性假设可以具体表述为：人的创造性、关系性、阶段性、周期性、接受性、成就性、奉献性、受限性、制约性、专门性 10 个方面。建设性后现代的教育观点与 10 种人性假设密不可分。

4. 建设性后现代教育的教育目的

怀特海在《教育目的》一书中两次明确地提出了自己的教育目的。他说："文化是思想活动，是对美和高尚情感的接受。支离破碎的信息或知识与文化毫不相干。一个人仅见多识广，他不过是这个世界上最无用而令人生厌的人。我们要造就的是既有文化又掌握专门知识的人才。专业知识为他们奠定起步的基础，而文化则像哲学和艺术一样将他们引向深奥高远之境。"[28]他又说："我此次讲演的目的，就是提出如何造就具有业余爱好者基本优点的专家。"[29]这两种表达实质上是一致的，熟悉怀特海的人都知道，他本人就是这种在专业上达到了深奥高远之境的具有业余爱好者优点的专家。业余爱好者的优点主要是有文化、热情、热爱、淡定从容、有鉴赏能力并多才多艺。

从一般意义上讲，建设性后现代教育是为了改造现代性增进后现代性、建设更加美好的后现代世界而培养人，甚至可以说是培养具有建设性的后现代人，这种后现代人是集传统、现代与后现代优秀品质于一身，更加人性化、更能适应和促进社会发展的先进人。依据建设性后现代的基本精神与追求，这种人应具有以下品质特征：第一，是有文化的个性和谐的完整人，而不是"单向度人"和片面发展的人；第二，是不仅有力量，而且有道德和美感的人，是真善美和谐统一的人；第三，是潜能充分发展的富有创造性的人；第四，是具有全球化视野与胸怀，理解和尊重多元文化，爱好和平的世界人；第五，是不仅珍爱自己，而且关心他人、社会与自然的生态人。

5. 建设性后现代教育的课程观

在后现代教育思想中，后现代课程观对中国教育的实际影响最大，在我国基础教育课程改革的理论与实践中处处可见后现代教育课程观的影子。美国的威廉·F. 派纳（William F. Pinar）和小威廉姆·E. 多尔（William E. Doll）是后现代课程的先驱。

派纳的《理解课程》被誉为与泰勒的《课程与教学的基本原理》同样重要的"只可超越不可跨越的经典之作"，是"当代课程领域的'圣经'"。[30]派纳批判了工具理性的"课程开发范式",创造性地提出了"理解课程范式",并指出"课程开发的时代已经过去"[31],另一个"理解课程"的时代已经开始。课程不再是预制好的分门别类的讲授材料,而是需要被理解和建构意义的"符号表征",需要把课程理解为历史的、政治的、种族的、美学的、制度的、国际的等多种多样的文本。派纳的理解课程理论贯彻了多元化、开放性、复杂性、生活化与过程、关系与生成等后现代理念。

多尔的课程思想深受大卫·格里芬的影响,他在自己的代表作《后现代课程观》的英文版序言中坦承,是大卫·格里芬带他步入后现代与过程思想,汪霞认为多尔是建设性后现代课程研究的始作俑者。[32]《后现代课程观》则通过批评封闭的现代课程范式,提出了系统的开放的建设性后现代课程范式,其核心观点可以概括为11个方面:①后现代课程将创造一种新的教育秩序,并形成一种新的师生关系。现代教育领域中的线性的、序列的、易于量化的秩序系统将让位于更加复杂的、多元的、不可预测的后现代系统或网络。②这一复杂的网络,像生活本身一样,永远处于转化和过程之中。处于过程之中的网络是一种转变性的网络,不断地发生变化——超越稳定性以激发内在于不稳定性之中的创造性潜能。在这种转变性的网络中,作为现代主义课程模式中关键要素的预测与控制变得模糊了,对称的、简单的、序列性的秩序变弱,非对称的、混沌的、分行的秩序在增强。③课程不再被视为固定的、先验的跑道,而成为达成个人转变与实现成长的通道与途径。④教师和学生之间将更少地体现为有知识的教师教导无知识的学生,而更多地体现为一群个体在共同探究有关课题的过程中相互影响。⑤杜威、皮亚杰和布鲁纳的教育思想从后现代的角度理解将更为恰当,并且能够得到更好的运用。⑥自组织和转化是后现代科学的两个基本假设,后现代教育学的核心概念就是自组织,自组织是把后现代范式与现代范式区别开来的最本质特征,后现代课程将鼓励人们的自组织与再组织的能力发挥作用,课程建设的艺术就在于帮助学生发展自己的创造能力和组织能力。⑦课程要采取多种途径和多种方式,艺术的、直觉的、描述的和隐喻的方式与逻辑的和分析的方式一样重要,并进行多种方式的结合。⑧师生关系带有对话交往的个人特点——是双向的和交互作用的,而不仅仅是单向的和信息性的。这些变化要求教师成为好的倾听者和交往者,而不仅仅是好的讲解人,尽管好的讲解自然是一种需要的品质——许多需要的品质之一。⑨课程是一种过程——不是传递所知道的绝对知识,而是探索不知道的知识的过程,而且通过探索师生共同"清扫边界"从而既转变边界也转变自己。⑩在教师与学生的反思性关系中，教师不要求学生接受教师的权威；相反，教师要求学生延缓对权威的不信任，与教师共同参与探究学生所正在体验的一切。⑪后现代课程具有丰富性、回归性、关联性和严密性4个基本特征。丰富性指课程的深度、意义的层次、多种可能性或多重解释；回归性指递进性重复；关联性主要指教育联系和文化联系，即课程内容之间的联系和与课程内容之外的生活、文化与自然等更加广泛的联系；严密性则意味着有目的地寻找不同的选择方案、关系和联系，而不能只提到其中的一个或两个。[33]

6. 建设性后现代教育的教学观

教学是教育的核心部分，是充满创造性的领域，任何一种教育理论都具有相应特点的教学思想。建设性后现代教育的教学观融合了传统教学、现代教学的精华，以及后工业社会、信息社会、学习型社会和生态文明等社会学思想对教育的新需求，创造性地对传统教学和现代教学的结构进行重建与调整，在兼收并蓄的基础上，重新确定了体现后现代精神与风格的教学方法与教学方式的重点，重新建立了教与学、教学与课程，以及教学系统的整体结构，增进了教学系统整体的后现代性，奠定了建设性后现代教学的基础理论，并为建设性后现代教育理论的建构打下重要的根基。

（1）教与学一体观。二元对立的现代实体思维局限了人们对教学的理解，分析事物的运动与因果关系，总要归结于一个物质实体，在人的活动中总要分出独立的主体与客体，而且总是处于对立状态。理解教学时不是教师中心就是学生中心，或者是课程中心，总是不能准确地把握教学本质，这个问题在有机哲学中得到了解决。有机哲学的内在联系、过程本体和关系性存在思想为我们理解教学提供了新的思路。教与学是不可分割的整体，离开了学就不存在教，离开了教，学就变成了自学，而不再是教学。教的质量取决于学的质量，好教师的标志就是引发学生好的学习与成长状态，培养出好学生；学的质量有依赖于教的水平，没有高水平的教，学生的学习与成长就会受到影响，就难以成长为好学生。教学一体是教学区别于生产的本质特征，也是教育活动的本质特征。良好的师生关系是一切成功教育的根基与保障，割裂二者之间的关系，就看不清教育，缺少良好的师生关系就不会有高质量的教学与教育。教学的最佳状态就是教师与学生在学习、研究、生活、情感、世界观、价值观等精神追求方面的协同互动、教学相长。

（2）生成与成长教学观。教学是通过提供条件和必要的帮助，促进学生学习，生成期待的素质，并健康成长、幸福生活的过程。"教学无目的论"和"唯目的论"都是片面的。教学设计的目的、事件与程序要尊重教学过程中的生成与成长状态，目的是教学开展的前提，生成与成长才是真实的教学过程。尊重学生的现状，利用现有资源，促进学生的学习动机、理解、表达、表现和自主成长是教师教的目的与方向。素质生成与培养的"活动决定律"告诉我们，进行什么活动就生成什么素质，教学活动的性质决定着学生所生成的素质。丰富的教学就生成全面的素质，单调的教学就生成片面的素质；接受式的教学催生了机械服从的品性，在创造性教学中生成的则是创新素质与创新人格。教学是师生生活的重要组成部分，其本身要充满人情味，既要为明天打好基础，又要保持今天的真实与幸福，要关注整个生命的成长与体验。

（3）教学与课程融合观。在泰勒创建的现代课程理论框架中，课程是外在于教学的人类经验，教学是组织这些经验的方式方法，两者是分离的。基于建设性后现代的过程思想和生成理念，课程不仅是有形的物化的人类经验，不仅是教材，还包括无形的思想、情感、言行、体验、精神感动和亲历的过程本身，教学与课程有分有合，融为一体。不存在没有课程的教学，也没有不需要教学的课程。可以说正是教与学、课程与教学这两个不可分离的关系叠加生成的教师、课程与学生的复合关系，构成了完整的实践教学。也就是说，最基本的教学是由教师、学生和课程构成的开放系统。

（4）师生互动合作观。教学一体化不可分，但教师与学生却是可分的，学校中的教师和学生，并不是都建立了真正的教学关系，只有学生的学习和成长受到了教师有意识的影响，才确定了教学关系。师生之间的互动和相互影响是规律，师生积极合作、教学相长是期待的理想状态。教是为了不教，最高效的教学是激发兴趣与爱好，唤起主动学习与成长欲望和行动的教学。师生密切合作是教学取得成效的基础与根本特征，如果用"主体间性"来表达师生的这种关系，那么加强沟通、交往、彼此适应、紧密合作与默契协同是提升教学有效性的根本途径。"没有教不好的学生，只有不会教的教师"给人的信念就是教师要学会适应学生，要通过自己对学生的喜欢、信任和热爱激发和保持学生对学习与课程的兴趣、信心与对教师自身的喜爱等积极情感。优秀教师的成长经验表明，积极情感是师生密切合作的基础与黏合剂。

（5）建构主义教学观。建设性后现代教育以其开放性接受和容纳一切能够为建设性后现代精神与文化建设服务的科学与技术。建构主义作为一种新认识论，"不再把知识视为绝对现实的知识。知识被认为是由个体所建构出来的，是个体创建了有关世界的意义，而不是从世界中发现意义"[34]；认为学习不是被动地接受一个确定的结果，而是在不确定中主动建构自己的理解，"学习是文化适应过程"，[35]要"在实践中生成意义"。建构主义"建构、协商、对话、生成、情境与学习共同体"等核心观点与建设性后现代精神相吻合，正如诺丁斯（Noddings）所说，"建构主义是一种后认识论"，而这种后认识论不但符合了后现代主义，"而且还很好地传达了一个至关重要的事实，即有关认识的建构主义理论与哲学上的认识论传统的决裂"[36]。建构主义的教学过程是"在教师的促进下，学生积极主动地建构自己的理解过程。在这个过程中，学习始于自己已有的知识、态度和兴趣，学习是通过学生已有的知识和兴趣与新的经验相互作用而发生的，这是一个学生从其自身内部建构其自己的理解的过程。因而，教学必须从学生已有的知识、态度和兴趣出发，精密地设计能够给学生提供经验的教学情境，这些经验应能与学生已有的知识有效地发生相互作用，使他们能够建构自己的理解，然后在教师的促进下，由学生自己去建构自己的知识。教学过程就是保证学生亲身体验的建构过程"[37]，体现了建构主义思想的皮亚杰认知理论、布鲁纳的教学理论以及相关的学习心理和教育心理理论都是建设性后现代教学思想以及理论基础的重要组成部分。由于建构主义学习论和建构主义心理学都已经比较成熟，所以，建构主义教学理论为建设性后现代教学理论奠定了坚实的心理学基础。

（6）对话教学观。对话具有平等、民主、独立思考、真诚沟通等含义，虽然对话不是新概念，但后现代教育意义上的对话却具有新的含义。首先，后现代教学中的对话具有开放性和启发性，是不存在预设结论和固定答案的开放式对话。其次，理解和反思是后现代对话的重要特征，是对话主体双方通过视域融合达到理解，并引起反思，是理解日趋复杂和完整的过程。[38]教学对话包括师生与文本的对话、师生之间的对话、生生之间的对话和自我对话等形式，理解与意义都能在对话中生成。现代教学注重的是通过讲授传递现成的知识与答案，后现代教学则强调通过对话将教学引向具有无限的可能性、无限生机与活力的状态。对话本身所包含的包容性、开放性和丰富性较好地体现了后现代所强调的多元性和差异性。增加这种后现代教学对话的内容与形式是我国今后课程与教学改革的重要趋势之一。

（7）少而精的教学戒律。怀特海为了避免学生"思想的呆滞"，（即思想仅为大脑所接受却不加以利用，或不进行检验，或没有与其他新颖的思想有机地融合为一体），特别强调"两条戒律：第一，不可教太多的科目，第二，所教科目务必透彻"。"在儿童教育中引进的主要思想概念要少而精"[39]。学生要注意对概念的运用，要通过理解、证明、联系、使用对思想和概念融会贯通。"头脑里装大量一知半解的理论知识，其后果是令人悲叹。"[40] "过去的知识惟其有价值，就在于它武装我们的头脑，使我们面对现在。再没有比轻视现在给青年人带来更严重的危害了。现在包含一切，现在是神圣的境界，因为它包含过去，又孕育着未来。[41]"

（8）情绪动力法则。如果把以理解、理性、冷科学和管理为动力的教育称之为理性动力教育，那么建设性后现代则积极倡导以兴趣、情感、热科学和领导为动力的情绪动力教育。在建设性后现代这里，科学是有情科学，教育是有情教育。格里芬说："任何可恰如其分地称作科学的活动和任何可恰如其分地称作科学的结论都必须首先以发现真理的极大热情为基础。"[42]建设性后现代教学赞成齐欧姆皮（Ciompi）的以下观点：①情绪是决定性的能量提供者或发动机以及所有认知动力的诱因。②情绪决定注意焦点的持续。③情绪就像开放或关闭不同的记忆储存器通道的闸门或关口那样产生影响。④情绪创造连续性，它就像一种胶水或结缔组织一样影响到认知因素。⑤情绪规定了我们的思维内容的等级。⑥情绪是重要的复杂的还原器。[43]情绪动力教育的主要特性有三个：一是尊重学生成长的自然愿望与需求，依靠学生学习与成长的内求动力来设计与开展教育；二是将激发学生的兴趣、热望和积极情感作为开展学习与教学的重要动力措施；三是将积极的生活过程和积极的人格特征作为重要的培养目标。

（9）多元教学评价观。建设性后现代教学评价既反对将评价主要作为甄别工具的做法，也不追求唯一的客观标准，而是将教学评价作为教学本身不可分割的重要组成部分，主要是发挥其反馈和激励的功能，倡导多元化、多角度、多类型、个性化、个别化和协商式的积极评价与发展性评价。在这一过程中，教师和学生本人是最好的评价者。测验、考试和数字化测评需要加以科学运用，特别是在对评价数据的解释与价值判断上，要人性化，要体现整体性、发展性和具体情境性，要尊重学生和教师的个人体验与进步。

（10）遵循节奏的原则。怀特海认为生命本质上是周期性的，他说："我用教育的节奏来指一个特定的原则，这个原则在实际应用中对任何有教育经验的人来说都是十分熟悉的。"[44]那就是智力发展遵循着浪漫阶段、精确阶段和综合运用阶段，一环套一环螺旋上升这样的节奏规律。教育应该是这样一种不断重复的循环周期。这种周期要比内容的难易和复杂程度更为重要，在适当的周期阶段中，"有些最难学的东西必须先学""有关科目顺序的可供选择的原则是必要优先原则"。[45]教学要找准节奏，适段而教。在浪漫阶段不能用精确阶段的方法与标准，到了综合运用阶段教学也不能停留在浪漫阶段和精确阶段的水平上。

（11）多种人性化与科学化相结合的教学方法。对于教学方式方法，建设性后现代教学在坚持后现代价值观的基础上，采取实用的态度，凡是能够提高教学的有效性，增进教学效能，又与建设性后现代价值观不矛盾的方式方法都可以采用。其中人性化与科学化和实效性结合是选择和创新的基本策略。例如，为了避免灌输与学生经验毫无关系的知识倡导的"接触学习法"[46]，为了尊重和发挥学生的成就与奉献本能与需求而采用的"表现性教学法"和"贡献教学法"，以及激发学生想象力的"梦想教学法"等。

其实，以上所述的后现代课程观和后现代教学观已经在我国第八次基础教育课程改革中被有意无意地运用着。过程性、生成性、反思性、建构主义、交往与对话、文本、学习共同体、平等中的首席、开放性、整体性、综合性、整合性、协同性、合作性、多元文化、多元价值观、亲历与体验、探究、创新、关爱生命等建设性后现代积极倡导的理念与精神在新课改的辅导材料中经常出现。这种现象再一次说明，建设性后现代离我们并不遥远，我们已经身在其中了。

7. 建设性后现代教育的德育观

建设性后现代教育坚持社会的道德与教育伦理的统一，具有什么样的道德观就在教育中坚守什么样的道德伦理。也就是说建设性后现代教育的德育观包括两个部分：一是主张和坚守什么样的道德规范；二是如何培养这样的道德品质。

（1）建设性后现代的道德规范主要包括生态道德、建设道德和后现代的普遍道德三个部分。经历了农业文明、工业文明和信息文明之后，人类正在建设生态文明。建设性后现代是彻底的生态主义，和谐共生、持续发展的生态伦理是建设性后现代的核心道德。"在这种意识中，一切事物的价值都将得到尊重，一切事物的相互关系都将受到重视。我们必须轻轻地走过这个世界、仅仅使用我们必须使用的东西、为我们的邻居和后代保持生态的平衡，这些意识将成为常识。""就像占有和统治自然的欲望一直是现代世界公民的驱动力一样，这种新的伦理观将成为后现代人的宗教基础。具备这样一种态度的世界公民将会有更好的机会享受平静的生活并与他人和平共处。"[47]与解构性后现代的解构向度不同，建设性后现代倡导和坚持建设的向度，致力于建设一个更加美好的后现代世界，所以，负起责任、担起使命、扩大理解、开放包容、敢于建构、积极行动、开拓创新、主动沟通、协同发展、持续发展等品质是建设性后现代十分称道的美德。当然作为后现代主义，建设性后现代也带有后现代的基本底色，认可和坚持后现代的普遍道德。例如，反对霸权、同情弱者、重视边缘、珍爱生命、尊重他者、学会倾听、强调流动与变化、尊重偶然和无序、非理性主导、欣赏多元、追求美的快感等规范也是建设性后现代所具有和倡导的道德。

（2）建设性后现代德育方法主要有身体力行法、劝导法、感化法和引导法等。许多建设性后现代思想家都是关心人类、地球和宇宙的人，都是充满爱心、关心和善于积极行动的人。他们蔑视霸道，尊重万物，欣赏差异，善于沟通，扶持弱小，善待万物，积极奉献爱心。他们积极宣传自己的思想却不强求你同意，如果需要，他们又会诲人不倦地讲解，他们用自己的爱心、言论与合作感动人们，影响人们的思想与行动。建设性后现代倡导的德育方法就是这种以身作则、以情动人、以理服人、在对话与合作中引导人的方法。另外，怀特海还呼吁教师要具有一种对教育的虔诚的爱，他说：教育的本质在于它那虔诚的"宗教性"。[48] 具有这种虔诚的教育爱的教师，其本身就是巨大的道德力量。

8. 创建更先进的后现代教育文明

任何一项要素，尽管非常重要，如果把它放到不恰当的位置，它就会遮住整体的真实与光辉，影响整体的效能与发展，从而起负面作用。现代性在现代社会的现代化浪潮中，就被放到了这样不恰当的位置上。建设性后现代不是要消灭现代性，而是要增加后现代因素，使传统性、现代性回归合理的位置，使理解更加全面完整，使世界更加和谐持久，创建更加全面完整、更加先进的新文明。核心是改变理解世界的机械范式论，建立先进的整体有机论。建设性后现代的主要性质不是非理性、去中心、反科学、反基础和搞破坏，而是辩证的批判性、积极的建设性、整体的完整性、内在联系性、过程性、生成性、多元性、理解性、包容性、丰富性、主体间性、整合性、生态性、共生性、和谐性和持续发展性等。王治河先生把能够体现这些特性的建设性后现代教育称之为有机教育，并认为从现代机械教育到后现代有机教育的转变是人类教育史上的一场重大变革。有机教育"就是把教育看作一个自然有机的过程，看作一个生命鲜活展开的历程"。[49] 有机教育有两个基本原则：一是生命原则，视学生为鲜活的生命，是活生生的有机体，是主体，有感情的存在；二是生活原则，视五色缤纷的生活为教育的唯一主题，生活是教育之根，建立与大自然的亲密关系是克服现代人无根状态的根本之举。

有机教育主要包括有根的教育、整合教育、和谐教育、容他教育、创造教育、审美教育、生态教育和厚道教育等主要内容。[50]这种有机教育是反映后现代文明的先进教育文明。

五、建设性后现代教育的重要价值

后现代哲学是一种相对于现代哲学的范式转换（paradigm shift），它创建了一种崭新思维框架。[51]建设性后现代哲学就是要通过这种范式转换增加人们对宇宙、对世界更加深刻全面的理解，创造更加美好的人类文明，实现人与世界的和谐持续发展。建设性后现代教育正是在这种更先进、更全面的文明之中的更加先进的教育文明，是对现代教育文明的补充、完善、改革与更换。这一过程早已开始，但其进程将是漫长而久远的。在今后的教育发展中，建设性后现代教育将逐渐成为一支充满生命力的改革力量。它的最大贡献就是扭转僵化的现代思维定式，拓展视野和思维、想象的空间，激活创新思维与想象，激发全面、深刻的洞见和有机整体的设计与策划，增进沟通、批判、理解与包容，创造方向正确，丰富多元，竞争与合作并重，理性与非理性统一，兼顾过程、结果与目的，和谐共生，全面健康，生机勃勃，持续幸福的发展状态。在全球化大背景下，欲实现中华民族的伟大复兴，建设具有中国特色的社会主义先进教育，建设性后现代教育这种特性与功能毫无疑问是具有积极意义与丰富营养的。正如大卫·格里芬所言："中国可以通过了解西方世界所做的错事，避免现代化带来的破坏性影响。这样做的话，中国实际上是'后现代化了'。"[52]不仅如此，由于中华文化具有整体性、包容性、实践性和中庸哲学与自强不息精神等优良基因，许多后现代先贤与知名人士都对中国充满期待。如果说以理性、科学、民主为核心的理念的第一次启蒙给我们带来的是民族独立与改革开放的阶段性成就，那么我们期待着倡导有机整体、多元包容、对话沟通、人文关怀、和谐共生、结构再造、融合创新、生态良好、持续发展等新理念的"第二次启蒙"，也是建设性后现代的启蒙，能带给我们真正的健康富强、和平幸福与全人类共同的持续繁荣。

参考文献

[1] 王治河. 论后现代主义的三种形态 [J]. 国外社会科学, 1995（1）：50-52.
[2] [20] 大卫·雷·格里芬, 等. 超越解构：建设性后现代哲学的奠基者 [M]. 鲍世斌, 等, 译.

曲跃厚，校. 北京：中央编译出版社，2001：1，33.

[3] [5] [6] [7] [16] [17] [23] [42] 大卫·雷·格里芬. 后现代科学：科学魅力的再现 [M]. 马季方，译. 北京：中央编译出版社，1995：2，20，31，32，93，95，37，37.

[4] [49] [50] 王治河，樊美筠. 第二次启蒙 [M]. 北京：北京大学出版社，2011：55-56，92，91-116.

[8] A. N. 怀特海. 宗教的形成：符号的意义及效果 [M]. 周邦宪，译. 贵阳：贵州人民出版社，2007：98.

[9] 陈奎德. 怀特海 [M]. 台北：东大图书股份有限公司，1994：109.

[10] [11] [19] [21] [24] [25] [47] [52] 大卫·雷·格里芬. 后现代精神 [M]. 王成兵，译. 北京：中央编译出版社，2011：8，214，213，17，213，214，213，18.

[12] [13] [18] 怀特海. 过程与实在：宇宙论研究 [M]. 李步楼，译. 北京：商务印书馆，2011：39，38，36.

[14] [15] 阿尔弗雷德·诺思. 怀特海. 过程与实在 [M]. 杨富斌，译. 北京：中国城市出版社，2003：28，29.

[22] 王治河. 中国式建设性后现代主义与生态文明的建构 [J]. 马克思主义与现实，2009（1）：26-30.

[26] [27] [28] [29] [39] [40] [41] [44] [45] [46] [48] 怀特海. 教育的目的 [M]. 徐汝州，译. 北京：生活·读书·新知三联书店，2002：18，31，1，24，3，7，4，27，28-29，111-118，26.

[30] [31] 派纳，等. 理解课程：历史与当代课程话语研究导论 [M]. 张华，译. 北京：教育科学出版社，2003：1，7.

[32] 汪霞. 课程研究：现代与后现代 [M]. 上海：上海科技教育出版社，2003：105.

[33] 小威廉姆·E. 多尔. 后现代课程观 [M]. 王红宇，译. 北京：教育科学出版社，2000.

[34] [35] [36] 莱斯利·P. 斯特弗，杰里·盖尔. 教育中的建构主义 [M]. 徐斌艳，程可拉，等，译. 上海：华东师范大学出版社，2002：1，392，6.

[37] [43] 张桂春. 激进建构主义教学思想研究 [M]. 大连：辽宁师范大学出版社，2003：177，151-153.

[38] 李冲锋，许芳. 对话：后现代课程的主题词 [M] //钟启泉，高文，赵中建. 多维视角下的教育理论与思潮. 北京：教育科学出版社，2004：141.

[51] 朱新民. 西方后现代哲学：西方民主理论批判 [M]. 上海：世纪出版集团，上海人民出版社，2007：2.

26. 建设性后现代教育思维简论

Constructive Postmodern Educational Thinking

温恒福（Wen Hengfu）

建设性后现代教育理论的灵魂是建设性后现代哲学精神，建设性后现代教育实践的生命力在于对现实教育问题的解决，开展建设性后现代教育理论研究与推进建设性后现代教育改革的重要任务是在学习掌握建设性后现代哲学思想的基础上，不断提高建设性后现代教育思维能力。这里所说的建设性后现代教育思维是指从建设性后现代哲学的基本立场与观点出发，解读教育概念，研究教育现象与问题，描述教育事实与真相，开展教育分析与概括，形成教育推理与判断，揭示教育特性与原理，开展教育想象与创新，形成系统的思路与方案，在头脑中解决教育问题、设计与建设后现代教育世界的过程与活动。王治河先生认为："建设性后现代主义最大的贡献在于扭转了我们的思维定式，拓展了我们的思维视野，激活了人们创造性思维的激情。"[1]正因如此，研究和掌握建设性后现代教育思维的基本原则、主要特征与逻辑推演机理就成了我们必须完成的基本任务。

一、建设性后现代教育思维是过程哲学与建设性后现代哲学思想指导下的教育思维方式

怀特海的过程哲学（又称有机哲学）是建设性后现代教育思维总的世界观与方法论。过程哲学认为世界的本质既不是物质实体，也不是精神实体，而是一个不断生成的动态过程。世界是有机联系在一起的有生命的整体，过程性、有机性和整体性是世界的核心本性。建设性后现代主义认为还原论、机械论、实体论和二元论等现代哲学是对世界的片面的、部分的、机械的认识和错误的概括，需要反思与批判，过程哲学能更真实地解释世界，并给人们的思维和实践以正确的启示与指导。

在过程哲学和建设性后现代思想的指导下，建设性后现代教育思维具有

过程性、整体性、有机性、开放性、未来探索性、改革性、创造性、生态性、持续发展性、复杂性、融合性、和谐性、意义性等特征，倡导与坚持整体思维、关系思维、过程思维、开放思维、创新思维、反思思维、辩证思维、批判思维、未来思维、生命思维、生态思维、融合思维、合作发展思维、共生共赢思维、整体和谐发展思维、持续发展思维、中庸思维、多元思维、个性思维、复杂思维、价值思维、意义思维、效能思维、开拓思维、整合思维、美学思维、后现代科学思维等一切有利于催生建设性后现代教育世界的思维方式。建设性后现代教育思维的重要原则可以概括为九个。

第一，过程原则。教育世界的本原是过程，教育世界是由过程构成的，教育实在的发生过程决定着教育事务的性质与功能，决定着教育事务究竟是什么。研究教育问题与建设教育世界不仅要关注教育实体，更要聚焦于教育事务的过程与关系，要从根本上深入思考与研究。

第二，整体有机原则。教育世界是一个有机的整体，其中的过程、关系与事物相互影响、相互内在地联系在一起，构成了一定的结构与功能，催生了丰富多彩的生成与涌现，将分析与综合、部分与整体、独立与联系、预制与涌现统一起来考虑才能更完整地揭示教育存在的原理与品性。坚持从教育系统的内在联系、内外联系和整体结构与功能的角度思考问题，从教育生态、学校生态、学习生态和学生发展生态的维度研究教育问题，是建设性后现代教育的基本要求。

第三，批判与继承和建设相统一原则。如同建设性后现代哲学既是批判的哲学，也是继承的哲学，还是积极建设的哲学一样，建设性后现代教育既注重批判教育现代性的错误与危害，也注重对优秀教育传统和现代教育中的先进成分的继承，同时积极设计与建设更加美好的后现代教育。

第四，内在一致与现实检验兼顾原则。怀特海说："思辨哲学的目的是要致力于建构一种内在一致的、合乎逻辑的且具有必然性的一般观念体系，根据这一体系，我们经验中的每个要素都能得到解释。"[2] 以怀特海过程哲学为理论基础的建设性后现代教育思维首先要与建设性后现代哲学保持立场与方法论上的一致，其次要注意理论建构本身的内在一致，同时还要能够解释现实中的现象与问题，并且引领教育的改革与发展。

第五，确定性与不确定性兼顾的原则。教育存在的抽象本质作为"是其所是"是确定的，需要研究与尊重，教育存在的实在本质作为"在其所在"是不确定的、变化的，是我们必须面对的具体存在，两者共同构成了具有自身逻辑又千变万化的丰富多彩的教育世界。两者都要研究，都要重视，都要尊重并善于利用。

第六，多元丰富、和谐共生的原则。建设性后现代赞成中国古代"和实生物，同则不继"[3]的思想，反对机械化的整齐划一，积极倡导多元化与丰富化，主张个性化发展和多样化生存，憧憬丰富多彩的万物和谐共生的美好景象，这也是建设性后现代教育世界的魅力所在。

第七，整合与融合原则。整合与融合是建设性后现代教育在教育改革与发展方面的重要方式方法。正如王治河先生所说："作为一种思维方式，建设性后现代主义指的是一种建立在有机联系概念基础上的鼓励冒险和创新，推崇多元和谐的整合性思维模式，它是传统、现代、后现代和当代现实的有机整合。"[4]建设性后现代教育思维就是要在建设性后现代教育价值观的引领下，通过整合传统、现代与后现代、整合国内教育现实与国外先进教育经验、整合自身优势与教育改革发展要求等各方力量，达到融合成建设性后现代教育的新生命的目的。

第八，人与世界的可持续发展原则。格里芬认为建设性后现代在本质上是生态的。科布则认为："生态学为后现代世界观提供了最基本的要素。"[5]教育生态学思想与其他生态学思想的不同之处在于，除了在整体上重视人与环境之间的和谐关系，保证人类的可持续发展之外，还特别重视个体的可持续发展，特别是学生、教师和学校等的可持续发展，这也是教育思维的特别之处。

第九，面向未来的建设性冒险原则。怀特海曾将他构建过程哲学体系以解释历史与世界称之为冒险，并认为冒险是文明社会最重要的五种品质之一。[6]设计和建设一个更加美好的建设性后现代世界既需要思想观念上的冒险，也需要行动措施上的冒险，没有一点冒险精神和探索的勇气与实际行动，就不可能发现前人没有发现的真理，就不可能创造出世人期盼的更加美好的教育世界。最大限度地解放思想，放飞我们的想象力，过去不可能做到的事情，今天或明天或许就会变成现实。令人高兴的是，我们现在拥有允许甚至是鼓励开展教育探险的良好社会环境。

二、建设性后现代教育思维的起点是对教育现代性的反思与批判

建设性后现代主义以批判和超越现代性，建设更加美好的后现代世界为基本使命，其中对现代性错误与危害的揭示和批判是其立身之本。特别是对现代性中的二元对立、还原论、机械主义、绝对论、人类中心主义、霸道、

理性霸权、父权主义与非此即彼思维等弊端提出了猛烈的批判。同样，建设性后现代教育思维需要从寻找与反思教育现代性中的错误与根源，揭示与批判教育现代性的弊端与危害开始，这是建设性后现代教育思维的原点。对教育的现代性开展反思与批判需要注意九个问题。一要既开展现代教育理论的反思，也开展现代教育实践的反思。二要不仅在个人和学校层面上开展反思，还要在国家层面和全人类的高度开展现代教育反思，现代性的错误和后现代趋势的形成不是个别现象，而是人类发展的普遍逻辑。三是要学会辩证分析与批判思维，要对教育现代性表现出来的问题开展辩证分析与深刻系统的批判，这是建设性后现代教育的首要任务。四要保证反思与批判的问题是教育现代性方面的问题，而不是将所有当代教育问题都贴上后现代或建设性后现代的标签。五要透过现代教育的浮华，发现其前提、内在和未来的荒谬、痛苦与失败。其实，教育现代性携带的病毒正在侵蚀着教育的机体，已经严重危害到了教育的健康。六要坚持以后现代哲学为指导，以最先进的后现代科学技术为基础开展反思与批判，特别要关注生物学、生态学、信息科学、智能计算机、网络技术、相对论、量子力学和复杂科学的新成果，要努力学习怀特海、科布、格里芬等前辈将有机哲学建立在先进科学基础上的做法，将建设性后现代教育的观点建立于先进的后现代科学基础之上。七要养成建设性后现代的思维习惯与风格，在基本精神与整体上与建设性后现代主义哲学保持相似。八要防止绝对化和走极端的风险，避免重犯解构性后现代的错误。九要处理好教育现代化与建设性后现代教育的关系。越来越多的迹象表明，当今时代的教育现代化实践实际上越来越具有建设性后现代的味道，教育现代化的前途在于后现代化。当然，这个先进的"后现代化"不是解构性后现代主义含义上的后现代化，而是建设性后现代意义上的后现代化。

三、建设性后现代教育思维是后现代教育世界的积极性建设思维

建设性后现代思维不仅是反思思维、批判思维，更是积极的建设思维，是以建设更加美好的后现代世界为最终追求的思维过程。这既是建设性后现代思维与否定性后现代思维的不同之处，也是建设性后现代的生命力所在。具体到建设性后现代教育思维，其愿景就是建设更加美好的后现代教育世界。那么建设性后现代的教育思维的建设性特征是什么？是彻底的批判？是

无中生有式的创造？还是完全替代式的革命？都不是，而是辩证性继承、广泛性摄入、校正性改革、补充性完善、包容性合作、吸引式联合与同化融合式创生。

"辩证性继承"主要表现在对传统和现代性的辩证分析与弃劣择优上，既重视对优良传统的继承，又不是简单地回归传统，而是在依据理论的内在一致性和现实与未来的需求，继承和发扬优秀的教育传统基因。例如，注重自学和个性化教学的传统就需要大力发扬；对现代教育的批判也不是全盘否定，而是在批判其弊端的同时，积极吸收其先进的合理的成分。

"广泛性摄入"主要是指建设性后现代教育世界的生成与发展是积极吸收人类先进文化与科学技术成就的过程，是建设性后现代哲学与建设性后现代科学技术，及其相应政治与社会文化的大融合。

"校正性改革"是指对现代教育中的错误思想与行为的改革，以催生其新生命。例如，教育教学中的机械化问题就需要大力改革。

"补充性完善"是指补充完善现代教育中的缺失，增进教育的健康与生命力。

"包容性合作"是指在教育研究和实践中对于不同的教育理念与不同的教育措施，要予以尊重与理解，并采取包容合作的方式，努力做到和谐共生，合作共赢。

"吸引式联合"是指通过建设性后现代教育自身的先进性、高效能和可持续发展等优良特质与美好前景吸引越来越多的人与组织参加到建设性后现代教育事业之中。

"同化融合式创生"是指在沟通与共事中慢慢施加影响，逐渐赢得认可与同化，共同走向建设性后现代教育世界。

四、建设性后现代教育思维的目标指向是增进人的后现代品质，促进人的后现代化，培养后现代人

教育是培养人的社会活动，正如传统教育培养传统人，现代教育培养现代人一样，后现代教育致力于培养后现代人。这是一切建设性后现代教育思维的最终目标与指向。关于后现代人，在中国知网上没有找到专门的研究，"后现代人"作为一个名词只在《〈变形记〉——后现代人零散化的预示》《后现代人需要轻生活》等几篇相关文献中出现，而且都是指解构性后现代主义指导下的"解构性后现代人"。以"建设性后现代人"为主题词，在中

国知网上没有找到相关文献。我们目前也拿不出一个关于建设性后现代人的标准形象，也许本身就不应该有这样的标准。后现代人是在后现代活动中逐渐生成的，增进人的后现代品质的过程就是促进人的后现代化的过程，也就是培养后现代人的过程。

人的后现代品质究竟有哪些，哪种后现代品质最根本、最重要，这些问题仍在研究中，其答案可能是多维度的。就目前的研究来看，至少以下品质应该是建设性后现代所倡导的人格特征：①和谐中庸，自信而谦恭，热情而平和，智慧而厚道；②积极乐观，自强不息，厚德载物，关心、操心与负责任；③批判性与继承性并存；④重视科学，热爱学习，喜欢研究与探索，愿意冒险，有变革与创造习惯；⑤信仰真善美，理解现实，适应需求，积极行动；⑥尊重他者，尊重差异，追求和谐共生、包容式发展与合作共赢；⑦法、理、情并重，刚与柔同在；⑧物质与精神并重，价值与效率统筹，原则与策略兼顾；⑨超越机械思维、静态思维与分隔式思维，习惯于有机思维、关系思维、整体思维与过程思维；⑩既有广博的文化修养，又有专业精神与才能；⑪有高生态意识，追求持续发展，关注生态和谐与友好；⑫有全球意识，谋求个体和全人类的安全、和平与幸福。

建设性后现代教育思维在解决教育问题时，要以有利于学生形成以上后现代人格品质为导向，设计教育制度，运营教育组织与机构，致力于后现代人格特征的培养。其实这样的后现代教育思维每天都在世界各地的学校中发生着、存在着，我们的任务是发现她，认识她，并有意识地发扬她、推广她。

五、建设性后现代教育思维的核心特征是有机思维与生态思维，超越现代工业机械化，增进教育的人文化与生态化

现代工业化机械思维在提高教育效率的同时，造成了教育工业化、学校工厂化、教学灌输式铸造化、学生产品化、评价功利化和标准化、学生成长片面化与平庸化等弊病，限制了教育，扭曲了学校，僵化了教学，耽误了学生。建设性后现代教育用后现代有机思维与生态思维替代工业机械化思维，以生命、生活、人性和生态为基本出发点，回归教育的人性原理，还学校和教学的本真状态。笔者赞成王治河先生的以下观点："如果说机械教育是现代工业文明的产物的话，那有机教育则是后现代生态文明的诉求，从机械教育到有机教育的转变可以看作人类教育史上的一场重大变革。"[7] 有机思维和生态思维正是推动和实现这一"重大变革"不可或缺的力量。

有机思维反对机械思维，反对物化的加工式教育，反对极端化的非此即彼的决定论与各种教育与管理霸权，反对僵化的标准件式教育与评价方式，从活生生的教师与学生、有机的教育活动与学校开始，注重从生命、生活、关系与联系、交互作用、有机结构与功能涌现、生命的健康与成长状态、多元与包容、有机与统一、和谐发展与持续发展等维度来思考教育问题，使教育充满生命的气息，充满关怀与爱，使学校成为丰富多彩的学生健康成长的乐园。

教育生态思维是有机思维的必然延伸，是有机教育思维开放性的自然结果，主要是从教育、学校、学生与教师的发展条件与环境，以及学生、学校和教育与环境之间的相互适应、相互促进等角度来思考和解决人与教育的持续发展问题。受生态可以分为外生态与内生态的启示，我们可以将有机体发展的内部状态称之为"生命状态"，简称"命态"。命态是生命生活与成长的整体状态，包括生理机能的健康、心理态度、精神状态、积极性、智力、个性、动机、兴趣、志向、创造性、人格的和谐性、社会适应性、成长趋势等各个方面的整体表现。学生的健康与发展取决于自身命态与外部生态的相互作用。生态思维引发的这种命态思维，是观察和研究学生、教师、学校和教育组织的新维度，由此可以发现许多以前没有注意到却很重要的教育问题，例如，我们的教育平时过于关注考试成绩，经常为应试而违背成长与学习规律过度学习，从而损害学生生命的成长状态，这是与教育爱护和壮大生命的宗旨相违背的，不仅有害于即时的生活，更为以后的持续发展埋下了重大隐患，应该禁止。

生态思维在教育上的运用集中于两大领域：一是积极推进生态教育与生态文明建设，运用生态课程和生态教学方法，提高人的生态意识、生态觉悟和生态文明建设的能力，促进社会的生态文明水平的提升，保障生态安全；二是运用生态学原理思考和解决教育问题，将生态因子作用原理、生态位原理、生态系统理论等运用于教育问题的分析研究。其实，教育上的有机思维与生态思维虽然出发点不同，但其运思与推理原理是一致的，都是尊重和爱护生命，站在生态系统和持续发展的高度，从相互联系、相互影响、内外关系、整体协同、环境影响与环境适应能力、生态建设与改进、组织协同与个性和谐发展、整体结构与功能、学生、教师和学校的持续发展等维度来审视与研究教育问题，使教育活动更加人文化，学校生态更加安全、友好、丰富、有营养，使学生和教师的成长更加健康、发展更加可持续。

六、建设性后现代教育思维的基础形式是过程思维与事件思维，设计和组织实施一系列后现代教育事件与过程是推进后现代教育的途径

过程哲学的"过程原理"告诉我们"存在是由其生成构成的"[8]，现实事物如何生成，就决定了这个现实事物是什么。而且，"一种存在只有在对其自身有意义时才是现实的"[9]，教育是如何生成的？是由教师和学生互动生成的。教师教学生学习和学生向教师请教问题以求解答的活动就生成了教育，没有教师就没有学生，没有学生也不会有教师，教师和学生都具有构成教育的潜能，缺少一个都生成不了教育。如果将每一次师生的互动称之为一个教育事件，那么，教育就是一次次教育事件生成的，教师、学生与课程等只有在教育事件中才具有教育意义，教育就是一系列教育事件的生成与有机融合。现代教育中提出的"教师中心论""学生中心论"和"教师主导，学生主体论"都是有问题的，都是现代实体世界观指导下的结果，都没有揭示出师生在教育合生中的本性，也难以解释教育教学质量与师生之间的关系。

教育的过程与事件思维给了我们许多新的认识与启发。第一，过程与事件思维告诉我们，教育世界真正的起始点是师生开始教学互动的那一瞬间的教学事件，只有师生开始教学互动了，教师和学生才具有了真正的教育意义，才获得了自己真正的教师和学生的价值，在没有开始教和学之前，教师只是潜在的教师，学生只是潜在的学生。第二，过程与事件思维使我们摆脱了在实体哲学陷阱中纠缠多年的"教师中心""学生中心"与"双中心说"，开始从新的角度研究教育教学活动。第三，教育教学的生命力与教学质量和效能都取决于师生互动的频率、形式与内容、沟通交流的深度与感觉、互动的丰富程度、师生互动达到的融通度与默契程度等，这些新指标为我们深化教育研究和教育改革提供了全新的思路与崭新的策略。第四，过程与事件思维引领我们将建设与改进的注意力集中于教育事件与过程的设计、组织与实施，为我们找到了增进后现代教育、推进教育后现代化进程的"杠杆点"，只要我们从每一天、每一堂课、每一项教育教学活动中的教育教学事件入手，让每一个微小的教育事件与过程逐渐增加后现代品性，建设性后现代教育就会健康成长，其先进性就会日益被人发现，就会赢得越来越多的"点赞"。

七、建设性后现代教育思维是复杂性思维，努力实现对简单性思维的超越，用复杂性思维研究和建设复杂的教育世界

后现代哲学与复杂性科学关系密切，后现代主义主要从哲学、文化与宗教等角度解读、批判与超越现代性，复杂性科学则是从科学技术的角度寻找解决现代性问题的理论与技术。二者的核心目的相同，路径与方法各异，互相促进，互为支撑。"科学没有哲学是盲目的，哲学没有科学是无效的。"[10] "后现代主义问题本身是复杂性的呈现，而后现代主义问题的解决则有赖于复杂性问题的探索，复杂性科学的发展。"[11]复杂性科学属于建设性后现代所倡导的后现代科学中的重要内容，是建设性后现代教育依赖的科学基础与手段，其中复杂性思维正是建设性后现代教育思维的重要内涵。

第一，建设性后现代教育思维从思维品质上要努力超越简单性思维，在分析思维、线性思维、机械思维、静态思维、逻辑思维、确定性思维、二元对立思维等现代性思维方式的基础上，学会并善于运用后现代的整体思维、非线性思维、关系思维、过程思维、形象思维、不确定性思维、多元共生思维、网络思维、共赢思维、和谐发展思维、持续发展思维等建设性后现代思维。例如，教育的本质规律等教育的"是其所是"是重要的，需要研究，教育的时态性与个别性等"在其所在"也是不能忽视的，也需要研究，两者需要兼顾，不能非此即彼。学生的学习不仅取决于教师讲这一个单一因素，教与学不是简单的线性关系，而是非线性的复杂关系。学生的学习受原有基础，对学习内容的兴趣、对教师本人的情感、家庭、同学、学校和社会，以及当时的身体与精神状态的多种因素的影响，这些影响源之间又存在着互相影响，相当复杂。高水平的教学不是讲得又多又细，更不是将结论直接告诉学生，让他们死记硬背。

第二，要努力推进教育思维与逻辑判断的创新，运用与完善教育的非标准逻辑、非线性逻辑、多值逻辑、模态逻辑、模糊逻辑、整体逻辑、开放逻辑与辩证逻辑等逻辑形式，解放教育思维，放飞教育想象，开拓教育理论与实践的新领域。例如，依据现代教育的标准逻辑，达到标准的就是高质量的，没有达到标准的就是劣质的，过于强调标准的结果则使教育现代化成了教育的高标准化，在提高其物质条件与规范性的同时，扼杀了学生的个性、学校的特色和丰富多彩的教学过程。另外，对学生、教师和学校的评价不宜过于精确，考80分和90分都是好学生，大学排名前80和前70不一定有什

么重要差别，教育上的模糊判断比精确的数字更真实。

第三，努力将简单思维与复杂思维融合成一个思维统一体，有效揭示教育的本真状态，解决现实教育问题，提高教育质量，实现持续发展。将简单性作为复杂性的一种极端化状态，用复杂性指导简单性，用简单性简化复杂性，实现简单思维与复杂思维的融合是有效解决实际问题的有效策略。正如钱学森感悟到的那样："不要还原论不行，光要还原论也不行；不要整体论不行，光要整体论也不行。摆脱困境的出路在于既要还原论，又要整体论，把两者结合起来，以整体论克服还原论的弊端，以还原论克服整体论的弊端。这不是机械式结合，而是有机的、具体的、历史的结合，即辩证的结合。"[12] 例如，教育活动是复杂的，甚至可以说是世界上最复杂的活动，但是运用分析还原的方法将复杂的教育活动简化为教师、学生、课程、教学、教育技术等要素，对认识教育活动具有重要的作用。但是，只局限于静态的、具体的简单实体思维是不可能真正认识教育的，还必须进一步研究各要素之间的相互作用，以及要素与整体的发展状态等深层次问题，才能更全面地反映教育的实情。

八、建设性后现代教育思维是中国教育改革者的必要修炼与进步力量

由现代"工业机械文明"走向后现代"信息生态文明"是人类社会发展的大趋势，各个国家的进程或快或慢，工业化的成熟度或高或低，具有一定的不确定性，但走向后现代的大趋势是确定的。中国不仅具有良好的后现代基因和较好的现代化基础，更具有充满后现代性品质的梦想与社会改革政策，中国特色的社会主义道路具有浓厚的建设性后现代色彩，甚至可以说，正是中国实际上顺应了人类文明的这种转型，才保证了中国改革和发展的生命力与美好未来。具有世界水平和中国特色的先进教育迫切需要和呼唤建设性后现代教育觉悟与教育思维。

第一，教育者要免受"中国现代化还没有完成，搞后现代为时过早"等错误观点的影响，提高后现代觉悟，自觉开展后现代的"第二次启蒙"。从全人类和整个国家的角度看，文化的发展进程不是整齐划一地由简单的现代工业文明到复杂的后现代信息与生态文明的直线式"段段清"模式，国家与国家之间有差距，同一国家的不同地区之间也有差距。对于当今中国而言，绝大多数国民的人身安全和物质生活已经有了保障，罗纳德·英格尔斯

"随着人们越来越强调自主、自我表现和生活质量，后物质主义价值观就出现了"[13]的判断正在变成现实。中国发达城市的现代化水平已经非常接近国外发达国家的现代化程度，人们普遍存在着后现代文化需求，全国人民对片面追求发展速度和数量的工业化粗放式生产与经营模式和环境污染、过度消耗资源、发展不可持续，以及机械化管理、贫瘠与单调的文化、理性霸权等"现代病"有了较深刻的认识，同时政府明确提出了生态文明建设和可持续发展的目标，并制定了相应的制度与法规。所以，不论从文化发展的内在逻辑上讲，还是从中国社会发展政策的内容导向上讲，中国已经走在了建设性后现代的道路上。尽管政府文件中提出的教育改革发展目标是实现教育现代化，但从实际内容上分析，中国的教育现代化是具有后现代品性的现代化，中国式的教育后现代化正在教育现代化的进程中慢慢地成长。缺少后现代教育思维既看不懂今天的中国教育改革，更难以引领和推进中国教育未来的改革与发展。

第二，教育改革者要运用建设性后现代教育思维对现代教育中的现代性弊端开展深刻的全面的批评，针对突出问题开展深入研究，拿出系统的后现代解决方案，通过一系列的"后现代教育事件"实实在在地除旧布新。例如，针对现代工厂式教育造成的"千校一面，万生同语"的问题，提出的学校与学生发展的多样化、特色化、个性化和异步教学等后现代教育策略就是深化中国教育改革的正确方向。

第三，中国教育改革和发展的希望在于融合传统、现代与后现代教育之精华。在这一过程中，后现代教育思维的地位会越来越高，所起的作用将越来越大，最终成为主导性思维方式。从这个角度讲，今后中国教育改革者的后现代觉悟和后现代教育思维能力是影响其教育改革先进性和实效性的重要品性与才能。建设性后现代教育思维正随着中国社会文化后现代品质的增多，理所当然地发展成为推进中国教育改革和发展必不可少的进步力量。

参考文献

[1] [5] 大卫·雷·格里芬. 后现代科学：科学魅力的再现 [M]. 马季方，译. 北京：中央编译出版社，1995：9，145.

[2] [8] [9] 怀特海. 过程与实在：宇宙论研究（修订版）[M]. 杨富斌，译. 北京：中国人民大学出版社，2013：3，29，32.

[3] 国语·郑语.

[4] [7] 王治河，樊美筠. 第二次启蒙 [M]. 北京：北京大学出版社，2011：55，92.

［6］ 阿尔弗雷德·诺斯·怀特海. 观念的冒险（修订版）［M］. 周邦宪，译. 北京：北京联合出版公司，2014：302.

［10］ 保罗·西利亚斯. 复杂性与后现代主义：理解复杂系统［M］. 曾国屏，译. 上海：上海科技教育出版社，2006：18.

［11］ 北京大学现代科学与哲学研究中心. 复杂性新探［M］. 北京：人民出版社，2007：7.

［12］ 苗东升. 复杂性科学研究［M］. 北京：中国书籍出版社，2013：191.

［13］ 罗纳德·英格尔哈特. 现代化与后现代化：43 个国家的文化、经济与政治变迁［M］. 严挺，译. 北京：社会科学文献出版社，2013：2.

27. 在转型升级中提升中国教育生命力

Promoting China's Educational Vitality in Transformation and Upgrading

如果用一个词来概括当今中国经济与社会发展的最大特点，那就是转型升级，"不转型就没有出路""升级才能生存""不升级就淘汰"[1] "只有转型升级才能持续发展"[2]日渐成为人们的觉悟。社会管理、经济产业、社会文化与知识、价值、教育教学与生活方式等都在转型升级中。有迹象表明，转型升级正在成为中国企业、组织和国人生存与发展的关键所在，正在成为我们克服困难、摆脱困境、超越自我、实践科学发展的必由之路。教育的转型升级在社会的转型升级中具有基础性、战略性和根本性的地位，急需高度关注、加强研究与大力推进。

一、教育转型升级的内涵

"转型"在《现代汉语词典》中有两种解释：一是指社会经济结构、文化形态、价值观念等发生转变，例如，我国正处在由计划经济向市场经济的转型期。二是指转换产品的型号或构造，例如，这种产品正酝酿换代转型。"转型"中的"型"主要是指事物的主要特性，包括个别特征与整体结构特征。相对来讲，社会活动的"型"更多的是指结构与其存在和运行方式的整体特征，也就是事物在生存与发展过程中表现出来的结构性特征。当事物的结构性特征发生了较大的改变，并引发了功能的明显改变时，就可以称之为转型。这种转型是结构的调整，而不是对前者的全盘否定，是在前者的基础上通过构成要素的大小、在整体中的位置，以及相互关系的调整，以增进和改善系统功能的过程。例如，由计划经济体制到市场经济体制的改变是社会经济活动结构的重大改变，极大地促进了经济的繁荣，就是一种典型的社会转型。

"升级"也有两层含义：一是指从较低的等级或班级升到较高的等级或班级，如模拟手机与电视升级为数字手机与电视；二是指战争的规模扩大、事态的紧张程度加深等，如战争升级、冲突升级等。"升级"的实质是事物的发展与改变超过了一定的"级差"，达到了一个明显不同的新水平与高度。

"转型"不一定必然导致"升级"，"升级"也不一定非得"转型"，但二者关系密切。一般来说，新科技的运用容易导致产品的升级，顺应时代趋势与事物发展规律的"转型"有助于社会活动与组织的"升级"，而质变性质的"升级"一般都需要通过"转型"来实现。转型升级作为一个专有名词源于我国企业界不甘心处于世界产业链的低端，努力通过深化改革、提高科技含量和产业结构调整来改变粗放式经营与生产方式、提高产品竞争力和企业利润，实现企业和社会可持续发展的内在需求。国务院 2011 年印发的《工业转型升级规划（2011—2015 年）》系统地阐述了这一发展战略。其实质是通过结构调整，促进产品与企业自身质量与发展水平的超越式发展。

中国教育的转型升级与工业的转型升级具有同样道理，既是顺应时代进步和满足社会发展需求的理性选择，也是教育自身成长和发展进步的内在需要，是努力改变中国教育的生存与发展结构，实现发展状态和教育质量升级换代式改进的超越式发展过程。其实质是运用新思想、新理念、新技术、新方法和新方式，优化教育存在与发展结构，开拓中国教育健康成长与有效服务的新境界，创造中国教育的新生命。具体表现为中国教育的"五个转型"和"十项升级"。

"五个转型"是：①教育主题的转型——"应试教育"向素质教育转型；②发展方式转型——规模扩张型教育向内涵发展型教育转型；③教育教学方式的转型——机械化工厂化教育向信息化生态化教育转型；④管理方式的转型——外部行政管理型向校本思想领导型转型；⑤主导力量的转型——功利主导型教育向价值主导型教育转型。这"五个转型"虽然各自相对独立，但其地位与作用大不一样，其中由"应试教育"向素质教育转型是核心，是决定着中国教育改革与发展任务能否完成的关键转型，其他四个转型可以看作这一转型的辅助性转型，只有五个转型协同共进，中国总体的教育转型才能完成。

"十项升级"包括：①教育优先发展升级，实现更大力度的教育投入与全面支持，这是深化教育改革实现转型升级的前提与基础；②教育领导与管理水平升级，实现更大程度的教育民主，完成教育领导与管理的更新换代，这是得民心、集民智、靠民力的关键;③教师素质升级,针对素质教育要求全面创新中国的教师教育,教育转型升级呼唤教师教育的转型升级,呼唤教师的转型升级;④教学效能升级,不仅提高教学效率和教学质量,更要追求教学效能的整体改进与提升,质量是效能的外在表现与功能,效能是持续获得质量的内在根据与保证,效能比质量更根本;⑤学习方式与水平升级,至少要在增加学习方式数量、丰富学习内容和提高学习水平与效能三个方面实现升级;⑥评价方式升级,以有利于实施素质教育为指导全面升级学习评价、教师工作评价和学校发展评价,科学使用评价功能;⑦教育公平升级,在人人享受良好教育方面达到新的高度;⑧教育质量升级,树立科学的教育质量观,追求正确的教育质量,[3] 在符合教育规律、满足社会发展需求和人民群众接受高水平教育的满足程度上达到更高的水平,特别要在普遍提高素质的基础上,着力解决“钱学森之问”提出的培养创新型杰出人才的问题;⑨学校发展水平的升级,统筹兼顾短期效益与长期发展、满足外在需求和提高自身生命力等多种需求,努力打造高效能可持续发展的学校;⑩教育创新升级,进一步解放思想,放飞想象,拿出更大的决心与勇气,在新思想、新观念的指引下,实现教育创新的新突破。这十项教育升级是打造中国教育升级版的重要基础与主要内容。

二、教育转型升级的目标——高效能复合式现代化素质教育体系

教育转型升级是促进教育改革发展的必要战略与有效途径,其总目标与中国教育改革和发展的战略目标本质上是一致的,按照《国家中长期教育改革和发展规划纲要(2010—2020年)》的设计,到2020年,要“基本实现教育现代化,基本形成学习型社会,进入人力资源强国行列”。从教育转型升级的角度讲就是建设高效能的复合式现代化素质教育体系。

首先,从内容与性质上讲,要坚定不移地推进由应试教育向素质教育转型,努力建设高质量高效能的素质教育体系。只有素质教育才是学习型社会需要的真教育;只有素质教育才能振兴中华,才能使中国成为人力资源强国;只有素质教育才能公平地、高质量地培养出中国梦的圆梦人。虽然从1985年开始,提高民族素质就是教育改革和发展的根本目的,国家也多次发文件要求大力实施素质教育,但是仍有些人对素质教育不认可,甚至认为“应试教育没有找到病灶”“素质教育不是一个好的药方。一对空洞的词汇,重复千遍,终成噪声”。[4] 也有人认为任何教育都是为了提高人的素质,素

质教育没什么意义，不科学。再加上实际工作中有些"素质教育喊得轰轰烈烈，应试教育抓得扎扎实实"[5]的学校仍然能够获得好处，目前在教育理论界和实际教育工作中都不同程度地出现了一种"素质教育信心不足，行动不力"的问题，已经影响到了我国的教育改革进程与质量，需要高度重视。其实，单从字面上难以理解素质教育的重大意义与价值，需要站在中国社会主义初级阶段的实际国情和中国特色社会主义初级阶段理论的高度认识素质教育。结合官方文件的表述与素质教育的理论研究成果，我们可以得到素质教育的以下界定：素质教育是以人为本，以提高民族素质为宗旨，以全面培养学生的当代优秀素质为直接目标，以培养学生的社会责任感、创新精神和实践能力为重点，努力培养德智体美等方面全面发展的社会主义建设者和接班人的教育。有人将"面向全体学生""德智体美全面发展"和"让学生主动发展"当作素质教育的"三要义"[6]。实际上，这三者并不是素质教育的核心要义，相对于"为考试而教，为考试而学"、注重知识技能识记与再现的"应试教育"，"为提高素质而教，为求知明理做事而学"，注重将知识技能与其他教育影响内化为个人素质的素质教育的最核心品质是"知识、技能、能力与品德等教学内容的素质化"，也就是"知识与影响的深度内化性"，正是这种"知识与影响的深度内化性"才能改变应试教育中"肤浅学习、简单应答、应付考试"的教学品质，担负起有效培养和提高学生素质的使命。另外，中国的素质教育是以"社会责任感、创新精神和实践能力"培养为重点的素质教育，而不是泛泛的素质教育，这"三个重点"的确定，凸显了中国特色社会主义初级阶段教育的特殊品格，与我们过去和其他国家的教育明显地区别开来，成为当今中国独有的具有时代性与先进性和教育本真性的教育思想，绝不是什么无所谓的空洞的噪声。进一步说，素质教育是在全面发展教育思想的指导下，为了更好地适应社会主义初级阶段社会发展与人生幸福的需求，由中国人民自己创造的具有中国特色的教育思想，是马克思主义全面发展教育思想在中国社会主义初级阶段的具体化和中国化，是中国特色社会主义初级阶段理论的重要组成部分，是中华民族走向未来、实现伟大中国梦的教育旗帜，是中国社会主义初级阶段教育改革与发展的主题，是指导基础教育改革的重要教育思想。

其次，在我国，"现代化"主要是指通过改革开放和大搞技术革命"追赶世界先进水平的历史过程"[7]，而不是复制西方工业化的活动。中国的教育现代化不是西方现代化的复制，而是融合与浓缩了教育现代化、全球化、信息化、知识社会教育、后现代化、生态化等新变化的复合式现代化，也就是说，总体上讲我们教育转型升级的目标是增进现代性，建设"现代素质教育体系"，可是当今时代的"现代"已经不再仅限于工业化一个含义了，而是在工业化的基础上，融合了信息化、后工业化社会、后现代化、终身化、生态化、知识社会教育等更多的内容。如果没有这样的定位与认识，亦步亦趋地重走西方教育现代化的老路，中国教育改革发展不仅不能与时俱进，还将永远地落后于西方发达国家，导致虽有现代化之名，而无现代化之实的灾难，从而严重影响中华民族素质的提高，危害到中国教育的先进性。其实，我国改革开放以来的现代化建设之所以取得了这么大的成就，正是因为我们的现代化超越了资本主义工业化的层次，将现代化变成了一种运用先进思想与科学技术追赶当今世界最先进水平的过程。教育的转型升级也只有走融合一切可以为我所用的先进教育思想、教育科学与技术，以及先进教育经验的浓缩创新之路，才是正确的方向与路径。

再次，这种复合式现代化素质教育体系不仅要高效率、高质量，更要高效能和可持续发展。效能是取得实际效果的能力，高效能是高于高质量的更高境界，是能够不断地取得高效率、高质量的可持续发展的能力。通过由"规模扩张性教育向内涵发展性教育的转型"，促进我国教育由追求效率到追求质量，再由追求质量到追求效能的升级，是我国教育改革与发展的又一挑战与理应完成的又一次自我超越。

三、推进教育转型升级的核心策略

（一）高度重视思想的力量，在完善素质教育理论的同时提升其地位

法国作家维克多·雨果有一句名言："在这个世界上，有种东西比所有的军队都要强大，那就是应势而生的思想。"[8] 素质教育作为当代中国教育界应时而生的思想，具有强大的生命力与发展潜能。可以说，我们的民族素质能否得到有效提高，就取决于我们是否能够充分发挥素质教育这一伟大思想的力量与潜能。

回顾素质教育的生成过程，从一开始就缺少教育学界的参与和支持，以致至今仍然没有系统体现素质教育思想的教育学，素质教育思想依旧没有形成系统的具有指导力量的理论体系。素质教育在教育学研究中仍然是"专题"角色，远远没有达到"中国特色社会主义初级阶段理论的教育篇章"

这样应有的指导地位。从 1985 年《中共中央关于教育体制改革的决定》提出"教育体制改革的根本目的是提高民族素质，多出人才、出好人才"催生了素质教育，到 1993 年《中国教育改革和发展纲要》、1994 年《中共中央关于进一步加强和改进学校德育工作的若干意见》、1997 年《关于当前积极推进中小学实施素质教育的若干意见》、1999 年中共中央国务院批准了《面向 21 世纪教育振兴行动计划》和《中共中央国务院关于深化教育改革全面推进素质教育的决定》，再到 2001 年国务院印发了《关于基础教育改革与发展的决定》和 2010 年印发的《国家中长期教育改革和发展规划纲要（2010—2020 年）》，素质教育一直是国家的意志与行为，一直是指导我国社会主义初级阶段教育改革的教育学思想，明确赋予素质教育"中国特色社会主义初级阶段理论的重要组成部分，是中国特色社会主义初级阶段理论的教育篇章"这样的指导地位是合情合理、顺理成章的应有之举。甚至应该将素质教育写入党和国家的教育方针，赋予素质教育作为教育改革与发展指导思想应有的法律地位。在这样的高度上开展素质教育理论研究才能形成新思维、开辟新境界、迈出新步伐、形成新成果。

从教育理论上讲，素质教育与全面发展教育在理想与本质上是一致的。素质教育是马克思主义人的全面发展理论与中国具体实际相结合的产物，是人的全面发展理论在中国社会主义初级阶段的具体运用与表现，是中国特色社会主义初级阶段的人的全面发展理论，是中国对人的全面发展教育理论的丰富与发展。人的全面发展是通过素质与潜能得到全面培养和充分表现来实现的，开展素质教育是实现人的全面发展的基础与途径。以素质教育为指导与以马克思人的全面发展理论为指导是一致的，但更有针对性、科学性、实效性和中国特色与风格。我们需要做的就是将这种既有马克思人的全面发展理论的基因与传统，又具有中国社会主义初级阶段特色及针对性和实效性，同时具有教育理论的科学性与先进性和中国风格的素质教育理论研究出来，使之成为具有中国特色的教育学说。如果说，中国教育学一直处于引进和组装国外教育理论，缺少中国内容与声音的阶段，素质教育思想的完善与系统化将是弥补这一欠缺的时代机缘。从教育学自身发展的角度讲，加强素质教育理论研究是中国教育学理论创新的时代呼唤与取得原创性成果的重要突破口。

（二）真正落实教育优先发展战略，打造素质教育的升级版

教育转型不能一蹴而就，高效能复合式现代化素质教育体系的建立是一

个漫长的阶梯式前进的过程，如果把 1993 年《中国教育改革和发展纲要》提出"中小学要从'应试教育'转向全面提高国民素质的轨道"一直到 1999 年《中共中央、国务院关于深化教育改革全面推进素质教育的决定》这期间的局限于基础教育领域的素质教育称之为素质教育的 1.0 版，1999 年以后全面实施有重点的素质教育称为素质教育的 2.0 版，那么现在需要的是系统总结经验，真正落实教育优先发展战略，以更大的改革气魄，进一步解放思想，努力打造 3.0 版的素质教育。1.0 版素质教育的主要内容与特征是批判"应试教育"，推进由"应试教育"向素质教育转轨；2.0 版素质教育的主要内容与特征是将实施素质教育当作全党、全社会的责任，凸显"创新精神和实践能力培养"这两个重点，以及全面推进素质教育，在基础教育领域开始新基础教育课程改革试验。3.0 版素质教育的主要任务应该是努力提高素质教育的质量与学校效能，壮大素质教育的生命力。其核心内容与特征主要有四点。一是在科学发展上升级，坚持科学改革，深化素质教育研究，完善素质教育理论，揭示素质生成与培养的规律与方法。二是政府支持力度的升级换代，政府要采取既大力支持又不干涉的新领导方式，进一步提高教育投入，让学校具备素质教育应有的现代仪器设备和其他教育教学条件和生态环境。三是在改革力度和广度上升级，在基础教育课程改革的基础上总结经验，开始新一轮更高水平的全方位教育改革。进一步解决存在的制度问题、评价问题、重点不突出问题、内化深度不够问题、条件不足问题等。积极推进"长链教学"①、创建"丰富课堂""多彩学校"和"以学习为中心的人性化管理""多元的发展性评价体系"与"质量认证体系"，充分运用信息技术提高教学效率与艺术，打造素质教育生态系统等新改革。四是不仅在中小学阶段，而且在幼儿教育、高等教育、职业教育等所有教育领域推进素质教育，建立终身素质教育体系。当前的紧迫任务则是突破"信心不足、行动不力"的素质教育高原期，吹响素质教育发展升级的号角，发出全党、全社会一起推进素质教育升级的动员令。

（三）进一步简政放权，让教育专家自主地创造性地办学

提高素质教育质量与效能，必须走内涵式发展道路，与圈地造房子、扩

---

① 长链教学是相对于"应试教育"中"为考试而教，为应试而学"，"只要记住，考试时能够再现出来答题就行了"的"短链教学"而提出的一种注重教学每一个环节，延长教学链条，注重在学生理解、体验与运用等后续环节下功夫，努力促进知识与影响内化为素质的教学模式。

大招生的外延式规模扩张不同，内涵式发展需要解决的大部分问题是涉及教育理念与思想的教育教学问题，需要教育家式的教育领导才能够真正把握住改革的方向，找准问题、创造性地解决问题，披荆斩棘地闯出一条成功之路。只有真正的教育专家才能够在自己的学校找到并坚定不移地"按照培养科技发明创造人才的模式去办学"[9]，只有教育专家才能科学地组织和推进深层次的素质教育改革。但是，只有当教育专家型的校长具有充分的办学自主权时，才能够激发出他们的智慧与想象力，才能发挥出他们的真正作用。从这个角度讲，教育的转型升级呼唤进一步简政放权，在教育教学中真正"去行政化"，给学校真正的办学自主权。如果说，第一次解放思想，包产到户，将土地权还于农民，解决了中国的粮食问题；第二次解放思想，建立市场经济体制，将工厂生产营销权还于企业，解决了中国产品的数量、质量与经济发展问题；那么，我们有理由期待，在这第三次解放思想、全面深化改革的大潮中，通过去行政化，将教育权还于学校、还于教育专家、还于教师，将能够解决中国教育的质量与内涵式发展问题，进而有效解决民族素质的提高问题。

（四）真正落实素质教育的重点，将"三个重点培养"变成常规

我们的素质教育不是泛泛的素质教育，是有重点的素质教育，是以"提高学生服务国家服务人民的社会责任感、勇于探索的创新精神和善于解决问题的实践能力"为重点的素质教育。依据结构功能原理，当事物结构中的"重点"发生改变时其事务的特性与功能必然发生变化，单从这一点讲，由"以记诵、应答和考试"为重点的"应试教育"向以"社会责任感、创新精神和实践能力"为重点的素质教育的转变就可以称为革命性的转型升级。目前存在的问题是这三个素质教育的重点没有得到真正的落实，还停留在文件中和口头上，亟须建立相应的制度与机制，确保"社会责任感、创新精神和实践能力培养"变成每天教学的常规要求与内容。只有每天、每堂课都做的事才是真正的重点。这里蕴含着巨大的创新空间，是教育转型升级的重要生长点。

（五）推进教育转型升级的"杠杆点"——"发教育改革红利"

"红利"是股票投资人从股票公司分得的利润，发红利是股票公司对

投资人的感谢、回报与奖励。在此，借用此词强调对积极主动推进教育转型升级的地区、学校和个人给予实实在在的回报与激励。推进教育转型升级，打造素质教育升级版，创建高效能复合式现代化素质教育体系，只讲道理是远远不够的，没有利益回报，其积极性与持续性都难以保证。应试教育之所以势头不减，不是因为考试具有什么内在魅力，而是应试教育能够带给人们好处，满足人们的需求。如果实施素质教育能够带来更大的好处，"千军万马挤独木桥"的景观立刻就会发生改变，素质教育马上就会欣欣向荣。其关键就取决于深化教育改革、实施素质教育红利发放的方法与力度。

第一，教育改革红利要体现在投入上，要对素质教育改革、试验和教育教学措施大幅度增加投入。实事求是地讲，实施素质教育比搞"应试教育"更费精力和金钱，如果投资跟不上，多数人不会费神费力费钱去搞什么转型升级与素质教育。第二，教育改革红利要体现在赋予学校更大自主权上，这既是教育转型升级的工作需要，也是进一步调动教育领导和基层学校的积极性的需要。第三，教育改革红利要体现在教育领导和教师的升迁与晋级方面，要大力选拔任用那些认真研究与推进教育转型升级、大力推进素质教育的教育干部与教师。第四，教育改革红利要体现在有利于升学上，开展素质教育质量认证工作，并依据检查督导和质量认证的结果分配一部分升学指标，达到实施素质教育更有利于升学的效果。同时，注意满足人们其他合理需要。这是教育转型升级能否启动与有效实施的"杠杆点"，必须下决心用制度的杠杆撬动它。

（六）在"LRIE"循环中，不断升级，持续发展

教育转型升级不能一蹴而就，而是学校在阶段式前进中通过组织学习与创新机制，不断反思、超越、不断升级的过程。学习型组织理论中强调的"系统思考""自我超越""善心智模式""组织学习""深度会谈"和"共同愿景"等技术，对于学校的转型升级具有较大的启示与指导价值。[10]具体到学校来说，需要培养和长期坚持"学习（learn）—研究（research）—改进（improve）—评价（evaluate）"循环，即 LRIE 循环。实践证明，每一个具体的 LRIE 循环的完成，都将对相关活动的质量与效能起到提升作用，足够多个 LRIE 循环的连续完成，就会使学校的整体教育质量与效能完成一次明显的升级。

总之，当今中国的教育转型升级既是适应社会发展需要的理性选择，也是教育纠正偏差回归教育本真状态的内在需要，转变的是失误和问题，提升

的是素质教育质量与学校效能，增进的是教育的健康与生命力，迎来的将是我国教育科学发展的新境界。

参考文献

[1] 钟国兴，林治波. 带着问题学——裸面学习法 [M]. 北京：东方出版社，2009：2.

[2] 新华网. 李克强：中国经济已经到了只有转型升级才能持续发展的关键阶段 [EB/OL].
    (2013-09-11) [2015-04-05]. http://cpc.people.com.cn/n/2013/0911/c64094-22889374.html.

[3] 温恒福. 确立现代教学质量观追求正确的教育质量 [J]. 基础教育参考，2012（12）：3-6.

[4] 郑也夫. 吾国教育病理 [M]. 北京：中信出版社，2013：3.

[5] 素质教育调研组. 共同的关注：素质教育系统调研 [M]. 北京：教育科学出版社，2006：9.

[6] 柳斌. 柳斌谈素质教育 [M]. 北京：北京师范大学出版社，1998：31-36.

[7] 罗荣渠. 现代化新论：世界与中国的现代化进程 [M]. 北京：商务印书馆，2004：9.

[8] 吉姆·克莱默，巴里·希伊. 开足马力：全面质量与服务改进 [M]. 星空，陈晓芳，等，译. 2 版.
    北京：中国市场出版社，2010：1.

[9] 项贤明. 试解"钱学森之问"：国际比较视角 [J]. 中国教育学刊，2012（6）：1-6.

[10] 彼得·圣吉. 第五项修炼：学习型组织的艺术与实践 [M]. 张成林，译，北京：中信出版
     社，2009.

28. 论家庭教育、学校教育和社会教育的统一

——从怀特海哲学的视角看

On the Unity of Family Education, School Education and Social Education: From the Perspective of Whitehead's Philosophy

曲跃厚（Qu Yuehou）

【作者简介】哲学硕士，中国人民解放军后勤指挥学院教授，曾任《中国过程研究》执行主编，主要译著有《社会科学哲学》《过程神学》等，论著有《20世纪过程神学发展概观》《皮尔士哲学中的信念概念》《南斯拉夫"实践派"的历史和理论》等，在《哲学研究》《哲学动态》《求是学刊》等杂志发表《过程哲学：当代哲学发展的一个新生长点——科布教授访谈录》《怀特海过程哲学及其当代意义》《走向一种后现代教育哲学——怀特海的过程教育哲学》等有关论文几十篇，是我国较早研究有机哲学和建设性后现代哲学的学者。

教育是一个系统，家庭教育、学校教育和社会教育是三种主要的教育形式。依据怀特海的观点，三者应该是统一的。但在目前中国的教育实践中，它们往往被机械地割裂开来，因而有许多问题需要认真加以研究。

一

家庭是最初的学校，父母是最早的教师。家庭教育贯串一个人成长过程的始终，但按照怀特海的观点，家庭教育主要是指孩童出生后到12岁以前（当然，这是相对的）长辈和父母对他们的教育。这一阶段在人生受教育的过程中时间不长，但对孩童未来的发展影响深远，作用重大。因为孩童本是

一张"白板"，先入为主的烙印格外深刻，也很难扭转。古谚中所说的"三岁看到老"，讲的就是这个道理。

在一个家庭中，每一个家庭成员，包括祖父母、父母和其他长辈成员，对孩童来说，都是教育者。他们的言行都在不同程度上影响着孩童的成长。但其中，母亲无疑是最重要的教育者，母亲对孩童的教育往往有着决定性的影响。怀特海最看重的就是母亲对孩童的这种影响。他指出："至于说到人的培养，人们所受到的最重要的培养是他们 12 岁以前从母亲那里接受的教养。"[1]他特别提到了历史上的一些虽未受到过多少教育，但却阅历丰富且极为聪慧的妇女，并把她们称为"社会中最有文化修养的群体"[2]。这样的妇女在中国和外国的历史上都不乏其人。在中国古代，有家喻户晓的"孟母三迁"的故事。在当代西方，奥地利著名哲学家维特根斯坦 14 岁之前一直在家里受教育，他的母亲虽是家庭妇女，但却有着极高的音乐素养。维特根斯坦能够用口笛或单簧管吹奏完整的协奏曲，甚至一度想要成为一名乐队指挥。

母亲之所以在家庭教育中有着独特的地位和作用，或许和女性的生理及心理特点以及孩童的"恋母情结"有着直接的关联。从生理上说，母亲"十月怀胎，一朝分娩"。从受精到生产的过程虽也有愉悦和享受，但更多的却是身体的苦难。从心理上说，一般而言，母亲对孩童的最大情感就是一个字——"爱"，这种感情决不像生产时剪断脐带那么简单，而是与生俱来、挥之不去的。生理和心理的这双重关联，决定了母亲不仅要生儿，而且要育儿。教育，便成为母亲神圣的责任和担当。另一方面，从孩童对母亲依恋的角度看，母亲的影响也是最大的。这种依恋既包括生理上的依恋，如哺乳；也包括心理上的依恋，如期望得到母亲的保护，特别是对女儿而言，这种心理依恋往往一直要延续到女儿找到自己的伴侣之后。当然，这样说丝毫没有否认父亲和其他家庭成员在家庭教育中的地位及作用，而只是说，在家庭这个集合体中，在家庭教育中，母亲的地位尤为重要，母亲的综合素质对孩童未来的成长乃至对教育和社会的发展起着他人难以替代的作用。

在怀特海看来，教育是有节奏的。这是因为，"生命本质上是周期性的"[3]。我们可以把家庭教育比作教育这首宏大的交响乐的"序曲"或"呈示部"。在这一阶段，怀特海强调的是孩子通过"聆听母亲讲述的故事"[4]来学习和把握语言（包括口语和书面语），为更高阶段的教育打下坚实的基础。除此之外，目前中国的家庭教育还应注意克服两种倾向：一是孩童中心主义的倾向，二是成人化教育的倾向。

根据怀特海的理论，宇宙是一个机体，这个机体的各个部分密切相关、不可分割。家庭也是一个机体，这个机体的任何一个成员，包括孩童，"都不会孤立地存在"，都必须以"更加广阔的环境为背景来加以考察"[5]。这表明，正如宇宙没有中心一样，家庭也没有中心，家庭中的每一个成员都是平等的、互依的。在家庭中，父权中心主义不对，母权中心主义不对，孩童中心主义也不对。但是，在中国已经进入老年社会、独生子女家庭占多数的今天，祖辈"隔代亲"、父母过分溺爱、几个老人围着一个孩童转的现象十分普遍，这就有意无意地培养了许多孩童的自我中心意识。长幼有序、孝敬父母、孔融让梨的社会秩序和传统美德受到严重挑战，青少年犯罪和"啃老"现象十分严重。

根据怀特海的理论，宇宙是一个过程，这一过程是由前后相继的各个不同阶段构成的，有其自身的韵律和节奏，教育也是如此。怀特海教育的节奏分为浪漫阶段、精确阶段和综合运用三个阶段，并强调"不同的科目和不同的学习方法应该在学生的智力发育达到适当的阶段时采用"[6]。这表明，教育有其自身的特点规律，其发展的阶段是不能随意跨越的。但是，在今天中国的家庭教育中，在人们普遍具有的所谓"不能输在起跑线上"的谬误思想作祟下，许多家长"以一种非自然的方式"，将许多本来不属于儿童认识阶段的东西"指派给他们"，[7]如机械地背诵古代诗词、过多地参加各种补习班、过早地学习各种知识，以致本该天真烂漫的孩童变得老气横秋，丧失了童真和对世界的好奇心，成了一个个小大人。怀特海指出："令人悲哀的是，儿童时代的金色年华却常常笼罩在为应付考试而进行的填鸭式教学的阴影里。"[8]这种教育"结果自然是失败"[9]，而导致教育死板无效的一个主要原因就是"忽视智力发展的这种节奏和特点"[10]，人为地打乱了教育的节奏，跨越了其阶段。

二

关于教育，怀特海谈得最多的是学校教育特别是大学教育，这和他的经历有着直接的关联。怀特海一生的大部分时间是在大学里度过的，他的学术生涯可以分为剑桥大学时期（1880—1910年）、伦敦大学时期（1910—1924年）、哈佛大学时期（1924—1947年）。在大学里受教育和教育人，使得作为哲学家和教育家的怀特海对学校教育有着常人难以望其项背的直觉和颖悟。他培养过许多优秀的学生，如罗素（Bertrand Russell）、奎因（Quine）

和凯恩斯（John Maynard Keynes）等，这些人成为各自领域里的翘楚，对人类和社会进步发挥了重要作用。

如果说家庭教育是教育这首交响乐的"序曲"或"呈示部"的话，那么学校教育就是教育这首交响乐的"展开部"。家庭教育对孩童的影响固然重要，但孩童的可塑性是很强的，学校就是塑造人的地方。学校教育作为家庭教育的延伸和继续，在孩童从幼儿到成人成长过程中同样起着关键的作用。

学校教育是教育的主体，教师在学校教育中起主导作用。在怀特海关于教育过程和阶段的划分中，"浪漫阶段一直延续到 13 岁或 14 岁，从 14 岁到 18 岁是精确阶段，18 岁到 22 岁是综合运用阶段"[11]。但这种划分是相对的，在现实的教育过程中，它们其实是相互交织的，正如量变中有部分质变、质变中有量的扩张一样。

怀特海追求的是一种有机的教育、活的教育、富于想象力和创造性的伟大而崇高的教育。这种教育的一个重要前提就是把人当作人，而不是把人当作物。这是因为，教育是人的活动，教育的对象是人。把人当作物，把教育的过程当作往行李箱里装物品的过程，显然是违背人的本性和教育的目的的。怀特海说：把靴子放进行李箱，它们会一直留在那里直到你把它们取出来为止；但给孩子喂了不合适的食物，情况就完全不同了。它清楚地表明，人不是物，教育也不是填鸭式的灌输。[12]当前中国某些学校把人当作灌输的对象和考试的机器，这种"非人的教育"是对学生灵魂和肉体的双重扼杀，必须坚决予以废除。

除此之外，根据怀特海的理论，目前中国的学校教育还应注意克服以下三种倾向。

一是把传授知识和启迪智慧对立起来的倾向。传道，是教育的基本功能之一。但是，这里的"道"绝不只是普通的知识，而是老子所说的那个"非常道"的"道"，是充满了智慧的"道"。怀特海认为："教育的全部目的就是使人具有活跃的思维。"[13]这是一个比传授知识更加伟大、更有意义的目的。知识是智慧的基础，但知识不等于智慧。没有知识固然不可能有智慧，但有了知识仍然可能没有智慧。这是因为，智慧既是对知识的掌握，更是获取新知识的方法，是对知识的运用。很显然，智慧高于知识，是人们可以获得的最本质的自由。目前的学校教育在很大程度上把传授知识和启迪智慧对立起来，只注重知识的灌输，不注重智慧的启迪，导致学生吸收了大量空泛无益、微不足道、缺乏创新的死板知识，甚至根本没有知识可言，从而使人丧失了自我，沦为知识的奴隶。一个鲜明的例证就是，我们现在的军事知识比以往的先哲们要多了许多，但我们已经很难再见到像《孙子兵法》和《论持久战》这样充满智慧的军事著作了。

二是把遵守纪律和倡导自由对立起来的倾向。从知识通达智慧有一个前提，这一前提就是自由。在知识面前享有自由，是通往智慧的唯一道路。但是，自由从来就不是绝对的，而是相对的、有限制的，这种限制就是纪律。任何一门学科都有纪律，学科和纪律在英文中是一个词（discipline）。在科学发展的常规时期，在一个知识共同体中，每一个成员都必须遵守同样的纪律即这个共同体的范式，使用同样的语言（你说的话别人要能听得懂），运用同样的方法（你的实验结果别人要能重复出来）。否则，就不成其为一个共同体。但是，在科学发展的反常时期，在社会发展的转型时期，纪律和范式又会限制人们的思想，阻碍科学和社会的进步。因此，正如智慧高于知识一样，自由同样高于纪律。而教育的重要之点恰恰在于，"在实践中找到自由和纪律之间的那种准确的平衡"[14]即必要的张力，这乃是一门艺术。许多学校的教育片面地强调纪律和权威，扼杀了学生的想象力和创造性，把本来最具活力的青年人培养成了死读书、读死书的书呆子，真是"人类的悲剧"[15]。

三是把科技教育和人文教育对立起来的倾向。科学教育、技术教育和人文教育是教育的三种主要形式，三者相辅相成、不可分割。怀特海认为，"教育是教人们掌握如何运用知识的艺术"[16]。科学教育主要是观察自然并对自然现象的法则进行演绎推理的艺术，它回答的是"是什么"和"为什么"的问题，侧重的是逻辑思维（用脑）。技术教育主要是运用知识生产物质产品的艺术，它回答的是"怎么样"和"如何用"的问题，侧重的是知识的运用（动手）。人文教育（怀特海使用的语词是"文科教育"）则是通过学习语言、文学、历史、哲学等课程，学会观察社会进而学会生活的艺术，它回答的是"做什么样的人"和"怎样做人"的问题，侧重的是"培养人的灵魂"[17]。但是，现代教育却割裂了三者之间的内在联系，或者把科学教育和技术教育对立起来（如把大学机械地分为研究型大学和应用型大学），或者把科学教育、技术教育和人文教育对立起来（如从中学开始就分理科班和文科班），结果"必然导致智力活动和性格方面的巨大损失"[18]，培养了大批眼高手低、高分低能或是虽有一定"智商"（即科技修养）但又缺乏应有的"情商、德商"（即审美情趣和社会责任感）的畸形人。用康德的话来说，科技教育无人文教育则盲，人文教育无科技教育则空。

三

社会是一所大学校，社会教育的内容远比家庭教育和学校教育更为丰富。尽管怀特海很少直接谈到社会教育问题，但这并不影响我们根据他的学说来研究这一问题。

一方面，在怀特海看来，机体和过程密切相关，两者以双重方式相关。首先，现实事物的共同体是一个机体，但又不是一个静止的机体。因此，与现实事物相关的宇宙的扩张是"过程"的首要意义，而其扩张的任一阶段上的宇宙则是"机体"的首要意义。在这个意义上讲，一个机体就是一种关联。其次，每一个现实本身都只能被描述为一个机体过程，它乃是从一个阶段进展到另一个阶段的过程，其中每一个阶段都是其后继阶段走向事物的完善的现实基础。[19]这表明，教育的对象——人，是处于一定关系中的人；教育本身是一个过程。家庭教育和学校教育从来就不是封闭的，而是在社会的大环境中进行的；或者换言之，是在社会教育的大背景中进行的，因而不可避免地受到社会环境和社会教育的影响。而且，学校教育的结束并不意味着教育的结束，学生走向社会标志着迈向了一个更大的学校，在那里，有更多的在家庭教育和学校教育中学不到的东西。

另一方面，怀特海认为，生活和实践是教育的唯一源泉。用马克思的话来说，"社会生活在本质上是实践的[20]。"这表明，教育本身就是社会的，社会教育本身也是一种社会实践。教育没有游离于社会即生活和实践之外的主题，它只有一个"独一无二的主题"，"那就是五彩缤纷的生活"[21]。因此，"教育所要传授的是对思想的力量、思想的美、思想的条理的一种深刻的认识，以及一种特殊的知识，这种知识与知识掌握者的生活有着特别的关系"[22]。而这种认识和知识，仅靠家庭教育和学校教育显然是不可能掌握的。

社会教育的核心是社会主流价值观的教育，是科学、艺术、宗教、道德对人的生命的价值的升华，是使人适应于他们注定要生活在其中的五彩缤纷的世界。[23]社会教育面向的不仅是学校和青少年，而且是全体社会成员，因而有着其他教育不可替代的特殊作用。

在目前中国的社会教育中，应该注重的是这样几个问题。

一是大力加强主流社会价值观的教育。正如世界上没有两片相同的叶子一样，一个社会也往往存在着多种价值观。但是，在一个社会中占主流地位的价值观应该是而且必须是积极的、健康的、向上的。否则，这个社会就难以维系和发展。积极、健康、向上的主流价值观不可能自发地形成，必须经过认真的培育并转化为人之自觉的信念和行动，才能成为推动社会发展的正能量。在当代中国，占主导地位的社会价值观是社会主义核心价值体系（即马克思主义指导思想、中国特色社会主义共同理想、以爱国主义为核心的民族精神和以改革创新为核心的时代精神、社会主义荣辱观），是党的十八大提出的社会主义核心价值观（即富强、民主、文明、和谐，自由、平等、公正、法治，爱国、敬业、诚信、友善）。在这一体系中，对推动中国发展、实现中国梦来说尤为重要的是习近平总书记提出的中国精神，其最本质的内容就是以爱国主义为核心的民族精神和以改革创新为核心的时代精神。这种精神和怀特海所强调的教育必须"宣传义不容辞的责任和爱国主义精神"，以及教育必须"加强首创精神"[24]的观点，有着深层的契合。

二是克服家庭教育、学校教育和社会教育不尽一致的问题。主流社会价值观的培育，有赖于家庭教育、学校教育和社会教育三者的合力。合则皆利，分则均弊。这是因为，任何一个人，任何一个集合体，都生活在同一个开放的社会中，都要与他人交往。这就决定了尽管世界上没有两片相同的叶子，人和人的价值观不可能完全一致，但是既然要共生、交往和发展，就必须有人之为人的"内在一致的"价值观。用怀特海的话说："对内在一致性的要求是维护健全的理性主义精神的重要因素。"[25]如果家庭教育、学校教育和社会教育不尽一致的话，那么产生的就不是一种向心力而是一种离心力，其后果无论是对个人、家庭还是社会来说都是不言而喻的。

三是言行一致、知行统一的问题。理论和实践的统一是怀特海教育哲学的一个鲜明特征。他指出："教育应该培养出这样的学生，他既能很好地掌握某些知识，又能够出色地做某些事情。这种实践和理论的紧密结合是相辅相成的。"[26]在怀特海看来，教育是一种文化，"从本质上说，文化应该是为了行动"[27]。这就是说，教育要解决的不仅是学习知识的问题，而且是做人的问题。"做"即行动，亦即实践，是教育的根本，"是一条明智的法则"[28]。如果我们把思想和行动对立起来，只是掌握了一大堆知识，但又不能运用这些知识并照着这些知识的要求去做，甚至违背这些知识的要求的话，那就表明，我们并没有真正地掌握这些知识，还不是一个自觉的、自由的、自为的、真正的、大写的人。从这个意义上说，践行主流社会价值观比培育主流社会价值观更重要。

参考文献

[1][2][3][4][6][7][8][9][10][11][12][13][14][15][16][17][18][21][22][23][24][26][27][28] 怀特海. 教育的目的 [M]. 徐汝舟, 译. 北京: 生活·读书·新知三联书店, 2002: 12-3, 31, 30, 28, 37, 39-40, 37, 32, 67, 59, 66, 66, 138, 8, 93, 96, 12-16, 21, 38-69, 73-83, 85, 84, 94.

[5][19][25] 怀特海. 过程与实在: 宇宙论研究 (修订版) [M]. 杨富斌, 译. 北京: 中国人民大学出版社, 2013: 115, 274, 7.

[20] 马克思, 恩格斯. 马克思恩格斯文集 [M]. 北京: 人民出版社, 2009: 505.

29. 机体哲学视野中教育合力生成的过程本质

——论教育的人为性及其为人生成的过程性

Processive Nature of Educational Integration from the Perspective of Philosophy of Organisim: Discussions on the Artificiality of Education and it's Process of Man be Coming

曾茂林　李　方 (Zeng Maolin, Li Fang)

【作者简介】曾茂林（1965—　　），教育学博士、教授，硕士生导师，岭南师范学院职业教育学术带头人，教育原理研究所和职业教育研究所副所长，中国教育学会管理分会常务理事、全国职业教育校企合作委员会常务理事，在《教育研究》《华东师范大学学报（教科版）》《中国教育学刊》《电化教育研究》等期刊上发表学术论文40余篇，被人大复印资料全文转载4篇，出版《富有生命力的教育理论创生机理研究》《中等职业学校特色发展与示范性建设研究》专著2部，主编《教师职业道德》等著作3部。主持省级项目4项，获教育部基础教育教改成果三等奖、省人民政府哲学社会科学成果三等奖各一项。

李方（1948—　　），原华南师范大学教授、教育系主任；原湛江师范学院特聘教授、教育科学学院院长，现任广东省国基教育发展研究院院长、美国过程研究中心广东国基过程教育研究所（广州）所长，全国优秀教师，全国教学论专业委员会常务理事，全国课程学术委员会常务理事，广东省课程与教学论专业委员会副理事长，主持国家级和省厅级课题多项。在《教育研究》等（含省级）刊物发表论文70多篇，出版《现代教育学》等教育理论丛书5套共30部，出版《现代教育科学研究方法》等著作6部，主编

《教育学》等教材 19 部，获全国普通高等学校优秀教材二等奖等省部级奖励 5 项。

教育本质是建构教育理论的逻辑起点，直接决定了教育理论的构建方式与演绎框架，因此成为教育理论研究的重点。又因教育本质的探究，将从认识上影响人们对教育实践的看法，内隐地引导和规范着人们的教育实践活动，因此成为教育实践界关注的热点。从 20 世纪 30 年代至今，教育本质研究经历了一元论到多元论，再到对多元本质研究的反思与探新，21 世纪开始了对教育本质变革的动态研究，并用关系思维取代实体思维，确立起新的教育本质研究观。

一、过程研究对多视角静态教育本质探究的超越

综观既有的教育本质研究，主要是从其发挥出来的实体功能上予以把握，关于教育本质的结论只是教育的某种功能或属性。因此，尽管近百年来的教育本质研究形成了"上层建筑说""生产力说""双重属性说""多种属性说""特殊范畴说""社会实践活动说""培养人说""相对说"等 30 多种关于教育本质之说，但并没有抓住教育的本质。研究者从社会、文化、政治、经济等不同角度静态地观察教育，看到的局部片段图景就像盲人摸象一样，摸到一部分就认为那就是整个大象的形态。其静态研究的片段性、功能或属性研究的片面性弊端显而易见。而教育是人为的事物，它会因人的需要而不断改变其功能，又因人群之间存在利益冲突，所以教育为人服务功能的发挥是根据其人为的合力结果生成的，其各个方面功能发挥的大小，是由当时人们的需要及其代表群体的现实力量合力生成的结果，真实的教育会随着人群合力的变化而变化。因此，必须从教育的各种关系中来研究教育的变化趋势，揭示其变化的一般过程规律，让人们更好地把握教育发展的内在动因，借助"人为"的教育设计和调控，让教育更好地服务于自身群体的发展。

怀特海的机体哲学，将万事万物看作生命有机体，认为主体性是其本特征，并把事物之间的关系看作主体间性关系，用关系思维取代实体思维。这样一种哲学本体论，其对教育的看法是以过程和关系思维来考量的，关注的是世界和生命的交织。教育是一种人为、为人的社会实践活动，那么"教育本身就无时不在变化发展之中"[1]。因为"事的世界是人的创造，而且一

直在创造的过程中，甚至不可能完工."[2]。而人是一个不断地按照自我意志，对外界进行优化利用，积极调整自我行为的开放系统，这就意味着教育需要根据人的实践活动目的予以开放，不可简单限定。因此，一方面，教育在本质上就是一个根据人的意愿不断创造新的教育事件、生成新的教育活动的过程；另一方面，人们对教育本质的认识，也会根据其生存处境和价值需求变化，不断寻找恰当表达其对教育的理解与期望的形态，从而使人们看到的教育"本质"处于不断变动之中。只有从教育机体的内外复杂关系、相互作用生成现实过程的教育状态研究入手，才能更为贴切地反映其变化的趋势，人为地调控其更好地为"我"服务。显然，这样把握教育本质将不再坚持唯一不变的本质性，而是确定性与不确定性的辩证统一，是对现有多维静态教育本质研究的超越。

二、机体哲学视野中的教育及其过程的创造性生成

根据机体宇宙论，"万物皆有感受，无物能经验两次，因为每一次经验都是一次新颖的发生，都是能动的摄受和创造性进展"[3]。这样，现实的诸存在之间是能动的主体与另一或其他能动的主体之间所发生的关系，怀特海称之为"主体间关系"或"主体间性"。[4]在机体哲学看来，教育也是一个有机系统，其有机性表现为教育是自然的、有机的、和谐的生长或生成。其自然性表现为教师将社会需求、学生成长的规律视为外在发展的客观规律与教师主体实践的有机结合，而不是有违社会变革和学生发展的规律，其实质是达到主体间相互尊重对方的内在规律，形成自然的互动作用。有机、和谐生长或生成的教育即尊重生命的教育，即师生生命的小世界与社会的大世界的融合。这样师生的生命才获得了土壤，才能顺应社会的自然规律，生成并创造出新的教育。正是师生的这种创造性，才会根据社会和人的发展规律，不断地摄入外在的新颖事物，创造出为人服务的新教育形态。

教育本质具有人为性和过程性。怀特海的机体哲学坚持以过程为最根本的实在，以现实个体的经验作为宇宙的基元，认为"现实世界是一个过程，这个过程即各种现实存在的生成（becoming）"[5]。在怀特海看来，"生成即创造"，而且主要是由现实存在自身固有的内在创造性所推动的。因此，探究教育过程生成的动力也主要从其内在矛盾入手，寻找其创造力。人们探究教育本质的目的，既是探究人为教育活动必须遵循的"外在尺度"，让教育实践活动的延展更好地符合社会运行的关系演化规律，尽可能形成某种指

引入们设计教育统一的关系图式。同时，又是为教育的"人为性"寻找表达意志发展的"内在尺度"，从内外结合及其关系演变的过程中探寻出相对稳定的变化规律。教育本质的内在"人为"性及其外在关系合力生成性，要求其研究范式由科学、实证转向相互理解；由探究本质的实体存在转向情境关系的过程形态。所以，从过程上把握教育的本质特性更符合教育人为性的特质。其实，人类对教育本质探究得出的多种结论本身也反映出教育是各种复杂关系合力作用生成的结果。无论从社会现象、教育功能、外部联系等不同路径入手对教育本质进行的研究，还是从不同时代和人的不同立场上得出的关于教育本质的结论，都客观地反映出教育本身会随着社会的变革而不断更新的过程特征。虽然所有教育本质归根结底都是围绕"教育是培养人的社会实践活动"在研究，但各自诠释的角度和看到的微观本质却又差异很大。这是因为人既按照外在尺度，又按照内在尺度从事实践活动，从而使人为的教育打上了博弈关系及其合力生成的烙印，让人为的教育成为一种不同群体追寻意义的创造活动。为了深入地研究世界过程演绎的本质，怀特海提出了过去、现在和未来这三个过程维度。他最注重的是"现在"这个维度，因为在他看来，过程体现为转变（transformation）和共生（concrescence）。转变即一种现实体向另一种现实体的转化，它构成了暂时性。因为每一个现实体都是一些转瞬即逝的事件，灭亡就意味着转向下一个事件。共生则意味着生成具体，它构成了永恒性。因为在共生的过程中没有时间，每一个瞬间都是崭新的，都是"现在"，在这个意义上它又是永恒的。因此，怀特海认为，教育要提供对生活的一种理解，最根本的是应提供一种"对现在的理解"，因为"现在包含一切，现在是神圣的境界，它包含了过去，又孕育着未来"，[6] 所以，本文中讨论的主要是包含了过去人为的复杂作用合力，所创造生成现实过程的教育本质是包含了过去又孕育着未来的"现在"过程的教育形态。

万物不断生成的根本原因是现实存在内部的相互联系、相互作用、相互影响、相互制约，怀特海称这种内部的推动力为"创造性"（creativity），并认为它是世界及万物不断生成的最终推动力。怀特海认为创造性是通过不断地吸收过去的现实存在中的精华，并在未来种种可能性中选择一种可能性，来创造出新的自己，形成新的现实存在的过程。[7] 在怀特海看来，生成不只是现实存在的量的增加，而且也是一种创造性进展。世界的创造性是基本的和持续发生的，因此世界上永远有某种新东西在产生。怀特海虽然提出演化的动力在于创造，但并没有阐明创造的目的是什么，而且他还根据其宗教信仰最终归咎为虚构的代表"原理和完美"的上帝，这就让其过程教育理论看上去能比较完美地解释现实，但却失去了改造现实的依据。笔者认为人通过主观努力作用于现实，不断创造的目的是趋向满足主体的意愿，而实现这种意愿的唯一路径则是主体根据对外在尺度的正确把握与内在尺度的有机结合所生成的实践活动。由于多方合力生成的实践结果才是构成世界现实过程的事件，因此人们需要以尊重外在社会关系变革规律为前提，来考虑自身内在尺度实现的可行性，并从二者的最佳结合方式和时机上，寻找最能实现自我意愿的有机统一路径和创造出新事件的时机点，以便在各方的博弈中生成尽可能"完美"的现实过程的教育形态。怀特海还划分出了宏观和微观过程的两大演化层次。宏观过程是从已获得的现实性向获得之中的现实性的转化；而微观过程是各种条件的转化，这些条件纯粹是实在的，已进入确定的现实之中。[8] 就教育而言，宏观过程是已获得现实性的社会要求，向正在获得社会物质、文化帮助的教育系统的转化过程，社会旨在通过人为控制让教育系统更好地为之服务。微观过程是以教育行政者和师生作为具体人存在为条件的，其对社会的宏观作用所采取的态度、执行政策的方式，纯粹是以其"实在的"心态和势力逐层产生作用的，主要根据其具体的生存处境和利益立场予以确定。它通过将社会育人目的融入自我教育目的之中，借助微观过程的教育活动生成"实在"的教育，为宏观现实过程的教育形态生成提供存在条件。

三、机体哲学视野下教育变革的过程图式

从机体哲学视野看，教育就像夹在社会与个人之间的第三者，同时又有其机体本身的特性，即教育的内在演化的逻辑性。这种教育的内在演化逻辑，主要以长期以来形成的人类教育理论为指导，以教育系统内部的研究群体、教育行政和教师的习惯性思维、行为方式为依托，按照群体内部机构组织作用力量，对整个教育系统做出其"理想"的教育设计，并按照其理想的教育蓝图去人为调控教育局、学校、班级等教育机构的运行，力所能及地控制整个教育系统的生成过程。

1. 过程中的教育活动主体及其关系

在从社会作用于具体人的宏观过程所生成的教育中，社会强势群体依靠其权力和统治意志人为控制各种资源，以确保现实过程中创生的教育向着有利其需要的方向运行演化，形成调控教育关系的图景，为教育提供外在的发

展尺度。教育系统中的具体人，即教育行政者、师生等，以"实在"心态和行为反作用于社会需求，并根据其力所能及的权力范围，充分发挥其主体性，实现对微观过程中具体教育事件的人为调控，创造生成针对具体人的完整教育世界，为每一个鲜活的教育施政者和开展教育活动的师生提供内在尺度。由此可见，基于过程本质的教育变革图景，主要是根据教育内外的复杂关系变革，在宏观上由外在强势群体以外在尺度方式向教育内部渗透，微观上的具体人又以其内在尺度逐层向外发挥主体的能动反作用，在不断的博弈过程中生成调控教育活动的合力，在多个"人为"合力中生成不断变革的教育形态。马克斯·舍勒（Max Scheler）认为："教育本质是关于人的塑造和成形的、以时间形式展开的、活生生的、后延性的过程，这个过程是以拯救灵魂为最高原则的自我小宇宙的不断建构。"[9] 就人的"塑造"而言，教育之本质具有外在的给予性，外在教育的给予包括国家教育、学校教育、家庭教育的质性规定，其实质就是宏观过程中生成的教育。这种质性规定是要把受教育者培养成社会、国家和家庭所希望的、有教养的人。教育之本质的世界整体性存在，是宏观教育的本质所在；教育的个体"小宇宙"的"大全"的存在，是微观教育的本质所在。[10] 而教育正是连接这两个世界的中介，也是宏观过程与微观过程相互渗透作用的载体，更是二者人为控制争夺的焦点所在。这样，整个教育关系的演变关系图就表征为"社会—教育—人"三大关系主体相互作用并不断创造、生成新教育的现实过程演绎图景。

2. 双向渗透作用的方向性及其力度变化

在教育的变革过程中，社会对具体人的支配和决定作用是以外在尺度方式逐层发生的。代表社会强势群体的统治者，通过宏观政策对教育活动实施控制，最终落实到对师生具体人的控制上，这是一个从宏观社会到中观教育系统，再到师生具体人之间的逐级作用过程。在这一宏观运演过程中，社会强势群体先形成理想的宏观教育设计，再交给教育部门以尽可能精确的方式分部门进行操作设计，最后落实到综合了多部门目标要求的具体人身上，开展全方位的全纳教育活动。因其每一个转化环节都会受到相关利益群体博弈的削弱或干扰，所以从宏观到微观的作用力量将逐渐被抵消和削弱。在微观教育过程中，师生作为具体人，以自主意志的内在尺度反作用于外部世界，对教育系统和社会的要求及提供的教育资源等做出选择性适应和改造，最终达成自我选择、创造生成的现实教育过程。就个体整个人生教育过程而言，是一个从浪漫的人生职业生涯规划，到精确的学科发展，最后经历以综合智慧和创造力为核心生成的现实过程中的教育。具体人空间作用力的范围则从反作用于其关涉的教育资源、周围师生开始，再到反作用于教育系统课程标准的改动、培养模式的变化等，最后若干个体形成师生群体对整个社会产生反作用。虽然个体的反作用力也会从内到外逐层弱化，但个体自身的能量却因与教育的相互作用产生新的质变而不断增强，因此随着个体的不断发展其反作用力也会随之增大。当学生主体能力发展到成熟的高度，尽管个体对社会的考试升迁制度、教育制度没法做出根本性的变革，但可以做出符合自身的专业选择、迫使教师改变教学方式等，将会以多种形式对整个教育和社会产生积极的反作用，形成强大的博弈力量，改变教育的现实生成过程。为了减少学生对社会作用力的抵触，教育系统需要将外在强制力无形化，并全面渗透于教育过程中，以愉快体验方式诱发出学生潜在需要的内在力量，实现对具体的人的教育的内化性生成和生长。整个教育内外关系的演化及其作用力方向如下图所示。图中外围虚线构成的大圆圈表示整个社会；虚线三角形表示教育系统，其中的圆圈表示构成教育系统的核心要素；中间的头像表示学生个体。图形之间的箭头表示作用力的方向，大箭头表示作用力大，小箭头表示作用力相对较小。

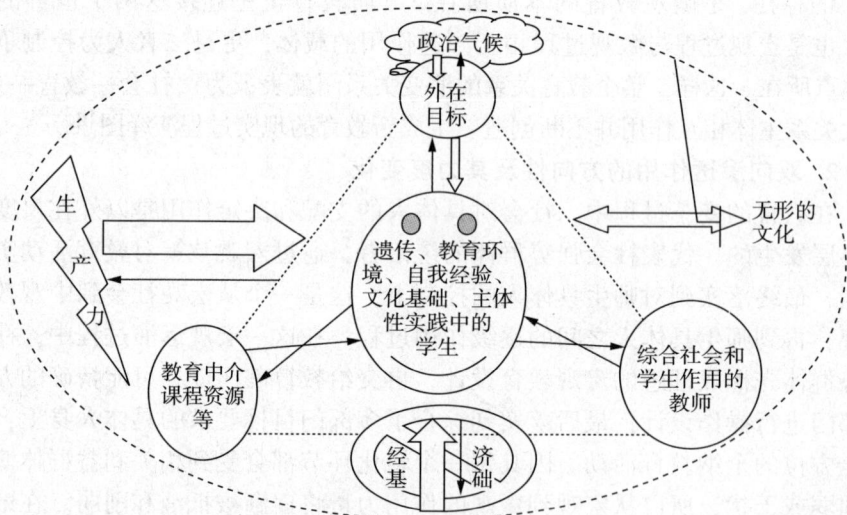

"社会—教育—人"三层次关系演变图示

3. 教育过程生成的有机整合性

就具体教育活动而言，是社会要求与具体的人需要之间张力生成的平衡态。当社会对教育需求极其强烈时，个体的需求则相对被弱化，反之亦然。

由此形成了宏观上教育内容的辩证统一和教育阶段的节奏性。就其辩证统一的内容看，需要借助直接满足社会需要的科学教育、技术教育，与侧重直接服务人自身的人文教育。由于知识的本质在于不断发展和生成，不断创新和超越，是经验、情境的承载。因此，完美的教育需要将具体的人的生活经验、满足其创造新知识的欲望与满足社会需求的生存教育有机整合起来；在教育内容上，形成科技教育与人文教育的有机整合。除了教育内容的有机整合外，代表社会要求的课标、考试大纲、学校纪律等，与代表师生具体人的意志自由、兴趣自由、探险自由之间所形成的自由与纪律的辩证统一，在有机教育生成的每一个知识单元、每一细小的过程中都有着具体的整合度，因为现实生成过程所处的教育变革阶段有差异，所以自由与纪律统一的侧重点有所不同。一般而言，在获取知识时，学生必须遵守某类知识学习的一般法则和方法，追求知识的精确性、客观性和普遍性，以满足社会对专业化人才的标准要求。但智慧又需要在自由的氛围中产生，在教育中过分地强调纪律必然扼杀个体的想象力和创造力。因此，要针对不同成长阶段的学生辩证地处理好自由与纪律统一的关系。浪漫的小学阶段以自由开始，这是"无知"的大胆猜测的自由，以培养学生从小富有创新的精神；精确的中学阶段应以纪律为主导，严格按照社会要求以"达标"的方式生成现实过程的教育形态；综合运用的大学阶段，则以掌握规律后的运用自如和自由创造为主。外在的社会尺度与具体人的内在尺度的辩证统一，不仅表现在宏观领域的相互作用中，也表现在微观过程中生成的单元教学和课堂教学上。在课堂教学中，随着学生对教材的逐步深入，逐渐摸清了其内在的学习逻辑，逐步熟悉了教师的教导模式，学生的主体作用日渐增强，教师的控制逐渐弱化，纪律要求在某些知识点的学习上可以适当放开，发动学生自主探究，形成导入新课的浪漫、讲授新课的精确、巩固练习的自主，创造课堂教学新节奏。

四、内外尺度相互作用在教育中的"人为"过程本质

1. 过程中人为调控新教育生成状态的内外尺度统一性

在机体哲学的泛主体观看来，教育系统具有其主体性，具有自觉的控制性和反作用力量，在"社会—教育—人"构成的三大机体关系图景中，各自为了自身利益和运行习惯，都会对即将创生的教育活动进行人为控制。为了便于观察其复杂关系的变革，也便于在理论阐释方面与既有"社会—教育—人"的研究范式相适应，本研究以教育系统为聚焦点，向外延伸形成

外向延展的教育大环境结构，表现出教育与社会政治、经济、文化的关系演变宏观过程图景；向内深入演化出教育与人的关系，从整体上构成教育的微观演变过程。教育过程演变的三层结构之间，体现的是外在尺度（社会诉求）—教育的生成形态—教育施政者和师生个体（内在尺度）相互作用并共同创造、生成现实过程中的教育。在外层结构中，社会对教育的价值诉求，通过各方群体的博弈转化为教育方针、政策等，并以育人的社会目标、考评机制予以质性规定，形成教育关系演化的外在尺度。而生产力、政治、经济、文化的发展及其产生的新需求，既构成了社会对教育的需求，又构成了教育满足这些需要的条件和手段，教育实践者通过借助生产力和经济发展提供的新手段，在优选、创新人类文化的基础上，形成教育资源的优化组合，创造、生成现实过程中能满足当时社会需要的新教育。再通过教育机构活动的内在延展，从专业划分、课程设置、教学活动的环节上展开，演绎出教育系统以追求精确高效为取向的系列设计。但是，根据机体哲学的相互作用原理，一方面教育系统本身并不消极接受社会的作用，而是按照历史上积累起来的主体习惯相对独立地运行；另一方面，师生个体也有其积极主动作用的特性，教育措施在与师生主体的相互作用中，创造、生成的教育结果并不完全按照社会和教育行政意愿发展。在这一关系圈层中，作为个体人的学生，既受到其遗传生理的限制，又受到先前知识、能力、情感体验等基础的影响，教育所产生的影响必须以其既有的认知和情感为基础，才能生成现实过程中效益最大化的个体教育。

整个教育系统的人为性，就表现在教育系统从其内在的"教育规律"出发，设计出其理想教育蓝图，以内在调控尺度方式反作用于社会对它的要求，同时又对师生实施直接或间接的控制。最终，在社会和师生具体人的相互作用中，根据各方力量的博弈不断创造出现实过程中生成的实际教育形态。从"社会—教育—人"的关系及其双向作用来看，在夹缝中生存的教育，既要满足社会外在尺度的需要，又自觉地受制于教育系统内在尺度的影响，还要满足师生具体人内在尺度的要求，正是在内外尺度的相互作用过程中，生成社会性与育人性相统一的教育变革状态。因此，从教育系统追求的现实过程生成性出发，就要求教育系统中的研究主体及其行政人员具有开放的心态，尊重社会、教育机体、具体人发展的运行规律，善于把握其能动作用与教育系统的力度和方向，充分利用教育系统的蓝图设计与调控功能，来协调各方面的能动作用，准确地把握好不同过程中三者之间的最佳平衡点，以便达成三方都感到教育为我所代表的群体服务的满意结果。无论是社会、具体人或者教育系统内部，一旦对教育系统严重不满，这个群体就会发出改革、人为调控现有教育的呼声，并以各种力量实施其反作用或者直接控制功能，从而使整个教育向着其所代表群体的利益方向生成新的现实变革，以便教育更好地服务于其所代表的群体利益。整个教育系统在动态调控中，不断地根据三方力量变化迫使各方力量趋于相对平衡的状态，形成螺旋式上升的教育演进过程。这表现在调控、生成过程的人为努力方向上，既要尊重教育机体不断演变的过程现状，又要考虑社会变革带来的新需求。一方面，要代表社会向具体人提出社会教育目标要求，作为特定层次和专业学生的共性标准；另一方面，又要根据个体年龄、个性特征，在不改变社会育人总目标的前提下，为具体人量身设计适合其高效吸收知识、形成技能的接受教育过程。但是，具体人并不完全按照其预设程序消极接受教育，而是充分发挥其内在尺度的反作用，在博弈中共同生成"实在"的个别教育形态。

2. 内外尺度相互作用，生成现实过程中教育的阶段性

就社会对学生发展控制的阶段特征看，少年儿童期距离学生服务社会的时间还很远，因此可以让学生以满足自身快乐学习为主，让其拥有更多自主接受教育的时间和空间，从事其浪漫的学习活动。青年期学生既肩负着更多的社会使命，又是其走向社会工作岗位的关键期，这一阶段的学生能否满足社会需要，直接关系到其就业前景，影响其未来的生存和发展空间。因此，这一阶段教育满足社会和个体的需要达到了直接、现实的统一，必须以社会的专业岗位标准要求学生精确地掌握相关知识和技能，自由发展相对被弱化。但是，个体对专业的选择却应该表现出最大的自主性和自由性，因为专业是实现社会要求和个体兴趣、自主发展的最现实道路，是满足二者有机统一的最好载体。青年后期，既明确了社会的需要，又具备了扎实的理论和实践基础，而且明确了社会急需解决的现实问题，这一阶段的教育主要是针对大学高年级和研究生、职后教育培训等学员。社会对新知识、新技术的需求，要求学员充分发挥其创造力，因此教育系统需要放宽纪律约束，给师生以更多的自由创造空间和时间，让其形成综合性创造的教育过程。就教师而言，越是社会高度重视的学科，尤其是社会以必考方式规定了考试范围和难度的学科，教师的自由发挥空间就越小，必须以精确掌握的方式吃透教材，精确掌握住考点；越是社会认为不太重要，只是作为辅助性需要或者装点生活的教育领域，教师就越能实施富有创意的浪漫教育。在需要综合多学科，以攻克某些科学技术和社会难题的教育内容上，则需要综合的创造性教育，因此教育的综合性和创造性得以凸显，以复合创新方式创生出新知识和技术

成为这类教育的显著特征。当然，这也跟教师作为具体人所教的学段有关，学前和小学教师可以相对浪漫一些；中学教师却要极为精确地教学；大学和研究生导师则需要更多的综合性创造教育。

总之，机体哲学不仅看到了教育系统中师生作为具体人的主体性，还看到了教育活动自身及其社会环境的"人为"主体性，由此形成了"社会—教育—人"的三重结构关系。在三重结构关系中，由于其内部的相互作用，形成了从宏观的社会到具体人的相互作用，又形成了微观上从具体人到宏观社会的反作用。由此在教育系统内部就形成了双向渗透、相互作用的力量，造成社会需求与师生具体人的当下需求、未来需求之间的矛盾。正是这种矛盾，推动着整个教育系统按照强势群体的控制力与师生具体人的反作用力，在博弈中生成推进整个系统创造现实过程的教育力量和教育事件。这样，整个教育过程的变革图式按照"社会—教育—人"的双向作用方式推进，在相互渗透、相互作用中，根据情境和合力方向，生成并不完全按照人们意愿的教育结果。何方力量最大、最具现实存在性，其预设的教育图景实现的因素就相对较多。

参考文献

[1] 刘铁芳. 什么是教育 [J]. 天津市教科院学报，2002（2）：12-14.

[2] 赵汀阳. 共在存在论：人际与心际 [J]. 哲学研究，2009（8）：22-30.

[3][4][5] 杨富斌. 建设性后现代教育的十大理念 [M] //李方. 过程教育研究在中国. 福州：福建教育出版社，2012：71，71，70.

[6] 曲跃厚，王治河. 走向一种后现代教育哲学：怀特海的过程教育哲学 [J]. 哲学研究，2004（5）：85-91.

[7] 杨富斌. 过程哲学视野下的博雅教育刍议 [M] //李方. 过程教育研究在中国. 福州：福建教育出版社，2012：88-92.

[8] 杨芳. 怀特海过程哲学中的人学思想评析 [J]. 贵州师范大学学报（社会科学版），2011（3）：44-50.

[9][10] 张廷国，阮朝辉. 教育本质内涵的现象学界定之———马克斯·舍勒的教育本质观之内涵与生成 [J]. 教育探索，2010（9）：9-11.

30. 从"师生关系"到"师生机体"

——基于机体哲学的思考

From the Relationship of Teacher and Student to the Organism of Teacher and Student: Based on the Philosophy of Organisim

李长吉　陶　丽 (Li Changji, Tao Li)

【作者简介】李长吉 (1969—　) 教育学博士, 衢州学院副院长、教授, 博士生导师, 主要研究方向为课程与教学论, 中国教育学会教学论分会常务理事, 在《教育研究》《课程教材教法》等杂志发表《讲授文化: 课堂教学的责任》《课堂建设的三个中心与实现策略》等学术论文 70 多篇, 主持国家级项目 2 项、省部级项目 3 项, 出版《教学论思辨》等学术专著 3 部, 获省级社科奖 4 项。

陶丽 (1987—　) 女, 西南大学课程与教学论专业博士研究生, 主要研究方向为教学基本理论。

一、师生关系: 思维困境与实践尴尬

师生关系问题, 根本上是教师和学生的地位与作用问题。关于这一问题的探讨, 在我国教育领域主要形成了师生主客体关系 (包括单主体论、双主体论、主导主体说等) 和师生主体间关系两种基本看法。

师生主客体关系理论由于将教师和学生之间的互动局限为一种狭隘的人与物的认识关系, 在实践中造成了师生之间的对立和冲突, 自 20 世纪 80 年代的争论之后, 逐渐淡出了学术舞台。师生主体间性理论伴随着世界哲学思潮和教育改革思想的影响, 自 20 世纪 90 年代中期后逐渐成为我国师生关系研究的主流话语。该理论对"师生关系"的认识由人与物的认知关系回归到人与人的交往关系上, 极大地弘扬了师生的主体性, 但由于未区分师生关

系之于一般交往关系的特殊性,在实践中出现了将民主平等自由化和随意化的现象,引发了新的混乱。

我们认为,以上的师生关系理论不能从根本上解决师生关系问题,是由于其背后的实体思维决定的。实体思维是指"把存在预设为实体、把宇宙万物理解为实体的集合,并以此为前提诠释一切的思维"[1]。这种思维下的师生关系理论存在如下两个根本缺陷。

第一,否认了教师和学生之间的内在构成关系,忽视了师生不可分割、彼此依存的教育学特殊性。在实体思维的视界中,师生关系是一种依附于师生实体、作为属性而存在的外在关系,独立于师生个体本质的构成;先有师生实体,后有二者之间的关系。这样,师生互动于师生个体的形成并不是"不可或缺"的,教师和学生相互脱节、彼此分离的现象就不可避免。师生关系这一概念就是典型的外在关系思维,而这正是师生"主体间性理论"对实体思维反叛的不彻底之处,也是其根本缺陷所在。从这个意义上说,要解决师生关系问题,首先必须重建师生关系的概念。

第二,否定了师生的本质是相互动态生成的。在实体思维看来,师生的本质是先在的、绝对的,由其内在的"始基"和"质料"所决定,与师生的交往过程无关。很明显地,这不仅否定了师生互动的必要性,而且从根本上否定了教育存在的合理性,因为一切教育实践得以展开的基础就是基于教育主体的可塑性,目的正是指向健全主体的培育。依托于实体思维的师生关系理论明显地与教育实践不符。事实上,我们现今所使用的"主体"与"主体性"一词早已超越了其在传统哲学上的含义,而在某种程度上具有了生成性的特点。但这恰是尴尬所在:既承认教育"主体"是在互动过程当中生成的,但又不将这种互动纳入其本质的构成中来。师生关系的理论与实践是十分混乱的。

我们认为,解决这一问题的根本出路,在于寻求一种具有整体性、生成性思维的哲学理念的指导。以"过程—关系"理论为本体论的怀特海机体哲学,以其深邃性、生态性、包容性和开放性引领了20世纪的形而上学走向,正日益向各个领域渗透。这一新的思维方式,对于我们在一个更宽广的视域内思考师生关系问题,无疑提供了良好的契机,对教师和学生存在价值的教育学理解也得以上升到一个新的层面。

二、师生机体：内涵与特征

机体哲学，又称过程哲学，为20世纪英国哲学家怀特海所创。借助于机体哲学①，我们发现，师生关系研究的推进必须以"师生机体"概念取代"师生关系"概念，回归教师和学生发展与共生的本性。

（一）师生机体的内涵

怀特海认为，世界的终极现实物是机体。机体，作为一种持续的结构体，是实际存在物的集合体，也可以看作多个事件的联结。"机体"概念有别于传统哲学"实体"概念的最根本的地方在于，机体能生成、变化和消亡；在同其他机体的相互摄入中形成自身；机体既是"给定"的，又具有主观性和超主观性，是"主体"②和"超体"的统一。

师生机体是形成教师和学生的关系共同体的简称，具体有两个含义。第一个含义是教师与学生之间是一种本质的、内在的、构成的关系。关系不是在师生产生之后作为外在属性派生于师生个体的，而是其得以形成的内在本性，教师和学生内在于这一关系而界定自身。第二个含义是教师与学生之间是一种相互动态生成的关系。本质不是先于教师和学生的互动而存在的，而是二者在互动中共同建构的，师生是如何"生成的"决定了"师生机体""是什么"。

对师生机体这一概念的理解可以借助于动物身体与身体各部分之间关系的隐喻来实现。师生机体的各组成部分（教师与学生）之于师生机体犹如动物身体的各部分之于动物一样，只有在与他者的互动中才能形成自身，成为各具功能的经验中枢，也只有在与他者的平衡中才能促进身体的正常运转，成长为一个健康的活物。这与个人和社会的关系有所不同：社会"是

---

① 机体哲学中的"主体"一词有别于传统哲学中的"主体"。在怀特海看来，永远不存在静止的"主体"，主体是不断变化的、不断超越自己的，"当考察实际存在物自身的实在的内在构造时，在多数情况下将会使用'主体'一词。但'主体'永远应当被理解为'主体—超体'的缩写形式"。参见：阿尔弗雷德·诺思·怀特海. 过程与实在 [M]. 杨富斌，译. 北京：中国城市出版社，2003：50.

② 需要指出的是，师生机体概念并没有否认教师和学生的独立性，毫无疑问，教师和学生在其自然生命和社会生命意义上，各是独立完整的机体。这一概念的独特处正在于其教育学视角：从师生教育生命性区别于其一般社会生命性的角度，说明了师生机体的形成，既是教师机体形成的过程，也是学生机体形成的过程，三者是一体的、不可分割的。

具有独立自足性的个人的集合，它服从加法律，可以相互分离"，而身体"是其器官的真正有机的整合"，整体与部分、部分与部分之间是不可分离的。[2]

师生机体概念的提出具有重要的意义。首先，它彰显了教师和学生的教育生命性，二者真正成为一对不可分割的教育学范畴。师生机体概念消解了主体与客体之间的二元对立，融合了存在论、认识论、价值论，是对师生本真状态的回归，"以生为本"和"以师为本"由此得到了内在统一。其次，它消解了师生实践中由教师和学生关系定位不清所引发的混乱，是科学、艺术和道德的统一。在师生机体中，师生内在构成与共生，分工有不同，角色有差异，地位和作用以具体情境和任务目标为转移，具有充分的灵活性和自由。最后，将"责任"概念引入主体性中，是义务与享受的有机融合。师生的主体性是内生性的，以责任为基础，由师生机体的"进化"这一"超体性"目标所引导，服务于自我生成和整个机体的建构。

（二）"师生机体"的特征

1. 教师和学生是发展中的主体，是先前经验、当下体验和育人目标引领整合下的动态生成

机体哲学认为，机体的存在是一个过程，机体是如何生成的决定了这个机体是什么。机体的生成是摄入其他机体、从环境中吸取资源建构自我的价值享用过程，也是生成新物、成为其他机体摄入材料的价值创造过程。每一刻的摄入都是一种全新的生成，带来的是一个从未有过的新世界，因而在一定程度上，成为现实的就是成为价值的，现实性就是价值。而现实性的实现离不开过程，过程就是机体价值的展望、涌动、生成和满足，一切价值归结于过程。

换言之，师生机体的形成就是教师和学生展开互动、增强其现实性的过程。教师和学生如何扮演角色既决定了自身和对方的价值享受，也决定了机体的生成形态。师生交往的目的就是尽可能地为互动过程增值，保持机体的生命性。怀特海指出，机体生命性的关键在于机体彼此摄入的强度和性质。因而，加强师生交往的强度，丰富交往的内容和形式，尽可能地使师生对彼此产生肯定性的理解和接纳，是拓展师生机体价值的基础。

对于教师来说，对学生当下体验的关注和唤醒是师生机体充满活力的保证。怀特海认为，"我们是在与人的大脑而不是僵死的物质打交道"[3]。"人的大脑从来不是消极被动的，它处于一种永恒的活动中，精细而敏锐，接受

外界的刺激，对刺激做出反应。你不能延迟大脑的生命，像工具一样先把它磨好然后再使用它。不管学生对你的主题有什么兴趣，必须此刻就唤起它；不管你要加强学生什么样的能力，必须即刻就进行；不管你的教学给予精神生活什么潜在价值，你必须现在就展现它。这是教育的金科玉律，也是一条很难遵守的规律"[4]。现在是唯一的，也是连续的，学生当前的身体状况和情感体验直接影响着后续的生成活动。教师必须充分利用当下的教育时机，最大限度地调动起学生的参与兴趣，通过营造"共同体"的学习氛围，把互动推向深入。师生双方相互契入的程度决定了师生各自获取满足的程度，也决定了师生机体价值的深度。

每一个机体的生成都融入了一个整全的世界，现在召唤着过去，预示着未来。生成并不是随意的，而是"给定性"之中的生成，是一种"决定"之内的"探险"。也就是说，师生机体的生成还需注意对以往经验的激活，如对先前师生交往经验，学生在家庭、同伴及社区中交往经验的关注等。对经验的挖掘和加工是对师生作为发展中的主体的尊重，能使双方体验到亲切感和归属感，以更真实丰富的形象参与师生机体的建构。

但师生交往并不是无方向性的。怀特海认为，机体生成的目的是存在——更好地存在，即最大地生成其价值。现在的生成始终牵连和制约着未来，机体在享受生成过程的同时，也要对未来负责。对于师生机体来说，生成受一定伦理道德规范和教学规章制度的制约，最根本的是受教育教学目的的制约，师生交往的直接目的就是最大限度地促进学生的发展（对于师生机体来说，学生的发展与教师的发展是不可分的，是一致的）。师生在交往中，必须抱着对自身和对方负责的态度，尽可能地融入互动过程，最大限度地张扬自己的独特性，享受并满足对方的享受需要。价值享受和创造对于师生在某种程度上是必须履行的义务。

2. 教师和学生是和谐共生的，追求差异化发展基础上的多样性统一

"怀特海的整体论在根本上同他的价值论相关联……这种价值的参与使个体在某种程度上尚能保持自己独特的个性，但这种个性同样是受到限制的。因为在这个个体之内，已涵融了其他实有的关系在内，尤其是涵融了整体的因素在内。在这种意义上，'任何事物都存在于所有的地点和所有的时间内'。"[5]

机体理论关注个体的独特性，认为只有个体足够独特，才能够产生有深度的"对比"。怀特海将个体之间差异性的对比看作一种使价值深化的必要的"狭隘性强度"。在师生机体中，教师和学生实质上都代表了独一无二的

"他的"世界。两个世界的差异是师生交往的根本前提，对差异的弥合并使之正向发展是教育的目的，但这并不能成为抹平师生个体差异的理由。相反，差异作为一种深度价值满足的资源而存在，我们应充分挖掘和利用这种差异。"人类要成为思考中高贵而美丽的对象，不能靠着把自身中的一切个人性的东西都磨成一律，而要靠在他人权利和利益所许的限度之内把它培养起来和发扬出来。"[6]这就意味着我们不仅应尊重教师和学生的个体独特性，而且应提倡师生之间的个性化交往，建立一种亲密的私人关系，让师生双方本着真实而完整的自我融入师生机体的价值建构中来。

对个体独特性的关注还意味着重视和利用师生机体的无序性。当师生之间的差异大到一定程度，在交往过程中不可避免地会产生师生冲突。怀特海认为，所谓"冲突"就是无序，无序相对于有序而言，是集合体中的一种混沌现象。怀特海并不否定无序，相反，他认为这种混沌和无序在机体的形成发展中是必要的，对无序的包容是机体由低级走向高级并具有创造性生命特征的表现。"混沌与恶并不等同；因为和谐需要混沌、模糊、狭隘和广度之间恰当的协调一致。"[7]师生冲突正是和谐的师生机体所必备的要素之一，关键在于将师生冲突的这种不可比性转化成可利用的差异性对比，转化成一种双方可享受的价值，实现一种"创造性的和谐"。

在这里，我们看到了怀特海对和谐理论的创造性发挥，也找到了师生冲突在师生机体形成当中的合理地位。师生机体应是一种"富有冒险性、新异性，高度理想化，携有目标的创造性"的和谐，而不是一种"纯粹的、定型化的"和谐，应是一种包含"不协"的和谐，而不是"驯顺和僵死的"和谐。[8]在某种程度上而言，师生冲突的发生正是师生机体具有生命活力的标识，这为师生的深度对话和互动的深度满足提供了契机。对于平淡如水的师生机体，我们则应努力挖掘其中的差异性因素，有意识地制造一些小小的又恰到好处的意外，以引起一些无序和冲突，唤醒机体的活力，确保其生命体征。

但怀特海也指出，机体在实现自我满足的同时必须照顾到其他机体及整个有机环境的需要，"要刻画任何其中的成分，都不光要用自己的个别特征，同时要考虑到它与其他成分的关系……关键就在于要在存在的个体性和存在的相关性之间保持平衡"[9]。因此，我们在尊重师生差异性的基础上还需实现一种整合，即"多样性的统一"，而这种整合的实现是由占主导地位的集合体发挥功能实现的，这就是有序对无序的控制和引导。机体理论反对绝对的无序，因为绝对的无序意味着现实性的降低，意味着无效性。对于师生机体而言，无序是必要的，但无序必须服从于有序，否则会陷入纯粹的混乱中，教师和学生的交往不能获得有效的意义，师生双方无法满足，也谈不上价值的享用和创造，师生机体最终也不复存在。

三、师生机体论的实践诉求

（一）强化师生间的信任

信任是师生机体建构的基础，是一切教育活动得以展开的前提，关乎教师和学生的"本体性安全"[10]。没有了信任，教师和学生就会陷入"存在性焦虑"，师生机体面临根本挑战。

信任意味着放心和托付，牵连着良心和责任。对一个孩子来说，信任意味着把自己的未来交给了一个会引导自己走向更完美世界的引路人手中，意味着一颗惴惴不安的心在一个坚实的基点上开始了探险。"亲其师"才能"信其道"，孩子对教师的信任是教师影响发生的前提，也是教师不断地提升自我、完善自我的动力。同样，教师对孩子的信任则意味着相信孩子有热爱真善美、追求成功的愿望以及自主发展的能力，这是教师具有教育爱、倾其心力于教育事业的基础。值得指出的是，教师对学生的信任极大地引导和培育着学生的信任，具有让教师放心和学生自主的双向功效，能够孕育自由，因而在一定程度上更显珍贵。[11]

然而，遗憾的是，现实中许多显性或隐性的师生问题则暴露了教师和学生之间信任的"亚健康"状态。学生大多具有亲师的本性，许多冷漠型、依赖型和冲突型等师生机体的出现，在某种程度上即是教师对师生之间的信任把握不准确及处理不恰当的结果。教育信任的建立既需要技术，也是一门艺术，教师需要具备敏感的问题意识，采取情感经营、理智引导和道德约束等多种手段。实际上，谈教育信任，其困难之处不在于一时的获得，而在于强化和重构的问题。如何始终如一地保持对学生的信任，并通过"单向信任"达成一种健康的"双向信任"，促进师生机体的正常运转，这极大地考验着教师的实践智慧。

（二）把师生身份作为"天职"

师生之间的相互依赖、共存共生，要求教师和学生把自身的身份作为"天职"来对待。"天职"意味着"一种个人应当对他们的'职业'活动的内容进行体验与承当的责任的概念"[12]。这种道德上的规约是师生机体得以持续进化的保证。

具体来说，教师和学生应以一种神圣的态度来看待自身身份，将身份的践履作为一种关乎他者存在和自身意义建构的崇高事业，秉持一种使命感；不仅仅强调将其作为一种义务来履行，而更强调将其作为一种荣耀来享受；摆脱道德上的压抑和心灵上的束缚，以更无畏、开放和自主的心态投入互动，尽情地体验交往过程中的期望、惊诧、敬畏、困惑……在实现理智力量的增长、情感的满足和自我意志的独立过程中实现师生机体价值的最大化。

这一概念直接批判了现实生活中那些"不称职"的教师和学生。随着我国现阶段的社会转型，由体制和观念混变所诱发的教育"失范"在不少教师身上体现出来。教师对自己的职业情谊不深，认同不高，投入不多，忠诚不够，"利益意识极度膨胀，行为选择常常首先以自身利益取向为标准，在相当程度上失却了'社会代表者'资格"，[13]极大地影响了师生机体的建构。学生的"不称职"表现在"学习虚无主义"在学生群体中的盛行，"学习什么都无济于事的情绪，任何学习都改变不了现状的绝望，不明白为什么必须学习的怀疑，学习的意义究竟何在的困惑，做一天和尚撞一天钟的情节"[14]……虚无主义所引起的对学习作为"最为根源性的营生"的消解，不仅使学生放弃了自己的学习责任，以一种"应付"的态度对事对人，而且也阻碍着教师自我意义的实现和师生机体的进化。"把师生身份作为'天职'"的提出，旨在让教师和学生重塑自己的责任和使命意识，回归作为师生机体的本真快乐。

（三）鼓励师生之间的个性化交往

师生机体最终指向的是一种整体发展的价值，这种整体的进化依赖于师生合理的个性化和差异化发展。这涉及师生机体建构的具体举措。

对差异的重视意味着应尊重教师和学生在知识、兴趣、生活方式等各方面的不同，提倡教师与学生之间的个性化交往，建立一种亲密的私人关系。这种私人关系的交流方式随意轻松，交流内容也更加自由开放，从知识授受、答疑解惑到兴趣爱好、生活经验等的分享，教师和学生真实、独特和完整的自我在这种交流中自然流露出来。基于师生个性的交往相对于教师与学生群体或学生与教师群体的交往来说，更具生活气息，也更能照顾到双方独特的诸如心理、情感、道德等方面的需要，因而容易形成深度的交流和对话，"发现他们本来会视而不见的价值"[15]。这种独特而强劲的影响是正规课堂教学——教师面对学生群体以讲授为主要方式的单边力量法——所不可比拟的。影响的产生只能通过"说服"等关系性的力量来实现，而非压制和强迫。[16]师生在这一相互影响中得以走向更深层次的自我，发展出一种更深的、更相互体贴的、成熟的关系。"真正的善是从深度的相互关系中产生的必然结果"，[17]师生亲密私人关系的建立正是来源于这一理论。

（四）创造性地对待师生冲突

在人们的日常思维中，冲突往往被看作亲密关系破裂的表现，是一种毫无疑问的"恶"。而在怀特海的和谐理论中，却赋予了冲突以其创造性的价值，这对我们重新审视师生冲突提出了两点要求。

第一，师生冲突是师生机体的一部分，在某种程度上，是师生相互依赖的必然结果。正如氧气是我们生活的一部分不可缺少一样，冲突也是师生生活的一部分。教师和学生契入越深，就越容易产生冲突，这是师生差异近距离碰撞带来的必然结果。冲突的产生一方面表明了师生对彼此的依赖性在加深，对对方的影响在增强，是关系深入的显现；另一方面也凸显了师生机体中可调控的动态因子，是师生机体具有生命活力的标识，是"创造性和谐"的具体表现。

第二，以占主导地位的"有序"方式对冲突进行"包容"，是师生机体由低级向高级进化的必然途径。具体来说，"有序"在集合体中占据主导地位意味着师生交往应有清晰的目标性，以及预设对于生成的引导性。师生冲突从根本上来源于差异过大，教师对此需要具有敏感性和清晰的定位，既要挖掘差异，关注师生双方的个体需要，同时也要整合差异，在适当的时机和场合将各种差异教育学化，站在促成学生最大发展的价值层面引导差异由形式上的"多"融合为力量上的"一"。此外，对事物发展的过程进行潜在控制，对由差异过大带来的可能威胁进行适度的引导和转化，鼓励双方调整差异因素，将各自的需求控制在一定的限度内，以师生机体进化的整体目标来引领自身角色的扮演等，这也是"包容"一词所具有的完整含义。处理师生冲突的方式既能看出教师的教育智慧，也能看出师生机体未来的走向。

（五）把握自由与纪律的统一

把握自由与纪律的统一，是师生机体建构的根本原则。其具体体现为两点：一是要尽可能地自由和浪漫地交往，拓展交往的广度和深度；二是交往要在自己的角色限度之内，对自己和对方负责。

　　自由是师生机体追求的境界。师生交往在形式和内容上要尽可能地丰富、灵活，在交往过程中也要真实和活泼，宽容差异。这既是教师敞开经验、释放自我的过程，也是教师引导学生参与、促发学生积极回应的过程。借助于教师，学生能用自己的整个身心感知和探索这个世界，获得某种洞悉自我、他人与世界的"高峰体验"；借助于学生，教师也获得了对自己生命意义和存在价值的体悟与肯定。这种微妙的"共情"正是师生互动的精神意蕴所在，也是自由的真义所在。

　　师生对生成过程的价值享受还应受角色身份的规约，这是师生机体有效性的保证。师生的互动要遵循一定的伦理道德规范，在自己的身份内进行，比如尊崇晚辈与长辈之间交往的代际规范，教师以育人目标来引导师生交往，对师生之间潜在的威胁进行有效控制，对生成的显性事件进行引导，把握教育契机等。对于教师来说，掌握平衡纪律与自由的艺术，从一切方面促进学生发展，是师生机体存在的根本价值所在。

参考文献

[1] 孙美堂. 从实体思维到实践思维——兼谈对存在的诠释 [J]. 哲学动态，2003 (9)：6-11.

[2] [5] [8] [9] 陈奎德. 怀特海哲学演化概论 [M]. 上海：上海人民出版社，1988：210，190，174-176，168.

[3] [4] 怀特海. 教育的目的 [M]. 徐汝舟，译. 北京：生活·读书·新知三联书店，2002：9-11.

[6] 约翰·密尔. 论自由 [M]. 北京：商务印书馆，1982：67.
陈奎德. 怀特海哲学演化概论 [M]. 上海：上海人民出版社，1988：187.

[7] 阿尔弗雷德·诺思·怀特海. 过程与实在 [M]. 杨富斌，译. 北京：中国城市出版社，2003：205.

[10] [11] 曹永善，熊川武. 教育信任：减负提质的智慧 [M]. 上海：华东师范大学出版社，2009：2.

[12] 马克斯·韦伯. 新教伦理与资本主义精神（罗克斯伯里第三版）[M]. 斯蒂芬·卡尔伯格，英译. 苏国勋，夏方明，赵立玮，等，中译. 北京：社会科学文献出版社，2010：30.

[13] 吴康宁. 教育社会学 [M]. 北京：人民出版社，1998：191.

[14] 佐藤学. 学习的快乐——走向对话 [M]. 钟启泉，译. 北京：教育科学出版社，2004：4.

[15] [16] [17] 罗伯特·梅斯勒. 过程—关系哲学：浅释怀特海 [M]. 周邦宪，译. 贵阳：贵州人民出版社，2009：72-69，74-72.

31. 后现代哲学思潮与教育基本理论研究

Postmodern Philosophy and Educational Basic Theory Studies

于　伟（Yu Wei）

【作者简介】于伟（1963—　）教育学博士，东北师范大学教授，博士生导师，校长助理，长白山学者；曾任东北师范大学教育学部部长，2014 年起任东北师大附小校长；主要从事教育哲学的教学与研究，主持并完成国家社会科学基金教育学类课题"后现代哲学思潮与我国教育基本理论研究方法论、核心观点和研究视域的变化问题研究"，出版《现代性与教育》等著作多部，在《教育研究》《外国教育研究》等杂志发表《后现代科学观及其对科学教育观的消极影响》等学术论文 100 多篇，获教育部和吉林省优秀科研成果奖多项。

对于 20 世纪乃至 21 世纪的整个西方思想文化领域来说，后现代主义可谓一场思维和意识之间的舞蹈。无论人们对这一思想浪潮持怎样的态度，都不能否认它对东西方思维方式、文化背景和艺术生活理念等方面的重要影响。20 世纪六七十年代，随着信息、高科技、传播媒介的迅猛发展，知识倍增，信息爆炸，对西方人旧有的世界观产生了革命性的冲击，旧的观念体系几乎崩溃，原有的"整体"支离破碎。20 世纪 80 年代初，中国改革开放的大门迎来政治经济体制变革的同时也迎来了后现代思潮的拜访，在文学、艺术、教育等很多领域颠覆着中国人的传统观念和习俗。虽然后现代理论在中国本土化的过程中，褒贬不一，但不得不承认其理念在中国具有可生长的土壤，并且几十年来也的确对中国的社会经济、文化教育、思想意识带来诸多启迪。

国家社会科学基金项目"后现代哲学思潮与我国教育基本理论研究方法论、核心观点和研究视域的变化问题研究"的研究成果主要聚焦五大核心问题。

一是后现代的基础理论。后现代思想的产生与发展离不开特定的社会背景和学术背景。可以说，随着科技的进步，社会生产迅猛发展，人类进入了后工业社会、学习化社会、消费社会，旧有知识体系遭到拆解，信息高速膨胀，我们已经深陷互联网时代、时空分离与压缩的时代而不能自拔。并且后现代的核心观念和基本主张也并非短时期的"突发奇想"，它有很悠久而广泛的思想来源，比如现代西方哲学中的反形而上学倾向，浪漫主义运动，叔本华、尼采的非理性主义哲学，结构主义，维特根斯坦的后期语言哲学，海德格尔对西方哲学的激烈批判，解释学的发展对传统哲学的冲击，法兰克福学派、存在主义以及文本主义的影响。因此，以后现代基础理论作为基点展开对整个哲学史、思想史的研究是合理且可行的。

二是后现代理论家及其学说。后现代大体可以分为否定性（解构性）的后现代主义、建设性（建构性）的后现代主义以及简单化（迪士尼式）的后现代主义。每一个派别都有其代表人物及其核心主张。对于后现代的内涵理解仰赖于对这些思想家重要观点的解读和主要立场的体悟。因此，本研究选取了后现代主义思潮中最具代表性的几位思想家，如利奥塔、福柯、吉鲁、多尔等，把他们关于教育的主张进行归纳总结，做清晰的呈现，以期纲要式地展现后现代派思想家对于知识、课程、教育、教学的理解。

三是后现代思潮对我国教育理论研究重大问题的影响，主要探讨后现代教育观、课程观、知识观、教师观等问题。面对汹涌而来的信息大潮，以传播知识为生的、对知识一向自信并以专家自居的知识分子也变得茫然不知所措了。这样的年代要求更多的智力去掌握如此巨大的思想和信息库，要求那些芸芸众生的引路人洞察到每个问题的不同侧面。在提炼、剖析后现代思潮中代表性的思想家们关于教育的观点和主张的基础上，按照课程观、知识观、教育观、教学观这一维度予以横向呈现，更清晰地与传统教育的思想、方法、立场进行对照，揭示在教育领域里面业已发生并仍然持续产生影响的后现代转向。当然，后现代哲学思潮更多地表征为对传统教育模式与观念的一种冲击，它不仅丰富了人们对于教育的认识，而且对现行教育体制下存在的诸多客观问题也提供了一种新的可能尝试路径。

四是关于教育研究的方法论问题，即后现代哲学思潮对于教育研究范式变化的影响。从20世纪90年代起，后现代相关理论对教育研究开始产生重要影响。因此，探讨后现代哲学思潮对教育研究方法的启示，甚至是在后现代思想影响下科学研究范式的转向趋势，都是不容规避的重要课题。例如，福柯的知识考古学和谱系学对教育研究方法路径的启示，李泽厚历史本体论与教育研究的方法论问题，都是本课题研究体系之中颇有特色且具有前瞻性的成果。的确，以各种系统的观点来看，世界是一种非常 20 世纪的态度，而把所有的体系都看成易破易碎的则是一种非常后现代的态度。

五是后现代哲学思潮与教育理论本土化问题。之所以聚焦这一主题，是因为后现代主义以一种思潮的方式在 20 世纪 80 年代初期传入我国，给教育领域带来了一场观念变革，也使得学者思考和构建本土教育理论的思路经历了一次重大的洗礼。后现代哲学思潮在中国的本土化过程是西方新锐观念与中国传统文化和观念的一次激烈的冲突与融合过程，非常具有典型性，其对教育理论的本土化的影响也凸显了消解非内源性生成、唤醒学科自主意识、体系重建的旨趣。现有的关于教育理论本土化的研究大多为外显式研究，虽然有多角度、多层面的探析，但侧重于目的性与过程性的研究则显露了通约性的研究局限。对颇具症结性问题的求解，需要探析一种新的基点，进行一种教育学式的钩沉。因此我们从教育传统、教育知识与教育实践这三个教育理论本土化的重要前提入手，立足教育理论本土化的本体性研究，由此展开对教育理论本土化意识、本土化信念以及本土化教育理论的建构等问题的探究。

当然，研究后现代哲学思潮及我国教育基本理论研究方法论、核心观点和研究视域的变化，绝不是出于自赏自玩的个体关怀，更不是出于单纯求新求异的学术增殖，而是基于现实中教育理论与实践的研究者和教育理论的践行者遭遇的实际问题，通过向具有类似时代特征的平行时空里的先进理论借思想、借灵感、借途径，寻求理论救助和实践经验，结合本土文化特征，致力于对现行教育的改良与本土教育理论体系的建构。这个过程中，我们既要看到后现代主义的合理性，即其坚持了哲学的批判性，关注时代，关注现实，批判了形而上学的思维方式，看重被现代性所忽视的一切，对资本主义社会现实进行批判和鞭笞以及对科技理性和工业文明进行质疑和解剖；同时更应该警惕后现代主义的一些天然缺失，避免走向怀疑主义、虚无化倾向，避免盲目反对理性、消解主体性。毕竟后现代主义，尤其是解构派后现代观点基本上局限于知识范围内的批判与解构，对于理性、宏大叙事、整体性、本质性、规律性等的强烈拒斥致使其自身沦为一种反形而上学的形而上学。

32. 基础教育对立问题的过程哲学批判

Criticism of Process Philosophy on Basic Education's Opposite Questions

吴金生　吴裕民（Wu Jinsheng, Wu Yumin）

【作者简介】吴金生，太原市第十三中学党总支副书记。吴裕民，太原市进山中学校长。

最近十几年，中国教育的蓬勃发展举世瞩目，成绩不容否定，但潜在的问题既广泛也深刻。在教育的各个层次，特别是基础教育阶段产生了诸多令人忧思的失误、弊端和迷茫，其中最为突出的是教育对立问题。教育对立问题的形成，基于中国当下社会的文化焦虑、社会焦虑和教育焦虑，及其所导致的功利化教育，其哲学根源为非此即彼的"两极思维"方式，即认识论的二元对立思维。教育要走出困境，必须转换思维方式，从哲学层面对当前教育的理论和实践进行一种深刻的反思。对此，非需要一种大智慧不可。建设性后现代主义思想家怀特海的过程哲学思想正是这样一种智慧。

一、教育对立问题及其负面影响

一个时期以来，国内许多有影响的教育专家和学者纷纷著文，指陈我国基础教育在观念、实践和改革趋向及家庭教育上出现的各种"对立"与"不和"现象，对由此导致的负面影响表示深切担忧。

教学与教育的对立。如把学生创新能力的培养作为唯一的教育目标，忽视人文精神和社会责任感的养成，导致学生关心他人的意识淡薄，缺乏对人生价值追求的思考和对人类文化价值的理解。如教师单向度地向学生灌输知识，全然不顾学生生命个体的尊严，将教学窄化为传授知识的代名词，"知识"成了教育的全部主宰，成了教育的最高目的，导致学生仅仅关注书本知识的学习，而非对知识的内在渴求。

教师与学生的对立。如教师站在成人世界"我为你好"的道德制高点上，不管学生的内心世界如何痛苦，强行将学生绑架在知识学习的战车上。如严格限制教师讲课时间，以教师少讲等同于学生多学，个别学校甚至因此规定上课铃打响之后严禁教师进教室。如某些教育行政部门和校长出于所谓教学改革目的，违背教育规律，片面夸大"没有教不会的学生，只有不会教的老师"理念的真实性，使其像魔咒一样困扰了许多中小学教师。[1]

教育公平与教育效率的对立。如因担心影响教育公平而不敢理直气壮抓拔尖创新人才的早期培养，忽视学习困难学生和超常学生的资质和个性差异，不顾因材施教的教育规律，用一种标准要求学生，严重制约了教育核心竞争力的增强。如不考虑广大农村地区学生、农民工子弟、下岗工人子弟等弱势群体的实际，在考查与考试时减少了"知识"与"智力"因素，加大了"见识"与"修养"的力度，扩大了弱势群体的竞争劣势，只讲"分数上的平等"，而不愿讲"素质上的平等"。[2]

继承传统与教育改革的对立。如将传统教学模式置于现代教学模式的对立面，认为传统课堂是一种毒药、是一种罪孽，主张对传统课堂要像旧城改造那样，推倒重来。如将新课程改革置于中考、高考的对立面，不顾中考和高考的既有框架进行脱离国情、脱离实际的过分理想化的新课程改革，企图以此改变中考、高考带来的一切负面影响，甚至于要取消高考。如将高考的多元选拔方向置于公平性功能的对立面，不顾现有高考制度能保证不同社会背景考生最基本的机会公平的优点，将高考制度暴露出的评价标准过于单一、不能有效体现学生个性特长的缺陷导致的学生的高负荷完全归咎于高考，进而把高考"妖魔化"、全盘否定现有高考制度。如以国外教育的成果评价中国教育的成败，社会上流传着的两种观念：一是认为中国很少有诺贝尔奖获得者，所以教育是失败的；二是只要谈教育就言必称西方，认为欧美国家的教育是好的，我们的教育是失败的。[3]这些都不利于正确总结中国教育改革的经验教训，会把改革引向歧途，使教育改革无所适从。

社会评价与教育评价的对立。如政府的教育决策历来只强调教育的社会工具价值，忽视个性和潜能发展价值；政府只重视即时的、显性的功效，忽视或者轻视教育的长期效益，这种评价方面的偏差导致教育难以出现质的进展，也难以从根本上走出困境。如由于整个社会还存在高低贵贱之分，等级制、官本位现象还非常严重，造成了国家、社会、学校、家庭与学生在利益上的不一致，从教育行政部门到每一所学校，考虑的是国家、社会的公共利益，也就是要把每一位学生培养成建设者与接班人，而每一个家庭考虑的多是整个家庭和孩子的前途命运，而导致全社会在教育与升学方面的非理性竞争，严重消解了"行行出状元"的素质教育成才观。[4]如现在很多用人单位在招聘高校毕业生时是"非985不要""非211不要"，在这种显性歧视背后隐藏着中国社会对教育评价的误区，从而进一步促成了不当的家庭教育观。[5]

此外，家庭教育也存在严重的教育对立问题。如现在的家长普遍重视工具化功利化教育、轻视价值教育，只管智力开发、忽略非智力素质培养，倚重商业化教育、怀疑学校公益性教育，一心拔苗助长、不考虑因材施教，家校关系恶化、师生关系疏离、家长和孩子不和等一系列矛盾也十分严重，本质意义上的家庭教育被挤压到几乎荡然无存的地步。

学校教育的对立问题最终遮蔽了本原的教育本质，模糊了正当的教育功能，扭曲了应然的教育关系，引发了教育多样性的退化[6]，干扰了国家教育方针及素质教育的实施，造成极端应试教育思维的盛行，影响到科学发展观的贯彻落实，阻碍了中国基础教育的健康发展，制造了当前教育的困境。家庭教育的对立，则导致了中国父母的集体无意识，丢失了教育价值，扭曲了教育渠道，错用了教育方法，制造了家庭教育的困境。由此而形成了教育中普遍存在的反教育现象。著名教育学者杨东平指出：中国的孩子是非常聪明可爱的，可惜有很多孩子在接受教育的过程当中逐渐被毁掉了。一半是被学校毁掉的，一半是被家长毁掉的。[7]对此，有教育专家学者曾经著文提出警示：我们似乎可以从中国时下的基础教育现状中受到一些警惕：满足了为理想的教育而压抑了为生存的教育；选择了创新模式而抛弃了传统模式；肯定了全面发展而否定了片面提高；重视了人的创造性而忽视了知识的基础性；确立了学生中心而挤压了教师主体；构建了素质评价体系而消解了文化考试的合法性；追求了效率而冷落了公平。恨不能把传统教育彻底颠覆，这样做能将中国的基础教育带向理想的彼岸吗？在我们的教育下，很可能将出现有知识、技术，但没有文化、没有人文关怀和素养的一代人。这正是全球性的现代文明病的恶果，我们以"成功者"为目标的教育，必然导致实利主义、实用主义、虚无主义、市侩主义的泛滥，形成年轻一代精神与道德的危机，有可能导致整个人类文明的腐蚀与毁灭。[8]

二、教育对立问题的形成及其哲学根源

教育对立问题产生的哲学根源在于认识论的二元对立思维。我国当代基础教育为什么出现如此之多的对立问题？一个根本原因就在于，人们在解决

教育问题时所依赖的教育思想或者说是理论许多就是来自认识论哲学的二元对立思维。如被我国中小学教育长期以来引为圭臬的杜威的"儿童中心教育"及其影响下的皮亚杰和布鲁纳的"结构主义教育",就是滥觞于18世纪德国哲学家康德及其二元论哲学(先验逻辑的图式及其认识论)。在其影响下,曾出现过遗传与教育和环境、教师的教育教学与儿童的自身兴趣等教育问题之争,在当时和我国的教育界都产生过一定的争论。[12]在当代中国文化中,在多数问题上向来习惯运用辩证思维处理各种关系,但在教育观念、实践甚至教育改革中何以还会出现如此之多的教育对立问题?其认识论根源无疑是我们哲学观念中的"二分法思维"导致的非此即彼的"两极思维",即把两个本来相辅相成或相反相成的东西看成完全对立的东西,是就是,不是就不是,强调这个就要排斥另一个。其实,黑格尔和马克思的辩证法本原意义上的"二分法"条件下的相互依存、相互过渡和相互转化,最后"通而为一"。这才是对立统一意义上的"二分法"。在处理各种教育关系时非此即彼的"两极思维"的思想方式已是嬗变了的绝对"二分法",这正如庞朴先生所言:"视两极若不共戴天,选择时只能非此即彼,没有调和商量的余地,那便直接走到了'一分为二'原义的反面。"[13]只讲对立不讲统一,已经脱离马克思主义辩证逻辑,势必就走向二元对立。客观事物是错综复杂的,往往是你中有我,我中有你,"亦此亦彼",不可能纯而又纯,"非此即彼",教育的复杂性就在这里。

首先,是文化焦虑导致的教育焦虑。以西方所谓"文明冲突"和"历史终结"理论诱发的"全球化"浪潮,引起了包括中国在内的不少发展中国家的文化焦虑:在学习英美的过程中,自身的文化受到一种被融化、被改变的威胁,有的甚至产生怕失掉自己身份的隐忧。在此背景下,基础教育作为社会文化的一个子系统,必然也不会是无忧无虑的。教育对立问题的产生,或许正是某些文化焦虑在教育方面的体现。众所周知,近年来,美国基础教育也出现两种思路。一种是重视培养学生的独立思考能力、创造想象能力和实践动手能力;另一种是提高教育标准,认为统一大纲、统一考试有利于提高教育质量。2002年,美国总统布什签署的教育法《不让一个孩子掉队》,强调的就是第二种教育思路,这显然是在把中国传统的基础教育模式视为榜样的。对此,有专家评价这"实际上是对美国传统教学制度和方式的某种否定"。而就在这时,中国在学习美国的先进经验却也在否定自己的教育传统。对此,有国人自嘲"中国人搞素质教育了,美国人开始搞应试教育,还是美国人有眼光"[9]。丢弃传统教育模式的合理"内核"而一味追随欧美，这一典型的教育对立问题，折射出政府、学校乃至教育理论界在教育价值、教育改革、教育方法、教育评价、教育公正等多方面存在的矛盾，也从某种意义上反映了时下中国基础教育的迷茫。

其次，是社会焦虑导致的教育焦虑。一是社会转型中由于市场化的影响以及社会层级利益分配的不均衡，贫富差距和社会公平问题造成了普遍的心理紧张；二是社会竞争导致的分数竞争、名校崇拜，孩子们的起跑线不断前移。矛盾转移到教育，直接导致了操之过急、过于恐慌、拔苗助长等教育焦虑情绪在一些社会群体中蔓延：社会底层的家长希望孩子"更上一层楼"，社会中上层的父母担心子女"往下掉"，普遍被"不让孩子输在起跑线上"的奇谈怪论所迷惑。当这种教育焦虑情绪转到孩子和学校身上的时候，最普遍地表现在家长对学校教育不理智的苛求和对孩子不理智的强压上，甚至于采取极端的家庭教育方式，导致家庭教育走向困境。[10]许多教育的对立问题，本质上是社会和家庭矛盾在教育上的反映。如北大中文系教授温儒敏先生关于新课程改革与高考和民意冲突的理解，应该是很能说明问题："课改碰到的阻力太大，举步维艰。说到底，这一切是因为社会竞争加剧，矛盾转移到教育。""许多地区还是把高考考上名校学生的多少，作为衡量教学水平最主要的指标，排行榜把许多校长、老师压得喘不过气来。当下的教育，本质上是一种单一标准下的淘汰教育，小学、中学乃至幼儿园，很大程度上都是瞄准将来的高考，于是大家都不得不朝着这个单一模式去培养孩子。你素质教育讲得再多，碰到高考这个实际，就虚化了，谁都不敢怠慢高考。""家长考虑的是孩子今后的出路，他们肯定把这个问题放到第一位，所以，即使承认课改有必要，也总是担心会耽误孩子考试。这就是现实，是很无奈的民意呀。我们不能不正视这种民意。"

再次，是教育焦虑导致的教育功利化。目前中国基础教育的导向基本是"升学"，升学是压倒一切的教育任务。这样就会引导基础教育围绕"升学"来安排教育教学，势必会扭曲教育的功能。大家的共识不是让受教育者得到受用终身的学习能力、思维能力、价值观念，而是能升入好学校，时下的中国基础教育因此而彻底功利化。[11]这是教育焦虑的原因，也是结果，更是学校、教师、学生、家长方方面面的纠结所在。从某种意义上讲，功利化教育，是一张"普洛克路斯忒斯"（古希腊神话中的恶魔）之床，在目前人们的教育观念的左右下，似乎再好的教育理想和改革设计也抵挡不了这张"魔鬼"之床的考量。当教育面对功利化这张"魔鬼"之床时，用"二者必居其一、非此即彼式"的思维方式认识教育功能这样复杂的问题，只能是将诸多教育改革和发展中的各种关系对立起来。

三、"两极思维"的过程哲学批判

时下教育"科学化"概念盛行，教育理论的空前繁荣和教育改革激情冲动的背后，却依然呈现出诸多教育对立问题的病态。这种"怪圈现象"令人担忧。著名教育学者杨东平经调查后断言："目前见诸文字的教育理论据说有 650 余种，但真正能够用于指导教育实践并改变教育现状的理论却非常匮乏。"[14]对于时下中国的基础教育现状来说，这是否醒世暂且搁置不论，但至少可以让人得到的启发是，教育对立问题的解决，不仅需要从事教育理论和实践的人从哲学的层面对教育问题做深层意义上的理解，而且亟待"哲学家出场"（王治河语）。正如美国著名教育哲学家乔治·奈勒所说，"大多数一般性的教育问题归根结底是哲学本身的问题"[15]。

以当代中国文化中惯用的辩证思维处理各种教育关系之所以不能奏效，如前所述，在只讲对立而忽视统一的所谓二点论哲学语境中，很难用本原意义上的"二分法思维"去纠正非此即彼的"两极思维"的偏执，必然造成教育观念、实践和改革趋向的困境。再看看庞朴先生的剖析："二分法也能认识世界、改造世界，由于它的偏执，有时甚至更深刻、更果断，能发人猛醒，能救急一时。但也由于它的偏执，总难持久平稳，不免常从一个极端跳向另一个极端，在相对中画成大大小小的怪圈。"[16]而这非此即彼的"两极思维"的偏执，不仅脱离了马克思主义的辩证逻辑，而且滑入了典型的二元对立思维。

认识论哲学的二元对立思维是以物质实体为前提的。众所周知，作为近代哲学研究中心问题的认识论，其基本问题是主体与客体的关系问题，并认为主体与客体相区分是认识发生的前提。认知者和被知者、知识与对象、观念与事物的二元论区分，正是这种实体性思维的弊端。在此二元对立的认识论哲学的影响下，人们总是习惯用非好即坏的二元逻辑来判断和处理各类教育关系，却忽略了各种关系之间的有机关联、整体效应和互补逻辑，最终遮蔽了本原的教育本质，模糊了正当的教育功能，扭曲了应然的教育关系。于是，中国的基础教育总是有层出不穷的"新观念""新方法""新模式"，但又总是不断此消彼长，宛若时装流行色，而真正能够形成持久影响并在教育实践中广泛生根开花的却寥若晨星。[17]

有"权威人士"对教育观之非此即彼的"两极思维"进行过深刻的反

思。被誉为"新中国基础教育活化石"的吕型伟先生就曾指出，中国教育改革的出路"似乎在寻找结合点或者说在寻找中间地带"[18]。也有如"西方创新教育+中国基础教育＝完美"的理想教育模式设想，如应试升学与素质发展兼顾并成功的教育实践。人们希望能有一条所谓中间道路以消解教育对立问题。但需要关注的是，在处理各类教育关系时摆脱二元对立逻辑并不等于奉行"中庸之道"。"叩其两端"的折中主义本身仍然是二元逻辑的产物，仍然反映着二元对立逻辑的秩序和结构。真正意义上的辩证逻辑重视的是有机性、整体性、全面性，这同不顾事实的"叩其两端"存在着根本的区别。何况"两极思维"的偏执已经成为多数人的惯性思维方式。

爱因斯坦曾经说过："如果用我们制造问题时所用的同样的思考方法来解决问题，我们就解决不了问题。"正是在这个意义上，当代美国管理学大师彼得·圣吉提出："所有真正的变革都要从新的思考方法和理解方式出发"。[19]无疑，我们应该也需要改变思考方式。怀特海的过程哲学思想提供的就是用以"处理现代世界的理智和文化体系"的"一种不同思考方式"。[20]

怀特海批判了这种以物质实体为前提的二元论哲学，他指出："全部近代哲学都是围绕着如何根据主词和谓词、实体和性质、殊相和共相而描述世界的困难为转移的。其结果永远与我们的直接经验相抵触。"二元对立思维的弊端在于对认知者和被知者、知识与对象、观念与事物的二元论区分。他认为，这种传统哲学只能把我们引到某种孤立的实体之中，不能使我们更清晰地认识现实世界。这正是二元论哲学及其基础上的二元对立思维、非此即彼的"两极思维"，抑或"中庸之道"思维之所以无法正确处理教育关系、也无法从根本上解决教育对立问题的根源。事实上，从现象考察，教育也并不一定是个物质的存在，"没有任何我们认为是显而易见的物质存在的属性"。

怀特海改造了物质实体这一前提，提出了事件（event）第一性原理。在他看来，构成世界的基本单位是事件，这些事件是有机统一体，它们与作为环境的其他事件内在关联。"每一个这样的事件在其发生的瞬间都是主体，都是把过去融入了自身，并积极地构造自我，以便反过来影响其未来。一旦它得以完成，它就成了继发事件的客体。"[21]这样，怀特海就克服了主体和客体的二元论。怀特海这一反实体哲学以事件为存在前提的，即世界最终不是由实体组成的，而是由事件和过程构成的；世间万物在生成，这是一个无法否认的事实；万物皆流，也皆在过程之中，也势必在一定的关系之中。在这样一种哲学本体论基础上"生成"的过程哲学思想，对于世界和生命是以过程思维和关系思维考量的，关注的是世界和生命的交织、相关等特性，即个体性与相关性、一和多之间的关系。在此基础上，怀特海进一步以"摄入"思想来消解这种二元对立。他认为，每一事件（即怀特海所谓"实际实有"）必须是从以往的实际事物中创造出自己，它必须将那一过去吸收进自身。

教育存在和教育思维是教育的"阿基米德点"，不澄清教育存在，就不能把握教育的本质；没有智慧的思维方式，就不能理路清晰地认识教育的各种关系。过程哲学作为一种反实体思维的哲学，为我们提供了一种崭新的过程思维和关系思维方式，对于廓清在二元对立思维和非此即彼的"两极思维"中浸淫日久的中国教育理路，进而解决教育对立问题的意义重大。

应该特别关注的是，对于结果的检验问题，怀特海提出一个非常重要的思想："恰当的检验不是最终的检验，而是过程的检验。"如果以这一所谓"过程检验"论考察教育，对于时下不问过程而热衷于直奔教育结果的思维风气，更应该具有特别的意义。

四、过程、关系视野中的教育关系理路

美国著名学者马尔康姆·伊万斯（Malcolm Evans）在谈到怀特海教育哲学的影响时指出：怀特海的教育哲学对现时代的影响，是后现代思想中的一个重要因素。怀特海过程哲学的主流效应之一就在于对教育的促进，或者说是对于现代主义教育的纠正。以怀特海过程思维和关系思维观照教育，在对于教育领域非此即彼"两极思维"的纠正中，认识清楚教育体系中各种教育关系的理路，以最大化地消除教育对立问题，具有十分重要的意义。

怀特海的过程教育思想集中体现在他的《论教育的目的及其他》（1929）一书中。其中所提出的各种富有创造性变革意义的后现代教育理念具有强烈的针对性、启示性和可操作性，在教育关系整合方面也有非凡的洞见，如他主张的教育的多元性和差异性，就是对传授知识和启迪智慧、倡导自由和遵守纪律、科技和人文教育等诸多对立的克服和超越。

如何认清我国基础教育体系中各种教育关系的理路，克里福·科布博士认为，过程教育是向现实挑战的教育。要转换思维方式，用内在联系的、发展的、生成的、动态的观点看待教育。对此，克里福·科布博士指出，无论是美国还是中国都不断地进行着教育改革，但结果总不尽如人意，这些改革几乎全部集中于技术层面。比如，他们建议改变教学方法、课程、班额、标

准化考试等。教育改革总是关注改变教育体系中的各个部分，却很少关注整个体系是否需要变革。现代思想把系统分析成小块，并试图透过组合这些部分来构建一个系统。对此，科布博士提出了后现代主义教育纠正现代主义教育的四个观点：一是抽象知识习得应该源于直接经验；二是教师与学生共同参与教育实践；三是教育应该体现多元性；四是教育应该牢记过去并重新赋予它当下的意义。[22]考察现阶段我国基础教育的现状，从一定意义上讲，此言正击中了要害。事实上，前文所列举的我国基础教育在观念、实践和改革趋向及家庭教育上出现的各种"对立"与"不和"现象，大抵是由于对本原的教育本质、复杂的教育功能等把握不好，特别是对错综复杂、你中有我、我中有你的各种教育关系的理路认识不清，且"只见树木，不见森林"式技术层面上的所谓改革所导致的：不顾及教育关系中教师、学生、教学环境等因素相互汇集、碰撞、缠绕、组合的特性，只关注改变教育体系中的各个部分；忽略了各种关系之间的有机关联、整体效应和互补逻辑，纠结于教育关系系统中的小块分析。这样一种状况却往往被教育理论表象上的空前繁荣和教育改革的激情冲动所遮蔽。

如理如法地调节各种教育关系，进而消除教育对立问题，怀特海的洞见和科布博士的理念显然给了我们深刻的启示。得此感受，将理解学界研究成果性命题所获得的认识与应用，列举几例于下。

第一，因时施教是教育过程的基本规律。众所周知，如孔子有言："吾十有五，而志于学，三十而立，四十而不惑，五十而知天命，六十而耳顺，七十而从心所欲，不逾矩。"（《论语·为政》）孟子有言："不违农时，谷不可胜食也。"（《孟子·梁惠王上》）怀特海也洞见了"生命在本质上是周期性的"这一命题，将人的受教育过程具体地分为浪漫阶段、精确阶段和综合运用阶段，并根据此原理进一步具体研究了幼儿期、青年期、大学期"教育节律"的具体特点。这个从生命的节奏性把握教育的特点和规律的原理，被曲跃厚、王治河博士"理解"为"因时施教"，这是堪与中国古代教育传统中"因材施教"的教育方法相互生发、相映成趣的一个重要的教育智慧。如被基础教育界长期淡化的教育衔接问题，其实质上就是对教育节律、因时施教的教育规律的把握问题。深入理解和应运教育节律、因时施教的教育规律，可以有效解决不同阶段教育衔接难题：一是准确定位学前教育与小学教育的关系，避免学前教育小学化倾向，化解教育竞争和学习负担无限下移的教育矛盾；二是准确定位小学教育与中学教育的关系，避免小学课程课程内容"难、繁、偏、旧"的倾向，化解学习负担长久难以减轻的教育矛盾；三是准确定位高中教育与大学教育的关系，避免高中教育内容同一性和强制性过强的倾向[23]，化解大学生教育起点过低的教育矛盾。[24]

第二，实现新质是教育创新的取向尺度。怀特海认为，宇宙的进化和文明的进步都必须有历险，"纯保守的力量是和宇宙的本质相抵触的"[25]。教育的传统与变革关系也当作如是之观，教育的每一种创新都是对传统教育模式和现有教育秩序的突破，自然也是一种历险。怀特海认为，秩序和创新并不矛盾，秩序是一种变化和发展着的秩序，即一种必然包含着新质的秩序。如果一种秩序不能迈向更高的秩序，即不能实现新质，那么就应当变革这种秩序。这里面有一个把握变革尺度的问题，能否"实现新质"应该是一个硬杠杆。怀特海说："进步的艺术就在于既维护旨在变革的秩序，又维护旨在秩序的变革。"面对我们整个教育模式从应试教育向素质教育转变异常艰难的局面和"素质教育轰轰烈烈，应试教育扎扎实实"的无奈，应用秩序和创新理念，在把握变革尺度的前提下破教育瓶颈（秩序），可以一定程度上消除变革传统和回归本原左右为难的困惑。一是以变革为取向，恰当衡量传统教学课堂与现代教学模式，取长补短，不搞一刀切，如一窝蜂模仿山东"杜郎口"课堂模式，风暴式地推倒讲台，"下放"教师，学生说了算。二是以变革为取向，兼顾应试升学与素质发展的教育功能和群众需求，如北京22中孙维刚老师按照自己的主张进行的教改实验，既是应试教育的成功典范，又成为素质教育的先进楷模。[26]三是以变革为取向，既保证现行高考制度的公平，又体现全面评价学生的导向，如巩固已经进行了10年的新一轮课程改革成果，坚持素质教育取向，走出"戴着镣铐跳舞"的困境。

第三，生活和实践是教育活力的唯一源泉。怀特海认为，"使知识充满活力而不是使之僵化。是一切教育的核心问题"[27]。知识的活力应该体现于智慧，所以，怀特海认为，"教育的全部目的就是使人具有活跃的思维"教育目的应该体现于教育者，怀特海认为，"教育如果不以激发首创精神开始，不以促进这种精神生活而结束，那必然是错误的教育"[28]。教育目的应该体现于学习者，在怀特海看来，学生是活生生的人，是一种具有创造性和审美旨趣的具体存在。教育目的应该体现于教育过程，怀特海认为，在教育过程之过去、现在和未来这三个维度中，"现在包含一切。现在是神圣的境界，它包含了过去，又孕育着未来"。我理解，"现在"进行的，就是正在生活和实践的。而这一切，也一如生活和实践的开放性、动态性和创造性，所以，怀特海认为，教育没有游离于生活和实践之外的主题，它"只有一个主题，那就是五彩缤纷的生活"。也就是说，生活和实践是教育的唯一源泉。将生活与实践当作影响教育生成活力的核心元素，进一步强化其在教育中的重要地位，可以促进若干教育关系的改善：一是以生活和实践为基石，将学生的心智和知识联系起来，重视知识在实际生活环境中的应用，以保持知识活力，提升学生的学习兴趣。二是以生活和实践为纽带，将科学教育、技术教育和人文教育联系起来，"通过构建后现代主义课程来整合现代思想和各种传统的精华"（科布先生建议之一），在"把握三者必要张力、实现最佳平衡"（曲跃厚、王治河博士语）基础上，弥补个性教育、社会责任教育、生活能力教育等的缺欠。三是以生活和实践为钥匙，将教育过程过去、现在和未来三个维度（曲跃厚、王治河博士语）联系起来，把教育着眼点放在对"现在"（即生活）的理解上，纠正现代教育只注重知识灌输、忽视智慧启迪的片面性，教会学生积极地创生知识和运用知识的方法。

参考文献

[1] 李斌."美国最佳教师"说：不是每个孩子都能被教好 [N] 中国青年报，2012-03-20（3）.

[2] [4] 苏军.专家呼吁正视信息爆炸时代学生的身心负担 减负须从小学阶段做起 [N].文汇报，2012-03-21（7）.

[3] 柯进.莫因诺贝尔奖矮化我们的教育 [N].中国教育报，2012-03-05（1）.

[5] 赵婀娜，杨旭，张洋.别把家庭教育当成家庭课堂 [N].人民日报，2012-03-10（8）.

[6] 李晓明.怎样"呵护"著名大学新生多样性 [N].中国教育报，2012-04-25（3）.

[7] 李斌.杨东平：给孩子避风港还是第二战场 [N].中国青年报，2012-05-01（4）.

[8] 钱理群.教育本质上是理想主义者的事业 [N].人民日报（海外版），2012-03-23（10）.

[9] 魏嘉琪.美国中学生报告 [M].北京：作家出版社，2002：序言二，3-8.

[10] 王厥轩.实施素质教育为什么这么难 [N].中国教育报，2012-03-29（3）.

[11] 熊丙奇.教育不能太"功利" [N].文汇报，2008-08-01（11）.

[12] 张焕庭.论结构主义教育 [M]//《教育研究》杂志社.教育研究的时代足音：《教育研究》创刊30周年杰出论文.北京：教育科学出版社，2011：5.

[13] [16] 庞朴.文化一隅 [M].郑州：中州古籍出版社，2005：159-164，196-199.

[14] 蒋昕捷.658种教育理论解决不了现实问题 [N].中国青年报，2005-11-22（6）.

[15] 陈友松.当代西方教育哲学 [M].北京：教育科学出版社，1982：28.

[17] 项贤明.后哲学时代的教育哲学及其任务 [J].比较教育研究，1997（6）：16-18.

[18] 李现平.中国教育改革的辩证思考 [J].北京大学教育评论，2006（1）：54-56.

[19] 彼得·圣吉，等.必要的革命：可持续发展型社会的创建与实践 [M].李晨晔，张成林，译.北京：中信出版社，2010：9.

[20] 黄铭.过程与拯救：怀特海哲学及其宗教文化意蕴 [M].北京：宗教文化出版社，2006：295.

［21］小约翰·B.科布.后现代公共政策：重塑宗教、文化、教育、性、阶级、种族、政治和经济［M］.李际，张晨，译.北京：社会科学文献出版社，2003：4.

［22］克里福·科布，袁铎，王顺媚，等.从建设性后现代主义的视野看当代美国教育的问题及启示［J］.湛江师范学院学报，2011，32（5）：5-9.

［23］谢维和.从教育的间断性与连续性看高中改革：再论高中教育的定位与选择［N］.中国教育报，2012-03-02（6）.

［24］维·安·萨多夫尼奇.教育不能像服装造型任意变化［N］.中国青年报，2008-10-24（6）.

［25］怀特海.观念的历险［M］.纽约：弗里出版社，1967：354.

［26］李现平.中国教育改革的辩证思考［J］.北京大学教育评论，2006（1）：12-18.

［27］［28］怀特海.教育的目的［M］.徐汝舟，译.北京：生活·读书·新知三联书店，2002：9，66.

出版人　李　东
责任编辑　何　蕴
版式设计　郝晓红
责任校对　贾静芳　刘　婧
责任印制　叶小峰

图书在版编目（CIP）数据

过程哲学与中国教育改革：探索中国教育改革的
另一种可能 / 温恒福，杨丽主编. —北京：教育科学
出版社，2016.8
　　ISBN 978-7-5191-0733-8

　　Ⅰ.①过… 　Ⅱ.①温… ②杨… 　Ⅲ.①过程哲学—应
用—教育改革—研究—中国 ②后现代主义—应用—教育改
革—研究—中国 　Ⅳ.①G521

中国版本图书馆 CIP 数据核字（2016）第 179039 号

过程哲学与中国教育改革——探索中国教育改革的另一种可能
GUOCHENG ZHEXUE YU ZHONGGUO JIAOYU GAIGE——TANSUO ZHONGGUO JIAOYU GAIGE
DE LINGYIZHONG KENENG

出版发行	**教育科学出版社**			
社　　址	北京·朝阳区安慧北里安园甲 9 号	市场部电话	010-64989009
邮　　编	100101	编辑部电话	010-64989443
传　　真	010-64891796	网　　址	http://www.esph.com.cn
经　　销	各地新华书店		
制　　作	北京金奥都图文制作中心		
印　　刷	中煤（北京）印务有限公司		
开　　本	169 毫米×239 毫米　16 开	版　　次	2016 年 8 月第 1 版
印　　张	27	印　　次	2016 年 8 月第 1 次印刷
字　　数	449 千	定　　价	62.00 元

如有印装质量问题，请到所购图书销售部门联系调换。